T0211288

Matthias Christoph Schwenke

Individualisierung und Datenschutz

DuD-Fachbeiträge

Herausgegeben von Andreas Pfitzmann, Helmut Reimer, Karl Rihaczek
und Alexander Roßnagel

Die Buchreihe ergänzt die Zeitschrift *DuD – Datenschutz und Daten-sicherheit* in einem aktuellen und zukunftsträchtigen Gebiet, das für Wirtschaft, öffentliche Verwaltung und Hochschulen gleichermaßen wichtig ist. Die Thematik verbindet Informatik, Rechts-, Kommunika-tions- und Wirtschaftswissenschaften.

Den Lesern werden nicht nur fachlich ausgewiesene Beiträge der eigenen Disziplin geboten, sondern sie erhalten auch immer wieder Gelegenheit, Blicke über den fachlichen Zaun zu werfen. So steht die Buchreihe im Dienst eines interdisziplinären Dialogs, der die Kompe-tenz hinsichtlich eines sicheren und verantwortungsvollen Umgangs mit der Informationstechnik fördern möge.

Die Reihe wurde 1996 im Vieweg Verlag begründet und wird seit 2003 im Deutschen Universitäts-Verlag fortgeführt. Die im Vieweg Verlag erschienenen Titel finden Sie unter www.vieweg-it.de.

Matthias Christoph Schwenke

Individualisierung und Datenschutz

Rechtskonformer Umgang mit
personenbezogenen Daten im
Kontext der Individualisierung

Mit einem Geleitwort von Prof. Dr. Alexander Roßnagel

Deutscher Universitäts-Verlag

Bibliografische Information Der Deutschen Bibliothek
Die Deutsche Bibliothek verzeichnet diese Publikation in der Deutschen Nationalbibliografie;
detaillierte bibliografische Daten sind im Internet über <http://dnb.ddb.de> abrufbar.

Dissertation Universität Kassel, 2006

1. Auflage Juli 2006

Alle Rechte vorbehalten
© Deutscher Universitäts-Verlag | GWV Fachverlage GmbH, Wiesbaden 2006

Lektorat: Ute Wrasmann / Britta Göhrisch-Radmacher

Der Deutsche Universitäts-Verlag ist ein Unternehmen von Springer Science+Business Media.
www.duv.de

Umschlaggestaltung: Regine Zimmer, Dipl.-Designerin, Frankfurt/Main
Druck und Buchbinder: Rosch-Buch, Scheßlitz
Gedruckt auf säurefreiem und chlorfrei gebleichtem Papier
Printed in Germany

ISBN-10 3-8350-0394-1
ISBN-13 978-3-8350-0394-1

Meinen Eltern

Geleitwort

Individualisierung ist eine moderne Gesellschaften zutiefst prägende Entwicklung. Sie formt sowohl das Selbstbild der Individuen als auch ihr gesellschaftliches Zusammenleben.

Rechtlich betrachtet ergeben sich aus der Individualisierung höchst ambivalente Phänomene. Sie ist zum einen ein Prozess der Entwicklung und Entfaltung der Persönlichkeit und insoweit von Art. 2 Abs. 1 GG geschützt. Individualisierung kann aber zum anderen auch ein Prozess der zunehmenden Erfassbarkeit und Berechenbarkeit des Handelns einer Person sein, gegen den Art. 2 Abs. 1 GG in seiner Ausprägung als informationelle Selbstbestimmung schützen soll. Je nachdem, ob Individualisierung selbstbestimmt oder fremdbestimmt erfolgt, kann sie die Entwicklung zu einem unverwechselbaren Individuum unterstützen oder gefährden.

Für beide Formen der Individualisierung kann Informations- und Kommunikationstechnik eine wesentliche Rolle spielen. Auf die Persönlichkeit eines Individuums zugeschnittene informationstechnische Geräte und Dienstleistungen können dessen selbstbestimmte Entfaltung durch Information und Kommunikation unterstützen. Informations- und Kommunikationstechnik kann aber auch helfen, das Verhalten des Individuums zu beobachten, zu registrieren, in Datensätze zu packen und zu beliebigen Zwecken in Erinnerung zu rufen.

Neueste Entwicklungen der Kommunikationstechnik und der Informatik verschärfen die Ambivalenz technisch unterstützter Individualisierung. Techniken der Mobilkommunikation, des mobilen Internet und Ubiquitous Computing ermöglichen vielfältige Lebensregungen zu registrieren und zu sammeln, Data Warehousing und Data Mining ermöglichen auch enorm große Datensammlungen gezielt auszuwerten. Viele IT-Geräte oder Kommunikations- und Informationsdienste können auf die Bedürfnisse des jeweiligen Nutzers eingestellt werden oder passen sich seinem Verhalten und seinen Vorlieben selbsttätig an. In allen Fällen sind spezifische Profile des Betroffenen das Ziel der Individualisierung – entweder, um ihn besser berechnen und beeinflussen zu können oder um ihn besser unterstützen und zufrieden stellen zu können.

Technisch unterstützte Individualisierung verursacht vielfach grundrechtliche und datenschutzrechtliche Fragen. Diesen wurde bisher nur im Einzelfall und insbesondere hinsichtlich einer Individualisierung durch Dritte nachgegangen. Eine umfassende Untersuchung des vielfältigen, vielschichtigen und ambivalenten Phänomens der technisch unterstützten Individualisierung aus daten-schutzrechtlicher Sicht fehlt jedoch. Insbesondere gibt es keine Untersuchung zu den Chancen und Risiken der neuartigen Individualisierung von Geräten und Diensten durch Kontexterfassung, Verhaltensprotokollierung, Profilbildung und Adaption.

Daher ist es sehr verdienstvoll, dass Herr Schwenke in der vorliegenden Arbeit die datenschutzrechtlichen Anforderungen an Individualisierungsmaßnahmen untersucht. Er geht aus von den Erscheinungsformen von Individualisierung, bestimmt deren Vorteile für Sicherheit und Komfort, analysiert deren Risiken für die informationelle Selbstbestimmung und bewertet diese an rechtlichen Kriterien. Aus diesen Erkenntnissen werden dann sowohl technische und or-ganisatorische Vorschläge zur datenschutzgerechten Gestaltung von Siche-rungssystemen, Marketingmaßnahmen, Dienstleistungen und Geräten als auch Regelungsvorschläge zur Fortentwicklung des Datenschutzrechts entwi-ckelt.

Mit seiner Arbeit füllt Herr Schwenke eine Lücke in der Bearbeitung von Fra-gen des Datenschutzes aus. Indem er eine Fülle bestehender Detailfragen un-ter dem Blickwinkel der Individualisierung zusammenführt, bietet er eine neue Sichtweise auf den Zusammenhang vieler Datenschutzprobleme und unter-stützt dadurch das theoretische Durchdringen sowohl des Problemfeldes als auch der Rechtsnormen. Indem er diese Sicht auf viele praktische Probleme des Datenschutzes anwendet und diese Probleme zu Lösungen führt, greift er viele bisher unbeantwortete oder noch umstrittene Fragen des Datenschutz-rechts auf und bietet Antworten für Fragen der Datenschutzpraxis. Indem er technische Gestaltungsziele beschreibt und Gestaltungsvorschläge entwirft, bietet er der anwendungsorientierten Forschung und Entwicklung – insbeson-dere für modernste Ausprägungen der Informations- und Kommunikations-technik – Hinweise für die weitere Entwicklung und Gestaltung. Indem er schließlich rechtspolitische Möglichkeiten prüft, Datenschutz auch bei Anwen-dung künftiger Techniksysteme zu gewährleisten, behandelt er für die Rechts-politik relevante Fragen.

Es ist der Arbeit zu wünschen, dass sie von denjenigen ebenso zur Kenntnis genommen wird, die für die Entwicklung von Individualisierungstechniken ver-antwortlich sind, wie auch von denjenigen, die für die Fortentwicklung des Rechtsrahmens Verantwortung tragen.

Prof. Dr. Alexander Rossnagel

Vorwort

Die vorliegende Arbeit wurde im Wintersemester 2005/2006 von der Universität Kassel als Dissertation angenommen. Grundlage der Veröffentlichung ist der Literatur- und Gesetzesstand vom Mai 2006.

Mein besonderer Dank gilt Herrn Prof. Dr. Alexander Roßnagel für die fachlich und menschlich unübertreffliche Unterstützung während aller Phasen der Arbeit. Seine kontinuierlichen, konstruktiven Anregungen und die von ihm geschaffene produktive, anspornende und zugleich zuversichtlich-beruhigende Arbeitsatmosphäre in der Projektgruppe verfassungsverträgliche Technikgestaltung (provet) haben entscheidend zum erfolgreichen Abschluss der Arbeit beigetragen.

Der Deutschen Forschungsgemeinschaft DFG danke ich für die großzügige finanzielle Unterstützung im Rahmen des Graduiertenkollegs „Infrastruktur für den elektronischen Markt" an der Technischen Universität Darmstadt.

Bei Herrn Prof. Dr. Bernhard Nagel möchte ich mich für die zügige Erstellung des Zweitgutachtens bedanken.

Meine Freundin Sylvia Lürken hat mir vor allem in der Anfangsphase der Arbeit Rückhalt und Zuversicht gegeben.

Ohne die geduldige, wohlwollende und stets alle Freiheiten gewährende Unterstützung meiner Eltern Inge Schwenke-Menebröcker und Dr. Hans-Christoph Schwenke über die letzten drei Jahrzehnte wäre die Erstellung der vorliegenden Arbeit in dieser Form nie möglich gewesen, hierfür möchte ich auch an dieser Stelle meine tiefste Dankbarkeit ausdrücken.

Matthias Christoph Schwenke

Inhaltsverzeichnis

Teil A: Grundlagen, Methode und Begriffe

1 Einleitung: Individualisierung und Datenschutz

Ausgangspunkt der vorliegenden Arbeit ist das Phänomen der Individualisierung. Der Begriff Individualisierung bezeichnet den mit der Aufklärung und Modernisierung[1] der westlichen Gesellschaften einhergehenden Prozess eines Übergangs des Individuums von der Fremd- zur Selbstbestimmung, also einen Prozess, in dem das Individuum zum Gestalter seiner Umwelt und seines Lebens wird.[2] Inter- und intradisziplinär wird der Begriff Individualisierung in Nuancen unterschiedlich verstanden, daher existiert eine Vielzahl an Untersuchungen mit unterschiedlichen Definitionen, Modellen und Erklärungsversuchen. Hieraus wird deutlich, dass die Individualisierung ein facettenreiches, vielschichtiges und komplexes Phänomen ist.

Die Sozialwissenschaft gliedert den Individualisierungsprozess in zwei Phasen: zunächst beschreibt sie einen historisch gewachsenen Individualisierungsprozess, der mit der Herausbildung einer modernen bürgerlichen Gesellschaft zu Zeiten der Industrialisierung beginnt, seine Ursprünge jedoch schon in der Zeit der Aufklärung hat. Für diese erste Phase der Individualisierung sind eine Zunahme von ökonomisch geprägten Beziehungen einerseits und ein Bedeutungsverlust der Großfamilie sowie ein Zerfall der dörflichen Gemeinschaften andererseits charakteristisch.[3] Der Beginn der zweiten Phase wird mit dem Ende der 1950er Jahre angegeben; aufgrund einer qualitativ neuen, radikaleren und allumfassenden Individualisierung werden in dieser Phase die traditionellen gesellschaftlichen Zuordnungen wie Stand und Klasse obsolet, ein zunehmender Zwang zur reflexiven Lebensführung geht mit einer drastischen Verbesserung des durchschnittlichen Bildungsniveaus einher, die Pluralisierung von Lebensstilen nimmt weiter zu.[4]

In der Betriebswirtschaftslehre steht der Begriff der Individualisierung grund-

---

[1] Modernisierung soll hier als Oberbegriff für Industrialisierung, Bürokratisierung, Demokratisierung und zunehmender sozialer Mobilität verstanden werden.
[2] Vgl. Junge (2002), 7, 9.
[3] Simmel (1890), 27 ff., abrufbar unter
http://www.digbib.org/Georg_Simmel_1858/Ueber_sociale_Differenzierung;
Durkheim (1893), 1 ff., in Auszügen abrufbar unter
http://www.relst.uiuc.edu/durkheim/Summaries/dl.html.
[4] Siehe hierzu Giddens (1991 und 1999); Beck (1986, 1993, 1994).

sätzlich für die Fokussierung sämtlicher Produktgestaltungs- und Absatzbemühungen auf das Individuum, das heißt auf den konkreten Nachfrager und Kunden. Im Bereich des Marketings wird die Individualisierung als extreme Form der Fokussierung absatzfördernden Aktivitäten auf die individuellen Bedürfnisse und Wünsche des einzelnen Konsumenten verstanden. Aufgrund des Trends der Individualisierung in der Betriebswirtschaft versuchen Unternehmen, ihren Kunden Produkte anzubieten, die ihren Bedürfnissen möglichst genau entsprechen. Das Leistungsbündel Individualisierung lässt sich in die Schritte Produktspezifikation, Produktzuordnung und Lieferung beziehungsweise Leistungserbringung zerlegen.

Der Trend zur Individualisierung auf Nachfragerseite sowie der allgemeine Wettbewerbsdruck unter den Anbietern führen dazu, dass die Wirtschaft verstärkt Produkte anbietet, die den spezifischen Bedürfnissen der einzelnen Konsumenten entsprechen sollen. Dies erfolgt unter Einsatz und mit Hilfe moderner Kommunikations- und Informationstechnologie. Einige Beispiele für den Trend der Individualisierung in der Betriebswirtschaft sind etwa individualisierte Waren[5] und Dienstleistungen[6] individualisierte Software-Lösungen, maßgeschneiderte Vertragsoptionen (etwa im Versicherungswesen,[7] in der Telekommunikation oder im Finanzdienstleistungssektor). Insgesamt nehmen Nachfrage Umsatz mit Produkten[8], die „on demand"[9] nach spezifischen Kundenwünschen hergestellt werden, zu.

Besonders dynamisch verläuft derzeit die Entwicklung solcher Produkte, die sich den Eigenschaften und Eigenheiten der Benutzer anpassen, während sie bereits in deren Besitz sind. In diesen Fällen wird das Produkt nicht lediglich

---

[5] Beispielsweise kann man über die Website www.nike.com Sportschuhe vor der Bestellung selbst gestalten und mit einem personalisierten Schriftzug versehen.

[6] Eine neuartige individualisierte Dienstleistung ist etwa der unter www.uv-check.de angebotene Service des Deutschen Zentrums für Luft- und Raumfahrt (DLR) in Kooperation mit dem Berufsverband der Deutschen Dermatologen (BVDD), bei dem einzelne Nutzer per SMS über die maximale Eigenschutzzeit ihrer Haut informiert werden, nachdem sie Hauttyp und Standort angegeben haben.

[7] Beispielsweise werden die Prämien bei Kraftfahrzeug- und Hausratsversicherungen bereits heute weitgehend abhängig von einer Vielzahl von Faktoren berechnet. Dieser Trend wird weitergehen. Absehbar ist etwa, dass Versicherungen mittelfristig individualisierte Tarife für Kunden anbieten werden, die einwilligen, eine so genannte „Black Box" in ihrem Kraftfahrzeug zu installieren, welche dann Informationen über Fliehkräfte, Beschleunigungen und Verzögerungen des versicherten Kraftfahrzeugs sowie in Kombination mit GPS-Technologie Verkehrsverstöße aufzeichnet und somit Rückschlüsse über den Fahrstil der Fahrzeugführer und das zu versichernde Risiko zulassen.

[8] Der Begriff „Produkt" soll im Rahmen dieser Arbeit als Oberbegriff für Waren und Dienstleistungen verstanden werden.

[9] Im deutschen Sprachgebrauch wird „on demand" meist mit „auf Abruf" übersetzt.

2

durch den Verkäufer oder Dienstleister vor der Auslieferung an den Kunden individualisiert, sondern passt sich – als weitere Stufe – während es bereits im Gebrauch des Kunden ist, an dessen Bedürfnisse und Eigenheiten an, um ihn optimal unterstützen zu können. Unter Umständen kann in der Fähigkeit der Produkte, sich intelligent und adaptiv weiter zu entwickeln, der eigentliche Mehrwert liegen. Datenschutzrechtlich besonders brisant sind solche Produkte, die die gespeicherten Bedürfnisse und Eigenheiten ihrer Nutzer wieder zurück an ihre Hersteller oder Dienstbetreiber übermitteln. Für die Hersteller und Dienstebetreiber sind gerade diese Daten von hohem Interesse, da sie helfen, die Nutzer und ihre Bedürfnisse zu verstehen und auf diese einzugehen. Sie können auch zur weiteren Produktverbesserung verwendet werden.

In der vorliegenden Arbeit sollen nicht die *Ursachen* des Trends der Individualisierung erforscht werden, vielmehr soll auf dessen *Auswirkungen* eingegangen werden, indem die sich aufgrund des Trends ergebenden datenschutzrechtlichen Implikationen und Probleme untersucht werden. Der Trend der Individualisierung wird daher zwar sozio-historisch nachvollzogen und beschrieben, nicht aber im Detail analysiert, sondern für die nachfolgende Betrachtung der Auswirkungen vielmehr vorausgesetzt.

Das Phänomen der steigenden Individualisierung führt zu einer erhöhten Zahl von Datenerhebungen. Denn um Menschen in ihrer Individualität zu unterstützen, ist die genaue Kenntnis der individuellen Merkmale unabdingbare Voraussetzung. Die benötigten Daten müssen also zunächst gesammelt, aufbereitet und gespeichert werden. Zusätzlich kann die Nutzung individualisierter Dienstleistungen und Waren selbst zur Entstehung großer Mengen personenbezogener Daten führen. Diese Daten sind kein ungewolltes Nebenprodukt, sondern von großer Bedeutung für Unternehmen, können sie doch zur Produktentwicklung verwendet und etwa eingesetzt werden, um ein verbessertes, effektiveres Marketing zu ermöglichen.

Individualisierung ist ein zweiseitiges Phänomen. Einerseits gibt es die *eigene, selbst bestimmte* Individualisierung, also den Prozess der Entwicklung und Entfaltung der Persönlichkeit zu einem unverwechselbaren Individuum. In dieser Form ist die Individualisierung Ausdruck der grundgesetzlich garantierten allgemeinen Handlungsfreiheit im Sinne von Artikel 2 Absatz 1 i.V.m. Artikel 1 Absatz 1 GG. Andererseits gibt es die Individualisierung *durch andere*, zum Beispiel die Individualisierung durch Unternehmen mittels Datenverarbeitung[10]

---

[10] Der Begriff „Datenverarbeitung" wird in der vorliegenden Arbeit zur Verbesserung der Lesbarkeit und Klarheit anstatt des so genannten „Dreigestirns" (Erhebung, Verarbeitung und

wie Data Warehousing, Data Mining und Profilbildung. Diese Form der Individualisierung, also das Herausgreifen des Einzelnen aus der anonymen Masse, das Analysieren seiner privaten Motivationen, Vorlieben und Gewohnheiten, stellt eine potenzielle Bedrohung für die allgemeine Handlungsfreiheit des Einzelnen dar.

Bei einer ganzen Reihe neuartiger Individualisierungsmaßnahmen fallen beide Seiten der Individualisierung zusammen, wobei die Chancen der Nutzung individualisierter Produkte auf deren Risiken treffen. Zum Beispiel ist es für die Nutzung vieler neuartiger Technologien und Angebote wie On-Demand-Dienstleistungen, Wireless Internet-Lösungen, Mobilfunk-Dienstleistungen oder dem Ubiquitous Computing Voraussetzung, ein Profil anzulegen, das Ortsinformationen und Präferenzen vorhält und ständig mit weiteren, teilweise sensiblen Daten angereichert wird, die die Erstellung umfassender Profile von Individuen ermöglichen. Diese Profile könnten zum Beispiel eine lückenlose dreidimensionale Dokumentation über den Aufenthaltsort enthalten, sie könnten verknüpft werden mit einer Dokumentation des Konsumverhaltens, mit Daten über den Gesundheitszustand, mit Angaben über persönliche und berufliche Interessen des Individuums, mit detaillierten Informationen über das soziale Umfeld der Person und wiederum mit individuellen Daten aller weiteren Personen im sozialen Umfeld derselben.

Die rechtliche, insbesondere die datenschutzrechtliche Problematik im Fall des Zusammentreffens der Eigen- und Fremdindividualisierung liegt darin, dass die Betroffenen hierbei die kritischen Produkte aufgrund von eigener, freier Willensentscheidungen in Anspruch genommen haben, die Datenverarbeitung sich also nicht als typischen Angriff auf die informationelle Selbstbestimmung „von außen" charakterisieren lässt. Es ist schließlich gerade Bestandteil des Grundrechts auf informationelle Selbstbestimmung, seine eigenen personenbezogenen Daten nach Belieben, also nach freiem Willen weitergeben zu können. Zunächst ist also nichts daran zu beanstanden, wenn Betroffene sich dazu entschließen, zum Beispiel bei der Nutzung bestimmter Produkte perso-

---

Nutzung) des Bundesdatenschutzgesetzes als einheitlicher Oberbegriff für jeglichen Umgang mit/jegliche Verwendung von personenbezogenen Daten benutzt. Dies steht im Einklang mit der Definition des Artikel 2 b) der EG-Datenschutzrichtlinie 95/46/EG und den meisten europäischen Datenschutzgesetzen. Die Bezeichnung „Datenverarbeitung" umfasst zum Beispiel die Aktivitäten „Erheben", „Speichern", „Anpassen", „Verändern", „Aggregieren", „Re-Identifizieren", „Auslesen", „Abfragen", „Übermitteln", „Verbreiten", „Bereitstellen", „Nutzen", „Verwenden" und „Löschen"; vgl. Schild, DuD 1997, 444f.; ders. (2003), 524; sowie Roßnagel/Pfitzmann/Garstka (2001), 67f.; Roßnagel DuD 2001, 253 (257); vgl. auch § 2 Absatz 2 des Hessischen Datenschutzgesetzes wonach „Datenverarbeitung" ebenfalls der übergeordnete Begriff des Umgangs mit Daten ist.

nenbezogene Daten preiszugeben.

Andererseits können sich durch die Nutzung der Produkte für den Betroffenen unüberschaubare Risiken ergeben, die außer Verhältnis zum angestrebten Nutzen stehen. Es gilt also, den Einsatz der neuartigen Techniken und Instrumente so zu gestalten, dass die informationelle Selbstbestimmung des Einzelnen verwirklicht, nicht jedoch gefährdet wird. Abgesehen davon, dass dies schon deshalb geboten ist, um datenschutzrechtliche Bestimmungen nicht zu missachten, ist es auch für die Industrie selbst von größtem Interesse, das Vertrauen der Konsumenten darauf, dass sie selbst Herr über ihre Daten sind, sicherzustellen. Andernfalls bestünde die Gefahr, dass sich wirtschaftliche Potentiale trotz ausgefeilter und hoch entwickelter technologischer Lösungen nicht realisieren lassen und neuartige Technologien sich nicht durchsetzen können, da sie von zu wenigen Konsumenten genutzt werden.

Wichtigstes Grundkriterium für das Vertrauen der Konsumenten und damit den Erfolg neuartiger Technologien ist die rechtliche Zulässigkeit der Ausgestaltung dieser Technologien. Die Beachtung der datenschutzrechtlichen Vorgaben ist der kleinste gemeinsame Nenner, denn Konsumenten werden die Nutzung nicht-schutzrechtskonformer Produkte scheuen. Demgegenüber werden Konsumenten denjenigen Produkten einen Vertrauensvorschuss geben, die im Einklang mit Schutzrechten stehen und gegebenenfalls zusätzlich mit entsprechenden Gütesiegeln ausgezeichnet sind.[11]

Recht und Technik stehen sich nicht bedingungslos gegenüber, sondern korrespondieren miteinander: zum einen lassen sich aus den rechtlichen Anforderungen konkrete Gestaltungsvorschläge ableiten, zum anderen ist auch das Recht einer technikadäquaten Fortbildung unterworfen. Die wissenschaftlichen Fragestellungen dieser Arbeit orientieren sich somit daran, welchen rechtlichen Anforderungen sich die technischen Gestaltungsmöglichkeiten zu unterwerfen haben und inwieweit – bedingt durch die technische Entwicklung – neue technikadäquate rechtliche Rahmenbedingungen geschaffen werden müssen.

Diese Arbeit soll einen Beitrag dazu leisten, die datenschutzrechtlichen Anforderungen an Individualisierungsmaßnahmen darzustellen, wobei insbesondere auf die Voraussetzungen an eine datenschutzrechtskonforme Datenerhebung (=Erlangung persönlicher Informationen) als Grundlage jeder Individualisierung eingegangen wird. Zusätzlich wird der Versuch unternommen, Gestal-

---

[11] Umfassend zum Vertrauen im Electronic Commerce siehe Fuhrmann (2001).

tungsvorschläge für eine rechtsadäquate Ausgestaltung von Individualisierungsmaßnahmen zu formulieren.

2 Methode und Begriffe

Ziele der Arbeit sind eine rechtsadäquate Technikgestaltung und eine technikadäquate Rechtsfortbildung. Nachfolgend soll die Methode der Technikgestaltung vorgestellt werden.

2.1 Technikgestaltung

Um das methodische Vorgehen und die Notwendigkeit einer rechtsverträglichen Technikgestaltung nachzuvollziehen, ist zunächst auf das Verhältnis von Technik und Recht einzugehen.

2.1.1 Technik und Recht

Der Begriff der „rechtsadäquaten Gestaltung", wie er bereits in der Einleitung erwähnt wurde, knüpft an den Begriff der Technikgestaltung, an das Verhältnis von Technik und Recht an. Wissenschaftliche und technische Entwicklungen haben eine Vielzahl von Problemen und Herausforderungen für das sozioökonomische Zusammenleben von Menschen gebracht. Forsthoff formulierte bereits 1971 – lange vor der Verbreitung von Computern in Privathaushalten und der mobilen Kommunikations- und Internet-Technologie – dass die auf Dynamik und permanente Fortentwicklung angelegte Wissenschaft und Technik die Gesellschaft verändern und innerhalb immer kürzerer Zeitabschnitte zu immer bahnbrechenderen Umgestaltungen der sozialen und menschlichen Umwelt führen.[12]

Technische Neuentwicklungen wandeln jedoch nicht nur soziale Gegebenheiten, sondern können auch zu gravierenden Auswirkungen auf das Rechtssystem führen.[13] Der Einfluss, den technische Neuentwicklungen auf das Recht haben können, zeigt sich zum Beispiel an der Vielzahl von internationalen und nationalen Regelungen, die aufgrund des E-Commerce und der Internet-

---

[12] Forsthoff (1971), 30f.
[13] Roßnagel (1993), 11.

6

Technologie getroffen wurden. Die neuen Informations- und Kommunikations-technologien, die zur Erstellung individualisierter Produkte eingesetzt werden, haben Einfluss auf die Bedingungen der Rechtsausübung und Entfaltung von Grundrechten der Betroffenen. In positiver Hinsicht versetzen sie Nutzer in die Lage, ihre individuellen Bedürfnisse einfacher, besser und schneller befriedi-gen zu können, sie *unterstützen* insoweit sogar die Individualität der Nutzer. Andererseits birgt der Einsatz der genannten Technologien auch Risiken für die Grundrechtsverwirklichung der Nutzer, insbesondere für das Grundrecht der informationellen Selbstbestimmung als Ausprägung der allgemeinen Handlungsfreiheit. Durch die zeitliche und räumliche Entkopplung der Daten-verarbeitung vom tatsächlichen Handeln der Betroffenen sowie die Entkopp-lung von ihren physischen Kommunikationspartnern sind die Betroffenen oft außerstande, Kontrolle darüber auszuüben, wann welche personenbezogenen Daten erhoben werden.

Es wird deutlich, dass die Technik sowohl positiven wie auch negativen Ein-fluss auf die Grundrechtssituation der Betroffenen haben kann. Hinsichtlich der Reaktionsmöglichkeiten der Rechtsordnung auf die veränderte technisch-wissenschaftliche beziehungsweise sozio-ökonomische Wirklichkeit bestehen grundsätzlich zwei Handlungsoptionen: entweder passt sich die Rechtsord-nung an die veränderten technologischen Umstände an oder aber sie versucht umgekehrt, die Technik möglichst vorgreifend am geltenden Recht auszurich-ten.[14]

Klarzustellen ist zunächst, dass Änderungen des geltenden Rechts nicht aus-schließlich aufgrund parlamentarischer Willensentscheidungen oder Ent-scheidungen des Verordnungsgebers herbeigeführt werden können. Vielmehr ist die Rechtsordnung durch systeminhärente Instrumente wie zum Beispiel unbestimmte Rechtsbegriffe, Ermessensregelungen und von Generalklauseln darauf ausgelegt, mit der dynamischen Entwicklung der technischen Möglich-keiten und damit der Realität Schritt zu halten. Auch die Grundrechte, die ge-neralklauselartig und daher offen formuliert sind, wurden vom Verfassungsge-ber flexibel gestaltet, so dass sie sich dem Wandel der Verhältnisse anpassen können. Folglich kann sich das Verfassungsrecht wie auch das einfachgesetz-liche Recht - sofern es mit flexiblen Regelungen versehen ist – aufgrund von veränderten Wirklichkeitsbedingungen weiterentwickeln.[15] Allerdings ist mit der dynamischen Ausrichtung des Rechts an den technischen Fortschritt die Ge-

---

[14] Roßnagel/Wedde/Hammer/Pordesch (1990), 3.
[15] Roßnagel/Wedde/Hammer/Pordesch (1990), 4.

fahr verbunden, dass das Recht Anpassungszwängen unterworfen wird.[16] Außerdem kann es aufgrund der rasanten Entwicklung in der Wirklichkeit, vorangetrieben durch finanzkräftige Industrieunternehmen, zur Einführung von technischen Standards und Geschäftsmodellen kommen, auf die das Recht dann „notgedrungen" angewendet werden muss, da technisch keine Alternativen am Markt gegeben sind. Es kann also dazu kommen, dass vollendete Tatsachen geschaffen werden und dass sich technische Lösungen durchsetzen, die die Rechte der Betroffenen nicht so angemessen berücksichtigen wie andere technische Alternativen, die sich jedoch nicht durchgesetzt haben. Die Anpassung einer einmal am Markt etablierten Technik an rechtliche Vorgaben ist nur sehr schwer zu realisieren. Vielmehr verfestigen ökonomische und tatsächliche Gegebenheiten die Technikausgestaltung weiter und können nur mit größten politischen, ökonomischen und sozialen Kraftanstrengungen rückgängig gemacht oder umgelenkt werden. Auch die rechtliche Ablehnung einer Technik führt meist nicht zum gewünschten Erfolg, da in diesem Fall zunächst lediglich zu der älteren, möglicherweise noch stärker risikobehafteten Technik zurückgekehrt wird und hierdurch vor allem gerade der erwünschte technische Fortschritt zurückgeworfen wird.

Soll die Schwierigkeit vermieden werden, ungewollte – da nicht im Einklang mit der Rechtsordnung stehende – Folgen im nachhinein korrigieren zu müssen, ist es erforderlich, bereits im Stadium der Technikentwicklung Folgen von technischen Systemen für die Rechte aller Gesellschaftssubjekte abzuschätzen und die Technik in der Weise zu gestalten, dass eine bestmögliche Gewährleistung und Entfaltung dieser Rechte sichergestellt ist. Dieser Gedanke der Technikfolgenabschätzung und Technikgestaltung wird seit den 1970er Jahren als bedeutende gesellschaftliche Herausforderung erkannt.[17] Für öffentliche Organe ist es nach der Rechtsprechung[18] des Bundesverfassungsgerichts (BVerfG) sogar geboten, sich grundrechtsschützend und -fördernd vor die Rechtssubjekte zu stellen. Folglich ist die Wahrnehmung der Technikfolgenabschätzung und Technikgestaltung eine von den Behörden wahrzunehmende Aufgabe, wenn Grundrechtsträger durch neue Technik potenziell betroffen sind. Es ist nämlich unstreitig, dass Grundrechte nicht nur als Abwehrrechte des Bürgers gegenüber dem Staat wirken, sondern auch die Aufforde-

---

[16] Roßnagel (1989), 10; Roßnagel (1997), 222; Roßnagel/Wedde/Hammer/Pordesch (1990), 5.

[17] Grunwald/Saupe (1999), 1.

[18] Vgl. BVerfGE 49, 89 (132); in dieser Entscheidung formuliert das Gericht: „Es ist Aufgabe staatlicher Organe, alle Anstrengungen zu unternehmen, um mögliche Gefahren [für die Grundrechte] frühzeitig zu erkennen und ihnen mit den erforderlichen verfassungsmäßigen Mitteln zu begegnen".

rung und Verpflichtung gegenüber den Trägern öffentlicher Gewalt enthalten, ihre Verwirklichung zu unterstützen. Wenn also die Realisierung von Grundrechten aufgrund der dynamischen Entwicklung einer Technologie gefährdet ist, sind staatliche Organe zum vorbeugenden Schutz verpflichtet, sie müssen also gestaltend in die Technikentwicklung eingreifen, um Verfassungsziele zu entfalten und bewahren.[19] Das heißt, dass Technikfolgenabschätzung und Technikgestaltung in einem Stadium einsetzen müssen, in dem die Technikentwicklung noch beeinflussbar ist und nicht erst, wenn Sachzwänge geschaffen worden sind, die eine Korrektur erschweren oder unmöglich machen.[20] Vorrangig muss also das Recht die technischen Innovationen gestalten, wenn diese die Bedingungen individueller Entfaltung, wirtschaftlichen Handelns und die Formen gesellschaftlichen Zusammenlebens beeinflussen.[21]

Zudem besagt die aus dem Rechtsstaats- und Demokratieprinzip abgeleitete Wesentlichkeitstheorie, dass der Gesetzgeber alle wesentlichen Entscheidungen für die staatliche und gesellschaftliche Ordnung selbst zu treffen hat.[22] Auch hieraus lässt sich eine Pflicht zur Technikfolgenabschätzung und Technikgestaltung ableiten, denn wenn Lebensbedingungen und damit die Verwirklichungsbedingungen der Grundfreiheiten entscheidend durch technische Entwicklungen beeinflusst werden, darf die Entscheidung über technische Alternativen nicht der Exekutive oder Partikularinteressen überlassen werden.[23] Hier ist vielmehr der Gesetzgeber verpflichtet, diejenigen rechtlichen Regelungen zu erlassen, die zum Schutz und zur Durchsetzung individueller Interessen erforderlich sind.[24]

Technikgestaltung durch normative Anforderungen des Gesetzgebers setzt allerdings die generelle Möglichkeit der Steuerung von Technik durch das Recht voraus.[25] Da Technikentwicklung meist zu einem Zeitpunkt in Gang ge-

---

[19] Roßnagel (1989), 13.

[20] Ranke (2003), 5.

[21] Vgl. Scholz (2003), 347f.

[22] Ständige Rechtsprechung des BVerfG, vgl. zuletzt in der so genannten Kopftuchentscheidung, BVerfG, 2 BvR 1436/02 vom 3.6.2003 (verkündet am 24.9.2003) NJW 2003, 3111f.: „Die verfassungsrechtliche Notwendigkeit einer gesetzlichen Regelung folgt aus dem Grundsatz des Parlamentsvorbehalts. Rechtsstaatsprinzip und Demokratiegebot verpflichten den Gesetzgeber, die für die Grundrechtsverwirklichung maßgeblichen Regelungen selbst zu treffen" (vgl. auch BVerfGE 49, 89 (126); 61, 260 (275); 83, 130 (142); ebenso BVerfGE 33, 125 (163); 33, 303 (336); 47, 46 (78)).

[23] Roßnagel (1989), 14.

[24] Scholz (2003), 348.

[25] Zur Technikgestaltung als Bestandteil der Techniksteuerung siehe Roßnagel (1993), 255 (267).

setzt wird, zu dem nur wenig Interesse an der Evaluierung der rechtlichen Risiken und Chancen des Einsatzes der jeweiligen Technik besteht, gestaltet sich die „präventive" Technikgestaltung als schwierig. Im Entwicklungsstadium gilt das Augenmerk zunächst fast ausschließlich der Herstellbarkeit und Funktionstüchtigkeit der jeweiligen Technik.[26] Dennoch ist eine Steuerung der Technikentwicklung nicht ausgeschlossen, denn die Entwicklung technischer Systeme vollzieht sich nicht losgelöst von jedem gesellschaftlichen Kontext allein unter den Gesichtspunkten technischer Durchführbarkeit und Effektivität. Vielmehr können Fragen der Technikentstehung, -verbreitung und –nutzung gerade nicht allein mit den disziplineigenen Methoden und Kriterien der Technik entschieden werden. Jede Technik enthält immer auch nicht-technische Elemente, da sie in menschliche Handlungsstrategien, Organisationsformen und gesellschaftliche Handlungszusammenhänge integriert ist. Technikentwicklung wird daher leitbildorientiert vorangetrieben.[27] Nur ein kleiner Teil der wissenschaftlichen und technischen Erkenntnisse werden überhaupt in die Realität umgesetzt, ein noch kleinerer Teil gelangt zum Stadium der Markteinführung. Das technisch Machbare wird vielmehr selektiert nach Brauchbarem und Nicht-Brauchbarem. Diese Selektion kann nach ökonomischen, ökologischen, sozialen, politischen, kulturellen oder eben auch juristischen Kriterien erfolgen.[28]

Das Recht kann jedoch nur dann als Gestaltungsmittel eingesetzt werden, wenn es bereits zu einem möglichst frühen Zeitpunkt berücksichtigt wird. Es ist also eine Integration bereits im Stadium der Entscheidungsabläufe der Entwicklung technischer Systeme erforderlich, um positiv erwünschte Techniken zu selektieren.[29] Das Recht soll also nicht nur, wie es traditionell der Fall ist, nachträglich Konflikte um Technologien bewerten, sondern diese möglichst frühzeitig durch die Formulierung von Anforderungen an die Technikgestaltung entschärfen beziehungsweise gänzlich vermeiden. Wandelt sich das Recht in diesem Sinne vom reinen Bewertungskriterium zum Gestaltungskriterium, können unnötige Kosten und Fehlentwicklungen verhindert, Konflikte entschärft, sowie Vertrauen und Akzeptanz der Nutzer in neue Technologien gestärkt werden.[30] Um Technik in diesem Sinne zu steuern, muss das Recht

---

[26] Roßnagel (1993), 16 (28): Technische Entwicklung lässt sich in die Stadien Kognition, Invention, Innovation und Diffusion unterteilen. Roßnagel (1993), 67 ff.; sowie (1994), 440 ff. ordnet den Stufen der Technikentwicklung spezifische Ansatzpunkte und Instrumente der Techniksteuerung zu.

[27] Bizer (1998), 50.

[28] Roßnagel (1999), 216.

[29] Scholz (2003), 351.

[30] Westphalen/Neubert (1988), 270.

Entwicklungsziele vorgeben und Methoden und Maßstäbe für die Selektion der Gestaltungsoptionen liefern.

Ein Problem hierbei stellt das unverbundene Nebeneinander von rechtlichen Vorgaben und Technik dar. Mit Generalklauseln können Techniker nichts anfangen, ebenso wenig kann der Gesetzgeber spezifische Anforderungen formulieren. Eine Technikgestaltung nach den Maßstäben des Rechts kann daher erst dann erfolgen, wenn die rechtlichen Vorgaben an die Technik so konkretisiert werden, dass sie die Ziele der Technikgestaltung in der Sprache der Technik formulieren.[31] Rechtliche Termini müssen für die Techniksteuerung in technische Begriffe übersetzt, rechtliche Steuerungsentscheidungen in technische Anforderungen transformiert werden. Nur wenn sich beide Disziplinen auf eine gemeinsame Kommunikationsebene einigen, kann die vollständige Abkopplung der technischen Entwicklung von Einflussnahmen durch das Recht und eine Beschränkung auf technikimmanente Kriterien vermieden werden.[32]

2.1.2 Methode KORA

Eine Antwort auf die Herausforderung, die Beschreibungslücke zwischen sehr allgemeinen und unspezifischen rechtlichen Anforderungen (zum Beispiel in Generalklauseln) und konkreten technischen Gestaltungshinweisen zu überbrücken, liefert die Methode KORA (Konkretisierung rechtlicher Anforderungen).[33] Das Verfahren wurde durch die Projektgruppe für verfassungsverträgliche Technikgestaltung (provet) methodisiert und auf verschiedene technische Neuerungen erfolgreich angewendet.[34] Sie soll für den Bereich der Informations- und Kommunikationstechniken rechtliche Anforderungen vermitteln, in-

---

[31] Roßnagel (1993), 254 ff., 268; ders. (2001), 29f.

[32] Vgl. Scholz (2003), 353.

[33] Umfassend hierzu Pordesch (2003), 257 ff.

[34] Erstmals wurde die Methode am Beispiel der rechtsgemäßen Gestaltung von ISDN-Kommunikationssystemen angewendet, siehe Hammer/Pordesch/Roßnagel (1993), 43 ff.; in der Folgezeit wurde die Methode auf den Einsatz digitaler Signaturverfahren in formularorientierten Vorgangssystemen angewendet, siehe Pordesch/Roßnagel (1994), 82 ff., sowie auf Konzepte des Erreichbarkeitsmanagements, siehe Hammer/Pordesch/Roßnagel/Schneider (1994); auf den Einsatz von Sprachdiensten, siehe Pordesch, (1994), 614 ff.; auf den Einsatz von Hypermedia-Systemen bei Genehmigung von neuen Anlagen nach dem Bundesimmissionsschutzgesetz, siehe Roßnagel/Schroeder (1999), auf den Einsatz multimedialer Dokumente in Genehmigungsverfahren, siehe Idecke-Lux (2000), 218 ff. und schließlich zur Lösung des Präsentationsproblems elektronischer Dokumente in der Beweisführung, siehe Pordesch (2003). Jedenfalls teilweise wurde die Methode auf den Einsatz von M-Commerce-Lösungen angewendet bei Ranke (2003).

dem diese technikadäquat formuliert werden. Die Transformation von der E-bene des Rechts auf die Ebene der Technik zielt hierbei unmittelbar auf eine rechtsgemäße Technikgestaltung ab.[35]

Rechtsnormen enthalten selten konkrete Vorgaben für technische Systeme. Dies gilt vor allem für grundlegende Rechtsnormen wie die Grundrechte im deutschen Grundgesetz, die sehr allgemein und generalklauselartig formuliert sind. Das allgemeine Persönlichkeitsrecht aus Artikel 2 Absatz 1 GG in Verbindung mit Artikel 1 Absatz 1 GG, nach dem jeder das Recht auf freie Entfaltung der Persönlichkeit hat, lässt keinen Bezug zur Verarbeitung von Daten in einem Datenverarbeitungssystem erkennen. Dennoch ist es bei gerichtlichen Entscheidungen unumgänglich und daher üblich, solche Bezüge herzustellen. Wie Richter müssen auch Informationstechnik-Gestalter rechtliche Anforderungen in technische Anforderungen umsetzen. Sie müssen diesen Prozess allerdings im Vorhinein bewältigen, nicht erst beim Auftreten eines juristischen Streitfalls. Technikentwickler müssen generalisierbare Kriterien für die zu gestaltende Technik ableiten, während die Judikative im Nachhinein Einzelfälle untersucht und diese als „rechtswidrig" beziehungsweise „nicht rechtswidrig" bewertet. Um rechtsadäquate Technikentwicklung zu ermöglichen, ist eine systematische Überwindung der Beschreibungslücke zwischen abstrakten Rechtsnormen einerseits und konkreten technischen Gestaltungsmöglichkeiten andererseits nötig.

Sollen technische Systeme an den Maßstäben des allgemeinen Rechts gemessen werden, kann dies nur zum Erfolg führen, wenn sich das Recht auf die Eigengesetzlichkeiten des zu regulierenden Systems einlässt. Um konkrete Gestaltungsansätze formulieren zu können, müssen generalklauselartige Rechtsnormen auf die Ebene der Technik „heruntergebrochen" werden, das heißt, die rechtswissenschaftlichen Begriffe müssen in den Sprachgebrauch der Technik übersetzt werden. Nur so kann das Recht auf die technische Entwicklung Einfluss nehmen und eine Dynamik der Technikentwicklung nach ihren systeminhärenten Kriterien verhindern.[36] Dieses Ziel verfolgt die Methode KORA in einem vierstufigen Konkretisierungsprozess.

Auf der ersten Stufe werden aus rechtlichen Vorgaben, die in allgemein gefassten Rechtssätzen (wie zum Beispiel Generalklauseln oder generalklauselartig formulierten verfassungsrechtlichen Vorgaben) enthalten sind, rechtliche

---

[35] Zur Methode KORA siehe Hammer/Pordesch/Roßnagel (1993), 21 ff.; zusammenfassend Roßnagel (1996), 159f.
[36] Ranke (2003), 6.

Anforderungen abgeleitet. Die rechtlichen Vorgaben regeln das Zusammenleben der Menschen, nicht die Technik. Sie können meist unmittelbar aus dem Grundgesetz entnommen werden und müssen deshalb nicht hergeleitet, begründet oder in eigene Begriffe gefasst werden, sondern können vorausgesetzt werden. Dies gilt zum Beispiel für das Grundrecht auf informationelle Selbstbestimmung aus Artikel 1 Absatz 1 in Verbindung mit Artikel 2 Absatz 1 GG, das für die vorliegende Arbeit von zentraler Bedeutung ist. Grundsätzlich müssen bei Anwendung der Methode KORA zunächst mögliche soziale Chancen und Risiken des Technikeinsatzes bekannt sein und gegebenenfalls untersucht werden, um sodann die relevanten allgemein formulierten Rechtsvorgaben zu identifizieren. Aus diesen Vorgaben werden in der ersten KORA-Stufe rechtliche Anforderungen abgeleitet, die die abstrakten Rechtsgarantien im Licht der jeweiligen Technik auf die spezifischen Chancen und Risiken konkretisieren. Wie erwähnt kann im Rahmen der vorliegenden Arbeit das Grundrecht auf informationelle Selbstbestimmung problemlos als zentrale und auch einzige relevante verfassungsrechtliche Vorgabe identifiziert werden, so dass die angesprochene Suche nach den Vorgaben entfällt. Die aus dieser Vorgabe abzuleitenden rechtlichen Anforderungen sind in weiten Teilen bereits durch den Gesetzgeber entwickelt worden, der eine Vielzahl von konkretisierenden Regelungen erlassen hat, die prinzipiell an die Stelle der ansonsten zu leistenden Konkretisierungsarbeit treten, welche auf der ersten und zweiten KORA-Stufe vorzunehmen ist. Dennoch erweist sich die Methode als hilfreich und hat eine eigene Berechtigung im Rahmen dieser Arbeit, da mit ihrer Hilfe an den Stellen, wo die gesetzlichen Regelungen Lücken aufweisen, Gestaltungsziele gefunden werden können, die zur übrigen Systematik passen und sich somit in das Gesamtkonzept des deutschen Datenschutzrechts einfügen.

Im zweiten, techniknäheren Schritt der Methode KORA werden die im ersten Schritt entwickelten Anforderungen zu Kriterien präzisiert, die dem spezifischen Techniksystem gerecht werden, indem sie die konkreten Eigenheiten, Risiken und Anwendungsbedingungen des Techniksystems berücksichtigen.[37] Die Kriterien enthalten sowohl Bezüge zur Technik als auch zu sozialen beziehungsweise rechtlichen Aspekten – es handelt sich um soziotechnische beziehungsweise rechtlich-technische Kriterien. Sie beschreiben Problemlösungen für die Anforderungen, jedoch noch ohne Bezug auf einen bestimmten technischen, organisatorischen oder gar rechtlichen Lösungsansatz – alle technischen und auch nicht-technischen Lösungsmöglichkeiten sind auf dieser Ebene prinzipiell noch denkbar. Je nach Techniksystem und Anwendung kön-

---

[37] Am Beispiel des Datenschutzes demonstriert, lassen sich die rechtlichen Anforderungen unter anderem zu den Kriterien Transparenz und Zweckbindung verdichten.

nen sehr allgemeine Eigenschaften und Bestandteile unterschieden werden, für die Lösungen zu suchen sind. Die Kriterien sind schon so konkret, dass sie auf Merkmale der Technik angewendet werden könnten. Probleme ergeben sich hierbei, wenn ein komplexes System zu gestalten ist, das viele ähnliche Merkmale oder viele Wechselwirkungen zwischen Merkmalen aufweist. Um zufrieden stellende Lösungen für die komplexen Zusammenhänge zu finden, ist die technische Konkretisierung weiter zu systematisieren. Im Bereich der informationellen Selbstbestimmung könnten etwa das Prinzip der Zweckbindung oder das Prinzip der Transparenz als Beispiele für Kriterien genannt werden, an denen sich individualisierte und individualisierende Produkte zu orientieren haben.

In der dritten Stufe werden technische Gestaltungsziele gewonnen, indem von der Technik her nach den Elementarfunktionen gefragt wird, die die Leistungsmerkmale erfüllen müssen, um kriteriengerecht zu sein. Der Gegenstand dieser Ebene ist bereits informationstechnisch. Allerdings handelt es sich noch um Abstraktionen konkreter Technikmerkmale, zum Beispiel Grundfunktionen oder abstrakte Datenstrukturen. Gestaltungsziele sind technische Anforderungen an diesen Gegenstand. Im Sinne der Optimierungsaufgabe „Rechtsverträglichkeit" handelt es sich selten um Muss-Anforderungen, sondern meist um anzustrebende Soll-Anforderungen, daher der Begriff Gestaltungs*ziel*. Die Gestaltungsziele sollen eine systematische rechtliche Bewertung und Gestaltung von Merkmalen konkreter Techniksysteme ermöglichen. Zu gestaltende Elemente und Gestaltungsziele sind daher unter rechtlichen Gesichtspunkten zu bilden. Abgedeckt wird nicht die Gesamtfunktionalität des technischen Systems, sondern nur der rechtlich relevante Teil. Als relevantes Beispiel im Kontext von Datenschutz und Individualisierung wäre hier etwa die Unterrichtungspflicht nach § 4 Absatz 1 TDDSG zu nennen.

Im vierten und letzten Schritt werden schließlich dezidiert technische Merkmale bewertet und technisch-organisatorische Gestaltungsmöglichkeiten formuliert. Dabei werden konkrete technische Bedingungen bewertet und durch einen Vergleich der rechtlichen Anforderungen mit dem technischen System mögliche Defizite aufgezeigt.[38] Elemente dieser Ebene sind technische Funktionen wie zum Beispiel Leistungsmerkmale. Technische Gestaltungsvorschläge sind eine Sammlung konkreter technischer Maßnahmen, die aus rechtlicher Sicht realisiert werden sollen – wo möglich mit Alternativvorschlägen. Die Vorschläge allein ergeben noch keinen zusammenhängenden Sys-

---

[38] Zu den einzelnen Schritten siehe Hammer/Pordesch/Roßnagel (1993), 46 ff.; Idecke-Lux (2000), 220; Pordesch (2003), 262 ff.

tementwurf. Sie können aber als Teil eines Lastenhefts[39] aufgefasst werden, wie es in der Planungsphase der Systementwicklung erstellt wird. Weitere Anforderungen aus der System- und Anforderungsanalyse sind zu untersuchen um dieses zu komplettieren und danach einen Systementwurf aufstellen zu können. Um auch hier ein für den Betrachtungsgegenstand der vorliegenden Arbeit relevantes Beispiel zu nennen, wird auf die technische Anforderung verwiesen, dass Datenschutzerklärungen von Websites, die online-Dienstleistungen anbieten, mit einem Klick von der Startseite aus erreicht werden können, so dass ein hohes Maß an Transparenz gegeben ist und Betroffene sich mühelos und schnell einen Überblick über den Umgang mit ihren personenbezogenen Daten verschaffen können.

Die Methode KORA ist vor allem dort hilfreich, wo neue Techniksysteme auf ein weitgehend unreguliertes Rechtsfeld treffen oder dort, wo die vorhandenen Gesetze keine präzisen oder bereits überholte Vorschriften über den Einsatz der Technik enthalten, so dass für eine rechtskonforme Technikgestaltung zunächst auf übergeordnete Rechtsziele aus der Verfassung Bezug genommen werden muss.[40]

Im Datenschutzrecht ist eine solche Ausgangslage zwar grundsätzlich nicht gegeben, vielmehr liegen mit Bundesdatenschutzgesetz (BDSG) und Landesdatenschutzgesetzen (LDSG), Teledienstedatenschutzgesetz (TDDSG) und Mediendienste-Staatsvertrag (MDStV) detaillierte Regelungen auch für Bereiche vor, in denen sich die Technik in den letzten Jahren rapide weiterentwickelt hat. Dennoch gibt es im Bereich der Individualisierung Konstellationen, neu entwickelte Technikkomponenten und Methoden, in denen datenschutzrechtlich bisher kaum aufgearbeitete Problemstellungen gegeben sind. Hier stellt die Methode KORA ein sinnvolles Instrument für die Ableitung von Anforderungen an die Technik dar, beziehungsweise kann dazu dienen, Rege-

---

[39] Im Projektmanagement und im Qualitätsmanagement versteht man unter einem Lastenheft das vom Kunden, Nutzer oder sonstigen Nachfrager eines Projektes oder Produktes definierte Grobkonzept eines Vorhabens. Der Begriff ist insbesondere in der Softwareentwicklung aber etwa auch im Media Design üblich. Eine DIN-Norm (DIN 69905) beschreibt den Inhalt des Lastenheftes. Demnach muss das Lastenheft folgende Punkte enthalten: die grundsätzlichen Spezifikationen des zu erstellenden Produktes, die Anforderungen an das Produkt bei seiner späteren Verwendung, technische Rahmenbedingungen für Produkt und Leistungserbringungen (zum Beispiel einzuhaltende Normen, zu verwendende Materialien), vertragliche Rahmenbedingungen für Produkt und Leistungserbringungen (zum Beispiel Teilleistungen, Gewährleistung, Vertragsstrafen), Anforderungen an den Auftragnehmer (zum Beispiel dessen Zertifizierung nach ISO 9000), Anforderungen an das Projektmanagement des Auftragnehmers (zum Beispiel Projektdokumentation, Controlling-Methoden).

[40] Vgl. Scholz (2003), 354.

lungsvorschläge für bestimmte rechtliche Problemstellungen zu entwickeln.

In der vorliegenden Arbeit wird die Methode KORA als methodisches Grundgerüst eingesetzt. Hilfreich ist die Methode insbesondere dort, wo Lücken in der bestehenden Regelungssystematik bestehen, also an den Stellen, an denen der Gesetzgeber bisher lediglich unvollständige Regelungen erlassen hat. Dies ist im Bereich der informationellen Selbstbestimmung und des Datenschutzes inzwischen die Ausnahme, da hier eine Vielzahl an Spezialregelungen vorliegt. Dennoch erlaubt das Vorgehen anhand der Methode KORA ein dogmatisch und methodisch sauberes Nachvollziehen der bestehenden Systematik und leistet hierdurch einen wichtigen Beitrag dazu, die interdisziplinäre Kommunikation zu erleichtern. Wissenschaftler mit nicht-juristischem Hintergrund, wie etwa Informatiker, Elektrotechnik-Ingenieure oder Wirtschaftsinformatiker, können Zusammenhänge und Systematik von Regelungen leichter erfassen, wenn diese anhand des KORA-typischen stufenweisen Vorgehens erläutert werden. Es würde allerdings den Rahmen der vorliegenden Arbeit sprengen, wenn die Methode KORA in allen vier Stufen durchgeführt würde. Die Methode KORA wurde entwickelt, um die interdisziplinäre Arbeit an einzelnen abgegrenzten Forschungssubjekten, wie etwa ISDN-Anlagen, zu verbessern. Die vorliegende Arbeit befasst sich demgegenüber nicht mit einer einzelnen neuartigen Technologie, sondern mit einem ganzen Technologietrend, der viele Facetten und Erscheinungsformen hat und dessen mögliche Ausgestaltungen und technischen Merkmale noch offen sind. Daher wird darauf verzichtet, die Methode KORA bis auf die dritte oder vierte Ebene der technischen Gestaltungsziele und -vorschläge anzuwenden. Stattdessen konzentriert sich die vorliegende Arbeit darauf, die Methode KORA an ausgewählten Punkten in ihrer ersten und zweiten Stufe anzuwenden. Aufgrund der gefundenen Ergebnisse werden sodann beispielhaft Ziele und Vorschläge für eine technische Gestaltung entwickelt. Der Umstand, dass Technik und Recht in einer Wechselwirkung stehen, soll dabei berücksichtigt werden. Ausgehend von den verfassungsrechtlichen Anforderungen wird daher zunächst ermittelt, wie diese national umgesetzt und auch auf europäischer Ebene gewährleistet werden. Auf rechtlicher Ebene dient dies dazu, den Umfang der Gestaltungsanforderungen zunächst auf einer abstrakten Ebene zu untersuchen.

Aus den gewonnenen Gestaltungsvorschlägen kann keine bindende Verpflichtung für die Anbieter individualisierter oder individualisierender Produkte gefolgert werden, es sei denn, es besteht eine gesetzliche Verpflichtung, die eine solche klar und eindeutig normiert, was jeweils dem entsprechend gekennzeichnet ist. Die Gestaltungsansätze sollen lediglich der Förderung der Grundrechtsfreundlichkeit dienen. Sie stellen dadurch im Ergebnis einen Beitrag zur nutzerfreundlichen Gestaltung von Produkten dar, die deren Akzeptanz unterstützen soll und so indirekt auch der Technikermöglichung dient. Soweit diese Förderinstrumente auf allgemeingültiger Ebene abstrahiert werden, können sie auch zur Rechtsentwicklung zu Rate gezogen werden, um schließlich die als wünschenswert erkannten Zustände durch die Installierung von Rechtspflichten herbeizuführen.

2.2   Rechtliche Gestaltung im Kontext der Individualisierung

Die vorliegende Arbeit soll einen Beitrag zur Technikgestaltung im soeben dargelegten Sinn leisten. Zusätzlich sollen über die technischen Gestaltungsvorschläge hinaus dort, wo es sich als erforderlich darstellt, auch rechtliche Gestaltungsvorschläge herausgearbeitet werden. Dies soll dem Umstand gerecht werden, dass nicht immer technische Gestaltungsmöglichkeiten gegeben sind, die die Rechte der Betroffenen ausreichend effizient unterstützen können. Rechtsnormen können die Entwicklung und Umsetzung technischer Gestaltungsvorschläge mittelbar fördern, indem sie Zielvorgaben definieren, die dann der Technikentwicklung als Orientierung dienen. Dort, wo die Technikgestaltung allein nicht den erwünschten Effekt der Begrenzung unerwünschter Folgen und Minimierung von Risiken ergeben kann, ist die Rechtsfortbildung besonders wichtig, um einen Ausgleich der widerstreitenden Interessen zu schaffen. Folglich beinhaltet die Idee der „rechtsadäquaten Gestaltung" neben der Technikgestaltung anhand aus der Verfassung abgeleiteter Anforderungen, Kriterien, technischer Gestaltungsziele und Gestaltungsmöglichkeiten auch die Fortbildung des Rechts anhand aus der Verfassung abgeleiteter rechtlicher Kriterien.

Diese Seite der rechtsadäquaten Gestaltung soll den Erlass von Regelungen fördern. Die Gesetzgeber sollen dazu animiert werden, Vorschriften zu erlassen, welche die Verwirklichung der Grundrechte der Betroffenen angesichts der Gefährdungen durch den Einsatz neuer Technologien im Kontext des Trends der Individualisierung schützen. Denn auch neu entwickelte Technologien und Geschäftsmodelle müssen sich rechtlich eindeutig ein- und zuordnen lassen. Hiermit ist nicht gemeint, dass jeder neuen Technologieentwicklung sogleich eine gesetzliche Spezialregelung gegenüberzustellen ist; im Gegenteil, der vorschnelle Erlass übermäßig vieler neuer Gesetze in den letzten Jahrzehnten hat gezeigt, dass eine Gesetzesflut die Gefahr eines Gesetzesvollzugsdefizits herbeiführt.[41] Stets muss vorrangig geprüft werden, ob sich der

---

[41] Zur Gesetzesfolgenabschätzung allgemein Mandelkern-Bericht (2002), 9.

jeweilige Regelungsinhalt bereits aus einem allgemeinen Grundsatz oder einer speziellen Rechtsnorm ergibt oder ob eine Regelung im Wege der richterlichen Rechtsfortbildung[42] durch die Gerichte als faktisches Rechtssetzungsorgan in Betracht kommt. Eine solche Rechtsfortbildung setzt voraus, dass die Rechtsfrage weder im Wege einfacher Gesetzesauslegung noch einer gesetzesimmanenten Rechtsfortbildung in zufrieden stellender Weise gelöst werden kann,[43] wenn also ein allgemeiner Grundsatz nicht anwendbar ist oder eine spezielle Regelung aufgrund eindeutigen und abschließenden Wortlautes keine ergänzende Auslegung auf die betreffende Problematik erlaubt.

Allerdings ist es oftmals geboten, nicht auf die richterliche Rechtsfortbildung zur Klärung der Problematik zu vertrauen, selbst wenn sie zulässig ist. Vielmehr ist der Gesetzgeber zur Klärung der Frage zu animieren. Denn bei der faktischen Rechtssetzung durch Gerichte besteht Rechtsklarheit letztlich frühestens mit einem letztinstanzlichen Urteil. Da dies typischerweise viele Jahre dauert, verursacht eine solche Situation Unsicherheit bei den Beteiligten, insbesondere vor dem Hintergrund, dass im Bereich neuer Technologien und Geschäftsmodelle ohnehin ein gewisses Maß an Unsicherheit besteht. Eine solche Ungewissheit stünde dem Fortschritt und der Innovation im Wege, folglich kann es opportun sein, durch die Einführung von Spezialregelungen Klarheit zu schaffen. Darüber hinaus sind Spezialregelungen auch ein mögliches Mittel für die Legislative, eine aufgrund von gesellschaftlich-politischen Erwägungen unerwünschte Rechtsentwicklung durch die Judikative zu verhindern.

Im Kontext der Individualisierung heißt dies, dass gegebenenfalls die Installierung neuer gesetzlicher Vorgaben zu befürworten ist oder vorhandene speziel-

---

[42] Das Bundesverfassungsgericht hat die Aufgabe und Befugnis der Gerichte zur richterlichen Rechtsfortbildung stets anerkannt, vgl. BVerfGE 34, 269, (287); 49, 304, (318); 65, 182, (190); 69, 188, (203); 71, 354, (362); 74, 129, (152). Die Rechtsprechung ist berechtigt und verpflichtet, Wertvorstellungen, die der verfassungsmäßigen Rechtsordnung immanent, aber in den Texten der geschriebenen Gesetze nicht oder nur unvollkommen zum Ausdruck gelangt sind, in einem Akt des bewertenden Erkennens ans Licht zu bringen und in Entscheidungen umzusetzen. Allerdings muss die jeweilige Entscheidung auf rationaler Argumentation beruhen, es muss deutlich gemacht werden, dass das geschriebene Gesetz seine Funktion, ein Rechtsproblem gerecht zu lösen, nicht erfüllt. Die richterliche Entscheidung schließt dann die Lücke nach den Maßstäben der praktischen Vernunft und den fundierten allgemeinen Gerechtigkeitsvorstellungen der Gemeinschaft, vgl. BVerfGE 9, 338, (349); 34, 269, (287). Begrenzt wird die Fortbildung durch den Grundsatz der Rechts- und Gesetzesbindung des Artikel 20 Absatz 3 GG, vgl. BVerfGE 65, 182 (186).

[43] Zufrieden stellend ist die Auslegung dann, wenn „sie den Mindestanforderungen genügt, die sich aus einem unabweisbaren Bedürfnis des Rechtsverkehrs und der Forderung nach Praktikabilität und Rechtsklarheit der Rechtsform ergeben", vgl. dazu etwa BGH, NJW 1981, 1726, (1727); BGH, NJW 1988, 2109, (2110); Larenz (1991), 373.

le datenschutzrechtliche Regelungen in den Bereichen Individualisierung, Personalisierung und Profilbildung anzupassen sind. Derartige Veränderungen müssten die Grundrechte aller Beteiligten als Leitlinien der wirtschaftlich demokratischen Ordnung berücksichtigen und sich an diesen orientieren. Hier wird deutlich, dass die Grundrechte sowohl den Ausgangspunkt für die technischen Gestaltungsvorschläge als auch für die etwaigen Vorschläge für eine rechtlichen Gestaltung darstellen. Somit können die durch die Methode KORA gewonnenen Erkenntnisse auch bei der Formulierung von rechtlichen Gestaltungsvorschlägen herangezogen werden.

2.3   Rechtliche Regelung der Datenverarbeitung bei der Individualisierung

Bevor im Kontext der Individualisierung überhaupt Überlegungen zur technischen und rechtlichen Gestaltung der Technologien und Geschäftsmodelle angestellt werden können, muss ermittelt werden, welche derzeit bestehenden rechtlichen Regelungen auf die zu untersuchenden Sachverhalte anzuwenden sind und wie sich die rechtliche Situation unter Zugrundelegung dieser Vorschriften darstellt. Denknotwendig setzt eine Ergänzung und Fortbildung des geltenden Rechts voraus, dass hinsichtlich der anzuwendenden Normen und deren Gehalt Klarheit besteht. Erst wenn die geltenden Rechtssätze im Hinblick auf das Phänomen Individualisierung analysiert worden sind, können sich Anhaltspunkte dafür ergeben, dass Betroffene in ihrer Grundrechtsausübung gefährdet sind. Daher wird zunächst differenziert auf die Anwendbarkeit der gesetzlichen Regelungen einzugehen sein. Von besonderer Bedeutung wird die Untersuchung der Vorschriften sein, welche die Datenverarbeitung legitimieren, da die Individualisierung stets eine Kenntnis der Konsumenten, also eine Erhebung und Verarbeitung individueller, personenbezogener Daten derselben voraussetzt.

Auch die Aufstellung technischer Gestaltungsvorschläge ist nur möglich, wenn das geltende Recht hinsichtlich neuer Phänomene und Herausforderungen untersucht worden ist. Die Bewertung der technischen Ausgestaltung neuer Technologien und Geschäftsmodelle hängt entscheidend davon ab, ob das geltende Recht bereits effektive und dogmatisch überzeugende Lösungen beinhaltet. Denn aus der geltenden Rechtslage lassen sich gesetzgeberische Wertungen ableiten, die bei der Formulierung von Gestaltungsvorschlägen berücksichtigt werden müssen, um die vom Gesetzgeber vorgenommene Gewichtung der Beteiligteninteressen zu respektieren. Schließlich ist auch die Formulierung von Muss- und Kann-Kriterien bei den Gestaltungsvorschlägen nur möglich, wenn das geltende Recht hinsichtlich zwingender und wünschenswerter Vorgaben überprüft worden ist.

Daher schließt sich an die Erläuterungen zum Phänomen der Individualisierung eine detaillierte Betrachtung der bestehenden rechtlichen Rahmenbedingungen zur Verwirklichung der Selbstbestimmung im Kontext individualisierter und personalisierter Produkte an.

3 Gang der Untersuchung

Im Teil A wurde zunächst überblickartig die Problematik im Spannungsfeld Datenschutz und Individualisierung geschildert, danach wurden die dieser Arbeit zugrunde liegende Methoden und Begriffe erläutert.

Teil B befasst sich mit dem Phänomen der Individualisierung. Auf eine Annäherung und Einordnung der Begrifflichkeiten folgen Ausführungen zum Ursprung des Phänomens sowie in diesem Bereich vertretene Modelle der Darstellung und Gliederung der Individualisierung.

Im Teil C werden die Gestaltungsanforderungen der informationellen Selbstbestimmung im Kontext der Individualisierung untersucht. Schwerpunkt sind hierbei die Legitimationsvorschriften für die Datenerhebung, insbesondere die Einwilligung. Zunächst soll der Rechtsrahmen der Einwilligung im deutschen wie im europäischen Datenschutzrecht untersucht werden. Einleitend wird hierbei auf die Verankerung des Datenschutzrechts auf Völker- und Europarechtsebene sowie auf Verfassungsebene eingegangen. Daraufhin soll der Meinungsstand bezüglich der Wirksamkeitsvoraussetzungen und Wirkungen der Einwilligung in formeller und inhaltlicher Hinsicht nach deutschem Recht zusammengefasst werden. Hierbei werden Ansätze zu streitigen Punkten erörtert - insbesondere wenn die Probleme in Bezug auf den Trend der Individualisierung relevant sind. Beispiele für zu bearbeitende Punkte sind Bestimmtheit, Höchstpersönlichkeit, Form, Zeitpunkt, Freiwilligkeit der Einwilligung ebenso wie die Einwilligung im Kontext der Allgemeinen Geschäftsbedingungen. Dieser Teil stellt das Kernstück der Arbeit dar.

Im Teil D werden technikorientierte Möglichkeiten einer verbesserten Selbstbestimmung im Kontext der Individualisierung vorgestellt. Hierbei werden vor allem konstruktive Vorschläge für eine Ausgestaltung von individualisierten Produkten und Geschäftsmodellen gemacht, indem datenschutzfördernde Lösungen identifiziert und vorgestellt werden. Insbesondere wird auf die Möglichkeiten und Grenzen des Datenschutzes durch Technik im Kontext der Individualisierung eingegangen, zum Beispiel auf das Identitätsmanagement, auf Techniken der Anonymisierung und Pseudonymisierung und auf weitere Privacy Enhancing Technologies.

Im Teil E schließlich werden beispielartig einige konkrete Ansätze für eine technisch unterstützte verbesserte Gewährleistung des Datenschutzes bei individualisierten und personalisierten Produkten vorgestellt. Im Fokus stehen hierbei die Bereiche Transparenz, Datensparsamkeit und Selbstbestimmung.

Teil B: Das Phänomen der Individualisierung

1 Zum Begriff „Individualisierung"

1.1 Begriffliche Unklarheiten

Der Begriff Individualisierung wird in den Disziplinen Soziologie, Psychologie und Betriebswirtschaft uneinheitlich verwendet, auch intradisziplinär existiert eine Vielzahl an voneinander abweichenden Definitionen.[44] Die meisten Arbeiten stellen einen bestimmten Aspekt der Individualisierung in den Vordergrund, mit dem sie sich dann dezidiert auseinandersetzen. Folglich lassen sich unter dem Thema Individualisierung die verschiedensten Abhandlungen finden, die zu teilweise völlig unterschiedlichen soziologischen, psychologischen und betriebswirtschaftlichen Entwicklungen und Aspekten Stellung nehmen. Eine allgemeingültige Definition des Begriffs Individualisierung gibt es also nicht. Vielmehr werden unter dem Begriff mehrere komplexe und vielschichtige Entwicklungsprozesse und Phänomene zusammengefasst.

Das Problem der uneinheitlichen Interpretation des Begriffs Individualisierung ist weitgehend bekannt und hat vielfach Anlass zu Kritik gegeben. Die nebulöse Bedeutung des Begriffs hat sogar zu selbstständigen Abhandlungen geführt. So fragt zum Beispiel Kippele[45]: „Was heißt Individualisierung?". Berger[46] bemängelt, dass die Individualisierungsthese einerseits eine Vielzahl von Einzelbeobachtungen unter einem Begriff bündelt, der in seiner Vielschichtigkeit und Mehrdeutigkeit andererseits zu neuen Missverständnissen Anlass gibt. Ähnlich bewertet Schroer[47] die Problematik, der den Begriff Individualisierung als vieldeutig und sogar amorph bezeichnet. Er gibt zu bedenken, dass die theoretische Fassung dessen, was unter Individualisierung verstanden werden könne, so heterogen angelegt sei, dass oftmals die gleichen empirischen Ergebnisse und statistischen Daten sowohl als Beleg als auch als Einspruch gegen die Behauptung einer zunehmenden Individualisierung interpretiert werden könnten. Beck[48] bezeichnet den Begriff als „überbedeutungsvoll und missverständlich" sowie als „Bedeutungsknäuel" und sogar als „Unbegriff".

---

[44] Vgl. Schackmann (2003), 9; Kippele (1998), 243.
[45] Kippele (1998).
[46] Berger (1996), 279.
[47] Schroer (1995), 564.
[48] Beck (1986).

Kippele[49] erwägt, die Verwirrung um den Individualisierungsbegriff mit dem Phänomen Individualisierung selbst zu erklären: Individualisierung bedinge Vielfalt und Unübersichtlichkeit, was zu einer solchen Zersplitterung und „Individualisierung" der Diskussionsbeiträge führe, dass kein gemeinsamer theoretischer und begrifflicher Nenner und keine Verständigung mehr erzielt werden könnten. „Individualisierung" bezeichne in diesem Falle einen entstrukturierenden Prozess, welcher traditionelle theoretische Gemeinsamkeiten sprenge und neue vielfältige Unterschiede begründe. Da die soziale Realität chaotischer geworden sei – so die Argumentation – werden auch die theoretischen Modelle und Ansätze unübersichtlicher und zwar auch diejenigen, die sich mit der Individualisierung beschäftigen. Von dieser zirkulär anmutenden Argumentation distanziert sich Kippele jedoch selbst, indem sie feststellt, dass ein „Wirklichkeitschaos" nicht in ein „Theorienchaos" münden darf, denn wenn dies geschehe, verlören die theoretischen Modelle ihren Anspruch, die Wirklichkeit erklären oder verstehen zu können und somit auch ihre Legitimation.[50]

Die vorliegende Arbeit versucht weder, die Ursachen der Individualisierung im Einzelnen zu analysieren, noch hat sie das Ziel, die Fülle von Modellen, Untersuchungen und Bedeutungen, die unter dem Begriff Individualisierung gefunden werden können, zu ordnen. „Individualisierung" soll hier vielmehr als vielschichtiges Gesamtphänomen verstanden werden, das durch die unterschiedlichsten Faktoren bedingt und begünstigt wird. Diese Arbeit liefert keinen Beitrag zur Ursachenforschung, sondern untersucht vielmehr auf der Auswirkungsseite, wie ein bestimmter Teilbereich dieses Phänomens rechtlich zu bewerten ist, beziehungsweise welche konkreten rechtlichen Voraussetzungen in diesem Bereich zu schaffen sind. Bei dem erwähnten Teilbereich handelt es sich insbesondere um diejenigen Produkte und Geschäftsmodelle, die von Wirtschaftsunternehmen als Reaktion auf den Individualisierungtrend entwickelt werden, um der gesteigerten Nachfrage nach individualisierten und adaptiven/interaktiven Waren und Dienstleistungen gerecht zu werden. Freilich kann angemerkt werden, dass das Anbieten und Herstellen beziehungsweise Leisten von individualisierten Waren und Dienstleistungen nicht nur eine Antwort auf den Trend der Individualisierung ist, sondern gleichsam einen Teil desselben darstellt. Nur sehr schwierig dürfte sich die Frage beantworten lassen, ob bezüglich bestimmter Technologien die Nachfrage das Angebot (also die Entwicklung und Markteinführung dieser Technologien) bedingt hat oder ob aufgrund ihrer Entwicklung und Vermarktung erst die Nachfrage hervorgerufen wurde. Für die vorliegende Arbeit ist eine Differenzierung zwischen Ur-

---

[49] Kippele (1998), 243.
[50] Kippele (1998), 244.

sache und Folge des Individualisierungstrends jedoch nicht von Bedeutung, also nicht erforderlich.

Technologien und Geschäftsmodelle, die individuelle Bedürfnisse und Wünsche der Nachfrager aufgreifen, werden von Wirtschaftsunternehmen aus verschiedenen Gründen eingesetzt. Einige der wichtigsten Gründe sind im Folgenden kurz skizziert. Um Umsätze zu sichern und zu steigern, muss die erhöhte Nachfrage nach individualisierten Waren und Dienstleistungen bedient werden. Außerdem erhoffen Unternehmen sich Wettbewerbsvorteile und damit wiederum höhere Umsätze, wenn sie ihren Kunden individualisierte Waren und Dienstleistungen anbieten können. Auch auf der Kostenseite ist die Individualisierung förderlich: durch eine individualisierte Produktion können Effektivitätssteigerungen realisiert werden, zum Beispiel aufgrund von Einsparungen bei Lagerkapazitäten. Und schließlich ist auch die Erhebung und Verarbeitung der bei der Erstellung von individualisierten Produkten anfallenden Kundendaten erwünscht, da diese in den Bereichen Produktentwicklung und Marketing von großer Bedeutung sind. Ferner stellen Kundenkontakte und Kundendaten einen Beitrag zum Unternehmenskapital dar; dies geht so weit, dass die gespeicherten Kundendaten bei dahingehend spezialisierten Unternehmen sogar einen wichtigen Teil des Unternehmenskapitals bilden. Dies gilt zum Beispiel für Unternehmen im Bereich des Adresshandels, der Werbevermittlung und der Marktforschung. Ein klassisches Beispiel hierfür war die DoubleClick Inc., die über Profile von mehr als 100 Millionen Endverbrauchern verfügte. Wegen jahrelanger datenschutzrechtlicher Streitigkeiten und damit verbundenen Image- und Absatzproblemen nahm DoubleClick jedoch im Jahre 2002 davon Abstand, Profile über die Gewohnheiten von Internet-Nutzern zu erstellen und Dienstleistungen im Bereich der gezielten Werbekampagnen (Target Marketing) anzubieten.[51] Aktuelle Initiativen wie zum Beispiel das im April 2004 initiierte „Drive Performance Media"-Projekt des Unternehmens aQuantitive,[52] eines der größten Anbieter für Internet-Werbung, zeigen jedoch das Offensichtliche: Werbung ist umso effektiver, je besser sie auf ihren Empfänger abgestimmt ist – daher werden Unternehmen bei ungehinderter Entwicklung stets danach trachten, individualisierte, maßgeschneiderte Werbung und Produkte anzubieten. Jede Vorgehensweise in dieser Richtung beinhaltet denknotwendig immer die Beobachtung, Kategorisierung und Speicherung des Verhaltens potenzieller Kunden, sei es im elektronischen oder traditionellen Geschäftsverkehr.[53] Führende Werbevermittler wie aQuantitive, Revenue Science und

---

[51] Vgl. http://www.eff.org/legal/cases/DoubleClick_cases/; http://news.com.com/2100-1023-803593.html?legacy=cnet.

[52] Früher unter dem Namen „Avenue A" bekannt.

[53] Vgl. http://news.com.com/2100-1023-803593.html?legacy=cnet: "Using visitor data from

25

Tacoda versuchen zwar, sich zur Vermeidung von Image-Schäden von den Profilbildungs- und Ausspionierungsmethoden, wie sie von DoubleClick und anderen angewendet wurden, zu differenzieren, indem sie sich zum Beispiel darauf berufen, ihre zusammengetragenen Kundenprofile zu pseudonymisieren. Es liegt jedoch auf der Hand, dass durch derartige Beteuerungen der Industrie die datenschutzrechtliche Brisanz nicht beseitigt ist. Insbesondere hinsichtlich der Entwicklung neuartiger, personalisierter und individualisierter Produkte besteht ein erheblicher Klärungs- und Beratungsbedarf, um Neuentwicklungen nach Möglichkeit von Anfang an datenschutzfreundlich zu gestalten.

1.2 Individualisierung, Individualität, Individuum und Individualismus

1.2.1 Individualisierung

Umgangssprachlich steht der Begriff Individualisierung für: „das Individualisieren" oder „das individualisiert werden".[54] Individualisieren wiederum bedeutet, a) etwas oder jemanden vom Allgemeinen abheben, b) den Einzelnen gesondert behandeln/herausheben und c) etwas auf den Einzelnen ausrichten.[55] Wissenschaftlich wird der Begriff Individualisierung vor allem in der Soziologie verwendet. Er bezeichnet den mit der Aufklärung und Modernisierung[56] der westlichen Gesellschaften einhergehenden Prozess eines Übergangs des Individuums von der Fremd- zur Selbstbestimmung, also einen Prozess, in dem das Individuum zum Gestalter seiner eigenen sozialen Realität wird.[57]

Der Prozess der Individualisierung gliedert sich zeitlich ganz grob in zwei Phasen. Zunächst gibt es einen historisch gewachsenen Individualisierungsprozess, der mit der Herausbildung einer modernen bürgerlichen Gesellschaft zu Zeiten der Industrialisierung beginnt, seine philosophisch-kulturgeschichtliche Grundlage jedoch schon in der Zeit der Aufklärung, ja bereits im Entstehen des Christentums[58] hat. Die Klassiker der Soziologie, Emile Durkheim, Max Weber und Georg Simmel beschrieben diesen ersten Abschnitt des Individua-

---

these sites in conjunction with various tracking technologies, it then profiles surfers as they jump from one site to the next. The company creates a composite of visitors' demographics, behaviors and interests,..."

[54] Vgl. Duden Fremdwörterbuch, Langenscheidts Fremdwörterbuch.

[55] Vgl. Duden Fremdwörterbuch, Langenscheidts Fremdwörterbuch.

[56] Modernisierung soll hier als Einheit von Industrialisierung, Bürokratisierung, Demokratisierung und zunehmender sozialer Mobilität verstanden werden.

[57] Junge (2002), 7 (9).

[58] Dülmen (1997), 17: Im Christentum werden die Fundamente für die Entwicklung der Idee des Individuums gelegt.

lisierungsprozesses als Ergebnis gesellschaftlicher Entwicklung, wobei sie von der Grundannahme ausgingen, dass Modernisierungsprozesse mit einer Autonomisierung des Individuums verbunden sind. Simmel und Durkheim machen dies zum Beispiel an der verstärkten Arbeitsteilung[59] fest, die mit einer Schwächung sozialer Bande einhergehe. Für diese erste Phase der Individualisierung sind eine Zunahme von ökonomisch geprägten Beziehungen einerseits und ein Bedeutungsverlust der Großfamilie sowie ein Zerfall der dörflichen Gemeinschaften andererseits charakteristisch. Dem Verfall traditioneller Bindungen steht eine zunehmende Selbstbestimmung des Individuums, begünstigt durch eine Vermehrung der Möglichkeiten zur Ausbildung eines eigenen Lebensstils gegenüber.

Die zweite Phase der Individualisierung hat Ende der 1950er Jahre begonnen, sie überlagert und modifiziert die erste. Anthony Giddens[60] und Ulrich Beck[61] beschreiben in der gegenwärtigen postmodernen Gesellschaft eine qualitativ neue, radikalere und allumfassende Individualisierung, die traditionelle gesellschaftliche Zuordnungen wie Stand und Klasse obsolet werden lasse. Hiermit ist gemeint, dass die heutige Gesellschaft zwar nicht homogen ist, dass zwischen den Einkommens- und Bildungsschichten jedoch eine Permeabilität besteht. Anders als im Mittelalter ist es heute leichter möglich, sich aus einer Bevölkerungsschicht in eine höhere oder tiefere zu begeben. In dieser jüngeren Phase der Individualisierung geht nach Giddens und Beck ein zunehmender Zwang zur reflexiven Lebensführung mit einer drastischen Verbesserung des durchschnittlichen Bildungsniveaus einher; die Pluralisierung von Lebensstilen nimmt weiter zu. Gefördert wird diese Entwicklung zudem durch eine Veränderung des staatlichen und ökonomischen Rahmens.

---

[59] Simmel (1890) spricht von der „Differenzierung und dem Prinzip der Kraftersparnis", Durkheim 1893 beschreibt die „Teilung der sozialen Arbeit" und sieht hierin das Schlüssel-Charakteristikum des Industrialismus, das diese Gesellschaftsform von allen vorherigen am deutlichsten unterscheidet. Durch die Arbeitsteilung und die daraus resultierende Spezialisierung der Fähigkeiten seien die Individuen aufeinander angewiesen und ergänzten sich gegenseitig. Die Industriegesellschaft hat nach Durkheim eine differenzierte, hoch entwickelte und komplexe Arbeitsteilung von solchen Ausmaßen, dass der Einzelne sie nicht mehr überblickt. In Wahrheit sei der Einzelne hier überaus abhängig, jedoch entwickelt er eine Ideologie, die genau in die Gegenrichtung deutet, nämlich den Individualismus. Durkheim zeigt als erster dieses Paradoxon der Industriegesellschaft auf. Frühere, wenig oder nicht industrialisierte Gesellschaften sind durch eine viel einfachere und überschaubarere Arbeitsteilung gekennzeichnet.

[60] Giddens (1991), 162; (1999), 231.

[61] Beck (1986), 205 ff.

1.2.2 Individualität, Individuum, Individualismus

Wenn Individualisierung den Prozess der Entwicklung hin zu einem höheren Maß an Individualität bezeichnet, ist es notwendig, sich auch mit dem Begriff Individualität vertraut zu machen. Individualität ist ein latinisierter Begriff, der aus dem französischen Wort „individualité" gebildet wurde.[62] Er bedeutet „persönliche Eigenart, Einzigartigkeit, sowie Persönlichkeit"[63], er zielt also auf die Einzigartigkeit jedes Individuums ab. Dies führt zum Begriff des Individuums.

Das Wort „Individuum" ist eine Entlehnung des 16. Jahrhunderts aus dem gleichbedeutenden mittellateinischen Wort „individuum", welches dort „unteilbar" und „letzte Einheit, die nicht mehr geteilt werden kann" bedeutet.[64] Das mittellateinische Wort „individuum" ist seinerseits als Lehnübersetzung vom griechischen „átomos" (Atom) mit verneinendem „in-" zum lateinischen dividere (trennen, zerteilen) gebildet worden.[65] In der deutschen Sprache ist der Begriff Individuum eine Bezeichnung für den Menschen als Einzelwesen in seiner jeweiligen Besonderheit.[66] In der Soziologie bezeichnet der Begriff „Individuum" den Einzelnen als im Wortsinn unteilbares Grundelement des Sozialen,[67] während der Begriff „Person" für den Einzelnen als Träger gesellschaftlicher Rollen und Masken steht.[68]

Vereinzelt wird auch vertreten, das Individuum nicht als kleinste Einheit einer sozialen Struktur zu sehen. Busch[69] stellt zum Beispiel stattdessen auf die verschiedenen Rollen und Positionen ab, die ein Individuum annehmen kann. Er propagiert, den Einzelnen in sozialwissenschaftlicher Perspektive unter dem Gesichtspunkt einer Zerlegung in Elemente der Persönlichkeitsstruktur wie Bedürfnisdispositionen und Interaktionsformen zu betrachten, sich also eine Abstraktionsebene unter die Ebene „Individuum" zu bewegen. Die herrschende Meinung in der Soziologie, die das Individuum als kleinste, unteilbare Stufe der Gesellschaft sieht, verkennt jedoch nicht, dass der Einzelne verschiedene Rollen annehmen kann und dass seine Facetten einzeln betrachtet werden können. Sie versteht das Individuum lediglich insoweit als unteilbar, als es physisch-real die kleinste Einheit der Gesellschaft darstellt. Das Indivi-

---

[62] Duden Herkunftswörterbuch.
[63] Vgl. Duden Fremdwörterbuch, Duden Herkunftswörterbuch.
[64] Vgl. Duden Fremdwörterbuch, Duden Herkunftswörterbuch.
[65] Duden Herkunftswörterbuch.
[66] Vgl. Duden Fremdwörterbuch, Schäfers (2001), 134.
[67] Schäfers (2001), 134.
[68] Schäfers (2001), 134.
[69] Busch (1984).

duum integriert die Vielfalt der verschiedenen Rollen, in denen ein Mensch auftritt und bleibt dadurch als Einheit erkennbar; es ist in diesem Sinne Garant der Zurechenbarkeit von Handlungen.[70] Individuen sind also Einheiten des gesellschaftlichen Ganzen; die Gesellschaft setzt sich aus ihnen zusammen.

Das allgemeine Hervortreten des Begriffs Individuum ist historisch verknüpft mit der Auflösung der ständischen feudalen Gesellschaft, es hat aber, wie schon oben angedeutet, noch weiter zurückgehende Wurzeln. Diese sind zum einen die Entstehung und Verbreitung des Christentums, das die Fundamente für die Entwicklung der Idee des Individuums legte. Die Idee der Sündhaftigkeit des Menschen, die durch die Kirche entworfen wurde, ist an die Vorstellung einer sündhaften Einzelperson gebunden, denn der Verstoß gegen religiöse Gebote kann nur Einzelpersonen zugerechnet werden. Ein weiterer Baustein der Idee des Individuums ist die mit der Taufe verbundene Namensgebung, denn erst mit der Vergabe von Namen ist die dauerhafte individuelle Bezeichnung möglich. Auch die ab ca. 1600 n.Chr. entwickelte Tradition der Kirchenbücher ist von Bedeutung, spiegelt sich doch in ihnen schriftlich dokumentiert die Geschichte von Individuen als Geschichte von Familiennamen wieder. Durch die Reformation werden die kulturellen Ideen der Eigenverantwortlichkeit und der Gewissensfreiheit des Einzelnen wichtige Bestandteile für das Selbstverständnis der Menschen. Die französische Revolution und die Befreiung von der Verpflichtung zu untertänigem Gehorsam, also die Gleichstellung der Menschen als Staatsbürger, schaffte schließlich die Möglichkeit, über die Verfolgung der Eigeninteressen als Individuen aufzutreten. Exemplarische Belege für den Prozess der Etablierung des Individuums sind die Entwicklung der Autobiographie, der literarischen Gattung des Tagebuchs und die Idee des Selbstportraits ab dem 16. Jahrhundert n.Chr.[71]

Der Begriff Individuum trat zunächst in der Philosophie in Erscheinung, etwa bei Réne Descartes und Gottfried Wilhelm Leibniz im 17. Jahrhundert, sowie bei Immanuel Kant im 18. Jahrhundert. Später wurde er dann zunehmend in der Theologie, Psychologie, Soziologie und Staatstheorie verwendet. Das soziologische Interesse am Individuum korrespondiert mit dem wachsenden Auseinander- und Gegenübertreten des Einzelnen und der jeweiligen gesellschaftlichen Strukturen.

In der kapitalistischen Industriegesellschaft ist das Individuum im Gegensatz zum Feudalismus nicht mehr lebenslang in leicht überschaubare, traditionale,

---

[70] Vgl. Junge (2002), 29.
[71] Vgl. Dülmen (1997), 17.

familiale und dörfliche Strukturen integriert. Vielmehr sieht der Einzelne sich steigenden Anforderungen an Mobilität, Flexibilität und Wandlungsfähigkeit ausgesetzt, um seine Ausbildungs-, Wettbewerbs- und Arbeitsplatzchancen nutzen zu können. Das Individuum wird Träger von Rollen aus verschiedenen Lebensbereichen: Familie, Schule, Kirche, Verein, Beruf, usw. Die Soziologie behandelt diese vielfältigen gesellschaftlichen Bezüge des Individuums, zum Beispiel in Untersuchungen über Individualität und Gruppe, Individualität und Institution oder Individualität und Organisation.

Seit dem Beginn der Modernisierung ist die Bedeutung des Individuums stetig gestiegen, sie mündet im Individualismus. Der Individualismus ist Ausdruck eines Kulturwertes, in dem sich die Hochschätzung des Individuums zeigt. Dabei kann die kulturelle Ausprägung des Individualismus sowohl eine Orientierung an der Maximierung des eigenen Nutzens, als auch am Gemeinwohl sein.[72] Der Individualismus ist also ein Gedanken- und Wertesystem, in dem das Individuum im Mittelpunkt der Betrachtung und der Werte steht. Den Gegensatz zum Individualismus bildet damit der Kollektivismus, der das menschliche Kollektiv höher bewertet als die Individuen. Unter Kollektiv wird hierbei eine Lebens- oder Arbeitsgruppe verstanden, in der viele Aufgaben gemeinschaftlich angegangen werden.

Der Begriff Individualität hat neben seiner Bedeutung in der Soziologie in der heutigen Gesellschaft eine eigene umgangssprachliche Bedeutung und hohe gesellschaftliche Wertigkeit erlangt. So gehört es inzwischen zum guten Ton, „individuell" zu sein. Das Streben nach Individualität geht einher mit dem seit etwa zwei Jahrzehnten immer offenkundiger zu Tage tretenden Bedürfnis danach, schlank, sportlich und dynamisch zu erscheinen. Individualität gehört zum Lifestyle unserer Zeit: es ist erstrebenswert, ein hohes Maß an Individualität zu verkörpern. Individualität ist gleichzeitig ein Statussymbol, das mit herkömmlichen typischen Statussymbolen wie Auto oder Ferienhaus durchaus konkurrieren kann. Gleichzeitig ist Individualität aber auch eine Alternative zu den herkömmlichen Statussymbolen: man kann sich die Individualität viel kosten lassen, andererseits kann man mit geringem oder ohne finanziellen Einsatz ein hohes Maß an Individualität erreichen.

Schimank[73] setzt sich mit dem in der heutigen Zeit erkennbaren allgemeinen Streben nach einem hohen Grad an Individualität auseinander. Er geht zunächst von einem strengen Verständnis des Begriffs aus. Individualität sei

---

[72] Junge (2002), 139.
[73] Schimank (2002), 165 ff.

„selbst bestimmte Einzigartigkeit". Bereits im Sprachgebrauch des Alltags hei-
ße Individualität zum einen, dass eine Person in ihrem Auftreten unverwech-
selbar und dadurch einzigartig wirke. Zum anderen zeige sich die Individualität
einer Person darin, dass diese in ihrem Handeln trotz aller sozialen Einflüsse
selbst bestimmt erscheine. Allerdings seien manche Personen unverwechsel-
barer und selbst bestimmter als andere. Außerdem könne Individualität situativ
bedingt mehr oder weniger stark zum Ausdruck kommen. Schimank gesteht
ein, dass es eine hoffnungslose Übersteigerung des Individualitätsanspruchs
wäre, wenn man in jeder Sekunde seines Lebens die eigene Einzigartigkeit
zum Ausdruck bringen wollte. Vielmehr genüge es, einen individuellen Gene-
ralvorbehalt zu haben: auch wenn man sich in den manchen oder gar den
meisten Situationen nicht als einzigartige und selbst bestimmte Person darstelle, behalte man sich vor, dies jederzeit tun zu können. Es genüge eine nur
temporär aktualisierte, ansonsten lediglich als jederzeit aktualisierbares Potential bereitgehaltene Individualität. Schimank bezeichnet dies als Individualitäts-
Minimalismus. Das individualistische Selbstverständnis sei hierbei erst dann
gefährdet, wenn man in so unbefriedigend wenig Situationen individuell sein
könnte, dass sich die desillusionierende Erkenntnis aufdränge, doch nur ein
Massenmensch zu sein. Die Anforderungen des Einzelnen sind – und dies ist
nur logisch – „individuell", manche benötigen mehr, andere weniger Individualität.

Individualität setzt Kreativität und Durchsetzungsfähigkeit voraus. Man muss
einfallsreich sein, um sich selbst zunächst einmal gedanklich so konzipieren
zu können, wie möglichst wenig andere Personen sonst schon sind. Zusätzlich
erfordert es Durchsetzungsfähigkeit, um diese selbst entwickelte Konzeption
dann auch in der sozialen Umwelt umsetzen zu können. Sowohl Einfallsreich-
tum als auch Durchsetzungsfähigkeit unterliegen Restriktionen: die große
Mehrheit der Menschen verfügt lediglich über eingeschränkte freie Ressourcen, die zur Entwicklung einer eigenen Individualitäts-„Strategie" eingesetzt
werden können. Für die meisten Menschen haben viele Dinge eine höhere
Priorität als das Streben nach Individualität. Bevor man sich kreativ Gedanken
zur eigenen Individualität machen kann, muss das Alltagsleben bewältigt werden. Beruf, Familie und alltägliche Pflichtaufgaben nehmen so viel Zeit und
Kraft in Anspruch, dass nicht wenige zufrieden sind, wenn ihre Ressourcen
hierfür gerade ausreichen. Die Beschäftigung mit den Herausforderungen des
Alltags lenkt die meiste Zeit vom Individualitätsanspruch ab. Dies führt dazu,
dass Menschen sich damit begnügen, ihre Individualität lediglich in selbst gewählten Teilbereichen auszuleben oder auf fertige Selbstdarstellungsbaustei-
ne zurückzugreifen, die weder einzigartig noch selbst bestimmt sind, in ihrer
Kombination jedoch ein gewisses Maß an Individualität vorspiegeln und so das

Bedürfnis nach Individualität befriedigen. Andererseits kann man sich selbstverständlich auf den (tröstlichen) Standpunkt stellen, dass die Individualität jeder Person bereits durch die Auswahl der beruflichen Tätigkeit, die (zumindest mitbestimmte) familiäre Situation und überhaupt die Gestaltung des Alltags zum Ausdruck kommt. Individualität ist nicht nur das, was man „in seiner Freizeit tut", sie kann sich vielmehr auch in jeder Alltagssituation zeigen, in der persönliche Entscheidungen zu treffen sind. Die Summe dieser Entscheidungen trägt zur Einzigartigkeit der Persönlichkeit des jeweiligen Individuums ebenso viel bei wie ein ausgefallenes Hobby oder ein modisches Outfit.

Um Aufwand und Nutzen auszubalancieren, praktizieren die meisten Menschen folglich eine begrenzte, also eine relative Individualität, die durch relative Einzigartigkeit und Selbstbestimmung gekennzeichnet ist. Relativ meint dabei zum einen: nicht gemessen an der abstrakten Gesamtheit aller Menschen, sondern an den konkreten Bezugsgruppen der betreffenden Person. Zum anderen bedeutet relativ auch, dass keine vollkommene Einzigartigkeit und Selbstbestimmung erreicht werden muss, sondern dass eine in der subjektiven Wahrnehmung graduell überlegene ausreicht. Die Person muss lediglich den Eindruck gewinnen, einzigartiger und selbst bestimmter als die meisten anderen in ihrer Umgebung zu sein. Häufig nimmt diese begrenzte Individualität die Gestalt einer gruppengebundenen Individualität an. Unter diesem Aspekt wachsen Individualität und Gemeinschaft paradoxer Weise in Teilbereichen wieder zusammen: Individualität wird oft gemeinsam mit Gleichgesinnten ausgeübt. Trotzdem bleibt der Gegensatz zum Kollektiv, da die Gemeinschaften sich aufgrund individueller Interessen frei bilden können. Menschen in ähnlichen Lebenssituationen mit ähnlichen Bedürfnissen schließen sich willentlich oder unwillkürlich in Gruppen zusammen beziehungsweise werden nach äußeren Kriterien Gruppen zugeordnet. Jedes Gruppenmitglied für sich weist in seiner Außendarstellung, gemessen am Bevölkerungsdurchschnitt, individualisierende Merkmale auf, beobachtet man jedoch nur die Gruppenmitglieder, gleichen diese einander und wirken mitunter geradezu uniformiert. Diese Erscheinung soll hier als standardisierte Individualisierung bezeichnet werden.

2 Struktur, Dimensionen und Modelle der Individualisierung in der Soziologie

Im Folgenden soll eine Struktur über die Teilbereiche und Dimensionen des Phänomens Individualisierung vermittelt werden. Hierdurch soll eine Verständnisgrundlage für die Gefährdungen, Bedürfnisse und Interessen der Individuen in einer individualisierten Gesellschaft geschaffen werden, was den Ausgangspunkt der Überlegungen in den nachfolgenden Kapiteln dient. In der sozialwissenschaftlichen Literatur werden unterschiedliche Ansätze und Modelle zur Kategorisierung und Erklärung der Individualisierung vertreten, wobei die Autoren meist bestimmte Facetten der Individualisierung herausgreifen und diese besonders detailliert betrachten. Die Mehrzahl der Aspekte der Individualisierung findet sich in den unterschiedlichen Modellen in mehr oder weniger abgewandelter Form wieder. Stellvertretend für die Vielzahl an Ansätzen werden nachfolgend die besonders umfassenden Modelle von Beck und Junge vorgestellt. An Stellen, wo sich die Autoren selbst auf andere beziehen und deren Terminologie benutzen, ist dies entsprechend kenntlich gemacht.

2.1 Individualisierungsmodell nach Beck

Nach Beck[74], der den Individualisierungsbegriff in Deutschland maßgeblich geprägt hat, wird die Individualisierung durch die Modernisierung bedingt. Modernisierung führt demnach nicht nur zur Herausbildung einer zentralisierten Staatsgewalt, zu Kapitalkonzentrationen und zu einem immer feinkörnigeren Geflecht von Arbeitsteilungen und Marktbeziehungen, zu Mobilität und Massenkonsum, sondern eben auch zu einer Individualisierung. Beck spricht von einem dreistufigen Individualisierungsprozess: erstens betrachtet er die Herauslösung aus historisch vorgegebenen Sozialformen und -bindungen im Sinne traditionaler Herrschafts- und Versorgungszusammenhänge („Freisetzungsdimension"), zweitens erkennt er einen Verlust von traditionalen Sicherheiten im Hinblick auf Handlungswissen, Glauben und leitende Normen („Entzauberungsdimension") und drittens vermerkt er eine neue Art der sozialen Einbindung („Kontroll- beziehungsweise Reintegrationsdimension"). Aus diesen drei Dimensionen - Herauslösung, Stabilitätsverlust, Wiedereinbindung – bildet Beck ein allgemeines, ahistorisches Modell der Individualisierung. Zusätzlich unterscheidet er für jede der drei Dimensionen die objektive Lebenslage und das subjektive Bewusstsein der Betroffenen Individuen. Hieraus er-

---

[74] Beck (1986), 206f.

gibt sich folgendes Schema:

Dimension	Objektive Lebenslage	Subjektives Bewusstsein, Identität
Freisetzung, Herauslösung • Herauslösung aus ständischen Klassen • Freisetzung der Frauen • Flexibilisierung der Erwerbsarbeitszeiten • Dezentralisierung des Arbeitsortes		
Stabilitätsverlust • Verlust des historischen Bewusstseins der • Lebens- und Arbeitsformen • Unselbständigkeit aufgrund Spezialisierung		
Reintegration/Kontrolle • Institutionalisierung		

Abbildung nach Beck (1986), 207

In seinem Modell geht Beck ausschließlich auf die Individualisierung in der deutschen Gesellschaft seit dem Ende des Zweiten Weltkriegs ein. Im Einzelnen versteht Beck unter den drei Dimensionen folgendes:

Unter dem Stichwort „Freisetzung" sieht Beck vier Faktorenbündel. Er bezeichnet diese als „Kristallisationspunkte". Der erste Kristallisationspunkt ist die Herauslösung aus ständisch geprägten sozialen Klassen. Diese zeige sich zum Beispiel in einer allgemeinen Anhebung des Bildungsniveaus und des verfügbaren Einkommens, einer Verrechtlichung von Arbeitsbeziehungen, einem Wandel der Familienstrukturen, der Wohnverhältnisse, der Nachbarschaftsbeziehungen und des Freizeitverhaltens. Mooser[75] bezeichnet diese Entwicklung auch als „Auflösung des proletarischen Milieus".

---

[75] Mooser (1983), 162.

Ein zweiter Kristallisationspunkt innerhalb der Freisetzungsdimension sei die Veränderung der Lage der Frauen, die aus der Eheversorgung – dem materiellen Eckpfeiler der traditionalen Hausfrauenexistenz – freigesetzt würden, womit das gesamte familiale Bindungs- und Versorgungsgefüge unter Individualisierungsdruck gerate. Während noch in den sechziger Jahren Familie, Ehe und Beruf als Bündelung von Lebensplänen, Lebenslagen und Biographien weitgehend Verbindlichkeit besaßen, sind inzwischen in allen Bezugspunkten Wahlmöglichkeiten und Zwänge entstanden. Während sich früher für viele Frauen die Frage nach weiterführender Schule, Studium und Karriere nicht gestellt hat, ist dies heute der Fall und wirft zahlreiche Folgefragen nach Möglichkeiten der familiären Lebensgestaltung auf. Diese Fragen betreffen selbstverständlich auch Männer, die sich nun oft aktiver am Familienleben beteiligen müssen als vor den Sechziger Jahren und nicht selten auch traditionell untypische Rollen übernehmen müssen.[76] Es wird deutlich, dass aufgrund der Flexibilisierung der familiären Rollenverteilung sowohl für Männer als auch für Frauen mehr Raum für individuelle Entfaltung entsteht. Seit den sechziger Jahren nimmt die Zahl der Menschen zu, die individuelle Entscheidungen bezüglich ihrer familiären Situation und ihrer Rolle in Beziehung und Familie treffen, anstatt sich in traditionelle Rollen zu fügen. Aufgrund der flexibleren Rollenverteilung und vor allem der Tatsache, dass Rollen nicht mehr zwingend lebenslang angenommen werden, sondern immer öfter nur abschnittsweise, abhängig von der individuellen Selbstbestimmung, bekleidet werden, entstehen neue Bedürfnisse wie etwa die teilweise Weiterführung beruflicher Tätigkeit von zu Hause aus.

Die beiden weiteren Kristallisationspunkte der Freisetzung sind nach Beck die Flexibilisierung der Erwerbsarbeitszeit (Umwandlung von Vollzeit- in verschiedenartigste Teilzeitarbeitsplätze inklusive Altersteilzeit, Sabbatjahr- und andere Langzeiturlaubsmodelle, Frührentenmodelle usw.) und die Dezentralisierung des Arbeitsortes, wobei die elektronische Heimarbeit nur ein Extremfall sei.

Unter der Dimension des Stabilitätsverlustes versteht Beck den mit der Herauslösung einhergehenden Verlust traditioneller Sicherheiten. Hiermit sind in diesem Kontext etwa die Erosion von Normalitätsvorstellungen bezüglich des Lebenslaufs, der Familie, des Erwerbsleben oder geschlechtsspezifischer Arbeitsteilung sowie der Verlust des historischen Bewusstseins der Denk-, Le-

---

[76] Rerrich (1986), 44, spricht von einer wachsenden Vielfalt von Lagen und Situationen, die sich für Väter in unserer Gesellschaft ergeben können, zum Beispiel geschiedene Väter, arbeitslose Väter, ausländische Väter, Hausmänner, Väter in Wohngemeinschaften, Wochenendväter, Väter mit berufstätiger Ehefrau usw.

bens- und Arbeitsformen gemeint. Das freigesetzte Individuum ist entwurzelt, auf sich selbst gestellt. Es kann sich nicht wie in früheren Gesellschaften auf seine ein- für allemal bestimmte Rolle zurückziehen, sondern muss den gestiegenen und sich ständig verändernden Anforderungen gerecht werden, ohne dabei auf Erfahrungen oder Ratschläge aus seiner Elterngeneration zurückgreifen zu können. Hinzu kommt, dass durch Ausbildung und Beruf hochspezialisierte Individuen zunehmend nur noch in ihrem Fachgebiet agieren können und mehr und mehr von ihrem organisatorischen Umfeld abhängig sind. Hier wird deutlich, dass Individuen in dieser neuen Situation zwar mehr Selbstbestimmung haben, aber auch verletzlicher sind. Während früher ein vergleichsweise eingeschränktes Maß an Möglichkeiten zur Selbstbestimmung bestand, waren Individuen gleichzeitig hierdurch geschützt. Sie konnten sich als Teil eines größeren Gefüges fühlen. Indem Individuen aus diesem Gefüge heraustreten, machen sie sich von mehreren Seiten her angreifbar. Dieses höhere Maß an Verletzbarkeit bedingt ein höheres Schutzbedürfnis. In der individualisierten Gesellschaft ist sicherzustellen, dass Menschen nicht auf die Ausübung ihrer Selbstbestimmung verzichten, weil sie befürchten, dass sich hierdurch entstehende Gefährdungslagen realisieren.

Schließlich thematisiert Beck in der dritten Dimension seines Modells immanente Widersprüche des Individualisierungsprozesses. Er spricht von neuen Formen sozialer (Re-)Integration und sogar einer Kontrolle des Einzelnen. Das Individuum werde zwar aus traditionalen Bindungen und Versorgungsbezügen herausgelöst, sei dafür aber den Zwängen des Arbeitsmarktes und der Konsumexistenz sowie den in ihnen enthaltenen Standardisierungen und Kontrollen unterworfen. An die Stelle traditionaler Bindungen und Sozialformen wie soziale Klasse oder Kleinfamilie treten sekundäre Instanzen und Institutionen wie etwa Arbeitsmarkt und Sozialstaat. Beck meint hiermit auch institutionelle Eingriffe und Festlegungen, zum Beispiel durch staatliche Regelungen zu Bildungszeiten und -wegen oder durch vorgeschriebene partnerschaftliche Absicherung. Der Lebenslauf des Einzelnen sei geprägt durch diese Institutionalisierungen, der Einzelne werde, gegenläufig zum Gedanken der individuellen Selbstbestimmung, regelrecht zum Spielball von Moden, Verhältnissen, Konjunkturen und Märkten gemacht. Kurzum: Beck vertritt letztlich die Auffassung, dass die früheren ständisch geprägten, klassenkulturellen oder familialen Lebenslaufrhythmen in unserer Gesellschaft durch institutionelle Lebenslaufmuster überlagert und ersetzt werden. Diese Entwicklung wird verstärkt, je mehr das Individuum, statt seine eigene Individualisierung zu bestimmen, einer Fremdindividualisierung und damit eine Überwachung und Kontrolle ausgesetzt ist. Das Ausleben der Selbst-Individualisierung könnte bei ungehindertem Fortgang eine Gefährdung der Selbstbestimmung durch eine Fremdindividua-

lisierung mit sich bringen, die zu einer Durchleuchtbarkeit und Vorher-
bestimmbarkeit der Betroffenen durch Behörden, Arbeitgeber oder Unternehmen führt.

2.2 Individualisierungsmodell nach Junge

Junge[77] betrachtet in seinem Modell die Auswirkungen des Individualisierungsphänomens in einzelnen gesellschaftlichen Problembereichen, die er themati-
sche Felder nennt. Zusätzlich teilt er jedes dieser thematischen Felder in eine
strukturelle und eine kulturelle Dimension ein.[78] Junge versucht nicht, ein
gänzlich neues System der Individualisierung aufzustellen, sondern bezieht
die Ausführungen anderer in sein Modell mit ein, was seine Ausführungen für
den Zweck, ein überblickartiges Allgemeinverständnis zu schaffen, als besonders geeignet erscheinen lässt.

Zunächst zu den Begriffen strukturelle und kulturelle Dimension: In der strukturellen Dimension betrachtet Junge Veränderungen der objektiven sozialstruk-
turellen Gegebenheiten (beispielsweise die nachlassende Bedeutung von
Klassen und die zunehmende Arbeitsmarktindividualisierung). Die strukturelle
Dimension bezeichnet nach Junges Verständnis die Individualisierung als Re-
sultat gesellschaftlicher Differenzierungs- und Modernisierungsprozesse; er
rückt hier also *Ursachen* der Individualisierung in das Zentrum der Betrachtung. Demgegenüber untersucht er in der kulturellen Dimension des Individualisierungsprozesses Möglichkeiten der Zuschreibung. Junge vertritt insoweit
also die Annahme, dass das Individuum für das, was geschieht,
(mit)verantwortlich ist. In der kulturellen Dimension betrachtet Junge ferner die
Bedeutung des Individuums in der Gesellschaft.

Die vier übergeordneten Themenfelder, in die Junge den Individualisierungsprozess gliedert, sind erstens die sozialstrukturelle Individualisierung im engeren Sinne, zweitens das Thema des Zusammenhangs von Lebenslauf, privater
Lebensführung und Identität, drittens das Problemfeld der Solidarität unter den
Bedingungen von Individualisierung und viertens das Thema des Wandels des
Politischen im Kontext des Individualisierungsphänomens. Junges Modell lässt
sich wie folgt abbilden:

---

[77] Junge (2002), 21ff.
[78] Insoweit lehnt sich Junge an Wohlrab-Sahr (1997), 24 ff. an.

Gesellschaftlicher Problembereich (thematische Felder)	1) Sozialstrukturelle Individualisierung		2) Lebenslauf, private Lebensführung. Identität		3) Solidarität trotz Individualisierung		4) Politischer Wandel	
Dimension	a) strukturell	b) kulturell	a) strukturell	b) kulturell	a) strukturell	b) kulturell	a) strukturell	b) kulturell

Schema nach Junge (2002), 23

Im Folgenden sollen die Themenfelder des Modells von Junge kurz erläutert werden. Der Begriff „sozialstrukturelle Individualisierung" bedeutet für ihn, dass die strukturelle Bestimmung von Lebenslagen durch Klassenzugehörigkeit oder ständische Lebensführung nach und nach schwächer wird und an deren Stelle stärker individualisierte Bestimmungsfaktoren wie Lebensstile oder Milieus treten. Diesem Themenfeld entspricht in etwa die Freisetzungsthematik bei Beck.

Mit dem zweiten Aspekt der Individualisierung - Lebenslauf und Lebensführung – ist der Trend zur Selbstbestimmung gemeint. Schwächer werdende strukturelle Regelungen führen dazu, dass das Individuum immer weniger auf vorgegebene Muster und Normierungen zurückgreifen kann und stattdessen auf von ihm selbst entwickelte Orientierungen verwiesen wird. Der Einzelne wird so zum Herrn über die Entwicklung seines Lebensverlaufs, seiner Identität und privaten Lebensführung. Die Möglichkeiten der Selbstgestaltung werden zusätzlich dadurch vervielfacht, dass das klassische Verständnis eines „richtigen, geordneten" Lebensverlaufs, aufgeweicht und flexibilisiert wird. Dies zeigt sich etwa an der - in früheren Gesellschaften nicht existenten – Möglichkeit, den gesamten Lebensabschnitt bis zum Alter von ca. 30 Jahren für Ausbildung und Studium zu verwenden, trotz oder nach einer Familiengründung zu studieren sowie Arbeitszeiten und Erwerbstätigkeitsphasen flexibel zu gestalten. Die Ausfransung des Normallebenslaufs[79] wird auch durch die innerhalb der letzten 150 Jahre drastisch gestiegene Lebensdauer bedingt: noch Ende des 19. Jahrhunderts betrug die durchschnittliche Lebenserwartung nur 35 Jahre, heute beträgt sie für Männer ca. 76, für Frauen 81 Jahre.[80] Durch das Mehr an verfügbarer Lebenszeit werden neue Möglichkeiten der Selbstbestimmung geschaffen. Dies wird zusätzlich begünstigt durch ein allgemein verbessertes Gesundheitsniveau aufgrund des medizinischen Fortschritts, durch ein gesteigertes Wohlstandsniveaus sowie verbesserte beziehungswei-

---

[79] Vgl. Kohli (2003), 162.
[80] Statistisches Bundesamt (2004), Artikel abrufbar unter http://www.destatis.de/presse/deutsch/pm2004/p2510022.htm.

se günstigere Möglichkeiten, dem Wunsch nach räumlicher Mobilität nachzukommen.[81]

Unter der Rubrik Solidarität und Individualisierung verortet Junge das Problemfeld des Solidaritätsverlustes durch Individualisierung und Individualismus. Miegel und Wahl[82] sprechen zum Beispiel davon, dass individualistische Kulturen eine Gefährdung für die gesellschaftliche Solidarität darstellen, da der Einzelne zum Egoisten werde. Auch die Diskussion um den Wertewandel und die Solidarität zwischen den Generationen fällt in diesen Problemkreis. Insgesamt kommen die meisten Soziologen jedoch zu dem Ergebnis, dass durch Individualisierung auch neue Solidarität innerhalb der selbst gewählten Zugehörigkeitsgruppen geschaffen wird.

Mit dem vierten Themenbereich, dem Wandel des Politischen, meint Junge eine Veränderung des Politikverständnisses. Individualisierung führt nach Ansicht mancher Soziologen zu einem Verlust des Interesses an der Staatspolitik, zu einer Abwendung von den politischen Fragen des Gemeinwesens.[83] Statistiken scheinen diese Vermutung zu bestätigen: in den letzten drei Jahrzehnten ist die Wahlbeteiligung bei Bundestagswahlen durchschnittlich um zehn Prozent gesunken[84], die Zahl der Parteimitglieder ist ebenfalls gesunken.[85] Beck[86] beschreibt eine Verlagerung des Politikinteresses von der Bundespolitik auf eine Subpolitik, in der individuelle Akteure (wie soziale Bewegungen, Bürgerinitiativen, lokale Interessenorganisationen und sogar einzelne Bürger) außerhalb des traditionellen politischen Systems auf der Bühne der Gesellschaftsgestaltung auftreten. Der Staat gelte im Verständnis der Subpolitik nur noch als einer neben anderen politischen Akteuren. Die Entstehung von Subpolitik nimmt als Konsequenz der Individualisierung Einzelne mit ihren individuellen Problemdefinitionen und Interessen in die politische Arena auf.

---

[81] Flugreisen sind erschwinglich geworden. Reisen auch für ältere Leute werden vermehrt angeboten. Arbeits- und Aufenthaltserlaubnisse sind zum Beispiel innerhalb Europas kein Problem mehr. Umsiedlungsprogramme und -dienstleistungen ermöglichen eine problemlosere Verlagerung des Wohnsitzes ins Ausland, vgl. etwa die Expatriot-Programme aller großen Industrieunternehmen oder Dienstleister wie etwa Star7.ca aus Manitoba, Kanada, die weltweit Facharbeiter anwerben und unter Organisation des gesamten Übersiedlungsprozesses an Arbeitgeber in Kanada vermitteln.

[82] Miegel/Wahl (1994), 31.

[83] Vgl. bereits Tocqueville (1835), 238: „Der Individualismus macht jeden Staatsbürger geneigt, sich von der Masse zu isolieren und sich mit seiner Familie und seinen Freunden abseits zu halten; so überlässt er gern die große Gesellschaft sich selbst, nachdem er sich eine kleine Gesellschaft zum eigenen Gebrauch geschaffen hat."

[84] Glaab/Kießling (2001), 575.

[85] Glaab/Kießling (2001), 578.

[86] Beck (1993), 162.

3   Der Begriff der Individualisierung in der Betriebswirtschaft

Der Begriff Individualisierung wird in der betriebswirtschaftlichen Terminologie verwendet für einen Prozess „in dem die Individuen von (a) traditionellen Handlungsrestriktionen, u.a. durch Klasse, Nachbarschaft, Gemeinschaft, freigesetzt werden, (b) höhere Entscheidungsfreiheit über ihr Leben gewinnen (Handlungsoptionen) und (c) neue Handlungsverpflichtungen suchen".[87] Für die Anbieter bedeutet dies, dass sie die konkrete Einzelperson, also den konkreten Nachfrager oder Kunden in den Mittelpunkt stellen.[88] Folglich resultiert aus der individuellen Sicht dieses Kunden ein Bewertungsmaßstab, den ein Unternehmen zur Bewertung potenziell anzubietender Produkte in Bezug auf diesen konkreten Kunden anlegen kann.[89] Im Bereich des Marketings wird die Individualisierung als extreme Form der Fokussierung absatzfördernder Aktivitäten auf die individuellen Bedürfnisse und Wünsche des einzelnen Konsumenten verstanden.[90]

Der Begriff der Individualisierung bildet ein Gegensatzpaar mit dem Begriff Standardisierung.[91] Standardisierung steht „in einer weiten Begriffsfassung für alle Formen der Vereinheitlichung von Objekten".[92] Der Begriff Standardisierung meint die einheitliche Ausrichtung von Absatzbestrebungen an die „durchschnittlichen" Anforderungen einer Vielzahl unbekannter Konsumenten,[93] während die Individualisierung von der Einzelkundenorientierung geprägt ist.[94] Im Kontext der Marktbearbeitung geht es unter Zugrundelegung eines Individualisierungs- beziehungsweise Standardisierungsmaßstabes um den Grad der Individualisierung der Angebote und der Bearbeitung der Marktsegmente,[95] wobei der Begriff der Individualisierung oft auf die Individualisierung von Leistungsangeboten beschränkt wird. Hierbei wird der Leistungsindividualisierung (im Sinne einer extremen Leistungsdifferenzierung) die Option einer standardisierten einheitlichen Leistungsgestaltung gegenübergestellt[96]. Unter einer Leistungsstandardisierung wird demgegenüber eine Vereinheitli-

---

[87] Gabler Wirtschaftslexikon (2000).
[88] Schackmann (2003), 9.
[89] Schackmann, a.a.O.
[90] Mayer (1993), 36.
[91] Zum Begriff der Individualisierung im Gegensatz zur Standardisierung siehe Diller (1995).
[92] Burghard/Kleinalterkamp (1996), 164.
[93] Vgl. Hildebrand (1997), 23.
[94] Meffert (1994), 28.
[95] Hildebrand (1997), 25f.
[96] Mayer (1993), 37.

chung der Leistung, im Extremfall für alle Kunden, verstanden.[97] In der englischsprachigen Literatur werden für den Begriff Individualisierung die Bezeichnungen Customization, Customizing oder Customized Marketing verwendet.[98]

Auch wenn der Individualisierungsbegriff in der einschlägigen Literatur in erster Linie auf die Leistungserstellung bezogen wird, kann er eine individuelle Gestaltung der Geschäftsbeziehung zwischen Hersteller beziehungsweise Dienstleister und Abnehmer beziehungsweise Kunde einschließen.[99] Dem entsprechend formulierte auch der Arbeitskreis „Marketing in der Investitionsgüterindustrie" der Schmalenbach-Gesellschaft bereits 1977: „Die Individualisierungsstrategie kann prinzipiell mit allen absatzpolitischen Instrumentarien verfolgt werden."[100]

Die Individualisierung bezieht sich auf sämtliche Marketingbemühungen, in deren Rahmen die kundenindividuellen Bedürfnisse identifiziert und befriedigt werden. Dies wird mit Hilfe eines auf die spezifischen Anforderungen des jeweiligen Kunden ausgerichteten Leistungsangebotes sowie durch zusätzliche individuelle dialogorientierte Kommunikationsangebote erreicht.[101] Bei der Individualisierung im Marketing handelt es sich demnach um eine Steigerung des Segmentierungsprinzips bis zur 1:1-Ansprache von potenziellen Kunden.[102] Im englischen Sprachgebrauch findet sich hierfür die Bezeichnung des One-to-one-Marketing. Dieser Begriff wurde Anfang der 1990er Jahre entscheidend von den US-Amerikanern Peppers und Rogers geprägt, die insbesondere die Möglichkeiten für den Einsatz neuartiger Informations- und Kommunikationstechnologien zur Weiterentwicklung der klassischen Marketinginstrumente mit der Zielsetzung des Aufbaus und der Pflege individueller Kundenbeziehungen untersuchten. Peppers und Rogers propagierten den Einsatz von Kundendatenbanken und interaktiven Kommunikationswegen, um dem einzelnen Kunden so viele Produkte und Dienstleistungen zu vermitteln wie möglich, anstatt anders herum das einzelne Produkt an so viele Kunden wie möglich zu verkaufen. Während traditionelles Marketing allein auf eine Steigerung des Marktanteils („market share") abziele, gehe es beim 1:1-Marketing auch darum, die Intensität und Bandbreite des Absatzes von Produkten beim

---

[97] Specht/Zörgriebel (1985), 161.

[98] Vgl. zum Beispiel Pine (1993).

[99] Hildebrand (1997), 26, Mayer (1993), 40, 44.

[100] Arbeitskreis „Marketing in der Investitionsgüterindustrie" der Schmalenbach-Gesellschaft (1977), 54.

[101] Link (1999), 136.

[102] Hünerberg (2000), 145.

einzelnen Kunden zu steigern („share of customer").[103]

Mittels der Individualisierung rückt also der einzelne Kunde wieder konsequent in den Mittelpunkt unternehmerischen Handelns. Diese Einstellung ist im Grunde nicht innovativ, stellt sie doch den Normalfall einer Kundenbeziehung in der Zeit vor dem Zeitalter der Massenproduktion und des Massenmarketing dar, in der Kunden ihre Bedürfnisse bei lokalen Einzelhändlern und Handwerkern wie Schreinern, Schneidern und Schustern abdeckten, mit denen ein intensives, persönliches Verhältnis unterhalten wurde.[104] Über viele Jahrhunderte hinweg war die handwerklich-individuelle Einzelfertigung die einzig existente Produktionsform. Die Individualität des Gutes war dadurch gewährleistet, dass die überwiegende Zahl der Güter speziell im Auftrag eines Kunden, also unter Integration der Kundenwünsche beim Produktionsprozess gefertigt wurde.[105] Die Größe des Kundensegments war folglich eins und die Anzahl der differenzierten Produkte war identisch mit der Anzahl der Kunden.

Neuartig ist an der heutigen Individualisierung jedoch, dass die Einzelkundenfokussierung ab ca. Mitte der 1980er Jahre mit Hilfe der Informations- und Kommunikationstechnologien auf anonyme Massenmärkte mit Millionen von Kunden übertragbar geworden ist.[106] Um dies zu realisieren, müssen Kunden jedoch zunächst identifiziert, ihre Präferenzen über den Verlauf der Geschäftsbeziehung erfasst, aufbereitet und in einem Kundenprofil gespeichert werden. Dies soll im Optimalfall dazu führen, dass jedem einzelnen Kunden zum für ihn perfekten Zeitpunkt in der ihm angemessenen Diktion und mit den auf seine individuellen Verhältnisse zugeschnittenen Argumenten und Bedingungen ein maßgeschneidertes Leistungsangebot gemacht wird.[107] Zipkin[108] formuliert wie folgt: „To give customers exactly what they want, you first have to learn what that is. It sounds simple, but it's not." Ziel der Individualisierung ist also die Sammlung von geeigneten Daten über den Kunden, aus denen der Anbieter die konkreten Kundenbedürfnisse herausarbeitet, so dass er hierauf aufbauend passende Güter zur Befriedigung dieser Bedürfnisse identifizieren kann.

Den Gegenpol zum Individualmarketing bildet das so genannte klassische Massenmarketing. Dort geht es um die Vermarktung von standardisierten und

---

[103] Peppers/Rogers (1993), xxi.
[104] Vgl. Link/Hildebrand (1995), 6.
[105] Vgl. Pine (1993), 9.
[106] Vgl. Link/Hildebrand (1995), 6; Peppers/Rogers (1993), xxii.
[107] Link/Hildebrand (1993), 113.
[108] Zipkin (2001), 83.

in hoher Stückzahl an den durchschnittlichen Kundenbedürfnissen orientierten Produkten und Leistungen, die, über Massenmedien vermarktet, an möglichst viele Kunden verkauft werden sollen.[109] Hauptintention hierbei ist die effiziente Abwicklung im Sinne einer Kostenminimierung einer Vielzahl von anonymen Einzeltransaktionen beziehungsweise Geschäftsabschlüssen.[110] Die konsequente Produktorientierung und die Absicht, die Zahl der Geschäftsabschlüsse zu maximieren, wird heutzutage aufgrund der sich verändernden Wettbewerbssituation als zunehmend erfolglose Strategie bewertet. Hingegen ist das Individualmarketing ein Konzept, das sich den veränderten Wettbewerbsbedingungen optimal anpasst und somit in der Lage ist, aufgrund gesteigerter Kundenzufriedenheit Wechselbarrieren aufzubauen, die zu langfristiger Kundenloyalität führt und dadurch die Ausgaben für die kostenintensive[111] Neukundengewinnung reduziert. In der nachfolgenden Tabelle werden die wesentlichen Merkmale des Individualmarketing in Abgrenzung zum Massenmarketing zusammengefasst.

---

[109] Salmen (2002), 64.

[110] Vgl. Peter/Schneider (1994), 7 ff.

[111] Die Gewinnung eines Neukunden ist bis zu siebenmal teurer als die Pflege und Erhaltung der Beziehung mit einem Stammkunden, vgl. Müller/Riesenbeck (1991), 67 ff., 69.

Massenmarketing	Individualmarketing
Durchschnittskunde	Individueller Kunde
Anonymer Kunde	Profilierter Kunde
Standardprodukt	Individualisiertes Produkt
Massenproduktion	Einzelfertigung/persönliche Leistung
Massenwerbung	Individuelle Kommunikation
Massenverkaufsförderung	Persönliche Anreize
Einweg-Kommunikation	Mehrwege-Kommunikation
Economies of Scale (Kostenersparnis durch Massenproduktion)	Economies of Scope (Verbund-/ Umfangsvorteile)
Marktanteil	Kundenanteil (share of customer)
Alle Kunden	Profitable Kunden (zum Beispiel mittels Scoring)
Kundenanziehung	Kundenbindung

Schema nach Kotler/Bliemel (2001), 1203

Bei der Marktsegmentierung im Massenmarketing werden, basierend auf zum Beispiel sozio-demographischen oder psychographischen Merkmalen, unbekannte Nachfrager in möglichst homogene und untereinander heterogene Marktsegmente zur differenzierten Bearbeitung zusammengefasst. Im Gegensatz dazu ist bei der Individualisierungsstrategie jeder (potenzielle) Kunde bekannt. Er wird als ein eigenes Marktsegment, das so genannte „Segment of one"[112], behandelt und individuell betreut. Individualmarketing beruht damit auf einer atomisierten[113] Segmentierung, also dem Sprung vom Segment zum Einzelkunden. Mit dem Verzicht auf die Suche nach vergleichbaren potenziellen Kunden, die mit dem gleichen Angebot bedient werden können, ist zum ersten Mal der einzelne Kunde in seiner individuellen Bedürfnislage Ausgangspunkt absatzpolitischen Denkens.[114]

---

[112] Die Bezeichnung „Segment of one" ist ein eingetragener Markenname der strategischen Unternehmensberatungsgesellschaft Boston Consulting Group, vgl. Oetinger (1994), 9.

[113] Atomas (griech.) bedeutet „nicht mehr teilbar".

[114] Vgl. Salmen (2002), 65f.; Gündling (1997), 16.

Innerhalb der Betriebswirtschaftslehre existieren eine Vielzahl von Typologien, die die Möglichkeiten der Individualisierungskonzepte zu beschreiben versuchen. Eine anerkannte, empirisch getestete und wohl deshalb auch im deutschsprachigen Raum am weitesten verbreitete Typologie wurde von Link/Hildebrand[115] entwickelt. Sie ist im nachfolgenden Schaubild dargestellt.

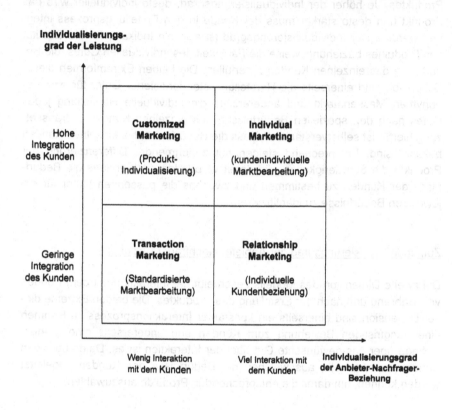

Darstellung: Strategische Optionen der Marktbearbeitung, vgl. Link/Hildebrand (1997), 17

Die obige Typologie beschreibt unterschiedliche kundenzentrische Konzepte anhand zweier Dimensionen, welche von Hildebrand und Link als konstitutive Merkmale der Individualisierung angesehen werden. Diese beiden Dimensionen sind einerseits der Individualisierungsgrad des Produktes und andererseits der Individualisierungsgrad der Anbieter-Nachfrager-Beziehung.

---

[115] Link/Hildebrand (1997), 17.

45

<u>Zur Integration des Kunden in die Produktionsprozesse</u>:

Die erste Dimension beschreibt die Integration des Kunden in die Produktionsprozesse (Produktion meint hierbei die Herstellung einer bestimmten Ware). Die Integration des Kunden bestimmt den Individualisierungsgrad des Produktes. Je höher der Individualisierungsgrad, desto individueller wird das Produkt und desto stärker muss der Kunde in den Erstellungsprozess integriert werden. Der Individualisierungsgrad ist also ein Indikator für die Qualität des Produktes beziehungsweise die Fähigkeit des individuellen Gutes, die Bedürfnisse des einzelnen Kunden zu erfüllen. Die beiden Extremformen dieser Dimension sind einerseits die Herstellung standardisierter Güter für einen anonymen Massenmarkt und andererseits die individuelle Herstellung jedes Gutes nach den speziellen Bedürfnissen des einzelnen Kunden. Voraussetzung hierfür ist selbstverständlich, dass die Bedürfnisse des einzelnen Kunden bekannt sind. Entsprechend steigen mit zunehmender Differenzierung der Produkte die Schwierigkeiten, die damit verbunden sind, erstens die Bedürfnisse der Kunden zu bestimmen und zweitens die passenden Güter für die jeweiligen Bedürfnisse zu identifizieren.

<u>Zum Individualisierungsgrad der Anbieter-Nachfrager Beziehung</u>:

Die zweite Dimension des Modells beschreibt die Interaktion mit dem Kunden vor, während und nach der Erstellung des Produktes. Die beiden Extreme dieser Dimension sind einerseits ein konstanter Interaktionsprozess im Rahmen einer langfristigen Beziehung zum Kunden und andererseits eine ad-hoc-Anfrage über das gewünschte Gut. Ziel der Interaktion ist es, Daten über den Kunden zu sammeln, aus welchen die Bedürfnisse des Kunden abgeleitet werden können, um damit die entsprechenden Produkte auszuwählen.

4 Individualisierung und Personalisierung

Oft wird im Kontext der Individualisierung der Begriff Personalisierung verwendet. Auch zum Begriff Personalisierung besteht keine allgemeingültige Definition. Den gängigsten Erklärungen ist jedoch gemein, dass sie den Einsatz von Informationstechnologie beim Umgang mit dem Kunden voraussetzen. Abgesehen von diesem Punkt stimmen die meisten Definitionen zum Begriff der Personalisierung mit denen zum Begriff der Individualisierung überein. Hier zwei Beispiele: „Unter Personalisierung versteht man die individuelle Betreuung von Kunden mit der Unterstützung durch Informations- und Kommunikationssysteme",[116] und: „Personalization is the use of technology and customer information to tailor electronic commerce interactions between a business and each individual customer".[117] Die Formel „Personalisierung ist gleich Individualisierung plus IT-Einsatz", bietet sich daher an, um ein grundsätzliches Verständnis und eine differenzierende Einordnung zu ermöglichen. Individualisierung ist als Oberbegriff zu verstehen, der die Personalisierung mit einbeziehen kann.

Während demnach unter dem Begriff „Beratung" die allein von menschlichen Beratern durchgeführte Individualisierung (individuelle Humanberatung) verstanden wird, kennzeichnet der Begriff „Personalisierung" die Individualisierung mit Hilfe oder durch Informations- und Kommunikationssysteme. Wird ein Berater bei seiner Tätigkeit von einem Personalisierungssystem unterstützt, spricht man von unterstützender Personalisierung. Wird der Prozess der Personalisierung autonom – also ohne menschliches Eingreifen – von dem Personalisierungssystem durchgeführt, so spricht man von vollautomatisierter Personalisierung.[118]

So erklärt sich auch, dass insbesondere im Kontext des e-Commerce oft von Personalisierung gesprochen wird. Da im e-Commerce typischerweise keine Humanberatung erfolgt, hat die Personalisierung im oben genannten Sinne dort eine hervorgehobene Bedeutung. Personalisierung wird vielfach sogar als der entscheidende Erfolgsfaktor hinsichtlich der Beziehungen zwischen Unternehmen und Kunden aller e-Commerce-Geschäftsmodelle angesehen. Die große Bedeutung der Personalisierung für e-Commerce-basierte Geschäfts-

---

[116] Diese Definition wird zum Beispiel bei Piller/Zanner (2001), Riecken (2000) und Luedi (1997) verwendet.

[117] Definition der Advocacy Group „Personalization", siehe:
http://www.personalization.org/personalization.html.

[118] Vgl. Schackmann (2003), 49.

modelle soll nachfolgend kurz erläutert werden. Geschäftsmodelle im e-Commerce sind typischerweise nicht auf den einzelnen Kunden ausgerichtet. Demzufolge unterscheiden sich die Internet-Auftritte der meisten Anbieter zunächst einmal kaum vom klassischen, katalogbasierten Versandhandel, was bei der Bewertung der Möglichkeiten und Erwartungen an den e-Commerce berücksichtigt werden muss.

Um im hart umkämpften Internet-Markt erfolgreich zu sein, ist es notwendig, besonders attraktive Angebote und Dienstleistungen zu bieten, insbesondere angesichts der immens gestiegenen Anzahl der Angebote, die über das Internet vertrieben werden. Fast alle Produkte, die in der wirklichen Welt existieren, werden mittlerweile auch über den Vertriebskanal Internet verbreitet. Diese Flut an Informationen führt bei den Nachfragern zu einem Überangebot, das mit steigenden Suchkosten und Frustration bei erfolgloser Suche verbunden ist. Gerade beim Einsatz neuer, mobiler Endgeräte, werden sich in Zukunft häufig Situationen ergeben, in denen der Nutzer einen spontanen Informationsbedarf, aber wenig Zeit hat. Da die mobilen Endgeräte auch in näherer Zukunft noch – gemessen an nicht-mobilen Geräten – kleine Interfaces und langsame Übertragungsgeschwindigkeiten haben werden, ist das Problem des Findens der richtigen, passenden Informationen besonders augenfällig. Der entscheidende Erfolgsfaktor für die Gerätetechnologie wie auch für die Content-Anbieter wird daher sein, dem Nutzer schnell die für die jeweilige Situation passenden, also personalisierten, Informationen liefern zu können. Ein hoher Grad an Personalisierung und Individualisierung ist also ein entscheidender Erfolgsfaktor im e- wie auch im m-Commerce.

5   Individualisierbare und selbstindividualisierende Produkte

Im Kontext des Phänomens der Individualisierung ist aus datenschutzrechtlicher Sicht der Trend zum vermehrten Absatz und Einsatz von individualisierbaren und individualisierenden Produkten interessant. Je nach technischer Ausgestaltung und Fortschrittlichkeit weisen diese Produkte ein unterschiedliches Maß an Anpassungs- und Lernfähigkeit auf. Die Individualisierung wird hierbei auf einen Zeitpunkt verlagert, zu dem sich das Produkt bereits beim Kunden befindet, man spricht in diesem Kontext daher auch von Self Customization.[119] Insoweit zeigt sich hier eine Kombination von Standardisierung und Individualisierung: ohne Verständigung mit dem Abnehmer im Herstellungsprozess werden standardisierte Produkte gefertigt, die mit einer Vielzahl an Einstellungsmöglichkeiten versehen sind, so dass möglichst viele Kunden zufrieden gestellt werden können. Je größer dabei die Variabilität des Produktes ist, desto größer ist der Beitrag des Nutzers an der Individualisierung.

Ein Beispiel hierfür wäre etwa das Mobiltelefon, bei dem verschiedenste Einstellungen vom Nutzer selbst vorgenommen werden können (Klingeltöne, Kommunikationsmanagement, optische Darstellung der Menüoptionen, also „Look and Feel" der Benutzeroberfläche, etc.). Ein anderes, technisch nicht so komplexes Beispiel wäre etwa die selbstbespielbare Glückwunschkarte: Grußkarten der neueren Generationen bieten die Möglichkeit, eine eigene Ansage aufzunehmen, die dann beim Öffnen abgespielt wird. Ein weiteres Beispiel ist das Textverarbeitungsprogramm Microsoft Word. Während der Installation auf der Festplatte des Nutzers und anschließend über den Befehl „Anpassen" können Formulare, Formatvorlagen, Tastaturbelegung, Menüleisten etc. vom Benutzer nach individuellen Bedürfnissen angepasst werden. Die Mehrzahl der Funktionen wird vom durchschnittlichen Anwender zwar nie benutzt. Für den Anbieter ist jedoch das Angebot eines einzigen Produktes, das über alle Funktionen verfügt, effizienter als der Vertrieb vieler paralleler Versionen des gleichen Programms. Die Individualisierung von Software hat zusätzlich den Effekt der Kundenbindung, denn selbst wenn ein Konkurrent ein vergleichbares Softwareprogramm anbieten würde, werden viele Nutzer aus Bequemlichkeit bei dem bereits individualisierten Programm bleiben, um die Einstellungen nicht erneut vornehmen zu müssen. Der Wechsel von einer Programmversion auf die nächste ist jedoch in aller Regel ohne Verlust der bestehenden Einstellungen möglich, so dass Kunden auch geneigt sind, Folgeversionen zu erwerben.

---

[119] Piller (1998), 143.

Hier zeigt sich ein doppelter Wettbewerbsvorteil: erstens bewirkt der Kunde selbst, dass das Produkt individueller und damit für ihn „besser" wird, da es seinen Bedürfnissen anpassbar ist. Zweitens werden auch Kosteneinsparungen beim Hersteller herbeigeführt. Diese Einsparungen ergeben sich hierbei daraus, dass aufgrund der Individualisierungsleistung des Kunden Personal gespart werden kann und dass zusätzlich aus der möglichen Standardisierung bei der Fertigung des Produktes weitere Skaleneffekte realisiert werden können. Zudem tritt ein erhöhtes Maß an Kundenbindung auf, wenn die Einstellungen zwar von einer Gerätegeneration auf die nächste Generation desselben Herstellers, nicht aber auf Geräte anderer Hersteller übertragen werden können.

Bei selbstindividualisierenden Produkten wird dem Kunden Individualisierungsarbeit abgenommen. Individualisier*bare* Produkte können von ihren Nutzern einmal oder mehrmals an ihre Umgebung angepasst werden. Demgegenüber sind selbstindividualisier*ende* Produkte in der Lage, sich selbstgesteuert und automatisch auf ihre Umgebung einzustellen beziehungsweise sich an ihre Nutzer anzupassen. Sie sind also mehr oder weniger „intelligent". Eine Kombination beider Möglichkeiten ist oft sinnvoll, denn die meisten Nutzer möchten jedenfalls auch die Möglichkeit haben, bestimmte Individualisierungen zurückzusetzen oder eigene Einstellungen vorzunehmen.

Eine weitere Differenzierung der Produkte kann hinsichtlich des Grades der Individualisierbarkeit vorgenommen werden. Manche, vor allem technisch unkomplexe Produkte, können nur einmal angepasst werden. Dies gilt insbesondere für solche Produkte, bei denen die Anpassung zu einer physischen Veränderung führt. Ein Beispiel hierfür wären Skistiefel,[120] die mit einem Zwei-Komponenten-Kunststoff ausgeschäumt werden und so der individuellen Fußform des Nutzers perfekt angepasst sind, jedoch nicht darauf ausgelegt sind, später ein zweites Mal verändert zu werden. Ein anderes Beispiel hierfür wären etwa Einbauküchen, die, einmal eingebaut und an die jeweiligen Gegebenheiten angepasst, in den seltensten Fällen noch sinnvoll in andere Räumlichkeiten eingebaut werden können. Viele Produkte bieten demgegenüber die Möglichkeit, mehrmals oder vielfach angepasst zu werden. Stellvertretend seien hier nur die gängigen Verleihski genannt, die jeweils individuell, also unter Berücksichtigung von Körpergröße, -gewicht, Fitnesslevel und Fahrkönnen, auf den einzelnen Nutzer angepasst werden können.

Technisch aufwändiger und komplexer sind Produkte, die eine adaptive oder

---

[120] Siehe etwa die Skistiefel der Marke Strolz, http://www.strolz.at.

fortschreitende Anpassung an die Bedürfnisse des Nutzers bieten. Ein Beispiel hierfür wäre etwa die moderne Kraftfahrzeug-Technologie, die bewirkt, dass das Fahrzeug jeweils optimal an die Fahreigenschaften und Witterungsbedingungen angepasst wird. Die Individualisierung erfolgt hier etwa in Form einer automatischen Abstimmung der Federung an die Fahrgeschwindigkeit, einer Bremskraftverstärkung, eine Anpassung des Gasdrucks an das Gewicht und die Größe des Fahrers bei der Auslösung des Airbags, usw.). Eine fortschreitende Individualisierung könnte auch bei modernen Bankautomaten stattfinden: Hier wäre eine Berücksichtigung der Präferenzen und Gewohnheiten des jeweiligen Kartennutzers denkbar. Eine Anpassung an die gewünschte Sprache und an die häufigste Transaktionsart in der Vergangenheit (zum Beispiel Abheben von 50 Euro) wäre ebenso möglich wie das automatisierte Angebot individueller Leistungen wie etwa die Einrichtung von Daueraufträgen, das Angebot von Krediten und Finanzierungslösungen etc). In Nordamerika ist an Bankautomaten beispielsweise die „Quick Cash" – Funktion verbreitet, die es dem Nutzer erlaubt, einen fixen Betrag zu bestimmen, der beim Wählen dieser Option ohne weitere Zwischenmenüs ausgezahlt wird. In Deutschland wird seit Oktober 2004 an Geldautomaten der Deutschen Bank eine ähnliche Funktion eingeführt.

Ein Beispiel für eine „intelligente", fortschreitende Individualisierung sind tragbare Computer (Personal Digital Devices, PDAs), die über einen Sensorbildschirm (touch screen) bedient werden und über eine Software die individuelle Handschrift des Nutzers „erlernen" können.[121] In die gleiche Kategorie fallen die allseits auf dem Vormarsch befindlichen Spracherkennungsprogramme, die sich der individuellen Aussprache und dem Dialekt des Nutzers anpassen können. Es existiert bereits heute eine Vielzahl an Produkten, die sich im Laufe ihrer Benutzung an ihren Nutzer anpassen. Bei der ersten Inbetriebnahme sind diese Produkte noch vollkommen standardisiert, ein Produkt ist nicht vom anderen aus gleicher Baureihe zu unterscheiden. Nach einigen Tagen oder Monaten der Benutzung können sich diese Produkte jedoch bei entsprechender technischer Leistungsfähigkeit und vom Nutzer zugelassener Individualisierung in vielen hundert Punkten so auf ihren Nutzer eingestellt haben, dass sie unverkennbar sind und sehr detaillierte Einblicke in die Gewohnheiten und Eigenheiten des Nutzers erlauben. Diese Produkte bieten für den Nutzer durch ihre Selbst-Individualisierungsfunktionalität einen Mehrwert, da sie ihm Zeit und Mühe sparen. Andererseits stellen diese Produkte durch die mit der Individualisierung verbundene Profilbildung auch eine Gefahr für die informationelle Selbstbestimmung der Nutzer dar, da die anfallenden Daten sensibel sein

---

[121] Siehe http://www.viewz.com/shoppingguide/pda5.shtml.

können und der Nutzer mit einer Zirkulation und Verknüpfung dieser Daten im Regelfall nicht einverstanden sein wird.

Datenschutzrechtlich besonders interessant sind Anwendungen, die aufgrund von neuartigen Bild- und Tonanalyseverfahren auch veränderliche Merkmale ihrer Nutzer erkennen und hierauf reagieren können. Denkbar und technisch möglich sind die verschiedensten Szenarien, angefangen vom Erkennen harmloser Krankheiten wie einer Erkältungen oder eines Husten, über das Erkennen emotionaler Regungen der Nutzer bis hin zur vorbeugenden Erkennung oder sogar der „Vorhersage" von Straftaten. Der Einsatz derartiger Technologien mag vielleicht futuristisch erscheinen, die Verwendung von Emotions-Erkennungs-Technologien wird jedoch bereits heute getestet.[122] Anwendbar ist diese Technologie zum Beispiel im Zusammenhang mit dem Einsatz von Robotern,[123] um eine möglichst menschenähnliche und komfortable Interaktion mit Menschen zu erlauben. Werden Technologien wie die Emotionserkennung mit anderen Technologien gekoppelt und die anfallenden Daten gespeichert, ergibt sich ein erhebliches Konfliktpotential im Hinblick auf das Datenschutzrecht und die informationelle Selbstbestimmung.

Vorstehend wurde überwiegend auf Waren, vor allem auf elektronische Geräte, eingegangen. Die getroffenen Aussagen gelten jedoch auch für Dienstleistungen. Die Vorteile individualisierter Leistungen liegen darin, dass die konkreten Bedürfnisse der Kunden besser bedient werden. Hierdurch wird der erzielte Nutzen für den Kunden größer. Die maßgeschneiderte Dienstleistung ist auch effektiver, da der zu leistende Aufwand optimal auf den einzelnen Kunden abgestimmt wird und so weniger Ressourcen verschwendet werden. Für den Anbieter ergibt sich ferner der Vorteil, dass eine höhere Kundenbindung erzeugt wird. Denn stets muss der Kunde dem Anbieter Informationen über sich mitteilen, um diesem überhaupt erst die Grundlage für eine maßgeschneiderte Dienstleistungserbringung zu liefern. Wettbewerber haben diese Informationen nicht, der Kunde müsste die Angaben also bei einem Wechsel zu einem anderen Dienstleister erneut machen. Je nach Umfang und Dauer dieses Vorgangs kann so eine wirksame Wechselbarriere entstehen, die für den Anbieter die Kundenbindung erhöht. Der Anbieter kann die erlangten In-

---

[122] Siehe http://www.emotion-research.net oder http://www.amiproject.org; Müller/Schuller/ Rigoll: "Enhanced Robustness in Speech Emotion Recognition Combining Acoustic and Semantic Analyses", Workshop "From Signals To Signs of Emotion and Vice Versa", EU-IST FP6 Network of Excellence HUMAINE, Santorini, Greece, Sept. 2004.

[123] Nach dem Bericht der Vereinten Nationen „World Robotics 2004" ist die Roboterpopulation im Jahr 2003 stark gewachsen. Zukünftig wird die Anzahl an Haushalts-, Unterhaltungs- und Militärrobotern besonders stark zunehmen, siehe United Nations Economic Commission for Europe, http://www.unece.org/press/pr2004/04robots_index.htm.

formationen auch intelligent verwerten und zum Beispiel für Zwecke der Wartung und Instandhaltung nutzen. Auch kann er Vorbereitungen für zukünftige Anschlussleistungen treffen oder durch eine Verfügbarhaltung der Erfahrungswerte zukünftige Abstimmungen mit dem Kunden erleichtern. Hierdurch wird er für den Kunden zu einem kompetenteren Dienstleister als seine Wettbewerber, da diese nicht auf die Erfahrungswerte zurückgreifen können, sondern sich erst einen Datenbestand aufbauen müssten. Regelmäßig wird auch die Kundenzufriedenheit bei maßgeschneiderten, individualisierten Dienstleistungen höher sein als bei standardisiert erbrachten Leistungen, was die Kundenbindung zusätzlich stärkt und die Durchsetzung höherer Preise ermöglichen dürfte. Das Merkmal der Individualisierung kann neben seiner Abgrenzungsfunktion gegenüber Wettbewerbern, die keine oder weniger stark individualisierte Leistungen anbieten, so auch als plausible Argumentationsgrundlage für höhere Preise dienen – schließlich kostet maßgeschneiderte Kleidung mehr als Kleidung von der Stange.

Auch bei Dienstleistungen ist es möglich, zwischen individualisierten und individualisierenden Produkten zu trennen. Individualisierende Dienstleistungen kommen vor allem dort in Betracht, wo ähnliche Dienste über einen längeren Zeitraum mehrmals erbracht werden. Aufgrund der Ähnlichkeit der Leistungen spart es sowohl dem Anbieter als auch dem Nutzer Aufwand, wenn auf Erfahrungswerte zurückgegriffen wird. Anstatt vom Nutzer zu verlangen, jedes Mal Wünsche und Präferenzen neu einzugeben, können Dienstleister, die adaptive Informationsverarbeitungssysteme mit künstlichen Erinnerungs- und Kombinationsfähigkeit verwenden, Bedürfnisse antizipieren. So können dem Nutzer entsprechend der Spezifikationen von früher abgerufenen Dienstleistungen Vorschläge unterbreitet werden. Für den Nutzer kann dies eine erhebliche Erleichterung darstellen. Zu erwähnen wären beispielsweise Location Based Services (LBS), die die Anfragen des Nutzers in einem Nutzerprofil sammeln und aus diesen Informationen Vorschläge entwickeln, die dem Nutzer zu einem späteren Zeitpunkt unterbreitet werden können. Zu erwähnen sind an dieser Stelle aber auch individualisierende Dienstleistungen, die zwischen Unternehmen angeboten werden, wie etwa das Scoring und Rating. Zur Absicherung gegen Gefahren greifen zum Beispiel Kreditgeber auf die Dienstleistungen solcher Unternehmen zurück. Scoring- und Ratingunternehmen haben sich darauf spezialisiert, aus einer Vielzahl von personenbezogenen Einzeldaten Wahrscheinlichkeitsprognosen über die zukünftige Bonität und Zahlungsmoral von Einzelpersonen zu erstellen. Es handelt sich hierbei um Fremd-Individualisierung, was bedeutet, dass die Individualisierung nicht auf Wunsch des betroffenen Einzelnen erfolgt, sondern von Dritten vorgenommen wird, die als Dienstleister für den direkten Vertragspartner, zum Beispiel einen Kredit-

geber agieren. Auch diese Dienstleistungen können zu den individualisierenden Dienstleistungen gezählt werden, da sie über einen Zeitraum hinweg, basierend auf einer sich ständig aktualisierenden Datenbasis, in Anspruch genommen werden können.

Die verschiedenen Arten und Grade von individualisierten und individualisierenden Produkten soll das nachfolgende Schaubild verdeutlichen.

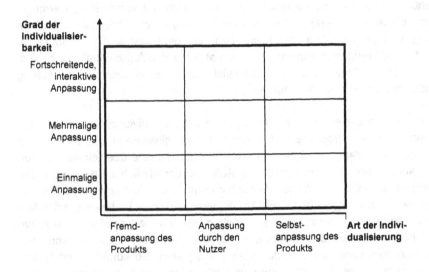

Darstellung: Grad der Individualisierbarkeit und Art der Individualisierung.

Individualisierung hat nicht nur das Potential, für die Beteiligten einen Zusatznutzen zu bringen, sie kann auch zu Gefährdungen und daher zu Interessenkonflikten führen. In der vorliegenden Arbeit wird das Phänomen der Individualisierung in vier Kategorien eingeordnet, wobei sich der Bearbeiter, entsprechend dem Fokus der Arbeit, auf die Individualisierung in der Privatwirtschaft mit beziehungsweise gegenüber Privatpersonen beschränkt. Die Kategorisierung dient dazu, eine Grundlage für die in der vorliegenden Arbeit zu leistenden Interessenabwägungen zu schaffen. Innerhalb jeder Kategorie gelten für die Betroffenen der Individualisierung vergleichbare Interessenlagen, während die Interessenlagen bei jeder Gruppe unterschiedlich zu denen der anderen Gruppen ist, so dass eine klare Abgrenzung möglich wird.

Die erste Gruppe bezeichnet alle Situationen, in denen Individualisierung in Form einer Fremd-Individualisierung zur Abschätzung finanzieller Risiken angewendet wird. Um eine Fremd-Individualisierung handelt es sich hierbei insofern, als die Individualisierung nicht vom Betroffenen ausgeht und auch nicht auf seinen Wunsch ausgeführt wird, sondern auf Wunsch eines anderen – typischerweise des Vertragspartners – vorgenommen wird. Oft wird die Individualisierung hier auch nicht vom Vertragspartner der betroffenen Personen vorgenommen, sondern als Dienstleistung von Dritten erbracht. Klassisches Beispiel wäre etwa eine Konstellation, in der eine Privatperson einen Vertrag mit einem Finanzdienstleister oder einer Versicherungsgesellschaft abschließen möchte. Um das individuelle Risiko abschätzen zu können, bedient sich der Vertragspartner der Privatperson eines externen Dritten wie etwa der Schufa[124] oder der Creditreform[125], welche aufgrund von personenbezogenen Daten eine Prognose über das spezifische zu versichernde finanzielle Risiko für den Vertragspartner erstellen. In dieser Konstellation werden meist die Individualisierungsmethoden Data Warehousing, Scoring und Rating eingesetzt[126]. In dieser Gruppe stehen sich das Interesse des Unternehmens, eine Risikominimierung vorzunehmen und das Interesse des Betroffenen an seiner Privatsphäre und informationellen Selbstbestimmung gegenüber. Unternehmen haben ein legitimes, rechtlich anerkanntes Interesse, sich abzusichern gegen die Gefahr, dass ihre Kunden Kredite nicht zurückbezahlen können und

---

[124] Schutzgemeinschaft für allgemeine Kreditsicherung (Schufa) Holding AG, http://www.schufa.de.
[125] Verband der Vereine Creditreform e.V., http://www.creditreform.de/.
[126] Zu den spezifischen Gefahren dieser Methoden siehe Teil C.

vertragliche Verpflichtungen nicht erbringen können oder wollen. Auch das Interesse, die den Versicherungsverträgen zugrunde liegenden Risiken realistisch und möglichst genau einschätzen zu können, ist per se nicht zu beanstanden. Andererseits haben die betroffenen Personen das Interesse, nicht völlig „entblößt" und chancenlos den Finanzdienstleistern und Versicherungen gegenüberzustehen. Bei einer ungehinderten Risikooptimierung seitens der Unternehmen wären erhebliche soziale Ungerechtigkeiten zu befürchten. Es könnte beispielsweise sein, dass Personen keinerlei Kreditverträge oder Versicherungen abschließen können, weil sie in bestimmten, negativ besetzten Wohngebieten wohnen, bestimmten Berufsgruppen angehören, aufgrund ihrer Verwandtschaft bestimmte genetische Dispositionen haben könnten, einen Unfall hatten oder sich einmal im Leben finanziell übernommen haben. Die soeben dargestellte erste Gruppe der Individualisierungssituationen soll nachfolgend mit dem Stichwort „Risikominimierung" bezeichnet werden.

Auch in der zweiten Gruppe findet eine Fremd-Individualisierung statt. In dieser Kategorie sind alle Situationen zusammengefasst, in denen Unternehmen Methoden der Individualisierung zu Zwecken des Marketings sowie der Marktforschung und Produktentwicklung einsetzen. Hier werden vor allem die Individualisierungsmethoden des Data Warehousing und Data Mining sowie Webbugs eingesetzt. Die unternehmerische Freiheit deckt das Interesse der Unternehmen, ihre Kunden zu erforschen, neue Zielgruppen zu erschließen, ansprechende neue Produkte zu entwickeln und umsatzsteigernde Maßnahmen, etwa im Bereich des Marketings, zu ergreifen. Andererseits ist auch das Interesse der Betroffenen geschützt, wenn diese sich entscheiden, sich nicht auf Schritt und Tritt in ihrem Kauf- und Konsumverhalten beobachten zu lassen. Ebenso verständlich ist es, wenn sie sich nicht überall, wo sie am öffentlichen Leben und der Kommunikation teilnehmen, mit individualisierter Werbung konfrontieren lassen möchten. Nachfolgend soll diese Gruppe „Marketing, F&E" (für Forschung und Entwicklung) genannt werden.

Die dritte Gruppe der Individualisierung umfasst die Individualisierung, die bei der Erstellung und Nutzung von Waren, insbesondere elektronischen Geräten zu beobachten ist. Hierbei handelt es sich in Abgrenzung zu den ersten beiden Kategorien nicht um Fremd-Individualisierung, da die Individualisierung hier von den Betroffenen Einzelpersonen ausgeht und erwünscht ist. Besonders interessant sind hier Geräte, die sich während sie schon im Besitz des Nutzers sind, weiter individualisieren, indem sie eine künstliche Merk- und Erinnerungsfähigkeit haben und Bedürfnisse ihrer Nutzer in späteren Situationen antezipieren können. Je interaktiver die Geräte sind, desto effektiver kann die Unterstützung sein, die sie ihren Nutzern bieten können, indem sie etwa ihr erlerntes Wissen mit Daten aus dem Internet anreichern können. Eine in dieser Gruppe besonders häufig zu beobachtende Methode der Individualisierung ist die Profilbildung. Ein Interessenkonflikt kann sich ergeben, wenn die Geräte die über den Nutzer gesammelten Daten nicht nur lokal speichern und verarbeiten, sondern an andere Stellen übermitteln. Problematisch kann es etwa sein, wenn die Daten an den Gerätehersteller gesendet werden und dort verarbeitet oder weitervermittelt werden. Die Benutzer könnten sich in Ihrer Privatsphäre gestört und von den Geräten ausspioniert fühlen. Besonders wenn Daten ohne ihr Wissen weitergegeben werden, dürfte die informationelle Selbstbestimmung betroffen sein. Andererseits haben die Geräteanbieter ein nachvollziehbares Interesse daran, die Funktions- und Leistungsfähigkeit der Geräte zu überprüfen und zu verbessern. Bestimmte Funktionalitäten der Geräte können möglicherweise auch gar nicht erbracht werden, ohne dass Daten an Hersteller oder Dritte übermittelt und dort verarbeitet werden, so dass die Übermittlung Voraussetzung für die jeweilige Funktion ist. Diese Gruppe soll nachfolgend mit dem Stichwort „Waren und Geräte" bezeichnet werden.

In der vierten Gruppe der Individualisierung werden schließlich die individualisierten und individualisierenden Dienstleistungen zusammengefasst, die auf Wunsch des Kunden erbracht werden. Hier ist die Profilbildung nicht nur die am häufigsten eingesetzte Methode der Individualisierung, sondern jedenfalls für die adaptiven individualisierenden Dienstleistungen sogar Grundvoraussetzung. Daneben kommen je nach Gegenstand der Dienstleistung weitere spezielle Individualisierungsmethoden zum Einsatz. Für das Beispiel der Location Based Services wären das etwa Lokalisierungsmethoden wie enhanced GPS. Für Unternehmen sind die anfallenden Daten von großem Interesse, etwa um sie für die Weiterentwicklung ihres Leistungsportfolios zu nutzen. Je nach Geschäftsmodell werden die Dienstleistungen auch kostenlos oder zu einem besonders günstigen Preis angeboten, damit Unternehmen anfallende Nutzerdaten zu einem über die bloße Leistungserbringung hinausgehenden Zweck weiterverwenden können. Die Freigabe der Daten stellt in diesem Fall einen Teil der Vergütung für die Bereitstellung der Dienstleistung dar. Auch wenn die Individualisierung hier auf Veranlassung des Nutzers stattfindet, haben diese ein Interesse daran, ein gewisses Maß an Kontrolle über ihre Daten zu behalten und bestimmte Daten gegebenenfalls zurückzuhalten. Ferner ist das Interesse nachzuvollziehen, dass Nutzer eine Wahlmöglichkeit bezüglich der Datenfreigabe haben möchten: nicht jeder Nutzer ist damit einverstanden, dass die bei der Dienstnutzung anfallenden personenbezogenen Daten als Teil des Entgelts verstanden werden. Individualisierung bedeutet auch, dass die individuellen Bedürfnisse der Kunden in Bezug auf ihre Privatsphäre und informationelle Selbstbestimmung Berücksichtigung finden müssen. Im Folgenden wird diese

Kategorie mit dem Stichwort „Dienstleistungen" betitelt.

Das folgende Schaubild stellt die vier Individualisierungsgruppen zusammen-fassend dar:

Oberbegriff: Individualisierungsmaßnahme				
Individualisierungs-gruppe	1	2	3	4
Bezeichnung der Fallgruppe	Risiko-minimierung	Marketing F&E	Waren und Geräte	Dienst-leistungen
Typischerweise eingesetzte Individualisierungs-methoden	Data Warehousing, Scoring, Data Mining	Data Mining	Profilbildung	Profilbildung, Lokalisierung, etc.
Verhältnis, in dem die Individualisierung vorwiegend stattfindet	B2B	B2B, B2C	B2C	B2C

Darstellung: Fallgruppen der Individualisierung.

In allen Fallgruppen können die Interessen der Unternehmen mit den Betroffe-neninteressen am Schutz ihrer Privatsphäre und informationellen Selbstbe-stimmung kollidieren. Das Rechtsgebiet, das der Konkretisierung dieser Grundrechte dient und den Interessensausgleich in diesem Bereich regelt, ist das Datenschutzrecht. Folglich muss das Datenschutzrecht für die diesbezüg-lichen Abwägungen den Ausgangspunkt bilden. Nachfolgend wird daher ein Überblick über die Rechtsquellen des Datenschutzrechts gegeben.

Teil C: Datenschutzrechtliche Gestaltungsanforderungen an die Individualisierung

1 Grundrecht auf informationelle Selbstbestimmung

Das deutsche Datenschutzrecht enthält umfangreiche und konkrete Regelungen für die Verarbeitung personenbezogener Daten sowie zu den Rechten der Betroffenen. Die Anforderungen des deutschen Datenschutzrechts sind ganz überwiegend höher und stärker ausdifferenziert als die Anforderungen anderer Staaten sowie europa- und völkerrechtlicher Regelungen.[127] Dennoch kann das Datenschutzrecht in der Bundesrepublik Deutschland nicht vollständig losgelöst von der internationalen und erst recht nicht ohne Berücksichtigung der europäischen Rechtsentwicklung betrachtet werden.[128] Europa- und völkerrechtliche Regelungen wirken über die Auslegung normativ und argumentativ verstärkend auf die deutsche Rechtslage ein. So leitet das Bundesverfassungsgericht aus der Entscheidung des Grundgesetzes für die internationale Zusammenarbeit einen Auslegungsgrundsatz ab, der in Zweifelsfällen einer Deutung Vorrang gibt, die in Übereinstimmung mit dem jeweiligen völkerrechtlichen Vertrag steht.[129] Die Tatsache, dass Daten problemlos weltweit und ohne echte Kontrolle grenzüberschreitend versendet werden können, macht eine überstaatliche Perspektive beim Blick auf die zu Grunde liegenden Rechtsnormen ebenfalls erforderlich. Viele gesetzgeberische Aktivitäten des letzten Jahrzehnts, auch im Bereich des Datenschutzrechts, wurden durch die europäische Integration und das dadurch bedingte Bedürfnis nach einer Harmonisierung des Rechts bestimmt. Zum besseren Verständnis der für den Untersuchungsgegenstand einschlägigen datenschutzrechtlichen Vorgaben in Deutschland wird daher zunächst ein Überblick über den Regelungsrahmen auf inter- und supranationaler Ebene gegeben.

---

[127] Hornung (2005), 131; zur Entwicklung nationaler Datenschutzrechte vgl. den Überblick bei Simitis, in: Simitis (2003), Einl., Rn. 112 ff.; zur Entwicklung außerhalb Europas Burkert, in: Roßnagel (2003), 2.3, Rn. 78 ff., 90 ff.; zur Umsetzung der EG-Datenschutzrichtlinie Brühann, in: Roßnagel (2003), 2.4, Rn. 64 ff.

[128] Scholz (2003), 113.

[129] BVerfG, JZ 2003, 1171 (dazu Klein, JZ 2004, 1176; Grupp/Stelkens, JZ 2005, 133 ff.); BVerfGE 58, 1 (34); 59, 63 (89).

1.1 Völkerrechtliche Dokumente

International bedeutsam sind vor allem die Ansätze der Vereinten Nationen, des Europarates und der Organisation für wirtschaftliche Zusammenarbeit und Entwicklung (OECD).

1.1.1 Allgemeine Erklärung der Menschenrechte der UN, 1948

Nachdem die Charta der Vereinten Nationen,[130] die bereits aus dem Jahr 1945 stammt, den klaren Auftrag an die Staatengemeinschaft enthielt, die Achtung und Verwirklichung der Menschenrechte und Grundrechte für jedermann zu fördern, legte die Generalversammlung der Vereinten Nationen am 12. Dezember 1948 mit der Verabschiedung der „Allgemeinen Erklärung der Menschenrechte"[131] den Grundstein für einen universellen Menschenrechtsstandard. In Artikel 12 dieser Erklärung wurde erstmals das Recht auf Privatsphäre im Völkerrecht statuiert: niemand dürfe „willkürlichen Eingriffen in sein Privatleben" ausgesetzt werden. Dieser Schutz vor Eingriffen in die Privatsphäre beinhaltet notwendig auch den Schutz der personenbezogenen Daten, ohne den ein Privatleben nicht denkbar ist. Das Recht auf informationelle Selbstbestimmung ist somit bereits seit mehr als einem halben Jahrhundert im Völkerrecht angelegt; völkerrechtlich verbindlich ist die Allgemeine Erklärung der Menschenrechte von 1948 jedoch nicht.

1.1.2 EMRK des Europarats, 1950

Von der Allgemeinen Erklärung der Menschenrechte der Vereinten Nationen beeinflusst[132] garantiert auch die in Rom unterzeichnete Konvention zum Schutz der Menschenrechte und Grundfreiheiten (EMRK)[133] des Europarats vom 4. November 1950 in Artikel 8 Absatz 1 jeder Person das Recht auf Ach-

---

[130] Abrufbar unter http://www.uno.de/charta/charta.htm.

[131] Resolution 217 A (III) der Generalversammlung der Vereinten Nationen, http://www.uno.de/menschen/index.cfm?ctg=udhr.

[132] Der Europarat beruft sich am Anfang der Präambel zur EMRK ausdrücklich auf die Allgemeine Erklärung der Menschenrechte der Generalversammlung der Vereinten Nationen von 1948: „Die Unterzeichnerregierungen, Mitglieder des Europarats, in Anbetracht der Allgemeinen Erklärung der Menschenrechte, die am 10. Dezember 1948 von der Generalversammlung der Vereinten Nationen verkündet worden ist... haben folgendes vereinbart: ...".

[133] „Europäische Menschenrechtskonvention"; Sammlung der Europäischen Verträge (SEV) Nr. 005, http://conventions.coe.int/Treaty/ger/Treaties/Html/005a.htm.

tung ihres Privat- und Familienlebens. Nach den Vereinten Nationen sprach sich also hiermit der Europarat explizit für einen Schutz des Individuums vor staatlicher Ausforschung und der ungehinderten Sammlung persönlicher Daten aus. Gleichzeitig schuf er – weltweit erstmalig – ein gerichtlich überprüfbares und gegenüber der jeweiligen nationalen Staatsgewalt durchsetzbares Recht auf informationelle Selbstbestimmung, denn neben dem Staatenbeschwerdeverfahren haben über das Individualbeschwerdeverfahren auch Einzelpersonen die Möglichkeit, beim Europäischen Gerichtshof für Menschenrechte in Straßburg Beschwerde zu erheben; die Entscheidungen des Gerichtshofes sind für die betreffenden Konventionsstaaten rechtsverbindlich.

1.1.3 Internationaler Pakt über bürgerliche und politische Rechte der UN, 1966

Erst 18 Jahre nach der Allgemeinen Erklärung der Menschenrechte wurden die ersten völkerrechtlich verbindlichen Menschenrechtskonventionen auf globaler Ebene verabschiedet. Am 16. Dezember 1966 verabschiedete die Generalversammlung der Vereinten Nationen in New York den Menschenrechtspakt über wirtschaftliche, soziale und kulturelle Rechte sowie den Menschenrechtspakt über bürgerliche und politische Rechte (IPBR).[134] Zusammen mit der „Allgemeinen Erklärung der Menschenrechte" bilden diese beiden Menschenrechtspakte die so genannte „Internationale Charta der Menschenrechte". Für das Recht auf informationelle Selbstbestimmung relevant ist der auch als Zivilpakt bezeichnete Pakt über bürgerliche und politische Rechte, der die klassischen Menschenrechte und Grundfreiheiten garantiert. Fast wortgleich mit der Allgemeinen Erklärung der Menschenrechte von 1948 formuliert dieser Pakt in Artikel 17, Absatz 1: „Niemand darf willkürlichen oder rechtswidrigen Eingriffen in sein Privatleben ... ausgesetzt werden." Die Verabschiedung des Paktes markiert daher den Zeitpunkt, ab dem es eine rechtlich verbindliche Garantie des Rechts auf informationelle Selbstbestimmung auf UN-Ebene gibt.

Die gegenwärtig 152 Vertragsstaaten[135] des Zivilpaktes sind zur Achtung und Gewährleistung der bezeichneten Menschenrechte gegenüber allen ihrer Herrschaftsgewalt unterstehenden Personen verpflichtet. Zudem obliegt es ihnen, wirksame innerstaatliche Rechtsschutzmöglichkeiten zu schaffen. Für

---

[134] So genannter „Zivilpakt" oder auch „Pakt II"; BGBl. 1973 II 1534, http://www.auswaertiges-amt.de/www/de/infoservice/download/pdf/mr/zivilpakt.pdf.

[135] Status seit 9. Juni 2004 unverändert, aktuelle Liste der Vertragsstaaten abrufbar unter http://193.194.138.190/pdf/report.pdf.

Staatsangehörige derjenigen Vertragsstaaten[136], die das Fakultativprotokoll[137] zum Zivilpakt ratifiziert haben, besteht darüber hinaus die Möglichkeit, nach Erschöpfung des innerstaatlichen Rechtsweges[138] eine Individualbeschwerde zum Menschenrechtsausschuss zu ergreifen.[139]

1.1.4 Richtlinien für den Schutz der Privatsphäre der OECD, 1980

Der Rat der Organisation für wirtschaftliche Zusammenarbeit und Entwicklung (OECD) hat am 23. September 1980 die Richtlinien für den Schutz der Privatsphäre und den grenzüberschreitenden Datenverkehr personenbezogener Daten verabschiedet. Die Richtlinien enthalten materielle und verfahrensrechtliche Regelungen für den öffentlichen und privaten Sektor.[140] Im Unterschied zum Europarat sind diese Richtlinien jedoch völkerrechtlich nicht verbindlich, sondern enthalten lediglich Vorschläge.

1.1.5 Übereinkommen des Europarats, 1981

Der Begriff „Datenschutz" wird im Völkerrecht erstmals in Artikel 1 des Übereinkommens des Europarats zum Schutz der Personen bei der automatischen Verarbeitung personenbezogener Daten[141] vom 28. Januar 1981 legal definiert. Dort heißt es: „Zweck dieses Übereinkommens ist es, im Hoheitsgebiet jeder Vertragspartei für jedermann ungeachtet seiner Staatsangehörigkeit oder seines Wohnorts sicherzustellen, dass seine Rechte und Grundfreiheiten, insbesondere sein Recht auf einen Persönlichkeitsbereich, bei der automatischen

---

[136] Gegenwärtig sind dies 104 Staaten, vgl. Liste unter: http://193.194.138.190/pdf/report.pdf.

[137] Abrufbar unter http://www.uni-potsdam.de/u/mrz/un/int-bill/ipbpr1de.htm.

[138] Vgl. Artikel 2 des Fakultativprotokolls: „Vorbehaltlich des Artikels 1 können Einzelpersonen, die behaupten, in einem ihrer im Pakt niedergelegten Rechte verletzt zu sein und die alle zur Verfügung stehenden innerstaatlichen Rechtsbehelfe erschöpft haben, dem Ausschuss eine schriftliche Mitteilung zur Prüfung einreichen."

[139] Vgl. Artikel 1 Satz 1 des Fakultativprotokolls: „Jeder Vertragsstaat des Paktes, der Vertragspartei dieses Protokolls wird, erkennt die Zuständigkeit des Ausschusses für die Entgegennahme und Prüfung von Mitteilungen seiner Herrschaftsgewalt unterstehender Einzelpersonen an, die behaupten, Opfer einer Verletzung eines in dem Pakt niedergelegten Rechts durch diesen Vertragsstaat zu sein." Siehe:
http://www.humanrights.ch/cms/front_content.php?idcat=10 .

[140] OECD Guidelines on the Protection of Privacy and Transborder Flows of Personal Data, abrufbar unter
http://www.oecd.org/document/18/0,2340,en_2649_201185_1815186_1_1_1_1,00.html.

[141] Sammlung der europäischen Verträge (SEV) Nr. 108, abrufbar unter
http://conventions.coe.int/Treaty/ger/Treaties/Html/108.htm.

Verarbeitung personenbezogener Daten geschützt werden ("Datenschutz"). Als erstes datenschutzspezifisches Übereinkommen ist diese Konvention Ausdruck der Erkenntnis des Ministerkomitees des Europarats, dass der Schutz der Privatsphäre gegenüber automatisierten Datenbanken durch die Europäische Menschenrechtskonvention (EMRK) und die damaligen inner-staatlichen Gesetze der einzelnen Mitgliedstaaten nicht ausreichend war.

Neben der Herbeiführung eines datenschutzrechtlichen Mindestschutzniveaus sollte die Konvention jedoch auch das Recht auf freien Zugang zu Informatio-nen gewährleisten. Dieses wird aus Artikel 10 der EMRK, dem Recht auf freie Meinungsäußerung, abgeleitet,[142] was verdeutlicht, dass sich das Recht auf Datenschutz und das Recht auf Informationsfreiheit gegenseitig ergänzen. Die Konvention verpflichtet die unterzeichnenden Staaten, die nationale Gesetzes-lage an die datenschutzrechtlichen Anforderungen der Konvention anzupas-sen. Durch die Einführung eines harmonisierten, länderübergreifenden Schutzniveaus und die Festlegung gegenseitiger Hilfeleistungspflichten (vgl. Kap. IV -Artikel 13 bis 17- der Konvention) sollen protektionistische Schranken beim grenzüberschreitenden Datenaustausch verhindert beziehungsweise ab-gebaut werden. Bis heute ist die Konvention 108 das einzige weltweit an-wendbare datenschutzspezifische Rechtsinstrument mit bindender Wirkung. Auch Staaten, die nicht dem Europarat angehören, können dem Übereinkom-men beitreten.

Am 23. Mai 2001 wurde durch das Ministerkomitee des Rates ein Zusatzpro-tokoll zur Konvention angenommen, das die Einrichtung einer unabhängigen Datenschutzaufsicht fordert und zusätzliche Regelungen für den Datenverkehr mit Nicht-Unterzeichnerstaaten trifft.[143]

1.2 Verankerung des Rechts auf Datenschutz auf EU-„Verfassungsebene"

1.2.1 Artikel 6 des Vertrags über die Europäische Union

Durch den Vertrag von Amsterdam wurde die Bedeutung der Menschenrechte und Grundfreiheiten – und damit auch das Recht auf informationelle Selbstbe-

---

[142] Ausdrücklich heißt es hierzu in Artikel 10 der EMRK Satz 2, 2. Halbsatz: „Dieses Recht schließt die ... Freiheit ein, Informationen ... zu empfangen ...." Unstreitig ist dieser For-mulierung zu entnehmen, dass auch das Recht, Informationen zu verlangen (also das Recht *auf* Informationen) vom Recht auf freie Meinungsäußerung umfasst wird.
[143] Scholz (2003), 115.

stimmung – auf der Ebene der Europäischen Union erheblich gestärkt. Artikel 6[144] Absatz 1 EUV wurde präzisiert und erklärt nunmehr ausdrücklich: „Die U-nion beruht auf den Grundsätzen der Freiheit, der Demokratie, der Achtung der Menschenrechte und Grundfreiheiten sowie der Rechtsstaatlichkeit, ...". Zwar betonte Artikel 6 Absatz 2 EUV bereits vor dem Vertrag von Amsterdam den Grundrechtsschutz: „Die Union achtet die Grundrechte, wie sie in der am 4. November 1950 in Rom unterzeichneten Europäischen Konvention zum Schutze der Menschenrechte und Grundfreiheiten gewährleistet sind und wie sie sich aus den gemeinsamen Verfassungsüberlieferungen der Mitgliedstaaten als allgemeine Grundsätze des Gemeinschaftsrechts ergeben." Allerdings wurde die Wirksamkeit dieses Artikels durch Artikel L[145] eingeschränkt, der die Zuständigkeit des Gerichtshofs der Europäischen Gemeinschaften beschränk-te und Artikel 6 EUV von der Zuständigkeit ausnahm. Hierdurch wurde die Stellung der Grundrechte erheblich geschwächt, da eine Auslegung und Über-prüfung der Anwendung des Artikels 6 Absatz 2 EUV durch den Gerichtshof nicht stattfinden konnte. Aufgrund der expliziten Ausdehnung des Zuständig-keitsbereichs des Europäischen Gerichtshofs durch den neu eingefügten Arti-kel 46 d) EUV auf eben diese Vorschrift ist nunmehr jedoch die Anwendung und Überprüfbarkeit der Grundrechten, inklusive des Rechts auf informationel-le Selbstbestimmung, auf EU-Ebene gewährleistet.

1.2.2 Charta der Grundrechte der Europäischen Union

Zum Auftakt des Europäischen Rats von Nizza wurde am 7. Dezember 2000 die EU-Grundrechts-Charta von den Präsidenten des Europäischen Parla-ments, des Rats und der Kommission proklamiert.[146] Mit dieser Charta wurde erstmals die Gesamtheit der bürgerlichen, politischen, wirtschaftlichen und so-zialen Rechte auf EU-Ebene in einem einzigen Text zusammengefasst. Bisher verwies lediglich Artikel 6 Absatz 2 des Vertrags über die Europäische Union allgemein auf die Europäische Menschenrechtskonvention und auf die ge-meinsamen Verfassungsüberlieferungen der EU-Mitgliedstaaten. Neben den allgemeinen Menschen- und Bürgerrechten enthält die Charta auch neue Formulierungen, insbesondere wird in Artikel 8 Absatz 1 der Charta explizit der Schutz der personenbezogenen Daten garantiert. Nach Artikel 8 Absatz 2 der Charta dürfen personenbezogene Daten nur nach Treu und Glauben für fest-

---

[144] Vor dem Vertrag von Amsterdam als Artikel F bezeichnet.
[145] Artikel 46 nach der Umnummerierung durch den Vertrag von Amsterdam.
[146] Dokument 2000/C 364/01, abrufbar unter
    http://www.europarl.eu.int/charter/pdf/text_de.pdf .

gelegte Zwecke und mit Einwilligung der betroffenen Person oder auf einer sonstigen gesetzlich geregelten legitimen Grundlage verarbeitet werden. Ferner wird jeder Person das Recht zugesprochen, Auskunft über die sie betreffenden erhobenen Daten zu erhalten und die Berichtigung der Daten zu erwirken. Die Grundrechtecharta hat derzeit lediglich den Stellenwert einer unverbindlichen Proklamation. Ihr Anwendungsbereich für die in der vorliegenden Arbeit zu betrachtenden Individualisierungsmaßnahmen privater Unternehmen ist stark eingeschränkt. Aus Artikel 51 Absatz 1 der Grundrechtecharta ergibt sich, dass sie lediglich Organe und Einrichtungen der Union und die Mitgliedstaaten verpflichtet, und dies auch nur hinsichtlich bei der Durchführung des Rechts der Union. Auf Privatrechtsverhältnisse hat sie demnach allenfalls mittelbare Wirkung.

1.2.3 EG-Vertrag, Artikel 286

Im Gemeinschaftsrecht wurde durch den Amsterdamer Vertrag der Artikel 286 in den Vertrag zur Gründung der Europäischen Gemeinschaft eingefügt. Der Artikel enthält zwei Absätze folgenden Inhalts:
- Ab 1999 finden die Rechtsakte der Gemeinschaft über den Schutz natürlicher Personen bei der Verarbeitung personenbezogener Daten auf die Organe und Einrichtungen der Gemeinschaft Anwendung
- vor Jahresbeginn 1999 setzt der Rat eine unabhängige Kontrollinstanz ein, die für die Überwachung der Anwendung solcher Rechtsakte der Gemeinschaft auf die Organe und Einrichtungen der Gemeinschaft verantwortlich ist.

Artikel 286 EGV dient dazu, den Schutz der informationellen Selbstbestimmung des Einzelnen auch gegenüber den Institutionen der Europäischen Gemeinschaft zu gewährleisten. Vor allem durch den freien Personenverkehr sind europaweite Informations- und Datensysteme nötig geworden, die eine Gefahr für den Schutz der personenbezogenen Daten des Einzelnen darstellen. Zwar kann Individualisierung auch durch Behörden erfolgen. Zum Beispiel werden Methoden der Individualisierung wie Data Mining, Profilbildung und Lokalisierung zum Zwecke der Gefahrenabwehr und Strafverfolgung eingesetzt. Die Individualisierung durch Behörden liegt jedoch außerhalb des Betrachtungsradius der vorliegenden Arbeit. Die oben getroffenen Äußerungen zu Artikel 286 verfolgen den Zweck, die in den 1990er Jahren in Europa gestiegene Sensibilität und Beachtung des Datenschutzes zu veranschaulichen.

1.2.4 Europäische Verfassung des Europäischen Rats, 2004

Die vom Europäischen Rat im Juni beschlossene, erste europäische Verfassung[147] wurde am 29. Oktober 2004 in Rom von den Staats- und Regierungschefs sowie den Außenministern aller 25 EU-Mitgliedstaaten unterzeichnet. Nach Artikel 51 der Verfassung hat jede Person das Recht auf Schutz der sie betreffenden personenbezogenen Daten. Somit findet sich das Grundrecht auf Datenschutz auch in der europäischen Verfassung wieder. Zwar ist der Ratifizierungsprozess im Frühsommer 2005 nach ablehnenden Volksentscheiden in Frankreich und den Niederlanden vorerst für ein Jahr unterbrochen worden. Es ist jedoch wahrscheinlich, dass die Verfassung letztlich jedenfalls in den hier relevanten Passagen unverändert ratifiziert werden wird.

1.2.5 Allgemeine Datenschutzrichtlinie, 1995

Aus der Entscheidung des Grundgesetzes für die internationale Zusammenarbeit leitet das Bundesverfassungsgericht den Grundsatz ab, dass im Zweifel derjenigen Auslegung zu folgen ist, die in Übereinstimmung mit dem internationalen Vertrag steht.[148] Die Verpflichtung der Gerichte zu einer solchen Auslegung ergibt sich aus der Bindung an Recht und Gesetz (Artikel 20 Absatz 3 GG).[149] Genügt eine Entscheidung diesen Anforderungen nicht, liegt eine Verletzung des in seinem Schutzbereich berührten Grundrechts in Verbindung mit dem Rechtsstaatsprinzip vor.[150] Erforderlich ist somit eine Auslegung des deutschen Datenschutzrechts, die mit der europäischen Datenschutzrichtlinie konform ist.[151] Für die Betrachtung nationaler Datenschutzvorschriften ist die Datenschutzrichtlinie daher von besonderer Bedeutung.

Die Richtlinie zum Schutz natürlicher Personen bei der Verarbeitung personenbezogener Daten und zum freien Datenverkehr (DSRL)[152] wurde vom 24.

---

[147] Ausgearbeitet wurde die Europäische Verfassung von der Arbeitsgruppe Konvent des Europäischen Parlaments.

[148] Vgl. BVerfG JZ 2004, 1171 ff.

[149] BVerfG, JZ 2004, 1171 (1174f.); Hornung (2005), 131f.

[150] BVerfG, JZ 2004, 1171 (1172).

[151] Lorenz, DVBl 2001, 428 (431); allgemein zum Erfordernis der europarechtskonformen Auslegung: Craig/De Búrca (2002), 218f.; Rüthers (2005), 490 ff. Grundlage ist die mittlerweile zumindest im Grundsatz anerkannte Lehre vom Vorrang des Gemeinschaftsrechts (ständige Rechtsprechung des EuGH seit Rs. 6/64 –Costa ./. ENEL, Slg. 1964, 1251; Streinz (2003), Rn. 168 ff.; vergleiche insgesamt Hornung (2005), 132.

[152] Richtlinie 95/46EG des Europäischen Parlaments und des Rates v. 24.10.1995, ABl. EG L 281/31 v. 23.11.1995, abrufbar unter

Oktober 1995 erlassen. Aufgrund des bereits hohen Datenschutzniveaus und der ausdifferenzierten Regelungen im deutschen Datenschutzrecht waren zur Umsetzung der Richtlinie in Deutschland nur wenige Korrekturen erforderlich. Die Richtlinie wurde durch das Änderungsgesetz zum Bundesdatenschutzgesetz vom 18. Mai 2001 umgesetzt. Die Richtlinie hat zum Ziel, möglichst einheitliche Maßstäbe für die Erhebung und Verarbeitung von Daten in der EG festzulegen, um Wirtschaftshemmnisse und Probleme im grenzüberschreitenden behördlichen Datenverkehr abzubauen. Ziel der Richtlinie ist, einen europaweit einheitlichen Datenschutz zu etablieren, der den freien Verkehr von Daten ermöglicht.[153] Dem entsprechend werden die Mitgliedsstaaten in Artikel 1 Absatz 2 der Richtlinie dazu verpflichtet, auf besondere Schranken des innergemeinschaftlichen Verkehrs mit personenbezogenen Daten zu verzichten. In Artikel 7 der Richtlinie finden sich Grundsätze in Bezug auf die Zulässigkeit der Verarbeitung von Daten, wobei dem Konzept gefolgt wird, die Datenverarbeitung grundsätzlich zu untersagen, sie aber in Ausnahmefällen qua Gesetz für zulässig zu erklären.

1.2.4 Datenschutzrichtlinie für elektronische Kommunikation, 2002

Die Richtlinie über die Verarbeitung personenbezogener Daten und den Schutz der Privatsphäre in der elektronischen Kommunikation (Datenschutzrichtlinie für elektronische Kommunikation, eKomm-DSRL)[154] vom 12. Juli 2002 ersetzte gemäß Artikel 19 eKomm-DSRL die Telekommunikations- und Datenschutzrichtlinie (97/66/EG, TK-DSRL)[155]. Die TK-DSRL von 1997 war auf die traditionellen Telekommunikationsdienste im Sinne einer Sprach- und Faxtelefonie zugeschnitten. Sie war daher nach Wortlaut und Zweck nicht zur Ausdehnung ihres Anwendungsbereichs auf Internet-Dienste geeignet.[156] Mit der eKomm-DSRL sollte sichergestellt werden, dass gleiche Dienste unabhängig von den technischen Mitteln, mit deren Hilfe die Bereitstellung erfolgt, gleichwertig geregelt werden. Die maßgebliche Zielsetzung lag damit in der Einbeziehung internetbasierter Dienste.[157] Für die Bedeutung der eKomm-DSRL im Rahmen der europarechtskonformen Auslegung des einfachen deut-

---

http://europa.eu.int/smartapi/cgi/sga_doc?smartapi!celexapi!prod!CELEXnumdoc&lg=de&numdoc=31995L0046&model=guichet; zum Hintergrund Simitis, in: Simitis (2003), Einl., Rn. 188 ff.; Burkert, in: Roßnagel (2003), 2.3, Rn. 44f.; Ehmann/Helfrich (1999), 49 ff.

[153] Siehe Erwägungsgrund 9 der Richtlinie.

[154] Abrufbar unter http://www.tkrecht.de/egtk/2002L0058.html .

[155] Abrufbar unter http://europa.eu.int/ISPO/legal/de/datenschutz/protection.html .

[156] Scholz (2003), 124.

[157] Siehe Erwägungsgründe 4 ff. der e-KommDSRL.

schen Rechts kann nach oben auf die Ausführungen zur DSRL verwiesen werden.

Artikel 5 der eKomm-DSRL legt fest, dass das Mithören, Abhören und Speichern sowie andere Arten des Abfangens oder Überwachens von Nachrichten (Inhaltsdaten) und der damit verbundenen Verkehrsdaten durch andere Personen als die Nutzer nur mit Einwilligung der betroffenen Nutzer zulässig ist, es sei denn, es liegen ausnahmsweise die in Artikel 15 Absatz 1 der eKomm-RL bestimmten Voraussetzungen vor. Hiernach ist die Kommunikation nur dann nicht geschützt, wenn dies für die nationale Sicherheit, (d. h. die Sicherheit des Staates), die Landesverteidigung, die öffentliche Sicherheit sowie die Verhütung, Ermittlung, Feststellung und Verfolgung von Straftaten oder des unzulässigen Gebrauchs von elektronischen Kommunikationssystemen in einer demokratischen Gesellschaft notwendig, angemessen und verhältnismäßig ist.

Verkehrsdaten, die sich auf Teilnehmer und Nutzer beziehen und vom Betreiber eines öffentlichen Kommunikationsnetzes oder eines öffentlich zugänglichen Kommunikationsdienstes verarbeitet und gespeichert werden, müssen nach Artikel 6 Absatz 1 der Richtlinie grundsätzlich gelöscht oder zumindest anonymisiert werden, sobald sie für die Übertragung einer Nachricht nicht mehr benötigt werden. Sie dürfen nach Artikel 6 Absatz 2 grundsätzlich nur verarbeitet werden, soweit dies zu Zwecken der Gebührenabrechnung und der Bezahlung von Zusammenschaltungen erforderlich ist. Darüber hinaus dürfen die Betreiber von öffentlich zugänglichen elektronischen Kommunikationsdiensten Verkehrsdaten zu Zwecke der Vermarktung elektronischer Kommunikationsdienste oder zur Bereitstellung von Diensten mit Zusatznutzen nur verarbeiten, sofern der Teilnehmer oder der Nutzer, auf den sich die Daten beziehen, hierzu seine Einwilligung gegeben hat.

Nach dieser Übersicht über den internationalen und europäischen Rechtsrahmen der informationellen Selbstbestimmung wird nachfolgend das deutsche Datenschutzrecht überblickartig vorgestellt. Hierbei soll zunächst die Verankerung des Rechts der informationellen Selbstbestimmung in den Grundrechten betrachtet werden, danach folgt ein Überblick über die einfachgesetzlichen Datenschutzregelungen sowie die hinter diesen stehenden Prinzipien und Zielen.

2 Verankerung des Datenschutzrechts im deutschen Verfassungrecht

Vor einer Betrachtung der einfachgesetzlichen Datenschutzbestimmungen und gesetzgeberischen Ziele derselben ist es notwendig, sich einen Überblick über die verfassungsrechtlichen Grundlagen des Rechts auf informationelle Selbstbestimmung zu verschaffen. Dies ergibt sich daraus, dass einfachgesetzliche Vorschriften stets unter Berücksichtigung der Bedeutung der Grundrechte auszulegen sind. Ferner bedingen und begrenzen die Grundrechte auch das gesetzgeberische Handeln, da die bei der Rechtssetzung verfolgten Ziele aus den Grundrechten abzuleiten sind, jedenfalls aber mit diesen vereinbar sein müssen.

2.1 Grundrecht auf Datenschutz, Grundrecht auf informationelle Selbstbestimmung

Entgegen dem Wortsinn ist unter „Datenschutz" im deutschen Sprachraum nicht der Schutz der Daten selbst zu verstehen.[158] Für diesen Schutzbereich ist der Begriff „Datensicherheit" üblich. Datenschutzrechtliche Bestimmungen schützen das Recht des Einzelnen auf informationelle Selbstbestimmung. Dieses Recht bietet die spezifische verfassungsrechtliche Grundlage für den Datenschutz. Erstmals wurde es vom Bundesverfassungsgericht in der so genannten Volkszählungsentscheidung[159] beschrieben. Das Grundrecht auf informationelle Selbstbestimmung ist Teil des – ebenfalls im Grundgesetz nicht namentlich erwähnten – allgemeinen Persönlichkeitsrechts.[160]

2.1.1 Bestimmung des Grundrechtsinhalts

Das Grundrecht auf informationelle Selbstbestimmung umfasst den Schutz des Einzelnen gegen die unbegrenzte Erhebung, Speicherung, Verwendung und Weitergabe seiner persönlichen Daten. Es gewährleistet dem Einzelnen die Befugnis, grundsätzlich selbst über die Verwendung seiner persönlichen

---

[158] Trotz seiner Missverständlichkeit ist die direkte Übersetzung der deutschen Wortneuschöpfung „Datenschutz" von den weltweit am weitesten verbreiteten Sprachen adaptiert worden, vgl. „data protection", „protection des données", „proteccion de datos"; vgl. Garstka, DVBl 1998, 981, Fn. 3.

[159] BVerfGE 65, 1 ff.

[160] BVerfGE 65, 1, 41 ff.

Daten zu bestimmen.[161] Bis zum Volkszählungsurteil hatte das Bundesverfassungsgericht den Schutz der Privatsphäre des Betroffenen immer anhand des Charakters der jeweils betroffenen Informationen bewertet. Nach der so genannten Sphärentheorie unterschied es zwischen nicht geschützten und geschützten Daten. Hierbei war grundsätzlich auch der Zugriff auf private Informationen zulässig, abhängig war dies vom Grad der Privatheit und der Bedeutung des Zugriffs für das öffentliche Interesse.

Aufgrund der Erkenntnis, dass auch das belangloseste Datum durch seine technisch mögliche Verknüpfung mit anderen Daten eine ganz neuartige Dimension gewinnen kann, entschied das Bundesverfassungsgericht jedoch im Volkszählungsurteil, dass im Lichte der modernen Datenverarbeitungstechnologien nicht auf die „Sphärentheorie" zurückgegriffen werden konnte, da es schlicht kein „belangloses Datum" mehr gebe.[162] Der alleinigen Unterscheidung der Reichweite des Schutzbereichs nach persönlichen und höchstpersönlichen, sensiblen oder zur Verarbeitung „freien" Daten ist somit die Grundlage entzogen.[163]

Das Grundrecht auf informationelle Selbstbestimmung hat drei Dimensionen. Zuerst einmal ist es ein Abwehrrecht gegenüber staatlicher Gewalt. Hieraus ergibt sich jedoch nicht nur ein grundsätzliches Datenverarbeitungsverbot gegenüber dem Staat, sondern andererseits auch das Gebot, dafür Sorge zu tragen, dass die Grundrechtsträger ihre informationelle Selbstbestimmung ausüben können. Als zweite Dimension wird also eine Schutzpflicht begründet, der die staatliche Gewalt nachkommen muss. Schließlich ist das Grundrecht auf informationelle Selbstbestimmung in einer dritten Dimension als ein Teil der objektiven Ordnung zu verstehen.[164] Es leistet einen eigenen Beitrag zur Gewährleistung der Demokratie, indem es sicherstellt, dass der Bürger sich nicht ständig beobachtet und kontrolliert fühlen muss. Wäre dies der Fall, würde dies dazu führen, dass Bürger aus Angst vor Erhebung und Verwendung von Daten in der Ausübung ihrer demokratischen Freiheitsrechte gehemmt wären. So formuliert das Bundesverfassungsgericht dann auch: „Wer damit

---

[161] BVerfGE 65, 1, 42f.

[162] Vgl. BVerfGE 65, 1, (45); zu Persönlichkeitssphären vgl. Simitis, in: Simitis (2003), § 1, Rn. 65 ff., Wittig, RDV 200, 59 (60), ebenso: Hufen, JZ 1984, 1072 (1073 ff.). Die Sphärentheorie versucht verschiedene Persönlichkeitsrechts-Sphären voneinander abzugrenzen, die in unterschiedlichem Maße schutzbedürftig sind, vgl. etwa bei Hubmann (1967), 269f: Individualsphäre – Privatsphäre – Geheimsphäre oder nach Seidel (1972), 65: Öffentlichkeitssphäre – Sozialsphäre – Vertrauenssphäre – Geheimsphäre – Intimsphäre.

[163] Vgl. Simitis, NJW 1984, 402.

[164] Zum objektivrechtlichen Gehalt des Grundrechts auf informationelle Selbstbestimmung siehe Roßnagel/Pfitzmann/Garstka (2001), 37f.

rechnet, dass etwa die Teilnahme an einer Versammlung oder einer Bürgerinitiative behördlich registriert wird und dass ihm dadurch Risiken entstehen können, wird möglicherweise auf eine Ausübung seiner entsprechenden Grundrechte (Art. 8, 9 GG) verzichten. Dies würde nicht nur die individuellen Entfaltungschancen des Einzelnen beeinträchtigen, sondern auch das Gemeinwohl, weil Selbstbestimmung eine elementare Funktionsbedingung eines auf Handlungs- und Mitwirkungsfähigkeit seiner Bürger begründeten freiheitlichen demokratischen Gemeinwesens ist."[165]

Die Formulierungen des Bundesverfassungsgerichts im Volkszählungsurteil, nach denen der Einzelne die Befugnis habe, grundsätzlich selbst über die Verwendung seiner persönlichen Daten zu bestimmen erinnert an die gesetzliche Definition des Eigentumsrechts in § 903 BGB. Hiernach kann der Eigentümer einer Sache mit dieser nach Belieben verfahren und andere von jeder Einwirkung ausschließen. Der Schluss, das Recht auf informationelle Selbstbestimmung deshalb privatistisch im Sinne eines eigentumsartigen Rechts[166] zu verstehen, ist daher nicht fern liegend. Ein solches Verständnis könnte auf ein „absolutes Nutzungsrecht" am eigenen Datum, einschließlich angemessener Entschädigungen für dessen Preisgabe hinauslaufen.[167] Dies hätte jedoch letztlich zur Folge, dass Kommunikationsprozesse nur noch unter der Fragestellung untersucht würden, wie sich ein dogmatisch überzeugender Ausgleich zwischen den Ansprüchen einzelner „Dateneigentümer" erzielen ließe.[168]

Das Bundesverfassungsgericht betonte jedoch selbst, dass der Einzelne nicht ein Recht im Sinne einer absoluten, uneinschränkbaren Herrschaft über „seine" Daten habe. Vielmehr sei er eine sich innerhalb der sozialen Gemeinschaft entfaltende, auf Kommunikation angewiesene Persönlichkeit.[169] Folglich hängen die Informationen über Personen nicht allein von einer Person ab, sondern ergeben sich als Abbild sozialer Realität und werden durch diese mitdefiniert. Deshalb können sie nicht ausschließlich der Verfügungs- und Ausschlussbefugnis des Betroffenen unterliegen.[170] Folglich darf das Recht auf informationelle Selbstbestimmung nicht als eigentumsähnliches Recht ver-

---

[165] BVerfGE 65, 1 (43).

[166] In der Literatur wird teilweise ein Verständnis der Einwilligung als eigentumsähnliches Verfügungsrecht befürwortet, vgl. Weichert, NJW 2001, 1463; Ladeur, DuD 2000, 12; Kilian, CR 2002, 921 und bereits Meister, DuD 1983, 163, dazu kritisch Vogelgesang (1987), 141ff.

[167] Simitis, NJW 1984, 400.

[168] Scholz (2003), 134.

[169] BVerfGE 65, 1 (43f.).

[170] Vgl. BVerfGE 65, 1 (44); Scholz (2003), 134.

standen werden. Es zielt vielmehr auf die Ermöglichung einer vorbehaltlosen Teilhabe an Kommunikationsprozessen ab, die frei von der Angst ist, jederzeit beobachtet und abgehört zu werden. Hierdurch soll die freie Entfaltung der Persönlichkeit ermöglicht und abgesichert werden.[171] Ferner verkennt die Auffassung, die ein eigentumsähnliches Verfügungsrecht bejaht, die Mehrrelationalität von personenbezogenen Daten.[172] Daten haben als Modelle der Wirklichkeit einen Autor und ein Objekt, auf das sie sich Beziehen. Sie können weder allein dem Autor noch dem Objekt zugeordnet werden, unterliegen also nicht dem alleinigen Verfügungsrecht einer Person.[173] Das bedeutet, personenbezogene Daten sind nicht nur Daten der betroffenen Person, auf die sie sich beziehen, sondern ebenso der Stelle, die die Daten erhoben und verarbeitet hat.[174] Für ein mehrrelationales Wirklichkeitsmodell kann somit keine Eigentumsäquivalenz gegeben sein. Vielmehr ist eine Informations- und Kommunikationsordnung gefragt, die bestimmt, wer in welcher Relation befugt ist, mit dem Modell in einer bestimmten Weise umzugehen.[175] Ziel einer solchen Informations- und Kommunikationsordnung muss Gewährleistung der Selbstbestimmung der betroffenen Personen sein, ohne die rechtlich gebotene Berücksichtigung der Interessen der Autoren personenbezogener Daten zu vernachlässigen.[176]

2.1.2 Einschränkungsmöglichkeiten

Das soeben dargestellte Grundrecht auf informationelle Selbstbestimmung wird nicht schrankenlos gewährleistet. Vielmehr obliegt es Einschränkungen, die sich aus seinem Sozialbezug und seiner Aufgabe ergeben, die Kommunikationsfähigkeit des Einzelnen sicherzustellen.[177] Restriktionen sind allerdings nur in soweit zulässig, als sie im „überwiegenden Allgemeininteresse" oder im überwiegenden privaten Interesse liegen.[178] Daher bleibt eindeutig die infor-

---

[171] Kunig, Jura 1993, 595 (603).

[172] Hierzu Roßnagel/Pfitzmann/Garstka (2001), 37f.

[173] Vgl. Zöllner, RDV 1985, 3 (12).

[174] Hierzu Roßnagel/Pfitzmann/Garstka (2001), 38 mit Beispielen.

[175] Siehe hierzu auch: Simitis (1987), 1475 (1489 ff., insb. 1492); Trute, in: Roßnagel (2003), 2.5, Rn. 19; Ladeur, DuD 2000, 16.

[176] Roßnagel/Pfitzmann/Garstka (2001), 38.

[177] Simitis, in: Simitis (2003), § 1, Rn. 86.

[178] BVerfGE 65, 1 (43f.). Belange des Allgemeininteresses sind zum Beispiel die öffentliche Sicherheit, die Funktionsfähigkeit der Strafrechtspflege, die Effektivität und Funktionsfähigkeit der amtlichen Statistiken, finanzielle Sicherheit des Staates und der Schutz des Rechtsverkehrs. Auch können kollidierende Grundrechte ein überwiegendes Allgemeininteresse begründen. Vgl. Bull, CR 1998, 385 (388f.), Simitis, in: Simitis (2003), § 1, Rn. 90. Verfassungsrechtlich anerkannte Beispiele für Fallgruppen, in denen die Datenverarbei-

mationelle Selbstbestimmung der vorrangige Anknüpfungspunkt jeder Datenverarbeitung, einen Vorrang des Allgemeininteresses vor der informationellen Selbstbestimmung gibt es nicht.[179] Man kann daher sagen, dass die Datenverarbeitung im Grundsatz unzulässig – weil unvereinbar mit dem Grundrecht auf informationelle Selbstbestimmung – ist und dass sich Ausnahmen nur ergeben, wenn ein überwiegendes Allgemeininteresse vorliegt. Ein pauschales Berufen auf „das Allgemeininteresse" reicht hierbei nicht aus, vielmehr muss das Allgemeininteresse in spezifische, genau nachvollziehbare sowie exakt eingrenzbare Informationserwartungen konkretisiert werden.

Nach dem Bundesverfassungsgericht kann eine Einschränkung der informationellen Selbstbestimmung nur aufgrund einer besonderen, verfassungsmäßigen gesetzlichen Grundlage erfolgen.[180] Dies ergibt sich auch schon aus der allgemeinen Grundrechtsdogmatik: weil die informationelle Selbstbestimmung verfassungsrechtlich abgesichert ist, vermag nur der Gesetzgeber die Bedingungen einer möglichen Restriktion festzulegen.[181] Das bloße Vorliegen eines konkreten überwiegenden Allgemeininteresses im vorgenannten Sinne reicht demnach zur Legitimation einer Datenverarbeitung nicht aus. Die Selbstbestimmung des Betroffen darf nur und erst dann beschnitten werden, wenn die überwiegenden Allgemeininteressen Gegenstand einer ausdrücklich auf diesen Eingriff und seine Folgen bezogenen gesetzlichen Regelung geworden sind.[182] Hieraus ergeben sich zwei Bedingungen für die Rechtmäßigkeit einer Datenverarbeitung, die gegen oder ohne den Willen des Betroffen erfolgt: Erstens muss die Verarbeitung im überwiegenden Allgemeininteresse geboten sein und zweitens muss dieses Interesse Eingang in ein Gesetz gefunden haben, *bevor* die Verarbeitung erfolgt.

Die gesetzliche Regelung muss hierbei dem Gebot der Normenklarheit genügen, sie muss also den Ablauf des Verarbeitungsprozesses klären sowie den Umfang der Einschränkungen des Selbstbestimmungsrechts und die Voraussetzungen des Eingriffs in dieses bestimmen.[183] Der Gesetzgeber muss demnach den spezifischen Zweck der Regelung präzise beschreiben und sich

---

tung aufgrund überwiegender privater Interessen zulässig sein kann, finden sich in den §§ 28 und 29 BDSG – so ist die Datenverarbeitung etwa zulässig wenn sie der Zweckbestimmung eines Vertragsverhältnisses mit dem Betroffen dient oder wenn und soweit die Verarbeitung der Wahrung berechtigter Interessen erforderlich ist und gegenüber den Interessen des Betroffen überwiegt.

[179] Simitis, NJW 1984, 399.

[180] BVerfGE 65, 1 (44).

[181] Vgl. Simitis, in: Simitis (2003), § 1, Rn. 98.

[182] Simitis, in: Simitis (2003), § 1, Rn. 98.

[183] BVerfGE 65, 1 (44).

auch klar dazu äußern, welche Datenverarbeitungen für die Verwirklichung dieses Zwecks erforderlich sind.[184]

2.1.2.1 Eingriff

Nach dem vom Bundesverfassungsgericht geforderten Gesetzesvorbehalt muss nicht bereits dann ein Gesetz vorliegen, wenn der Schutzbereich des Grundrechts auf informationelle Selbstbestimmung in irgendeiner Weise tangiert ist. Erst wenn eine Beeinträchtigung des Schutzbereichs gegeben ist, ist der Gesetzesvorbehalt zu beachten.[185] Allerdings müssen nicht sämtliche Kriterien des klassisch-historischen Eingriffsbegriffs wie Finalität, Unmittelbarkeit, Rechtsförmlichkeit und Verbindlichkeit gegeben sein. Nach heutigem Verständnis ist vielmehr jedes Verhalten als Eingriff zu qualifizieren, das die von der Schutzintention eines Grundrechts umfasste Willensbetätigung des Betroffenen erschwert. Ebenso ist ein Verhalten zu bewerten, das sich als staatliche Betätigung in einem vom jeweiligen Grundrecht garantierten persönlichen Freiraum darstellt.[186] Folglich ist ein Eingriff nicht erst im Falle einer zwangsweisen staatlichen Informationserhebung gegeben, sondern bereits bei faktischen Einwirkungen auf den Grundrechtsbereich.

Im Ergebnis ist jede Datenverarbeitung gegen oder ohne den Willen des Betroffenen als Eingriff zu qualifizieren und bedarf einer gesetzlichen Grundlage.[187] Demnach sind Datenschutzregelungen Gesetze, die die Einschränkungen des Rechts auf informationelle Selbstbestimmung im überwiegenden Gemeininteresse systematisieren und umfassend regeln. Datenschutzregelungen können niemals als Auffangnormen verstanden werden, die Datenverarbeitungen generalklauselartig legitimieren, sondern müssen als Vorbedingungen jeder verfassungskonformen Verarbeitung personenbezogener Daten gesehen werden.

---

[184] BVerfGE 65, 1 (44, 46).

[185] Scholz (2003), 136.

[186] Sachs, JuS 1995, 303, Scholz (2003), 136.

[187] Schwierig ist die Grenzziehung zu den – unterhalb der Eingriffsschwelle liegenden – Belästigungen und hierüber hinausreichenden Eingriffen, vgl. Scholz (2003), 136, Fn. 116 m.w.N. Scholz spricht von einer „Beweislastumkehr", die besagt, dass nicht der Betroffene zeigen muss, dass ein Eingriff vorliegt, sondern dass die verarbeitende Stelle darzulegen hat, warum die jeweilige von ihr verursachte Grundrechtsbeeinträchtigung eine unterhalb der Schwelle eines Eingriffs liegende bloße Belästigung ist. Schließlich sei nicht die Verarbeitungsfreiheit die Regel und der Schutz vor dieser die Ausnahme, sondern (anders herum) die Selbstbestimmung die Regel und der Eingriff die Ausnahme.

2.1.2.2 Grundsatz der Verhältnismäßigkeit

Nach dem Volkszählungsurteil des Bundesverfassungsgerichts muss jeder Eingriff in das Recht auf informationelle Selbstbestimmung als weitere Voraussetzung u.a. dem Verhältnismäßigkeitsgrundsatz entsprechen.[188] Grundrechtsdogmatisch ist diese Voraussetzung als Schranken-Schranke zu bezeichnen.[189] Dies bedeutet, dass nicht jede gesetzliche Beschränkung, die den bisher dargestellten Anforderungen genügt, automatisch verfassungsrechtlich gerechtfertigt ist. Der mit dem Eingriff verfolgte Zweck muss in einem tragbaren Verhältnis zum Umfang und Ausmaß des Grundrechtseingriffs stehen. Die Beachtung dieses Grundsatzes muss vom Gesetzgeber bei der Entwicklung von Gesetzen, die in Grundrechte eingreifen, beachtet werden und in den erlassenen Gesetzen erkennbar sein. Ferner müssen die erlassenen Gesetze so angewendet und ausgelegt werden, wie es der grundgesetzlichen Wertung der widerstreitenden Interessen entspricht. Das Grundrecht behält also Ausstrahlungswirkung auf das einfache Gesetz. Nach dem Grundsatz der Verhältnismäßigkeit muss demnach jede von der Staatsgewalt ergriffene Maßnahme zur Erreichung des mit ihr verfolgten verfassungsgemäßen Zwecks geeignet und erforderlich sein. Zusätzlich darf der mit der Maßnahme verbundene Eingriff nach seiner Intensität nicht außer Verhältnis[190] zur Bedeutung der vom Bürger hinzunehmenden Einbußen stehen.

Zum Grundsatz der Verhältnismäßigkeit gehört auch die Verpflichtung des Gesetzgebers, angesichts der Gefährdungen durch die Nutzung der automatischen Datenverarbeitung organisatorische und verfahrensrechtliche Regelungen zu treffen, die die Gefahr der Verletzung des Persönlichkeitsrechts der Betroffenen minimieren.[191] Diese Verpflichtung ergibt sich aus folgendem Gedankengang: Wenn die Belastung des Betroffenen (aufgrund des Verhältnismäßigkeitsgrundsatzes) so gering wie möglich ausfallen muss und wenn dies der Fall ist, je besser Missbrauchsmöglichkeiten ausgeschlossen sind, dann resultiert hieraus die Pflicht, durch organisatorische und verfahrensrechtliche Regelungen eben diese Missbrauchsmöglichkeiten soweit als möglich auszuschließen. Außerdem stellen die angesprochenen Regelungen für den Betroffenen eine Transparenz der ihn betreffenden Datenverarbeitung her. Hierzu

---

[188] BVerfGE 65, 1 (44).

[189] Vgl. zum Begriff der Schranken-Schranken Pieroth/Schlink (2004), Rn. 274. Der Begriff bezeichnet die Beschränkungen, die für den Gesetzgeber gelten, wenn dieser dem Grundrechtsgebrauch Schranken zieht.

[190] Dieses Verhältnis wird als Verhältnismäßigkeit im engeren Sinne, Angemessenheit oder Zumutbarkeit bezeichnet.

[191] BVerfGE 65, 1 (44).

zählt ein Auskunftsrecht und in dessen Folge Datenberichtigungs- und Daten-löschungsansprüche.[192] Ferner hat das Bundesverfassungsgericht bereits 1983 technisch-organisatorische Schutzvorkehrungen wie die Anonymisierung erwogen. Außerdem sprach sich das Gericht für die Löschung von personen-bezogenen Daten nach erfolgter Verarbeitung und Zweckerreichung aus, e-benso für eine Trennung zwischen Identifizierungsmerkmalen und den übrigen Angaben über den Betroffenen.[193] Zwar hat das Bundesverfassungsgericht diese Gebote auf Statistikdaten im Rahmen der damaligen Volkszählung be-zogen. Bedeutung haben die Aussagen jedoch als Maßstäbe und Methoden zur Sicherung der informationellen Selbstbestimmung und zur Rechtfertigung von Eingriffen in das Persönlichkeitsrecht noch heute und zwar auch für Berei-che außerhalb der Wahrnehmung von Statistikaufgaben durch öffentliche Stel-len.[194]

2.1.2.3 Gebot der Normenklarheit und der Zweckbindung

Eine weitere Schranken-Schranke ist das Prinzip der Rechtsstaatlichkeit, das sich aus Artikel 20 Absatz 3 GG ergibt. Dieses Prinzip hat mehrere Kompo-nenten, eine hiervon ist das Gebot der Normenklarheit und der Zweckbindung von Gesetzen. Um es dem Bürger zu ermöglichen, sich ein Bild von der Rechtslage zu machen, müssen Gesetze so klar gefasst werden, dass rechts-sichere Aussagen getroffen werden können.[195] Diese Anforderungen hat das Bundesverfassungsgericht im Volkszählungsurteil präzisiert. Es verlangt für die gesetzlichen Einschränkungen des Rechts auf informationelle Selbstbe-stimmung, dass sich aus diesen klar erkennbar die Voraussetzungen und der Umfang der Beschränkungen ergeben müssen, so dass der Bürger sein Ver-halten danach ausrichten kann.[196]

Der Grundsatz der Zweckbindung ist ebenfalls eine Komponente des Prinzips der Rechtsstaatlichkeit des Artikel 20 Absatz 3 GG. Auch er dient Normenklar-heit und Transparenz. Ziel und Umfang der Datenverarbeitung sollen nach diesem Grundsatz auf den gesetzlich bestimmten Zweck begrenzt werden.[197] Eine Speicherung personenbezogener Daten auf Vorrat, die ihrem Wesen nach unbestimmte Zwecke voraussetzt, widerspricht dem Grundsatz der

---

[192] BVerfGE 65, 1 (45).
[193] BVerfGE 65, 1 (49).
[194] Scholz (2003), 141.
[195] Pieroth/Schlink (2004), Rn. 312f.
[196] BVerfGE 65, 1 (44).
[197] BVerfGE 65, 1 (46); 92, 191 (197f.); 100, 313 (360).

Zweckbindung und ist somit grundgesetzlich unzulässig. Ferner muss die Datenerhebung stets auf das zum Erreichen des angestrebten Zieles erforderliche Minimum beschränkt sein.[198] Die Zweckbindung legt insofern einerseits das Verarbeitungsziel fest und beschränkt andererseits den Umfang der für die Verarbeitung erhebbaren Daten. Die präzise Bestimmung des mit der Verarbeitung verfolgten Zwecks ist auch Voraussetzung für die geforderte Verhältnismäßigkeitsprüfung, da sich die Notwendigkeit eines Datenverarbeitungsprozesses an der Aufgabenstellung der datenverarbeitenden Stelle und damit mittelbar auch am Erhebungszweck orientieren muss.[199]

Die dargestellten Grundsätze des Bundesverfassungsgerichts zu den Zulässigkeitsvoraussetzungen der Einschränkungen des Rechts auf informationelle Selbstbestimmung sind der zentrale Ansatzpunkt für das heutige Datenschutzverständnis. Aus ihnen ergeben sich auch die maßgeblichen Kriterien für die Analyse der einfachgesetzlichen Datenschutznormen, die die Techniken und Methoden betreffen, welche im Rahmen der Individualisierung, Personalisierung und Profilbildung von Betroffenen eingesetzt werden.

2.1.3 Staatlicher Schutz gegenüber privater Datenverarbeitung

Problematisch und vom Bundesverfassungsgericht nicht zu klären war die Frage, inwiefern das Grundrecht auf informationelle Selbstbestimmung zugunsten der Betroffenen auch im Verhältnis gegenüber privaten Datenverarbeitern Wirkung entfaltet.[200] Nach Artikel 1 Absatz 3 GG sind ausschließlich die Gesetzgebung, die vollziehende Gewalt und die Rechtsprechung zur Beachtung der Grundrechte verpflichtet. Grundrechte und grundrechtsgleiche Rechtspositionen wirken als Abwehrrechte zunächst nur im Staat-Bürger-Verhältnis, man spricht insoweit auch von einer vertikalen Geltung der Grundrechte. Die vorliegende Arbeit beschäftigt sich jedoch nicht mit staatlicher, sondern privater Datenverarbeitung. Da Privatunternehmen gerade nicht zum unmittelbaren Adressatenkreis der Grundrechte gehören, scheidet eine unmittelbare Wirkung von Grundrechten in diesem Verhältnis aus. Dies ist angesichts des klaren Wortlautes der Bindungstrias in Artikel 1 Absatz 3 GG sowie der Entstehungsgeschichte der Grundrechte als Abwehrrechte gegenüber

---

[198] BVerfGE 65, 1 (46, 65).

[199] Scholz (2003), 140.

[200] Vgl. BVerfGE 65, 1 (44f.): „Die Verfassungsbeschwerden geben keinen Anlass zur erschöpfenden Erörterung des Rechts auf informationelle Selbstbestimmung. Zu entscheiden ist nur über die Tragweite dieses Rechts für Eingriffe, durch welche der Staat die Angabe personenbezogener Daten vom Bürger verlangt."

staatlicher Gewalt unstreitig.[201] Die unmittelbare Drittwirkung von Grundrechten im Privatrecht wird ferner auch mit dem Argument abgelehnt, dass andernfalls die Privatautonomie gefährdet würde.[202]

Allerdings bedeutet die Ablehnung einer unmittelbaren Grundrechtsgeltung nicht, dass die Grundrechte keinerlei Wirkung in Privatrechtsverhältnissen hätten. Nach der Rechtsprechung des Bundesverfassungsgerichts hat der Staat sich schützend vor die Grundrechte der Betroffenen zu stellen[203]. Daher ist die Staatsgewalt aufgefordert, die Verwirklichung von Grundrechten auch im nicht-öffentlichen Bereich zu ermöglichen und zu fördern. Das bedeutet zum Beispiel auch, dass der Gesetzgeber beim Erlass zwingender privatrechtlicher Normen, mit denen die grundrechtsrelevanten Positionen von Privaten gegeneinander gewichtend in Beziehung gesetzt werden, verpflichtet ist, eine Verwirklichung der jeweiligen Grundrechte sicherzustellen. Da auch die gerichtliche Entscheidung zivilgerichtlicher Streitigkeiten eine Ausübung staatlicher Gewalt ist, muss der Staat (in diesem Fall die rechtsprechende Gewalt) hierbei darauf achten, dass die Grundrechte der Beteiligten geschützt werden. Auf diesem Wege entfalten die Grundrechte mittelbare Wirkung in Privatrechtsverhältnissen.[204] Den Grundrechten wird bei dieser Konstruktion eine Ausstrahlungswirkung auf die gesamte Rechtsordnung zugesprochen. Einerseits sollen sie mittelbar über die bereits existenten wertausfüllungsbedürftigen Begriffe und Generalklauseln des Privatrechts wirksam sein. Andererseits sollen sie aber auch Schutzpflichten auslösen.[205]

Nach dem Bundesverfassungsgericht verkörpert die Gesamtheit der Grundrechte eine objektive Wertordnung.[206] Die Grundentscheidung zugunsten die-

---

[201] So bereits Dürig 1956, 157 (184); siehe auch Denninger, in: Denninger u.a., AK-GG, vor Art. 1, Rn. 31; Hesse 1995, Rn. 354f. Hermes, NJW 1990, 1764.

[202] Siehe hierzu Fn. 218.

[203] Vgl. BVerfGE 49, 89 (132); in dieser Entscheidung formuliert das Gericht: „Es ist Aufgabe staatlicher Organe, alle Anstrengungen zu unternehmen, um mögliche Gefahren [für die Grundrechte] frühzeitig zu erkennen und ihnen mit den erforderlichen verfassungsmäßigen Mitteln zu begegnen".

[204] Diese ist in Literatur und Rechtsprechung heute weitestgehend unstreitig: BVerfGE 7, 198 (206f.), fortgeführt in BVerfGE 30, 173 (188 ff.); 33, 303 (330f.); 42, 143 (148); zusammenfassend BVerfGE 73, 261 (269); 84, 192 (195); Pieroth/Schlink (2004), Rn. 173 ff.; Böckenförde, DSt 1990, 1, (4 ff., 10); Dreier, Jura 1994, 505 (510); grundlegend Dürig (1956); 157 ff.; ders., in: Maunz/Dürig/Herzog, Art. 1 III, Rn. 127 ff. sowie Art. 2 I, Rn. 56 ff.; v.Münch, in: v.Münch/Kunig, GG, Vorb., Rn. 31 ff.

[205] Zur Schutzpflicht des Staates bei Grundrechtsgefährdungen durch Dritte siehe BVerfGE 39, 1 (41f.); 46, 160 (164f.); 49, 89 (141f.); 53, 30 (57); 56, 54 (73); 88, 203 (251 ff.). Zum Verhältnis von Drittwirkung und Schutzpflicht siehe Canaris, AcP 1984, 201 (225 ff.).

[206] Teilweise werden auch die Begriffe Wertsystem, Wertmaßstäbe und wertentscheidende Grundsatznormen benutzt. In seiner jüngeren Rechtsprechung beschränkt sich das Bun-

ser objektiven Ordnung bedeutet, dass der Staat nicht nur verpflichtet ist, die darin enthaltenen geschützten Rechtsgüter zu beachten, sondern auch deren Verwirklichung zu fördern. Dies wird auch als Doppelcharakter der Grundrechte bezeichnet.[207] Neben die Wirkung der Grundrechte als Abwehrrechte gegenüber staatlicher Gewalt tritt also diese verpflichtende Wirkung, die die Staatsgewalt dazu anhält, positiv für die Verwirklichung der Grundrechte der Betroffenen einzutreten. Hierdurch wird der rein negatorische (und somit lückenhafte) Schutz der Grundrechtsgüter ergänzt.[208] Wenn die Grundrechte verfassungsrechtliche Grundentscheidungen beinhalten und wenn alle Staatsgewalt gemäß Artikel 1 Absatz 3 GG an diese Rechtsordnung gebunden ist, dann ist es nur konsequent, eine Verpflichtung der Staatsgewalt zum Schutz der Grundrechtsträger gegenüber anderen Privaten anzunehmen.[209]

Entwickelt wurde die staatliche Schutzpflicht als eigenständige Regelungsdimension der Grundrechte vom Bundesverfassungsgericht in Bezug auf das Schutzgut Leben und körperliche Unversehrtheit des Artikel 2 Absatz 2 Satz 1 GG.[210] Als Grundlage für eine staatliche Schutzpflicht kommt aber auch jedes andere Freiheitsgrundrecht in Betracht.[211] Für die gesetzgebende Gewalt resultiert hieraus die Verpflichtung, durch den Erlass entsprechender Gesetze grundrechtliche Freiheitsräume gegenüber privat verursachten Grundrechtsgefährdungen zu schaffen.[212]

Ihrem Schutzgehalt nach sind die Aussagen des Bundesverfassungsgerichts auf die Datenverarbeitung durch Private zu übertragen. Die Feststellung, dass eine Gesellschafts- beziehungsweise Rechtsordnung mit dem Grundrecht auf informationelle Selbstbestimmung unvereinbar sei, in der Bürger nicht mehr

---

desverfassungsgericht im Anschluss an Hesse (1995), Rn. 290 ff., auf die Formulierung, dass die Gesamtheit der Grundrechte Elemente objektiver Ordnung enthalte, vgl. BVerfGE 39, 1 (42); 50, 290 (336f.); 53, 30 (57); 73, 261 (269). Die Formulierung „objektive Wertordnung" wird hierdurch vermieden, was vorteilhaft ist, da die angesprochenen Werte in einem Wandel befindlich und daher immer umstritten sind. Die Gefahr, dass die objektiv-rechtlichen Elemente verabsolutiert werden, ist im Gegensatz zu den Werten entschärft. Siehe hierzu Böckenförde, NJW 1974, 1529 (1534); Hesse (1995), Rn. 73 ff.

[207] Hesse (1995), Rn. 279; 290 ff.

[208] Böckenförde, DSt 1990, 1 (12); Hesse (1995), Rn. 279, 290 ff.; Pieroth-Schlink (2004), Rn. 73 ff.

[209] Böckenförde, DSt 1990, 1 (12). Zu den grundrechtlichen Schutzpflichten auch Stern (1988), § 69 IV, § 76 IV 5, 6; Erichsen, Jura 1997, 85; Dreier, Jura 1994, 505 (512); Canaris, JuS 1989, 161 (163); Denninger, in: Denninger u.a., AK-GG, vor Art. 1, Rn. 33.

[210] Scholz (2003), 144.

[211] Isensee, in: Isensee/Kirchhof (2000), , § 111, Rn. 89; Stern (1988), § 69 IV 5.

[212] Vgl. Dreier (1996), Vorbem., Rn. 63: „grundrechtliche Schutzpflichten sind weitgehend gesetzesmediatisiert".

wissen können, wer was wann bei welcher Gelegenheit über sie weiß,[213] muss daher für private Datenverarbeiter ebenso gelten wie für staatliche. Ihrem Sinngehalt nach schließt diese Aussage private Datenverarbeiter als Wissensträger in diesem Sinne mit ein.[214] Teils wird sogar argumentiert, dass es privatwirtschaftlichen Unternehmen, die aus kommerziellen Interessen handeln, erst recht nicht gestattet sein kann, in Grundrechte der Bürger einzugreifen, wenn dies schon dem im öffentlichen Interesse handelnden Staat nicht erlaubt ist.[215] Durch die Rechtsprechung wird eine mittelbare Drittwirkung des Grundrechts auf informationelle Selbstbestimmung im Privatbereich seit dem Volkszählungsurteil bestätigt. So formuliert das Bundesarbeitsgericht etwa, dass es mangels einer direkten Wirkung der informationellen Selbstbestimmung Aufgabe des Gesetzgebers sei, die privatrechtlichen Beziehungen für alle Beteiligten in grundrechtskonformer Weise zu regeln, also, die mittelbare Wirkung der Grundrechte im Privatbereich zu beachten und entsprechende Freiheitsräume zu schaffen.[216] Auch das Bundesverfassungsgericht hat bestätigt, dass die informationelle Selbstbestimmung des Einzelnen nicht nur vor direkten staatlichen Eingriffen schützt, sondern dass sie als objektive Norm auch im Privatrecht Rechtsgehalt entfaltet und in dieser Eigenschaft auf die Auslegung und Anwendung privatrechtlicher Vorschriften ausstrahlt.[217] In der Literatur wird diese Wirkung des Grundrechts auf informationelle Selbstbestimmung ganz überwiegend anerkannt.[218]

Der Gesetzgeber ist also verpflichtet, durch einfachgesetzliche Ausgestaltung

---

[213] So der Wortlaut der Entscheidung in BVerfGE 65, 1 (43).

[214] Baumann, DVBl. 1984, 612; Busch, DVBl. 1984, 385 (386); Höfelmann (1997), 67f., Schlink, DSt 1986, 233 (240).

[215] Roßnagel/Pfitzmann/Garstka (2001), 51; Gola/Schomerus, § 29, Rn. 15; Wittig, RDV 2000, 59 (61).

[216] BAG, NJW 1987, 2459.

[217] BVerfGE 84, 192 (194f.).

[218] Simitis, NJW 1984, 398 (401f.); Schlink, DSt 1986, 240, (245f.); Podlech, in: Denninger u.a., AK-GG, Art. 2 Absatz 1, Rn. 83; Bizer (1992), 297; Albers (1996), 113 (123f.); Steinmüller, DuD 1984, 91 (94f.); Mallmann, CR 1988, 93 (94); Geis, CR 1995, 171 (172); Hoffmann-Riem, AöR 1998, 521; Schulz, Verwaltung1999, 137 (143). Ablehnend Klöpfer (1980), 23; Krause, JuS 1984, 268f.; Ehmann, RDV 1988, 169ff. sowie 221 ff.; Zöllner, RDV 1991, 1 (5, 8f.) die sich vornehmlich auf den Schutz der Privatautonomie berufen. Im Verhältnis Privater untereinander sei die Konstruktion eines individuellen Verfügungsrechts über die Datenverwendung anderer daher unhaltbar. Dagegen Simitis, in: Simitis (2003), § 1, Rn. 53: „Weil es Aufgabe der informationellen Selbstbestimmung ist, die Kommunikationsfähigkeit des Einzelnen zu gewährleisten, lässt sich die Verpflichtung nicht-öffentlicher Stellen, das Entscheidungsvorrecht der jeweils von der Verarbeitung ihrer Daten betroffenen zu respektieren, auch nicht unter Hinweis auf die Privatautonomie infrage stellen." Ein Mindestmaß an Kommunikationsfähigkeit sei Voraussetzung für die Verwirklichung der Privatautonomie. Dieses Mindestmaß solle die informationelle Selbstbestimmung schützen. Ähnlich Roßnagel/Pfitzmann/Garstka (2001), 51.

der Privatrechtsordnung die informationelle Selbstbestimmung des Einzelnen - insbesondere gegenüber der Informations- und Wirtschaftsmacht privater Dritter - sicherzustellen, um seinen verfassungsrechtlichen Auftrag, sich schützend vor die Grundrechte zu stellen, zu erfüllen.[219] Bei der Erfüllung der Schutzpflicht steht ihm ein „weiter Einschätzungs-, Wertungs- und Gestaltungsspielraum" zu.[220] Dieser Spielraum wird nur durch das Untermaßverbot begrenzt.[221] Hiernach muss der Staat zur Erfüllung seiner Schutzpflicht ausreichende Maßnahmen normativer und tatsächlicher Art ergreifen, die dazu führen, dass ein - unter Berücksichtigung entgegenstehender Rechtsgüter - angemessener und als solcher wirksamer Schutz erreicht wird.[222]

2.2 Grundrechte der Datenverarbeiter, Unterschiede zu Betroffenen

Durch Beschränkungen der Möglichkeit, personenbezogene Daten zu verarbeiten, können verschiedene Grundrechte der privaten Datenverarbeiter, die selbstverständlich ebenfalls Grundrechtssubjekte sind, berührt sein. Die Datenschutzregelungen greifen in diesen Fällen in den Schutzbereich der betroffenen Grundrechte der verarbeitenden Stellen ein, so dass sie sich ihrerseits grundsätzlich an den Schranken-Schranken dieser Grundrechte zu messen haben.[223] Normalerweise sind Grundrechtskollisionen mittels praktischer Konkordanz[224] aufzulösen.[225] Dem entsprechend sind beide Grundrechte in möglichst schonender Weise zum Ausgleich und jeweils zu optimaler Wirksamkeit zu bringen. In der hier vorliegenden Situation gilt es jedoch, einen zusätzlichen wichtigen Aspekt in die Bewertung einfließen zu lassen. Im Falle der Datenverarbeitung durch Private ist nämlich zu berücksichtigen, dass kein klassischer Fall des Aufeinandertreffens zweier positiv ausgeübter Grundrechte gegeben ist. Vielmehr muss in die praktische Konkordanz mit einbezogen werden, dass die Datenverarbeiter durch ihre Grundrechtsausübung in den

---

[219] Mallmann, CR 1988, 93 (94 ff.); Hoffmann-Riem, AöR 1998, 513 (524); Kloepfer (1998), 1 (68f., 95); Schulz, Verwaltung1999, 137 (145); Scholz (2003), 145.

[220] Siehe grundsätzlich BVerfGE 49, 89 (142); 56, 54 (78); 77, 170 (214); 79, 174 (202); 85, 191 (212). Nur das „ob" und nicht das „wie" einer Schutzpflicht kann als grundrechtsgegeben qualifiziert werden, siehe Hesse (1995), 350; zum Maß des Schutzes für die informationelle Selbstbestimmung siehe Zöllner, RDV 1985, 3 (10); Mallmann, CR 1988, 93 (94f.).

[221] BVerfGE 88, 203 (251 ff.); 92, 26 (46); Canaris, AcP 1984, 201 (228); Erichsen, Jura 1997, 85 (87); Isensee in Isensee/Kirchhof (2001), § 111, Rn. 165f.

[222] BVerfG, NJW 1993, 1751.

[223] Scholz (2003), 146.

[224] Praktische Konkordanz bedeutet „Ausgleich der gegenläufigen Interessen mit dem Ziel ihrer Optimierung".

[225] Pieroth/Schlink (2004), Rn. 234f.

Schutzbereich der Grundrechte der Betroffenen eingreifen. Es liegt hier also kein Fall vor, in dem zwei Private konkurrierend und jeweils aktiv die ihnen zustehenden Grundrechte ausüben. Stattdessen ist die Situation so, dass der private Datenverarbeiter aktiv, also in der Rolle eines „Agressors", in die Rechte des sich passiv verhaltenden Betroffenen, der sich somit in einer Art Opferrolle befindet, eingreift.

Hält man sich diesen strukturellen Unterschied vor Augen, wird offensichtlich, dass es keinen prinzipiellen Vorrang oder Anspruch der Datenverarbeiter auf die Verarbeitung personenbezogener Daten Dritter geben kann.[226] Vielmehr muss der Charakter des Grundrechts auf informationelle Selbstbestimmung als defensives Abwehrrecht berücksichtigt werden. Die Behauptung eines Rechts auf Datenverarbeitung hingegen macht einen Anspruch geltend, dessen Inhalt es wäre, aggressiv in die Grundrechtssphäre Dritter einzugreifen.[227] Ein dergestaltiger Anspruch auf Datenverarbeitung kann jedoch nicht aus dem Grundgesetz abgeleitet werden. Vielmehr ist der Gesetzgeber aufgrund seiner Verpflichtung zum Schutz der Grundrechte aller dazu berufen, konkurrierende Grundrechtssphären so abzugrenzen, dass die Ausübung der Grundrechte des einen nicht dazu führt, dass hierdurch in die Grundrechte des anderen eingegriffen wird.[228] Soweit der Gesetzgeber nicht das Grundrecht auf informationelle Selbstbestimmung zugunsten überwiegender öffentlicher oder privater Interessen durch Gesetz eingeschränkt hat, steht auch Privaten kein eigenständiges Recht zur Verarbeitung personenbezogener Daten Dritter zu.[229] Außerhalb der gesetzlich anerkannten Fälle muss gelten, dass konkurrierende Privatinteressen grundsätzlich gleichrangig sind.[230] Dies bedeutet, dass die Beteiligten zur Vermeidung von Streitigkeiten Wege beschreiten sollten, die eine Datenverarbeitung im beiderseitigen Einvernehmen gewährleisten. In Abwesenheit einer strukturellen Vorrangigkeit der Interessen einer Seite lässt sich ein solcher Konsens am besten durch vertragliche Regelungen oder durch Einwilligungen der Betroffenen realisieren.[231] Jedenfalls aber lässt sich zusammenfassend festhalten, dass sich ein Datenverarbeitungsrecht aus der

---

[226] Roßnagel/Pfitzmann/Garstka (2001), 51; Gallwas, NJW 1992, 2785 ff.

[227] Roßnagel/Pfitzmann/Garstka (2001), 51; in BGH, BB 1999, 1131, wird zutreffend darauf hingewiesen, dass der Schutz der Individualsphäre vorrangig gegenüber dem wirtschaftlichen Gewinnstreben von Wettbewerbern zu berücksichtigen ist und dass die berechtigten Interessen der gewerblichen Wirtschaft, ihre Produkte werbemäßig anzupreisen, es angesichts der Vielfalt der Werbemethoden nicht erfordern, mit Werbemaßnahmen auch in den privaten Bereich des umworbenen Verbrauchers einzudringen.

[228] Roßnagel/Pfitzmann/Garstka (2001), 51.

[229] Geis, CR 1995, 171 (172); Roßnagel/Pfitzmann/Garstka (2001), 51.

[230] Podlech/Pfeifer, RDV 1998, 139 (144).

[231] Vgl. Podlech/Pfeifer, RDV 1998, 139 (145).

deutschen Verfassung nicht ableiten lässt. Um ein vollständiges Bild der grundrechtlichen Interessen der Beteiligten zu vermitteln, werden nachfolgend auch die Grundrechte der Datenverarbeiter vorgestellt, welche durch Datenschutzregelungen berührt sein könnten.[232]

Für die Datenerhebung ist zunächst das Grundrecht auf Informationsfreiheit nach Artikel 5 Absatz 1 Satz 1 GG anzuführen. Zu beachten ist jedoch, dass die Informationsfreiheit keine Datenerhebung legitimieren kann, die nicht auf eigener Wahrnehmung beruht, nicht aus öffentlich zugänglichen Quellen stammt oder gegen den Willen der Betroffenen vorgenommen wurde.[233] Außerdem kann die Informationsfreiheit keine Verarbeitung oder Übermittlung von Daten rechtfertigen.[234] Informationsfreiheit endet, wo das berechtigte Abschirmungsinteresse oder das informationelle Selbstbestimmungsrecht eines anderen beginnt.[235] Erst recht lässt sich über die Informationsfreiheit des Artikel 5 Absatz 1 GG kein Anspruch für Auskunfteien oder Marketingunternehmen begründen, sich über das Recht der informationellen Selbstbestimmung der Betroffenen hinwegzusetzen.[236] Regelungen, die den Zweck erfüllen, die Selbstbestimmung der Betroffenen über die Preisgabe personenbezogener Daten zu sichern, sind daher kein Eingriff in die Informationsfreiheit.[237] Für die Datenübermittlung der Datenverarbeiter an Dritte ist jedoch das Grundrecht auf Meinungsäußerungsfreiheit nach Artikel 5 Absatz 1 Satz 1 GG zu berücksichtigen. Dieses Recht legitimiert die Äußerung und Verbreitung wahrer Behauptungen über andere Personen.[238] Die Meinungsfreiheit beinhaltet das Recht, sich durch eigene Wahrnehmung selbst ein Bild über eine andere Person zu machen und hierüber auch mit anderen zu kommunizieren.[239] Das bedeutet, dass die Meinungsfreiheit die individuelle Meinungsbildung und den individuellen Meinungsaustausch, der zur Grundlage der Persönlichkeitsbil-

---

[232] Vgl. hierzu Roßnagel/Pfitzmann/Garstka (2001), 48 ff., ebenso: Scholz (2003), 146f.

[233] Roßnagel/Pfitzmann/Garstka (2001), 48.

[234] Artikel 5 Absatz 1 GG erfasst in seinem Schutzbereich nur die „Unterrichtung aus allgemein zugänglichen Quellen" und schützt damit allein den Rezeptionsvorgang, also die Wahrnehmung der Information und allenfalls deren Speicherung. Siehe Schultze-Fielitz, in: Dreier, GG, Art. 5, Rn. 63.

[235] Gallwas, NJW 1992, 2785 (2787); Podlech/Pfeifer, RDV 1998, 139 (143).

[236] Podlech, Pfeiffer, RDV 1998, 139 (143).

[237] Schulz, Verwaltung 1999, 137 (149).

[238] Außerhalb des Schutzbereichs liegen dagegen bewusst unwahre Behauptungen und solche, deren Unwahrheit unzweifelhaft feststeht, vgl. BVerfGE 90, 241 (247); 99, 185 (197); Hesse (1995), Rn. 391.

[239] Ein umfassendes Verfügungsrecht über die Darstellung der eigenen Person hat der Betroffene nicht: Niemand kann beanspruchen, von anderen nur so dargestellt zu werden, wie er sich selbst sieht oder gerne gesehen werden möchte, siehe BVerfGE 101, 261 (380) mit Verweis auf BVerfGE 82, 236 (269); 97, 125 (149); 97, 391 (403); 99, 185 (194).

dung gehört, umfasst.[240] Allerdings legitimiert die Meinungsfreiheit nicht sämtliche Phasen und Formen der automatischen Datenverarbeitung. Hinsichtlich der Datenübertragung sind nur die meinungsrelevanten Übermittlungsvorgänge geschützt.[241] Meinungs- wie Informationsfreiheit können durch allgemeine Gesetze, die sich nicht auf bestimmte Meinungen beziehen – so wie es etwa bei Datenschutzregelungen der Fall ist – eingeschränkt werden.[242]

Aus dem Grundrecht der Freiheit der Berufsausübung des Artikel 12 Absatz 1 GG wird die Unternehmerfreiheit abgeleitet. Als Bestandteile derselben sind auch so genannte kommunikative Komponenten anerkannt. Diese sind jedoch denselben Einschränkungen unterworfen wie die Informations- und Meinungsfreiheit: auch die Unternehmerfreiheit legitimiert somit nicht den Eingriff in Grundrechte Dritter.[243] Stattdessen können Datenschutzanforderungen und gesetzlich anerkannte Rechte von Betroffenen als Inhalts- und Schrankenbestimmung der Berufsfreiheit fungieren und so die kommunikativen Komponenten der Unternehmerfreiheit einschränken, solange dies im Einzelfall gerechtfertigt ist.[244]

Ähnlich ist die Situation hinsichtlich des Schutzes der Datenverarbeiter durch das Grundrecht auf Eigentum aus Artikel 14 GG. Der Schutzbereich dieses Grundrechts umfasst nur das Erworbene, nicht die Tätigkeit des Erwerbens.[245] Übertragen auf den Datenverarbeitungskontext bedeutet dies, dass der Prozess der Datenerhebung keinesfalls geschützt ist. Ein Schutz kann sich allenfalls für die Datenträger und Datenverarbeitungssysteme sowie die darauf gespeicherten Datensammlungen ergeben.[246] Die Datenerhebung oder -verarbeitung selbst kann durch das Grundrecht auf Eigentum keinesfalls geschützt werden, erst recht wenn diese ohne oder gegen den Willen des Betroffenen stattfindet.[247]

Vereinzelt wird in der Literatur die wirtschaftliche Betätigungsfreiheit als Bestandteil der allgemeinen Handlungsfreiheit nach Artikel 2 Absatz 1 GG als eigentliche Grundlage für den Grundrechtsschutz der Datenverarbeiter gese-

---

[240] Gallwas, NJW 1992, 2785 (2787f.).

[241] Schulz, Verwaltung 1999, 137 (149).

[242] Zum Beispiel Petersen (2000), 93; ferner sind Regelungen zulässig, die Konflikte mit anderen Grundrechten ausgleichen, vgl. Schultze-Fielitz, in: Dreier, Art. 5, Rn. 121.

[243] Zöllner, RDV 1985, 3 (11); Kloepfer (1980), 12; Geis, CR 1995, 171 (172).

[244] Roßnagel/Pfitzmann/Garstka (2001), 50; Schulz, Verwaltung 1999, 137 (148).

[245] BVerfGE 30, 292 (335); 84, 133 (157); 88, 366 (377). Zum Verhältnis von Artikel 12 zu Artikel 14 GG siehe Gubelt, in: v.Münch/Kunig, Art. 12, Rn. 98.

[246] Petersen (2000), 109.

[247] Roßnagel/Pfitzmann/Garstka (2001), 49f.

hen.[248] Von der wirtschaftlichen Betätigungsfreiheit wird die Freiheit der Unternehmer zur Datenverarbeitung abgeleitet.[249] Aus der wirtschaftlichen Betätigungsfreiheit ergebe sich eine allgemeine Freiheit zur Datenverarbeitung, die der Gesetzgeber zu berücksichtigen habe.[250] Nur wenn sich der Geheimhaltungswille der Betroffenen in äußerlich erkennbarer Form manifestiert habe oder gesetzlich anerkannt sei, solle er beachtlich sein.[251] Unternehmer müssten die Freiheit haben, auch in Bezug auf die Datenverarbeitung grundsätzlich agieren zu können, ohne stets damit rechnen zu müssen, die Rechte anderer zu beeinträchtigen. Dem kann freilich so nicht gefolgt werden. Die informationelle Selbstbestimmung setzt gerade nicht voraus, dass die Betroffenen zuerst nach außen kenntlich machen müssen, welche Informationen sie geheim halten möchten.[252] Die informationelle Selbstbestimmung begründet einen Vorrang der Betroffenen über ihre persönlichen Daten und aus diesem Vorrang ergibt sich gerade ein grundsätzlicher Vorbehalt gegenüber jeder Datenverarbeitung. Die oben dargestellte Sichtweise würde diese Vorzeichen umkehren und es dem Betroffenen aufbürden, immer auf die Verteidigung seiner Daten zu achten. Dies würde letztlich zu einer allgemeinen Datenverarbeitungsfreiheit führen und somit Tür und Tor für eine – verfassungsrechtlich selbstverständlich unerwünschte - informationelle Fremdbestimmung öffnen. Somit findet die unternehmerische Handlungsfreiheit dort ihre Grenzen, wo das berechtigte Abschirmungsinteresse der Datenschutzsubjekte beginnt.[253] Hieraus folgt wiederum, dass die wirtschaftliche Betätigungsfreiheit im Grundsatz nur solche Datenverarbeitungsvorgänge schützt, denen die Betroffenen vorher zugestimmt haben.[254]

Insgesamt lässt sich daher festhalten, dass die oben aufgeführten Grundrechte hinsichtlich der Legitimation der Datenverarbeitung allesamt keine höhere Wertigkeit als das Recht auf informationelle Selbstbestimmung haben. Daher hat der Gesetzgeber die betroffenen Grundrechtsbereiche der datenverarbeitenden Stellen und den Betroffenen grundsätzlich ohne Berücksichtigung eines Vorrangs oder Anspruchs der verarbeitenden Stellen auf die Verarbeitung in Einklang zu bringen, wobei er nicht daran gehindert ist, beispielsweise für den nicht-öffentlichen Bereich das gleiche Datenschutzniveau zu fordern wie

---

[248] Kloepfer (1980), 12; Zöllner, RDV 1985, 3 (4 ff.); Geis, CR 1995, 171 (172).
[249] Siehe zum Beispiel Kloepfer (1980), 12; Zöllner, RDV 1985, 3 (4 ff.); Schmitt Glaeser (1989), 41 (93); Breitfeld (1992); 18 ff.; Büser, BB 1997, 213 ff.
[250] Zum Beispiel Schmitt Glaeser (1989), 91.
[251] Breitfeld (1992), 115; Büser, BB 1997, 213 (215).
[252] Roßnagel/Pfitzmann/Garstka (2001), 50.
[253] Hoffmann-Riem, in: AK-GG, Art. 5, Rn. 91; Gallwas, NJW 1992, 2785 (2787).
[254] Roßnagel/Pfitzmann/Garstka (2001), 50.

für den öffentlichen Bereich und somit für beide Bereiche prinzipiell gleiche Maßstäbe anzulegen.[255] Ein weiteres Argument für eine grundsätzliche Gleichbehandlung der privaten und öffentlichen Datenverarbeitung ergibt sich aus einem Perspektivwechsel vom Blickwinkel des Eingreifenden auf die Person des Betroffenen. Für diese ist es unerheblich, ob die Datenverarbeitung durch die Staatsgewalt oder durch Private vorgenommen wird. Betrachtet man also die Situation vom Schutzgut aus, wird deutlich, dass es für die Frage, ob ein Grundrechtseingriff vorliegt, keinen Unterschied macht, durch wen dieser verursacht wird. Dem entsprechend sollte die Staatsgewalt ebenfalls keinen Unterschied im Hinblick auf die Schutzvorkehrungen gegen die Eingriffe machen, um ein einheitliches Schutzniveau zu gewährleisten.[256]

Nachdem die verfassungsrechtlichen Grundsätze des deutschen Datenschutzrechts erläutert worden sind, soll nachfolgend ein kurzer Überblick über die einfachgesetzlichen Datenschutzregelungen sowie die mit diesen Regelungen verfolgten gesetzgeberischen Ziele gegeben werden.

---

[255] Vgl. zu dieser Idee einer Vereinheitlichung der Schutzvorkehrungen Roßnagel/Pfitzmann/ Garstka (2001), 48 ff., 51; ebenso Mallmann, CR 1988, 93 (95).
[256] Vgl. hierzu Scholz (2003), 142.

3 Einfachgesetzlicher Regelungsrahmen

Vor dem Hintergrund des dargelegten grundrechtlichen Schutzauftrags und unter dem Einfluss der europäischen Vorgaben hat der deutsche Gesetzgeber bestehende Datenschutzregelungen angepasst beziehungsweise entsprechende Vorschriften geschaffen, die den gesetzlichen Rahmen auch für die innerhalb der vorliegenden Arbeit zu bewertenden Individualisierungstechniken und -methoden bilden.

3.1 Bundesdatenschutzgesetz, Landesdatenschutzgesetze

Grundsätzlich ist für alle nicht-öffentlichen Stellen das allgemeine Datenschutzrecht anwendbar, das sich aus Bundesdatenschutzgesetz und Landesdatenschutzgesetzen ergibt. Für die Datenverarbeitung durch private Stellen gilt gemäß § 1 Absatz 2 Nr. 3 BDSG das Bundesdatenschutzgesetz. Die im Rahmen der Individualisierung relevanten Vorschriften des allgemeinen Datenschutzrechts, insbesondere die Vorschriften zur Legitimation der Datenverarbeitung (dort zentral die Einwilligung nach § 4a BDSG) bleiben einer gesonderten Betrachtung vorbehalten.[257]

3.2 Multimedia-Datenschutz

Für den Multimedia-Bereich hat der deutsche Gesetzgeber mit dem Informations- und Kommunikationsdienste-Gesetz (IuKDG) des Bundes und dem Mediendienste-Staatsvertrag (MDStV) der Länder einen eigenen Regelungsrahmen geschaffen. Seit dem 1. August 1997 gibt es daher einen zwischen dem Rundfunkrecht und dem Telekommunikationsrecht angesiedelten eigenen Rechtsbereich, der als Multimediarecht bezeichnet wird.[258] Die Gesetze zum Multimediarecht enthalten vor allem wichtige Regelungen zur Zulassungsfreiheit der Informations- und Kommunikationsdienste, zur Verantwortlichkeit der Diensteanbieter und zum Datenschutz. Aufgrund der Notwendigkeit, auf die neuen technischen Entwicklungen der 1990er Jahre hat der Gesetzgeber eine Korrektur der vorhandenen Datenschutzkonzeption vorgenommen.[259] Das Te-

---

[257] Siehe unten Teil C 5 sowie Teil C 7.

[258] Zur Entstehungsgeschichte des Rechts der Multimedia-Dienste siehe Roßnagel, in: ders., RMD, Einf., Rn. 13 ff., ders., NVwZ 1998, 1.

[259] Siehe BT-Drs. 13/7385, 21: „Der Gesetzentwurf trägt dem tief greifenden Wandel der Informations- und Kommunikationstechnologie Rechnung. Ziel des Gesetzes ist es, im Rah-

ledienstedatenschutzgesetz (TDDSG) und die in weiten Teilen inhaltsgleichen Vorschriften der §§ 16-21 MDStV enthalten dem entsprechend Datenschutzvorschriften, die primär darauf abzielen, den spezifischen Risiken bei der Information und Kommunikation über weltweite Netze adäquat zu begegnen und diesbezüglich für gleiche Wettbewerbsbedingungen unter den Anbietern zu sorgen. Anders als das Bundesdatenschutzgesetz wird auf eine getrennte Regelung zwischen öffentlicher und privater Datenverarbeitung verzichtet.

3.3 Telekommunikationsdatenschutz

In §§ 91 ff. Telekommunikationsgesetz (TKG) finden sich Vorschriften zum Datenschutz in der Telekommunikation. Telekommunikation wird in § 3 Ziff. 22 TKG definiert als „der technische Vorgang des Aussendens, Übermittelns und Empfangens von Signalen mittels Telekommunikationsanlagen".[260] Der Telekommunikationsbegriff des TKG ist nicht auf herkömmliche Telefondienste beschränkt, sondern umfasst jede Art von Datenübertragung sowohl in analogen und digitalen als auch in leitungsvermittelten und paketvermittelten Netzen (wie dem Internet).[261] Nach § 3 Ziff. 24 TKG sind Telekommunikationsdienste in der Regel gegen Entgelt erbrachte Dienste, die ganz oder überwiegend in der Übertragung von Signalen über Telekommunikationsnetze bestehen, einschließlich Übertragungsdienste in Rundfunknetzen. Anbieter von Telekommunikationsdiensten haben gemäß § 93 TKG ihre Teilnehmer bei Vertragsabschluss über Art, Umfang, Ort und Zweck der Erhebung und Verwendung personenbezogener Daten so zu unterrichten, dass die Teilnehmer in allgemein verständlicher Form Kenntnis von den grundlegenden Verarbeitungstatbeständen der Daten erhalten. In §§ 95 ff. TKG finden sich detaillierte Vorschriften zu den Voraussetzungen der rechtmäßigen Verwendung von personenbezogenen Daten, die im Zusammenhang mit der Telekommunikation anfallen. So regelt § 95 TKG die Verwendung von Bestandsdaten[262], § 96 TKG die

---

men der Bundeskompetenzen eine verlässliche Grundlage für die Gestaltung der sich dynamisch entwickelnden Angebote im Bereich der Informations- und Kommunikationsdienste zu bieten und einen Ausgleich zwischen freiem Wettbewerb, berechtigten Nutzerinteressen und öffentlichen Ordnungsinteressen herbeizuführen. ...Es geht ...um die Einführung notwendiger Regelungen im Datenschutz, in der Datensicherheit, ... die auch Änderungen in bestehenden Bundesgesetzen notwendig machen."

[260] Als Telekommunikationsanlagen werden gemäß § 3 Ziff. 23 TKG technische Einrichtungen oder Systeme bezeichnet, die als Nachrichten identifizierbare elektromagnetische oder optische Signale senden, übertragen, vermitteln, empfangen, steuern oder kontrollieren können.

[261] Siehe Hoeren/Sieber-Moritz, Teil 3.1, Rn. 2; OLG Hamburg, CR 2000, 363 (364).

[262] Als Bestandsdaten werden gemäß § 3 Ziff. 2 TKG Daten eines Teilnehmers bezeichnet, die für die Begründung, inhaltliche Ausgestaltung, Änderung oder Beendigung eines Ver-

Verwendung von Verkehrsdaten[263], § 98 TKG die Verwendung von Standortdaten[264]. In den Vorschriften sind jeweils spezifische Maßgaben dazu enthalten, unter welchen Umständen die Befugnisse der Kommunikationsdienstean-
bieter durch Einholung von Einwilligungen bei den betroffenen Nutzern ausgeweitet werden können. Unter den Voraussetzungen des § 94 TKG kann die
Einwilligung auch in elektronischer Form erklärt werden.

Anhand der §§ 91 ff. TKG können die Telekommunikationsnutzer somit erkennen, unter welchen Umständen, in welchen Bereichen und in welchem Umfang sie bei der Inanspruchnahme von Telekommunikationsdiensten mit einer
Einschränkung ihrer informationellen Selbstbestimmung zu rechnen haben. Im
Rahmen der vorliegenden Arbeit ist das Telekommunikationsgesetz für individualisierte Dienstleistungen relevant, bei denen Daten per Telekommunikation
übertragen werden, wie etwa bei Location Based Services und anderen
Dienstleistungen, bei denen Daten über Kommunikationsnetze übertragen
werden.

3.4 Verhältnis der Vorschriften zueinander

Im deutschen Datenschutzrecht gibt es einerseits allgemeine Querschnittsre-
gelungen und andererseits detaillierte, bereichsspezifische Regelungen. Das
allgemeine Datenschutzrecht ist im Bundesdatenschutzgesetz (für die Datenverarbeitung durch Private sowie durch öffentliche Stellen des Bundes) und in
den Landesdatenschutzgesetzen (für die Datenverarbeitung durch öffentliche
Stellen der Länder) geregelt. Grundsätzlich ist also für die im Rahmen dieser
Arbeit zu betrachtende Datenverarbeitung durch Private das Bundesdatenschutzgesetz einschlägig, wie sich auch aus § 1 Absatz 2 Nr. 3 sowie § 27
Absatz 1 BDSG ergibt. Dieses Gesetz enthält in den §§ 1 bis 11 allgemeine
und gemeinsame Bestimmungen und in den §§ 27 ff. besondere Vorschriften
für die Datenverarbeitung nicht-öffentlicher Stellen.

Das Bundesdatenschutzgesetz ist anzuwenden, wenn keine vorrangigen be-

---

tragsverhältnisses über Telekommunikationsdienste erhoben werden, zum Beispiel Name, Adresse, Personalausweisnummer etc.

[263] Verkehrsdaten sind gemäß § 3 Ziff. 30 TKG Daten, die bei der Erbringung eines Telekommunikationsdienstes sowie zur Entgeltabrechnung erhoben, verarbeitet oder genutzt
werden, zum Beispiel Rufnummern oder Kennungen der beteiligten Anschlüsse, Angaben
über Verbindungsdauer und übertragene Datenmengen etc.

[264] Standortdaten sind gemäß § 3 Ziff. 19 TKG Daten, die in einem Telekommunikationsnetz
erhoben oder verwendet werden und die den Standort des Endgeräts eines Endnutzers
eines Telekommunikationsdienstes zum jeweiligen Zeitpunkt angeben.

reichsspezifischen Spezialregelungen einschlägig sind, die die generellen Datenschutzanforderungen für näher definierte Verarbeitungszusammenhänge präzisieren. Dieses Subsidiaritätsprinzip findet sich auch in § 1 Absatz 3 Satz 1 BDSG, dessen Wortlaut deutlich macht,[265] dass der Vorrang einer anderen Bundesnorm nur dann in Betracht kommen kann, wenn die einzelnen eventuell zu berücksichtigenden Vorschriften genau den Sachverhalt ansprechen, der auch Gegenstand der jeweiligen Regelung im Bundesdatenschutzgesetz ist. Erforderlich ist also eine Deckungsgleichheit, die auch als Tatbestandskongruenz bezeichnet wird.[266] Unerheblich ist hingegen, ob die Spezialvorschrift ein höheres oder niedrigeres Datenschutzniveau hat als die entsprechende Vorschrift im Bundesdatenschutzgesetz.

Wenn keine Spezialvorschrift vorliegt oder es an einer Deckungsgleichheit mangelt, ist die Zulässigkeit nach § 4 BDSG zu bewerten. Im Rahmen der vorliegenden Arbeit bilden die Vorschriften des Bundesdatenschutzgesetzes den Ausgangspunkt der Betrachtungen. Dort, wo auf Rechtsgebiete eingegangen wird, für die Spezialvorschriften einschlägig sind – etwa in den Bereichen des Multimedia- und Telekommunikationsrechts – wird auf diese gesondert im Zusammenhang des jeweiligen Betrachtungsgegenstandes eingegangen.

Dennoch soll an dieser Stelle auf die teils erheblichen Probleme hingewiesen werden, die sich beim Versuch der Zuordnung einer Dienstleistung zu einem Regelungsbereich ergeben. Während sich dem Nutzer die Inanspruchnahme einer Dienstleistung oft als einheitlicher Vorgang darstellt, ist die rechtliche Bewertung dieses Vorgangs oft alles andere als einheitlich und eindeutig. Das Recht differenziert zwischen der Nutzung von Angeboten und der dieser Nutzung zugrunde liegenden Übertragung von Informationen durch Telekommunikation. Gemäß § 2 Absatz 4 Nr. 1 TDG ist das Teledienstegesetz (und über § 1 Absatz 1 TDDG auch das TDDSG) nicht anwendbar auf Telekommunikationsdienstleistungen nach dem TKG. Das Gleiche gilt gemäß § 2 Absatz 1 Satz 3 MDStV auch für Mediendienste. Für Telekommunikationsdienste gelten stattdessen die oben erwähnten bereichsspezifischen Datenschutzvorschriften in § 91 ff. TKG.[267]

Die Abgrenzung zwischen Tele- und Mediendiensten sowie Telekommunikationsdiensten ist nicht nur schwierig, sondern oft unmöglich, da ein Dienst

---

[265] Vgl. den Wortlaut von § 1 Absatz 3 Satz 1 BDSG: „Soweit andere Rechtsvorschriften...anzuwenden sind, gehen sie den Vorschriften dieses Gesetzes vor."
[266] Simitis, in: Simitis (2003), § 1, Rn. 154 ff. (169).
[267] Zur Frage, welches Recht auf den jeweiligen Sachverhalt anzuwenden ist, siehe umfassend Roßnagel/Banzhaf/Grimm (2003), 119 ff.

gleichzeitig oder mit fast fließenden Übergängen mal eher der einen und dann wieder eher der anderen Kategorie zugeordnet werden müsste.[268] Die Vorschriften des Teledienstedatenschutzgesetzes und des Mediendienstestaatsvertrags auf der einen und des Telekommunikationsgesetzes auf der anderen stehen in einem Ergänzungsverhältnis und können funktionsbezogen nebeneinander zur Anwendung kommen.[269] Unter Umständen kann ein Dienst gleichzeitig als Multimedia-Dienst und Telekommunikationsdienst einzuordnen sein mit der Konsequenz, dass die verschiedenen Rechtsnormen gleichzeitig zur Anwendung kommen.[270]

Als Grundregel lässt sich jedoch festhalten, dass ein Diensteanbieter nur dann als Telekommunikationsanbieter zu charakterisieren ist, wenn er die flächendeckende Grundversorgung der Öffentlichkeit mit Telekommunikation als unmittelbaren Geschäftszweck hat. Allein durch das Angebot von Diensten *auf Grundlage von* Telekommunikation wird ein Anbieter nicht zu einem Telekommunikationsanbieter, er ist vielmehr als bloßer Nutzer von Telekommunikation zu qualifizieren. Die Anbieter von individualisierten und personalisierten Dienstleistungen dürften daher in aller Regel nicht als Telekommunikationsdienstanbieter einzuordnen sein, so dass die Vorschriften des Telekommunikationsgesetzes in der vorliegenden Arbeit außer Betracht bleiben dürften. Die Abgrenzung zwischen Tele- und Mediendiensten kann grundsätzlich wie folgt vorgenommen werden: Ein Teledienst ist gegeben, wenn eine Informationsübermittlung von Einzelperson zu Einzelperson stattfindet, also wenn ein Anbieter einem individuell adressierten Nutzer gegenübersteht. Ein Mediendienst ist demgegenüber gegeben, wenn Informationen von einem Anbieter undifferenziert an viele Nutzer (die Allgemeinheit) übertragen werden. Solange der Schwerpunkt in der Informationsübertragung an die Allgemeinheit liegt, ist ein Mediendienst und kein Teledienst gegeben. Teledienste liegen vor, wenn der Schwerpunkt der Informationsübermittlung auf individueller Kommunikation liegt.[271]

---

[268] Schon seit geraumer Zeit wird gefordert, die Unterscheidung zwischen Tele- und Mediendiensten aufzuheben, siehe Roßnagel (2005), 1 ff. Vgl. hierzu S. 12f. des Entwurfs eines Gesetzes zur Vereinheitlichung von Vorschriften bestimmter elektronischer Informations- und Kommunikationsdienste (Elektronischer – Geschäftsverkehr – Verheinheitlichungsgesetz – ElGVG), in dem ein einheitliches Telemediengesetz vorgeschlagen wird, abrufbar unter http://www.iukdg.de/050419_Entwurf_Anhoerung.pdf.

[269] Engel-Flechsig, in: Roßnagel, RMD, Einl. TDDSG, Rn. 97; Bizer, in: Roßnagel, RMD, § 3 RDDSG, Rn. 34, 43; Dix/Schaar, in: Roßnagel, RMD, § 6 TDDSG, Rn. 30.

[270] Vgl. hierzu Scholz (2003), 163.

[271] Vgl. hierzu den Wortlaut in § 2 Absatz 2 TDG: „Teledienste im Sinne des Absatzes 1 sind insbesondere 1. Angebote im Bereich der Individualkommunikation (zum Beispiel Telebanking, Datenaustausch), 2. Angebote zur Information oder Kommunikation, soweit nicht die redaktionelle Gestaltung zur Meinungsbildung für die Allgemeinheit im Vordergrund

Zusammenfassend lassen sich bei einer Betrachtung des jeweiligen Schwer-punktes der Funktionalität drei Regelungsebenen ableiten, aus denen sich ein abgestuftes Datenschutzmodell ergibt.[272] Für die unterste Ebene der bloßen Nachrichtenübermittlung im physikalischen Netz, auf dessen Grundlage die Multimedia-Dienste genutzt werden, gilt das Telekommunikationsrecht. Für die darüber liegende Anwendungsebene der Tele- und Mediendienste als Kom-munikationsmittel und die durch deren Nutzung bedingte Datenverarbeitung gelten Teledienstedatenschutzgesetz und Mediendienstestaatsvertrag. Auf der obersten „Inhalts"ebene, also für das dahinter stehende Vertragsverhältnis, zu dessen Ermöglichung der Multimedia-Dienst eingesetzt wurde, finden die Be-stimmungen des allgemeinen Datenschutzrechts (das heißt das Bundesdaten-schutzgesetz) Anwendung. Ziel dieses Modells ist es, die jeweils zutreffenden Rechtsnormen auf die spezifischen Probleme und technikbedingten Daten-schutzherausforderungen anzuwenden, die sich auf den einzelnen Ebenen ergeben. Dies ist vor allem vor dem Hintergrund sinnvoll, als auf den verschie-denen Ebenen unterschiedliche Akteure tätig sind, die jeweils nach dem Schwerpunkt ihrer Tätigkeit bewertet werden müssen. Die Einteilung in diese Ebenen spiegelt auch die unterschiedlichen betroffenen Grundrechte der Be-teiligten wieder: erstens das Fernmeldegeheimnis für die Absicherung des technischen Kommunikationsprozesses, zweitens die Gewährleistung der Grundrechte, die den Inhalt der Kommunikation betreffen, also Informations-, Meinungs-, Presse- und Rundfunkfreiheit und Drittens das Grundrecht auf Da-tenschutz, das die informationelle Selbstbestimmung betrifft.

Trotz dieses Schichtenmodells sind die Übergänge teils fließend, eine zwei-fels- und überschneidungsfreie Bestimmung ist in vielen Bereichen unmöglich. Aufgrund der fortschreitenden Konvergenz der Systeme sowie der fortschrei-tenden Informatisierung und Technisierung von Alltagsgegenständen dürfte die Abgrenzung der Ebenen voneinander – und damit die Bestimmung der einschlägigen Rechtsnormen – in Zukunft weiter erschweren. Nicht zuletzt deshalb wird eine Vereinheitlichung des Datenschutzrechts als einzig probates Mittel befürwortet, um eine Wirksamkeit und Akzeptanz des Datenschutzes überhaupt herzustellen.[273]

---

steht (Datendienste, zum Beispiel Verkehrs-, Wetter-, Umwelt- und Börsendaten, Verbrei-tung von Informationen über Waren und Dienstleistungsangebote),..." sowie in § 2 Absatz 1 Satz 1 MDStV: „Dieser Staatsvertrag gilt für das Angebot und die Nutzung von an die Allgemeinheit gerichteten Informations- und Kommunikationsdiensten (Mediendienste)...".

[272] Zu diesem so genannten „Schichtenmodell" siehe Schrader, CR 1997, 707 (708); Schaar, MMR 2001, 644 (645); Dix, in: Roßnagel, RMD, § 5 TDDSG, Rn. 52; Scholz (2003), 164f.

[273] Roßnagel/Pfitzmann/Garstka (2001), 13f.

3.5   Überblick über die datenschutzrechtlichen Grundsätze

Nachfolgend wird ein kurzer Überblick über die datenschutzrechtlichen Grundvoraussetzungen und Grundsätze in der Bundesrepublik Deutschland gegeben. Die Grundvoraussetzungen sind hierbei die Anknüpfungspunkte für die Anwendbarkeit jeglicher datenschutzrechtlicher Normen in Deutschland, die dargestellten Grundsätze bilden den Hintergrund, vor dem die einzelnen Spezialregelungen zu sehen sind.

3.5.1 Personenbezogene Einzelangaben als Grundvoraussetzung

Das allgemeine Datenschutzrecht wie auch die bereichsspezifischen Datenschutzvorschriften knüpfen ausnahmslos an das Vorliegen personenbezogener Daten an. Liegen keine personenbezogenen Daten vor, befindet man sich außerhalb des Anwendungsbereichs des deutschen Datenschutzrechts. Für die in der vorliegenden Arbeit zu betrachtenden Waren und Dienstleistungen bedeutet dies, dass die Vorschriften des Datenschutzrechts nur dann zu beachten sind, wenn im Rahmen der Individualisierung personenbezogene Daten verarbeitet werden.

Nach § 3 Absatz 1 BDSG beziehungsweise § 1 Absatz 2 TDDSG, der insoweit auf das Bundesdatenschutzgesetz verweist, sind personenbezogene Daten „Einzelangaben über persönliche oder sachliche Verhältnisse einer bestimmten oder bestimmbaren natürlichen Person (Betroffener)". Auch in der DSRL der EG findet sich eine vergleichbare Begriffsbestimmung in Artikel 2 lit. a: „Personenbezogene Daten sind alle Informationen über eine bestimmte oder bestimmbare natürliche Person".[274]

3.5.1.1 Einzelangaben über persönliche und sachliche Verhältnisse

Einzelangaben sind Informationen, die sich auf bestimmte Personen beziehen und geeignet sind, einen Bezug zu diesen herzustellen.[275] Personenbezogene Daten sind also nur gegeben, wenn einzelnen Personen Angaben zugeordnet werden können. Einzelangaben liegen demnach dann nicht vor, wenn Informationen gegeben sind, die zusammengefasste, aggregierte Informationen über

---

[274] Vgl. Erwägungsgrund 2 der DSRL; Scholz (2003), 183; Dammann (1997), Artikel 2, Rn. 1; Terwangne/Louveaux, MMR 1998, 452.
[275] Gola/Schomerus (2005), § 3, Rn. 3.

mehrere Personen enthalten, ohne hierbei Rückschlüsse über die Verhältnisse der einzelnen Personen in dieser Gruppe zu enthalten.[276] Eine solche Zusammenfassung von Daten liegt aber nur dann vor, wenn über die einzelnen Personen tatsächlich nichts mehr ausgesagt wird.[277] Dies ist jedoch nicht bereits der Fall, wenn Kunden in Klassen oder Gruppen eingeteilt werden, zum Beispiel in Berufsgruppen oder Einkommensgruppen, da über jedes Mitglied in dieser Kundengruppe die Angabe enthalten ist, welcher Gruppe er angehört. Wenn aber beispielsweise in einer Kundendatenbank völlig auf Individualdatensätze verzichtet wird und stattdessen nur Einträge geführt werden, die Aussagen über Gruppen von Kunden zulassen, liegen keine Einzeldaten vor.[278]

Der Begriff „Angabe" umfasst jedes Datum.[279] Die Angabe kann entweder Gegenstand einer Mitteilung sein und dient dann der Vermittlung von Kenntnis an den Empfänger oder sie wird aufbewahrt, dient also dem Verfügbarhalten von Kenntnis. Spuren als solche, wie zum Beispiel Bremsspuren, Fingerabdrücke etc. sind keine Angaben, können aber Ausgangspunkt für das Herstellen von Angaben sein, etwa durch Aufzeichnen, Messen, Analysieren oder Beschreiben zum Zweck einer darauf folgenden Mitteilung oder Aufbewahrung.[280] Es kommt weder auf die inhaltliche Bedeutung der Information, auf ihre Hinweisfunktion auf das Abgebildete und Benannte noch ihre Verwendbarkeit für Entscheidungen oder Handlungen an. Notwendig ist jedoch, dass überhaupt eine inhaltliche Bedeutung oder Hinweisfunktion der Information gegeben ist.[281] Es kommt nicht darauf an, zu welchem Zweck die Informationen erfasst worden sind oder woher sie stammen. Unerheblich ist auch die Form und die Darstellung der Angaben.[282] Auch Negativ-Aussagen (zum Beispiel „nicht privathaftpflichtversichert") sind grundsätzlich Einzelangaben über persönliche und sachliche Verhältnisse. Geht allerdings der Informationswert gegen Null[283], liegen unter Umständen je nach Kontext keine personenbezogenen Daten vor.[284]

Für das Kriterium der persönlichen und sachlichen Verhältnisse, auf die sich

---

[276] Dammann, in: Simitis (2003), § 3, Rn. 16.

[277] Dammann, in: Simitis (2003), § 3, Rn. 16.

[278] Scholz (2003), 183f.

[279] Gola/Schomerus (2005), § 3, Rn. 3; Dammann, in: Simitis (2003), § 3, Rn. 5.

[280] Dammann, in: Simitis (2003), § 3, Rn. 5.

[281] Gola/Schomerus (2005), § 3, Rn. 3; Dammann, in: Simitis (2003), § 3, Rn. 5.

[282] Dammann, in: Simitis (2003), § 3, Rn. 4.

[283] Dies ist der Fall bei Aussagen, die auf annähernd alle Menschen zutreffen würden, wie zum Beispiel „kein Weltrekordhalter", „kein Astronaut".

[284] Dammann, in: Simitis (2003), § 3, Rn. 14.

die Angaben beziehen müssen, ist erforderlich, dass Informationen gegeben sind, die den Betroffenen selbst charakterisieren oder einen auf ihn beziehbaren Sachverhalt beschreiben. Eine Abgrenzung zwischen den beiden Alternativen „sachlich" und „persönlich" ist hierbei weder erforderlich noch möglich.[285] Diese Formulierung wurde vom Gesetzgeber lediglich deshalb gewählt, um deutlich zu machen, dass alle Informationen, die etwas über den Betroffenen aussagen, abgedeckt sein sollen, unabhängig davon, unter welchem Aspekt sie gesehen werden und welcher Lebensbereich angesprochen ist.[286] Die Formulierung ist umfassend zu verstehen und nicht auf Daten beschränkt, die ihrer Natur nach personenbezogen sind, wie etwa Angaben über menschliche Eigenheiten oder Vorlieben.[287]

Als Beispiele für Angaben über sachliche und persönliche Verhältnisse können die folgenden Informationen angeführt werden: Name, Anschrift, Geburtsdatum, Telefonnummern, E-Mail-Adressen, Familienstand, Konfession, Ausbildung und Staatsangehörigkeit.[288] Weiterhin zählen auch Kundennummern, Auftragsnummern, Vorgangsnummern und dergleichen sowie jegliche Identifizierungsmerkmale (zum Beispiel statische und auch dynamische IP-Adressen, wenn diese Rückschlüsse über die Identität des Internet-Nutzers zulassen) hierzu.[289] Auch persönlich zugeteilte oder selbst gewählte Berechtigungskennzeichen fallen unter diese Formulierung, zum Beispiel besondere Anschauungen, Interessen oder Vorlieben des Betroffenen, Angaben über Eigentumsverhältnisse, vertragliche oder sonstige Beziehungen zu Dritten und Informationen über Kommunikations- und Mediennutzungsverhalten.[290]

Entscheidend ist stets, dass die Daten Informationen über den Betroffenen selbst oder über einen auf ihn beziehbaren Sachverhalt enthalten. Fraglich ist dies bei so genannten Prognose- und Planungsdaten, also Angaben über Verhältnisse des Betroffenen, die in der Zukunft liegen. Besonders praxisrelevant sind hier die so genannten Scoring-Werte, die etwa von den der Schufa oder der Creditreform angehörigen Unternehmen generiert und dienstleistungsartig angeboten werden. Die Unternehmen argumentieren hierbei, dass es sich lediglich um Wahrscheinlichkeitsaussagen über die Betroffenen handelt und nicht um bereits existierende Informationen über sachliche und persönliche Angaben über die Person selbst. Tatsächlich wird jedoch durch die

---

[285] Schaffland/Wiltfang, § 3, Rn. 5; Auernhammer (2003), § 3, Rn. 5.

[286] Dammann, in: Simitis (2003), § 3, Rn. 7.

[287] Scholz (2003), 184.

[288] Tinnefeld, in: Roßnagel (2003), 4.1, Rn. 18.

[289] Tinnefeld, in: Roßnagel (2003), 4.1, Rn. 21.

[290] Bergmann/Möhrle/Herb, § 3, Rn. 14 ff. mit zahlreichen weiteren Beispielen.

Generierung und Zuweisung eines Scoring-Wertes ein personenbezogenes Datum geschaffen, denn der beim Scoring erzeugte Wahrscheinlichkeitswert für die Bonität und Verlässlichkeit des Betroffenen wird nach objektiven Kriterien aus real existierenden personenbezogenen Daten errechnet. Ein anderes Beispiel für einen Grenzbereich der „Angaben über sachliche und persönliche Verhältnisse" ist die automatisierte Bewertung von Kunden dahingehend, ob ein Wechsel zu einem Konkurrenzunternehmen wahrscheinlich ist, ob zukünftig höhere Umsätze oder ein Wechsel von einem Kundensegment in ein anderes zu erwarten ist.[291]

3.5.1.2 Personenbezug

Der Anwendungsbereich der Datenschutzgesetze ist eröffnet, wenn personenbezogene Daten verarbeitet werden. Das ist der Fall, wenn die Personen, auf die sich die Angaben beziehen, bestimmt oder bestimmbar sind,[292] wenn sich also aus den Angaben direkt oder indirekt die Identität der Betroffenen ergibt und sich die Informationen genau und ausschließlich auf diese Personen beziehen.[293] Auf die Art und Weise, wie die Bezugsperson identifiziert und dieser Bezug hergestellt wird (beziehungsweise werden kann), kommt es nicht an.[294] Fehlt der Personenbezug und kann er auch nicht hergestellt werden, sind die Datenschutzgesetze nicht anwendbar.[295] Für die Anbieter von individualisierten und individualisierenden Produkten ist dies bedeutsam: verwenden sie Daten ohne Personenbezug, sind sie von der Beachtung der Datenschutzgesetze insoweit befreit. Für die Nutzer der individualisierten Waren und Dienstleistungen hat dies den Vorteil, dass sie darauf vertrauen können, dass ihre informationelle Selbstbestimmung geschützt ist, da personenbezogene Daten gar nicht erst erhoben werden.

Das Merkmal „bestimmt" ist erfüllt, wenn ein direkter Personenbezug der Da-

---

[291] Scholz (2003), 184 .

[292] Statt der Begriffe „bestimmt oder bestimmbar" werden teilweise auch die Begriffe „personenbezogen oder personenbeziehbar" verwendet. Vorliegend wird der Begriff „personenbezogen" als Oberbegriff für die Begriffe „bestimmt und bestimmbar" verstanden. Denn auch wenn die Personen, auf die sich die Daten beziehen, lediglich bestimmbar sind, liegen personenbezogene Daten vor. Dies ergibt sich aus der Überlegung, dass sich Daten auch dann „auf Einzelpersonen beziehen", wenn diese lediglich bestimmbar (und nicht von vornherein namentlich bestimmt) sind.

[293] Tinnefeld, in: Roßnagel (2003), 4.1, Rn. 20f.

[294] Dammann, in: Simitis (2003), § 3, Rn. 20.

[295] Roßnagel/Scholz, MMR 2000, 721 (722); Roßnagel, in: Roßnagel/Banzhaf/Grimm (2003), 149 ff.

ten besteht, wenn also eine Verbindung mit dem Namen des Betroffenen gegeben ist oder wenn sich der Personenbezug aus dem Inhalt des Datums auf anderem Weg unmittelbar herstellen lässt.[296] Der Betroffene ist in diesen Fällen bestimmt (voll identifiziert), denn seine namentliche beziehungsweise bürgerliche Identität ergibt sich direkt aus dem verfügbaren Datenbestand,[297] ohne dass weitere Informationen zur Ermittlung der Identität erforderlich sind.[298] Personenbezogene Daten liegen jedoch auch dann vor, wenn sich die Identität des Betroffenen nicht unmittelbar aus den Daten ergibt, sondern lediglich eine Bestimmbarkeit gegeben ist.[299] Dies ist der Fall, wenn sich ein Bezug zur Identität der Betroffenen unter Verknüpfung mit entsprechendem Zusatzwissen herstellen lässt.[300] Es reicht demnach aus, wenn die Personen zwar nicht allein durch die Daten identifiziert werden können, dies jedoch mit Hilfe anderer Informationen möglich ist.[301] Ob ein Datum personenbeziehbar ist, lässt sich nicht allein aus der Angabe ableiten, es kommt vielmehr auf das spezifische Zusatzwissen der verantwortlichen Stelle an. Dieselben Daten können folglich für den einen Datenverwender zuordenbar sein, für den anderen jedoch nicht.[302] Als wichtige Ausgangsfeststellung lässt sich somit festhalten, dass der Begriff der Bestimmbarkeit und damit auch der Begriff des Personenbezugs relativ ist.[303]

Für die Anwendbarkeit der Vorschriften des Bundesdatenschutzgesetzes ist es gemäß § 3 Absatz 1 BDSG gleichgültig, ob die betroffenen Personen bestimmt oder lediglich bestimmbar sind, denn diese Vorschrift unterscheidet nicht zwischen diesen beiden Alternativen. Entscheidend ist vielmehr die Grenze zwischen Bestimmbarkeit und Nichtbestimmbarkeit, also die Frage, unter welchen Umständen Daten nicht mehr als personenbezogen zu bezeichnen sind, da hier die Grenze zwischen Anwendbarkeit und Nichtanwendbarkeit der Datenschutzgesetze verläuft. Man könnte argumentieren, dass es an einer Bestimmbarkeit erst dann fehlt, wenn es objektiv und technisch abso-

---

[296] Schulz, in: RMD, § 1 TDDSG, Rn. 28.

[297] Enzmann/Roßnagel, CR 2002, 141 (143).

[298] Schulz, in: RMD, § 1 TDDSG, Rn. 28.

[299] Diese Daten werden teilweise auch als „personenbeziehbar" bezeichnet. Die Begriffe „personenbeziehbar" und „bestimmbar" können somit synonym verwendet werden, auch wenn der Verfasser die Meinung vertritt, dass der Begriff „personenbeziehbar" überflüssig ist und der Begriff „personenbezogen" als Oberbegriff für die Begriffe „bestimmt" und „bestimmbar" zu verstehen ist.

[300] Vgl. BGH, NJW 1991, 568; Tinnefeld, in: Roßnagel (2003), 4.1, Rn. 21; Dammann, in: Simitis (2003), § 3, Rn. 21.

[301] Gola/Schomerus (2005), § 3, Rn. 9; Dammann, in: Simitis (2003), § 3, Rn. 21.

[302] Scholz (2003), 185.

[303] Tinnefeld, in: Roßnagel (2003), 4.1, Rn. 21f.; Scholz (2003), 185.

lut ausgeschlossen ist, einen Personenbezug herzustellen. Als Gegenposition könnte man vertreten, dass es bereits dann am Personenbezug mangelt, wenn es unverhältnismäßig aufwändig oder nach allgemeiner Lebenserfahrung unpraktikabel und damit nicht zu erwarten ist, dass die Personen, auf die sich die Angaben beziehen, noch bestimmt werden können. Angemerkt sei an dieser Stelle, dass die Abgrenzung von personenbezogenen zu anonymen und pseudonymen Daten später gesondert vorgenommen wird.[304] An dieser Stelle sollen zunächst nur bestimmbare von unbestimmbaren Daten abgegrenzt werden.

Das Bundesdatenschutzgesetz äußert sich nicht direkt dazu, wann die Grenze der Bestimmbarkeit erreicht ist. Zu der Beantwortung der Frage, ab wann von einer Nichtbestimmbarkeit auszugehen ist, also kein Personenbezug gegeben ist und die Datenschutzgesetze demnach nicht mehr anzuwenden sind, liefert das Bundesdatenschutzgesetz aber in § 3 Absatz 6 eine Argumentationshilfe. In dieser Vorschrift wird der Begriff des Anonymisierens legal definiert als das Verändern personenbezogener Daten derart, dass die Einzelangaben über persönliche oder sachliche Verhältnisse „nicht mehr oder nur mit einem unverhältnismäßig großen Aufwand an Zeit, Kosten und Arbeitskraft" einer natürlichen Person zugeordnet werden können. In diesem Fall sind also anonyme Daten gegeben, die unter die Rubrik „nicht personenbezogene Daten" fallen. Obwohl die anonymen Daten möglicherweise – eben mit einem unverhältnismäßig großen Aufwand an Zeit, Kosten und Arbeitskraft – noch auf den betroffenen Personen zugeordnet werden könnten, werden diese Daten zu den nicht personenbezogenen Daten gezählt. Für die Abgrenzung zwischen personenbezogenen und nicht personenbezogenen Daten kommt es also auf die Kenntnisse, Mittel und Möglichkeiten der verarbeitenden Stelle an. Aufgrund des relativen Charakters des Personenbezugs können dieselben Daten für den einen Datenverwender anonym (also nicht personenbezogen) und für den anderen Datenverwender zuordenbar (also personenbezogen) sein.[305] Werden anonyme Daten an eine Stelle übermittelt, die in der Lage ist, den Personenbezug herzustellen, so ist der Übermittlungstatbestand des Bundesdatenschutzgesetzes erfüllt. In diesem Fall ist somit eine Anwendbarkeit der Bundesdatenschutzgesetz-Vorschriften gegeben, da die Daten für den Übermittlungsempfänger insoweit personenbezogen sind, als er die Anonymisierung aufheben und die betroffenen Einzelpersonen bestimmen kann.

---

[304] Siehe hierzu Teil C 3.5.1.2.
[305] Vgl. Scholz (2003), 186f., der nach der Wahrscheinlichkeit einer erfolgreichen Identifizierung differenziert; ähnlich Gola/Schomerus, § 3, Rn. 9, 43f.

3.5.1.2.1 Abgrenzung zu anonymen Daten

Gemäß § 3 Absatz 6 BDSG sind Daten „anonymisiert", wenn sie so verändert wurden, dass sie nicht mehr oder nur mit unverhältnismäßig großem Aufwand den Personen, auf die sie sich beziehen, zugeordnet werden können.[306] Das bedeutet, dass zwar persönliche Daten über eine Gruppe von Personen (eine Menge von Subjekten) vorhanden sind, diese aber nicht den einzelnen Personen zugeordnet werden können.[307] Die Menge der Subjekte – die Anonymitätsmenge – muss so groß sein, dass Rückschlüsse auf einzelne Subjekte ausgeschlossen sind. Nach der gesetzlichen Definition sind anonyme Daten einerseits solche, die der Person, auf die sie sich beziehen, überhaupt nicht zugeordnet werden können und andererseits solche, die zwar mit einer minimalen Wahrscheinlichkeit zugeordnet werden könnten, diese Zuordnung aber nach der Lebenserfahrung, hilfsweise[308] nach dem Stand der Wissenschaft nicht zu erwarten ist, da sie mit einem unverhältnismäßig hohen Ressourcenaufwand verbunden wäre.[309] Kurz gesagt enthalten anonyme Daten zwar Einzelangaben über Personen, sie können jedoch praktisch von niemandem mehr den einzelnen Personen zugeordnet werden.[310] Daher zählen sie zu den nicht personenbezogenen Daten im Sinne der Datenschutzgesetze.[311] Demgegenüber sind Angaben als bestimmbar zu bezeichnen, wenn der Personenbezug mit einem Aufwand wieder hergestellt werden kann, der noch nicht als unverhältnismäßig zu bezeichnen ist. Hier liegt die Grenze zwischen personenbezogenen und nicht personenbezogenen Daten, also die Grenze des Anwendungsbereichs der Datenschutzgesetze. Das Charakteristikum der Anonymität ist, dass eine Wiederherstellung des Personenbezugs ausgeschlossen sein soll.[312] Hierin liegt gerade der Unterschied zur Pseudonymität.[313]

Für die Anbieter individualisierter Produkte bedeutet dies, dass sie von der

---

[306] Das Wort „anonym" ist aus dem altgriechischen Wort anónymos entstanden und bedeutet „ungenannt, namenlos", „dem Namen nach unbekannt". Vgl. Duden Herkunftswörterbuch (2001), Duden Fremdwörterbuch (2001).

[307] Hansen, in: Roßnagel (2003), 3.3, Rn. 50.

[308] Auf den Stand der Wissenschaft ist dann zurückzugreifen, wenn aufgrund der technischwissenschaftlichen Dynamik für den jeweiligen Anwendungsbereich noch keine Lebenserfahrung besteht, vgl. Scholz (2003), 187.

[309] Zur Klärung der Terminologie von Anonymität und Pseudonymität insgesamt sei an dieser Stelle auf den richtungsweisenden Beitrag von Roßnagel/Scholz in MMR 2000, 721 ff. hingewiesen.

[310] Hansen, in: Roßnagel (2003), 3.3, Rn. 50.

[311] Vgl. Roßnagel/Scholz, MMR 2000, 721 (723f.).

[312] Vgl. Scholz (2003), 186; Tinnefeld/Ehmann (2005), 187.

[313] Vgl. dazu die Ausführungen im nächsten Unterkapitel.

Beachtung der datenschutzrechtlichen Vorschriften befreit sind, wenn die Daten, die sie verwenden, anonymisiert sind. Für die Nutzer hat dies den Vorteil, dass ihre informationelle Selbstbestimmung geschützt ist, da schon technisch ausgeschlossen ist, dass personenbezogene Daten überhaupt anfallen. Oft wird eine Anonymisierung jedoch an dem Problem scheitern, dass die Ersteller des individualisierten Produkts zumindest eine Angabe benötigen, wohin sie das individualisierte Produkt liefern sollen beziehungsweise wie sie den Auftraggeber zur Diensterbringung erreichen können. Hier dürfte es sich anbieten, die nachfolgend beschriebene Möglichkeit der Pseudonymisierung von Daten vorzuziehen.

3.5.1.2.2 Abgrenzung zu pseudonymen Daten

Nach § 3 Absatz 6a BDSG bedeutet „Pseudonymisieren" das Ersetzen des Namens und anderer persönlicher Merkmale durch ein Kennzeichen zu dem Zweck, die Identifizierung des Betroffenen auszuschließen oder wesentlich zu erschweren.[314] Anonymität und Pseudonymität lassen sich klar trennen: Pseudonyme sind darauf ausgelegt, die Zuordnung zu Einzelpersonen erforderlichenfalls wieder herzustellen, Anonyme gerade nicht. Beim Pseudonymisieren wird der Personenbezug durch das „Zwischenschalten" eines Platzhalters, der auch Identifier genannt wird, zwischen die Identifikationsmerkmale des Betroffenen und die anfallenden Nutzerdaten unterbrochen. Hierbei wird eine bestimmte, nicht allgemein bekannte oder erkennbare Zuordnungsregel verwendet, die sicherstellt, dass systemintern die pseudonymisierten Daten auch der zugehörigen, „richtigen" Person zugeordnet werden. Ohne Kenntnis der jeweiligen Zuordnungsregel ist der Personenbezug nur mit einem unverhältnismäßig großen Ressourcenaufwand herzustellen. Somit sind die Daten für den Inhaber der Zuordnungsregel personenbezogen, für alle anderen sind sie anonym und damit nicht personenbezogen im Sinne der Datenschutzgesetze. Die Wiederherstellung des Personenbezugs mittels der Zuordnungsregel soll nur im Ausnahmefall vorgenommen werden, etwa wenn das der Datenverarbeitung zugrunde liegende Rechtsverhältnis der gerichtlichen Klärung bedarf. Pseudonyme sind Kennungen (Identifier) von Subjekten oder Mengen von Subjekten.[315] Um im Rechtsverkehr praktikabel zu sein, müssen Pseudonyme

---

[314] Das Wort „pseudonym" stammt vom altgriechischen Wort „pseudónymos" ab und bedeutet wörtlich: „fälschlich so genannt" oder „mit falschem Namen (auftretend)", es lässt sich von seiner Bedeutung her etwa mit „angenommener Name", „Deckname" oder „unter einem Decknamen auftretend" übersetzen. Vgl. Duden Herkunftswörterbuch (2001), Duden Fremdwörterbuch (2000).

[315] Hansen, in: Roßnagel (2003), 3.3, Rn. 52.

eindeutig zuordenbar sein, so dass Handlungen Pseudonymen und damit auch den dahinter stehenden natürlichen Personen zurechenbar sind. Zurechenbarkeit lässt sich mit Hilfe digital erzeugter Pseudonyme realisieren. Ein digitales Pseudonym ist eine eindeutige Kennung, die geeignet ist, den Inhaber des Pseudonyms oder seine Daten zu authentisieren. Dies kann zum Beispiel ein öffentlicher Schlüssel in einem digitalen Signatursystem sein.[316]

Der Begriff Anonymitätsstärke eines Pseudonyms bezeichnet den Aufwand, der getrieben werden muss, um die unter einem Pseudonym angefallenen Daten seinem Inhaber ohne die Verwendung der Zuordnungsregel wieder zuzuordnen.[317] Da es – je nachdem, wie das Schlüsselsystem ausgestaltet ist – unterschiedlich aufwändig ist, die Daten Einzelpersonen zuzuordnen, sind verschiedene Grade der Anonymitätsstärke zu unterscheiden. Die Stärke eines Pseudonyms hängt erstens davon ab, wie viel unmittelbar über die Zuordnung des Pseudonyms zur Person bekannt ist und zweitens davon, inwieweit sich ein Personenbezug durch Beobachtung der Pseudonymverwendung, also durch die Verkettbarkeit einzelner Aktionen, erschließen lässt.[318]

Die Verwendung pseudonymisierter Daten bietet einerseits einen Vorteil für die Betroffenen, denn sie hinterlassen nicht überall eindeutige Datenspuren. Die pseudonymisierten Daten, die sich aus ihrem Verhalten ergeben, weisen nicht von vornherein einen direkten Personenbezug auf. Andererseits bietet die Verwendung von pseudonymisierten Daten eine gewisse Sicherheit für Kommunikationspartner, die sich daraus ergibt, dass der Personenbezug in bestimmten Fällen herstellbar ist, zum Beispiel wenn es notwendig ist, die Betroffenen zur Durchsetzung von Ansprüchen zur Verantwortung zu ziehen oder um die Überschreitung von Berechtigungen zu unterbinden. Ein weiterer Vorteil besteht darin, dass es möglich ist, auch eine Vielzahl von Daten unter einem Pseudonym zusammenzufassen, so dass Datensammlungen bis hin zu umfassenden Profilen unter einem Pseudonym entstehen können.[319] Hierbei hat der Betroffene keinerlei bedenkliche Folgen zu befürchten, wenn er allein über die Verknüpfung des Pseudonyms mit seiner wahren Identität bestimmen kann beziehungsweise wenn er sich ohne nennenswerte negative Folgen vollständig von seinem Pseudonym lösen und die zugehörigen Daten löschen kann. Die Verwendung von Pseudonymen ist daher als datenschutzfreundliche und gleichzeitig praxisfreundliche Möglichkeit der Datenverwaltung und -

---

[316] Hansen, in: Roßnagel (2003), 3.3, Rn. 53f.

[317] Pfitzmann/Waidner/Pfitzmann, DuD 1990, 305 ff.; Hansen, in: Roßnagel (2003), 3.3, Rn. 55f.

[318] Roßnagel/Scholz in MMR 2000, 721 (724f.).

[319] Scholz (2003), 188f.

verarbeitung zu bezeichnen. Für die Nutzer individualisierter Produkte liegt der Vorteil der Pseudonymisierung darin, dass ihre Daten aufgrund der Pseudonymisierung nur in besonderen Ausnahmefällen (etwa wenn sie die Gegenleistung für eine abgerufene pseudonymisierte Dienstleistung nicht erbracht haben) wieder zugeordnet werden. Im Normalfall bleiben die Daten pseudonym und somit aus datenschutzrechtlicher Sicht ungefährlich. Die informationelle Selbstbestimmung der Betroffenen wird also gewahrt. Für die Anbieter individualisierter Dienstleistungen ist die Pseudonymisierung auch von Vorteil, da sie mit den Daten arbeiten können und zum Beispiel Profile erstellen können, was etwa für Zwecke des Marketings oder der Kundenbindung große Vorteile bringen kann. Für viele Dienstleistungen und Funktionalitäten ist es erforderlich, die anfallenden Daten geordnet zu sammeln. Oft muss diese Sortierung der Daten nicht personenbezogen erfolgen, denn es ist für viele Zwecke ausreichend, zu wissen, welche Daten zu einer Person gehören, ohne zu wissen, wer diese Person ist.

3.5.2 Gestaltungsziele im Datenschutzrecht

Im deutschen Datenschutzrecht gibt es vier allgemeine Konzepte, an denen sich die Auswahl und Orientierung technischer Systeme zu orientieren hat.[320] Diese Konzepte geben wesentliche Inhalte des Rechts auf informationelle Selbstbestimmung wieder, die Umsetzung dieser Konzepte war auch ein erklärtes Ziel des Gesetzgebers bei der Entwicklung des Teledienstedatenschutzgesetzes, des Mediendienste-Staatsvertrags und der Bundesdatenschutzgesetz-Novellierung.[321] Die vier Konzepte sind erstens Entscheidungsfreiheit, zweitens Transparenz, drittens Datenvermeidung und viertens Datensicherheit. In der Systematik der am Anfang dieser Arbeit erwähnten Methode KORA[322] wären diese Grundkonzepte als rechtlich-technische Kriterien zu bezeichnen, die in der zweiten KORA-Stufe entwickelt werden. Bei einer Anwendung der Methode KORA würden diese Kriterien aus dem Grundrecht auf informationelle Selbstbestimmung entwickelt, das als generalklauselartig formulierte verfassungsrechtliche Vorgabe auf der ersten KORA-Stufe steht.

---

[320] Scholz (2003), 368f.
[321] Lanfermann, RDV 1998, 1 (4); Scholz (2003), 368.
[322] Siehe Teil A 2.1.2.

102

3.5.2.1 Entscheidungsfreiheit

Das Gebot der größtmöglichen Verwirklichung einer Entscheidungsfreiheit für den Betroffenen ist bereits in der Beschreibung des Rechts auf informationelle Selbstbestimmung im Volkszählungsurteil angelegt. Dort wird festgestellt, dass der Betroffene grundsätzlich selbst darüber bestimmen können soll, ob und in welcher Weise er Daten preisgibt.[323] Selbstbestimmung setzt als diametraler Gegensatz zur Fremdbestimmung voraus, dass der Betroffene die Entscheidungsfreiheit darüber hat, wie er sich in der jeweiligen Situation verhalten möchte. Entscheidungsfreiheit bedeutet, dass der Einzelne umfassende Dispositionsbefugnis über seine Daten sowie die Möglichkeit der Einwirkung auf den Datenverarbeitungsvorgang hat.[324] Das Gebot der Entscheidungsfreiheit zielt ab auf eine aktive Beteiligung der Betroffenen am Verarbeitungsvorgang.[325] Konsequenz des Gedankens der größtmöglichen Entscheidungsfreiheit ist auch, dass bei der Nutzung informationstechnischer und sonstiger neuartiger Systeme keine personenbezogenen Daten ungewollt oder zumindest unbemerkt erhoben werden. An einer Entscheidungsfreiheit fehlt es jedenfalls dann, wenn der Betroffene keine tatsächlichen Wahlmöglichkeiten hinsichtlich des Ob und Wie (Umfang, Zweck, Dauer, Gegenleistung) einer Datenverarbeitung verfügt.[326]

Das Konzept der Entscheidungsfreiheit hat Eingang in verschiedene Vorschriften des deutschen Datenschutzrechts gefunden. Unmittelbarer Ausdruck und Konsequenz des Konzepts der Entscheidungsfreiheit sind die Vorschriften über die Einwilligung, in denen sich die Erfordernisse der Freiwilligkeit, Bestimmtheit und Informiertheit finden. Mit der Erteilung der Einwilligung in Datenverarbeitungen übt der Betroffene seine Entscheidungsfreiheit darüber aus, ob und in wie weit Unternehmen, sonstige Private oder Behörden seine personenbezogenen Daten erheben, speichern oder sonst wie verarbeiten dürfen. Die datenschutzrechtliche Einwilligung ist somit das zentrale Instrument der Verwirklichung der informationellen Selbstbestimmung. Mit der Einwilligung geben die Betroffenen nicht jegliche Verfügungsbefugnis über ihre personenbezogenen Daten auf. So gibt es nach dem deutschen Datenschutzrecht einerseits noch die Möglichkeit, seinen Willen über die personenbezogenen Daten durch die Ausübung eines Widerspruchsrechts zum Ausdruck zu bringen.[327] Ferner muss es dem Betroffenen nach § 4 Absatz 4 Nr. 1 TDDSG vom

---

[323] BVerfGE 65, 1 (42f.).
[324] Siehe bereits Schmidt, JZ 1974, 241 (247); Walz, DuD 1998, 150 (153).
[325] Scholz (2003), 368f.
[326] Vgl. Schmidt, JZ 1974, 241 (247); Walz, DuD 1998, 150 (153).
[327] Siehe §§ 20, 28 Absatz 4 BDSG sowie § 6 Absatz 3 TDDSG.

Teledensteanbieter durch technische und organisatorische Vorkehrungen ermöglicht werden, jederzeit seine Verbindung mit dem Anbieter abzubrechen.
Hierdurch soll explizit ein Höchstmaß an Entscheidungsfreiheit sichergestellt
werden.[328]

3.5.2.2 Transparenz

Um sein Selbstbestimmungsrecht effektiv ausüben zu können, ist es Grundvoraussetzung, dass der Betroffene weiß, ob, von wem und zu welchem
Zweck personenbezogene Daten über ihn erhoben werden. Daher muss jede
datenschutzkonforme Gestaltung das Ziel verfolgen, eine möglichst hohe
Transparenz über die Verarbeitung personenbezogener Daten für die Betroffenen sicherzustellen.[329] Denn wenn Selbstbestimmung über Umfang und
Umstände der Selbstdarstellung und Kontrolle der Datenverarbeitung möglich
sein soll, muss die betroffene Person über ausreichende Informationen bezüglich der Erhebung der personenbezogenen Daten, über die Umstände, das
Verfahren und die Struktur der Verarbeitung sowie die mit der Datenverwendung verfolgten Zwecke verfügen.[330] Erst diese Kenntnis versetzt den Betroffenen in die Lage, frei darüber zu entscheiden, ob er das jeweilige Kommuni-
kationsverhältnis unter den konkreten Verarbeitungsbedingungen aufnehmen
oder beenden möchte. Eine wichtige transparenzfördernde Bestimmung ist,
dass Daten grundsätzlich beim Betroffenen erhoben werden müssen.[331] Somit
haben die Betroffenen die Kenntnis darüber, welche Daten über sie erhoben
werden und es ist transparent, wer wann welche Daten über sie erhalten hat.

In den deutschen Datenschutzvorschriften sind eine Reihe Regelungen zur
Förderung der Transparenz in der Datenverarbeitung enthalten. Überwiegend
behandeln diese die Rechte der Betroffenen auf Auskunft und Information.
Solche Rechte finden sich zum Beispiel in §§ 6a Absatz 3, 19, 33 und 34
BDSG. Mit der Novelle des Bundesdatenschutzgesetzes 2001 verfolgte der
Gesetzgeber u.a. explizit das Ziel, die Transparenz der Datenverarbeitung für
die Betroffenen zu verbessern. Hierfür wurde eine Informationspflicht geschaffen, nach der die Betroffenen bei der Datenerhebung grundsätzlich auch im
nicht öffentlichen Bereich von den verantwortlichen Stellen über Datenverarbeitungen informiert werden müssen. Ferner wurden öffentliche verantwortli-

---

[328] Schaar/Schulz, in: Roßnagel, RMD, § 4 TDDSG, Rn. 71.
[329] Vgl. Podlech (1982), 454f.
[330] Scholz (2003), 371.
[331] Vgl. etwa § 4 Absatz 2 Satz 1 BDSG.

che Stellen aufgrund der Novelle verpflichtet, Betroffene über die Speicherung oder Weitergabe ihrer Daten zu benachrichtigen.[332]

Nach § 7 Satz 2 TDDSG gibt es die Möglichkeit, die Auskunft an den Betroffenen auch elektronisch zu erteilen.[333] Hiermit trägt der Gesetzgeber den technischen Besonderheiten der Bereitstellung der Teledienste Rechnung und fördert von den Anbietern entsprechende technische und organisatorische Umsetzungsmaßnahmen. Bezweckt ist, den Betroffenen eine Möglichkeit zu geben, selbst und unmittelbar auf die über sie gespeicherten Daten zugreifen zu können. Hierdurch soll der Einsatz der modernen Informations- und Kommunikationstechnologie auch zugunsten der Betroffenen gefördert werden, es soll insoweit eine im Vergleich zum Offline-Geschäftsverkehr verbesserte Transparenz erzielt werden.[334]

In § 4 Absatz 1 Satz 2 TDDSG wird die Unterrichtungspflicht der Diensteanbieter auch auf automatisierte Verfahren ausgeweitet, die „eine spätere Identifizierung" des Nutzers ermöglichen. Hiermit sollen Formen unbemerkter Informationserhebung, etwa durch Cookies, berücksichtigt werden. Auch die Verpflichtung der Diensteanbieter zur Einrichtung einer Abrufmöglichkeit von Unterrichtung und Einwilligungserklärung durch den Nutzer in § 4 Absatz 1 Satz 3 und Absatz 2 Nr. 3 TDDSG bezweckt die Sicherstellung und Verbesserung der Transparenz für die Betroffenen von Datenverarbeitungen. Das Gleiche gilt für die Verpflichtung zur Protokollierung der Einwilligungsvorgänge nach § 4 Absatz 2 Nr. 2 TDDSG. Hier verfolgt der Gesetzgeber das Ziel, durch präzise Vorgaben an die Gestaltung der Technik die sich aus der Flüchtigkeit im elektronischen Kommunikationsverkehr für die Betroffenen ergebenden Risiken zu minimieren, um dadurch wiederum die Akzeptanz der neuen Informations- und Kommunikationstechnologien zu fördern.[335]

Eine weitere transparenzfördernde Vorschrift findet sich in § 4 Absatz 5

---

[332] Vgl. BT-Drs. 14/4329, 29: „Die Transparenz der Datenverarbeitung für den Bürger wurde u. a. erhöht durch die Ausdehnung der Benachrichtigungspflicht des Betroffenen von der Speicherung/Weitergabe seiner Daten auch auf den öffentlichen Bereich, durch eine grundsätzliche Informationspflicht des Betroffenen bei der Erhebung seiner Daten auch im nicht öffentlichen Bereich und eine geringfügige Erweiterung des Auskunftsrechts."

[333] Wortlaut des § 7 Satz 2 TDDSG: „Der Nutzer ist berechtigt, jederzeit die zu seiner Person oder zu seinem Pseudonym gespeicherten Daten unentgeltlich beim Diensteanbieter einzusehen. Die Auskunft ist auf Verlangen des Nutzers auch elektronisch zu erteilen."

[334] Vgl. BT-Drs. 13/7385: „§ 7 stellt sicher, dass der Nutzer, über das nach dem Bundesdatenschutzgesetz geltende Auskunftsrecht hinaus, die über ihn oder sein Pseudonym gespeicherten Daten unentgeltlich elektronisch einsehen kann."

[335] Scholz (2003), 371.

TDDSG. Nach dieser Vorschrift sind Diensteanbieter verpflichtet, es dem Betroffenen anzuzeigen, wenn dieser vom Angebot des jeweiligen Telediensteanbieters an einen anderen Diensteanbieter, etwa über einen Hyperlink, weitervermittelt wird. Das Erfordernis derartiger Hinweise ergibt sich direkt aus dem Volkszählungsurteil, in dem das Bundesverfassungsgericht festgestellt hat, dass das Grundrecht auf informationelle Selbstbestimmung das Recht des Betroffenen umfasst, zu jeder Zeit zu wissen, „wer was wann und bei welcher Gelegenheit" über ihn weiß.[336] Der Betroffene muss daher, wenn sich dies nicht bereits eindeutig aus den Umständen oder dem Charakter des jeweiligen Teledienstes ergibt, darüber informiert werden, dass seine Anfrage nicht von dem Ausgangs-Teledienst bearbeitet wird, sondern durch einen Dritten, der damit unter Umständen auch personenbezogene Daten über ihn verarbeitet.[337] Eine weitere Vorschrift zur Transparenzverbesserung ist die Verpflichtung zur Anbieterkennzeichnung nach § 6 TDG.[338] Wie die vorstehenden Transparenzerfordernisse mit bestimmten Formen des Webmarketings, zum Beispiel Webbugs, vereinbar sind, wird später zu untersuchen sein.

Die Transparenzerfordernisse stehen nicht per se im Widerspruch zu den Bestrebungen von Unternehmen, Individualisierung zu betreiben. Die Transparenz soll nur der Gefahr entgegenwirken, dass Unternehmen und Behörden ohne Kenntnis der Betroffenen Daten über diese erheben und sie später unerwartet mit diesen Daten oder den Folgen der Datenverarbeitung konfrontiert sind. Auch die Profilbildung steht zum Beispiel nicht im Widerspruch zur Transparenz, solange sie mit Wissen und Billigung der Betroffenen durchgeführt wird. Die Transparenzerfordernisse widersprechen also nicht der Individualisierung an sich, sondern lediglich der verdeckten, „heimlichen" Individualisierung.

3.5.2.3 Datenvermeidung

Das Gebot der Datenvermeidung und Datensparsamkeit ist in § 3a BDSG fi-

---

[336] BVerfGE 65, 1 (43).

[337] Scholz (2003), 371.

[338] Vgl. BR-Drs. 966/96: „Die Vorschrift dient dem Verbraucherschutz. Sie soll für den Nutzer ein Mindestmaß an Transparenz und Information über die natürliche oder juristische Person oder Personengruppe, die ihm einen Teledienst anbietet, sicherstellen. Durch die räumliche Trennung der möglichen Vertragspartner fehlt die unmittelbare Erfahrung über die Person des Anbieters; durch die Flüchtigkeit des Mediums fehlen – soweit keine Speicherung erfolgt – dauerhaft verkörperte Anhaltspunkte über dessen Identität. Die Pflicht zur Angabe von Identität und Anschrift dient damit auch als Anknüpfungspunkt für die Rechtsverfolgung im Streitfall."

xiert. Nach dieser Vorschrift haben sich Gestaltung und Auswahl von Datenverarbeitungssystemen an dem Ziel auszurichten, keine beziehungsweise so wenig personenbezogene Daten wie möglich zu verarbeiten. Es ist offensichtlich, dass die Ziele des Datenschutzes dann am besten erreicht werden, wenn personenbezogene Daten gar nicht erst erhoben und verarbeitet werden. Wo keine personenbezogenen Daten anfallen, müssen auch keine besonderen Anstrengungen zum Schutz der informationellen Selbstbestimmung unternommen werden.[339] Wenn auf die Erhebung und Verarbeitung von personenbezogenen Daten von vornherein verzichtet wird, ist die Kontrolle von Verarbeitungsvorgängen, die Aufdeckung und Sanktionierung von missbräuchlichen Datenverarbeitungen überflüssig, da jede Missbrauchsgefahr ausgeschlossen ist.[340] Außerdem wird durch eine Minimierung des Aufkommens an personenbezogenen Daten auch das Vertrauen der Betroffenen gestärkt, da diese sich nicht ständig beobachtet fühlen müssen.[341]

Das Gebot der Datenvermeidung zielt zunächst ab auf den vollständigen Verzicht der Erhebung und Verarbeitung personenbezogener Daten. Nur wenn dieses Ziel nicht erreicht werden kann, weil die Verwendung personenbezogener Daten für den jeweils verfolgten Zweck unerlässlich ist, darf – sozusagen hilfsweise – überhaupt die Erhebung und Verarbeitung personenbezogener Daten in Betracht gezogen werden. Hierbei ist die verarbeitende Stelle jedoch verpflichtet, den Verarbeitungsprozess so zu gestalten und zu organisieren, dass die Verwendung personenbezogener Daten auf ein absolutes Minimum reduziert wird. Dies ist mit dem Begriff der Datensparsamkeit gemeint.[342] Mit der Nachrangigkeit der Verarbeitung personenbezogener Daten gegenüber einem gänzlichen Verarbeitungsverzicht wird deutlich, dass der Umgang mit personenbezogenen Daten stets als zu begründende Ausnahme einzustufen und auch so zu behandeln ist. Festzuhalten ist also, dass nach dem Prinzip der Datenvermeidung und -sparsamkeit nur dann und nur insoweit auf personenbezogene Daten zugegriffen werden sollte, als es keine andere Möglichkeit gibt, das angestrebte Ziel ohne die personenbezogene Datenverarbeitung zu erreichen.[343]

Die vorstehenden Ausführungen zur Datenvermeidung erwecken zunächst den Anschein, als sei die Datenvermeidung das genaue Gegenteil der Individualisierung. Ein gewisser Interessenwiderspruch ist auch gegeben. Der Beg-

---

[339] v. Stechow (2005), 80f.
[340] Scholz (2003), 373.
[341] v. Stechow (2005), 102f.
[342] Scholz (2003), 373.
[343] Simitis, DuD 2000, 714 (720).

riff Datenvermeidung sollte jedoch nicht dahin gehend verstanden werden, dass der Anfall von Daten per se verhindert werden soll. Ganz im Gegenteil, in einer Informationsgesellschaft müssen Daten in breitem Umfeld genutzt werden, der Gesetzgeber hat dies erkannt und verfolgt mit den jüngeren Gesetzen in diesem Kontext explizit auch den Zweck, den Datenfluss zugunsten der wirtschaftlichen Interessen Gewerbetreibender zu fördern.[344] Es geht nicht darum, auf Daten zu verzichten, sondern darum, deren Personenbezug – wo möglich – zu eliminieren.[345] Folglich ist die Verarbeitung von anonymisierten Daten explizit zulässig. Wo eine Anonymisierung nicht interessengerecht ist, kann die Pseudonymisierung der Daten in Betracht kommen.[346] Zur Individualisierung sind personenbezogene Daten oft nicht erforderlich. In vielen Fällen reicht es aus, die Daten den dazugehörigen Pseudonymen zuordnen zu können, ohne wissen zu müssen, wer sich hinter diesen verbirgt. Pseudonymisierte Daten bieten für die Betroffenen ein hohes Maß an Schutz vor Gefährdungen der informationellen Selbstbestimmung. Andererseits lässt sich die Individualisierung in den meisten Fällen mit all ihren Vorteilen auch für die Unternehmen durchführen. Das Prinzip der Datenvermeidung verträgt sich also durchaus mit der Individualisierung.

Liegt nach dem oben dargestellten Verständnis ausnahmsweise ein Fall vor, in dem auf die Verarbeitung personenbezogener Daten nicht verzichtet werden kann, ist nach dem Gebot der Datensparsamkeit der Umfang der Datenverarbeitung auf das zur Erreichung des gesetzlich bestimmten oder vereinbarten Zwecks unbedingt notwendige Maß begrenzt. Das Gebot der Datensparsamkeit wird somit also durch die datenschutzrechtlichen Grundsätze der Erforderlichkeit und der Zweckbindung flankiert.[347] Der Erforderlichkeitsgrundsatz formuliert Anforderungen an die Rechtmäßigkeit der Datenverarbeitung. Nach der Rechtsprechung des Bundesgerichtshofs ist Verarbeitung von personen-

---

[344] Vgl. BT-Drs. 13/7385 zum IuKD (TDDSG): Es geht um „die Beseitigung von Hemmnissen für die freie Entfaltung der Marktkräfte im Bereich der neuen Informations- und Kommunikationsdienste und die Gewährleistung einheitlicher wirtschaftlicher Rahmenbedingungen für das Angebot und die Nutzung dieser Dienste."

[345] Der Begriff „Datenvermeidung" ist also ebenso missverständlich wie der Begriff „Datenschutz", daher befürwortet Roßnagel in Roßnagel/Pfitzmann/Garstka (2001), 101f, den präziseren, dafür aber nicht so griffigen Begriff „Vermeidung des Personenbezugs".

[346] Zur Forderung nach Anonymisierung und Pseudonymisierung der Daten siehe bereits Rat für Forschung, Technologie und Innovation (1995), Empfehlung 23; Internationale Arbeitsgruppe für Datenschutz in der Telekommunikation (1996); Roßnagel/Pfitzmann/Garstka (2001), 101 ff.

[347] Das Bundesverfassungsgericht stellt in diesem Kontext fest, dass „sich alle Stellen, die zur Erfüllung ihrer Aufgaben personenbezogene Daten sammeln, auf das zum Erreichen des angegebenen Zieles erforderliche Minimum zu beschränken haben", BVerfGE 65, 1 (46).

bezogenen Daten nur zu dem damit verfolgten Zweck und nur soweit hinzu-
nehmen, wie die erfassten Daten hierfür erforderlich sind.[348] Der Zweckbindungsgrundsatz[349] soll sicherstellen, dass sich die Verwendung personenbezogener Daten auf die Zwecke beschränkt oder zumindest mit den Zweckbe-
stimmungen vereinbar ist, zu denen sie zulässigerweise erhoben oder übermittelt worden sind.

In Bezug auf den Aspekt der Technikgestaltung lässt sich aus dem Gebot der
Datensparsamkeit der Grundsatz ableiten, dass einer datenvermeidenden
Technik Vorrang vor einer Technik mit einem höheren Bedarf an personenbezogenen Daten einzuräumen ist.[350] Es ist also nicht lediglich zu prüfen, ob die
Datenverarbeitung erforderlich ist, sondern auch, ob die Umstände der Datenverarbeitung dahingehend modifiziert werden können, so dass ein Personenbezug vermieden werden kann. Das Gebot der Datensparsamkeit geht also
über den Grundsatz der Erforderlichkeit hinaus, welcher lediglich die Verpflichtung begründet, zu untersuchen, ob die Verarbeitung personenbezogener Daten zum jeweiligen Zweck zwingend notwendig ist.[351] Das Gebot der Datensparsamkeit fordert einerseits den prinzipiellen Verzicht auf personenbezogene Angaben und andererseits die Auswahl der datensparsamsten verfügbaren
Verarbeitungstechnik.[352]

3.5.2.4 Datensicherheit

Das letzte hier darzustellende Gestaltungsziel ist der Grundsatz der Datensicherheit. Rechtsvorschriften, die die Zulässigkeit der Datenverarbeitung und
die Zweckbindung der Verarbeitung regeln, nützen nichts, wenn die Sicherheit
der gespeicherten Daten nicht gewährleistet ist. Die Datensicherheit soll in
dieser Arbeit nur unter dem Aspekt des Datenschutzes angesprochen werden,
die Betrachtung beschränkt sich daher auf die Verarbeitung personenbezogener Daten.[353] Datensicherheit zielt in erster Linie darauf ab, die Daten vor unzulässigen Zugriffen Dritter, vor Verlust, Zerstörung, Beschädigung, Verände-

---

[348] BGH, RDV 1986, 81 (82).
[349] Der Zweckbindungsgrundsatz liegt sowohl der EG-DSRL zugrunde (dort Artikel 6 Absatz
1 lit. b, c sowie Erwägungsgrund 18) als auch den deutschen Datenschutzgesetzen, vgl.
etwa §§ 14 Absatz 1 Satz 1, Absatz 4; 28 Absatz 1 Satz 1 Nr. 1, Satz 2, Absatz 4, Absatz
5; 31; 39; 40 BDSG, § 3 Absatz 2 TDDSG; § 12 Absatz 3 MDStV.
[350] Scholz (2003), 375.
[351] Roßnagel/Pfitzmann/Garstka (2001), 98 ff.
[352] Bäumler, DuD 1999, 260; ders., DuD 2000, 258; Scholz (2003), 375.
[353] Zum Verhältnis Datenschutz und Datensicherheit siehe Geiger in Simitis (2003), § 9, Rn.
3 ff.; Gola/Schomerus (2005), § 9, Rn. 12 ff.

rung oder Missbrauch zu schützen. Ferner gehört es zur Datensicherung, einen ordnungsgemäßen Ablauf der Datenverarbeitung durch Sicherung von Hard- und Software zu ermöglichen. Insgesamt ist die Datensicherung auf technisch-organisatorischer Ebene ein unverzichtbares Instrument zur wirksamen Durchsetzung des Datenschutzes.[354] Die Datensicherung soll die technische Umsetzung der normativen Datenschutzgrundsätze sicherstellen. Soweit die Datensicherung mit der Zielrichtung des Datenschutzes, also der Gewährleistung der informationellen Selbstbestimmung des Betroffenen betrieben wird, ist sie als Gestaltungsgebot für die Technik zu qualifizieren.[355]

Im Zusammenhang mit dem Aspekt der Datensicherheit sind Zielvorgaben an die Technikgestaltung keine Neuheit im deutschen Datenschutzrecht. Im allgemeinen Datenschutzrecht werden in § 9 BDSG und insbesondere in der dazugehörigen Anlage, detaillierte Anforderungen[356] an die Sicherheitsvorkehrungen gestellt. Die Vorgaben umschreiben im Wesentlichen jedoch lediglich Kontrollanforderungen, die die Abschottung und Revisionsfähigkeit der Verarbeitungsvorgänge sichern sollen. An einer Klarstellung, dass die Anforderungen sich nicht nur auf die Organisation beziehen, sondern auch und vor allem auf die Gestaltung der Technik, mangelt es.[357] Die in der Anlage zu § 9 BDSG geforderten Sicherheitsanforderungen haben im Wesentlichen die technischen Komponenten von Datenverarbeitungsanlagen zum Gegenstand. Kritisiert wird, dass hieraus eine starke Technologieabhängigkeit resultiert, die wiederum einen fortlaufenden Anpassungsdruck der gesetzlichen Bestimmungen bedingt.[358]

Effektiver wäre es, wenn sich die Sicherheitsmaßnahmen individuell an der Natur der zu verarbeitenden Daten, der konkreten Bedrohungslage, dem Stand der Technik und der Architektur der zu sichernden Systeme und Verfahren orientieren würden.[359] Für die heute maßgebliche dezentrale Datenverarbeitung in offenen Netzen ist die Ausrichtung des Schutzes an den eingesetzten technischen Komponenten nur noch bedingt praxistauglich.[360] Stattdessen

---

[354] Bäumler, DuD 1997, 446 (450).

[355] Scholz (2003), 380.

[356] Zutrittskontrolle, Zugangskontrolle, Zugriffskontrolle, Weitergabekontrolle, Eingabekontrolle, Auftragskontrolle, Verfügbarkeitskontrolle und Trennungsgebot; vgl. hierzu im Einzelnen Ernestus, RDV 2002, 22.

[357] Vgl. die Kritik bei Roßnagel/Pfitzmann/Garstka (2001), 25; Scholz (2003), 380.

[358] Scholz (2003), 380; Ernestus, RDV 2000, 146f., mit Beispielen.

[359] Siehe Ernestus, in: Roßnagel (2003), 3.2., Rn. 22 ff.

[360] Für eine Anpassung an die moderne IuK-Technik bereits Rat für Forschung, Technologie und Innovation 1995, E 22.

sollte sich die Datensicherheit auf einem abstrakteren Niveau an Sicherheits-kriterien orientieren, die sich auf die Daten selbst beziehen.[361] Diesen Ansatz wählt auch die EG-DSRL in Artikel 17 Absatz 1 DSRL. Nach dieser Vorschrift müssen personenbezogene Daten gegen die zufällige oder unrechtmäßige Zerstörung, den zufälligen Verlust, die unberechtigte Änderung, die unberech-tigte Weitergabe oder den unberechtigten Zugang sowie gegen jede andere Form der unrechtmäßigen Verarbeitung geschützt sein.[362]

Ansatzpunkte für ein datenbezogenes Sicherheitsmodell könnten die im Be-reich der IT-Sicherheitswissenschaft gängigen Kriterien sein. Diese Disziplin versucht, gleichzeitig ein Höchstmaß an Vertraulichkeit, Integrität und Verfüg-barkeit der Daten zu gewährleisten, wobei sie stets die jeweils vorliegenden potenziellen und tatsächlichen Bedrohungen der Daten berücksichtigt. Eine solche Bezugnahme auf abstrakte Sicherheitsziele wäre technologieunabhän-gig und würde einen allgemeingültigen Sicherheitsrahmen bilden, der sich in der IT-Sicherheit bewährt hat und dort auch laufend weiterentwickelt wird, also auch bei neuen Formen der Datenverarbeitung Bestand haben wird. Teilweise wird dieser Ansatz auch bereits im Datenschutzrecht verfolgt.[363] Eine Berück-sichtigung der IT-Sicherheitsziele steht nicht im Widerspruch zur Individualisie-rung, vielmehr ist ein hohes Maß an IT-Sicherheit auch im Interesse der da-tenverarbeitenden Unternehmen.

Nachdem der nationale und internationale Rechtsrahmen der informationellen Selbstbestimmung abgesteckt worden ist, soll nachfolgend auf die spezifi-schen Gefährdungen eingegangen werden, die sich durch den Einsatz von Technologien ergeben, welche im Kontext der Individualisierung von Unter-nehmen eingesetzt werden.

---

[361] So auch die Forderung des AK Technik der Datenschutzbeauftragten 1999. Die Aufnah-me von konkreten Maßnahmen in eine gesetzliche Regelung wird nur für den Einsatz au-tomatisierter Verfahren für spezielle technische Systeme, zum Beispiel Chipkarten, vorge-schlagen.

[362] Diese Anforderungen in der EG-DSRL haben den deutschen Bundesgesetzgeber jedoch noch nicht zu einer Änderung des Regelungsmodells animiert. In etlichen Landesdaten-schutzgesetzen haben die Ziele der Datensicherheit jedoch Einzug gehalten, siehe hierzu Heibey, in: Roßnagel (2003),.4.5, 75 ff.

[363] Siehe Ernestus, in: Roßnagel (2003), 3.2, 22 ff.

4 Gefahren für die informationelle Selbstbestimmung durch die individualisierungstypischen Datenverarbeitungstechniken

Der im Teil B beschriebene Trend der Individualisierung führt zu einer steigenden Nachfrage nach immer individuelleren Waren, nach individualisierten Dienstleistungen und adaptiven Produkten, die den Einzelnen durch Berücksichtigung seiner persönlichen Eigenschaften und Bedürfnisse immer besser unterstützen. Auf diese gesteigerte Nachfrage reagieren Wirtschaftsunternehmen, indem sie derartige Produkte verstärkt entwickeln und auf dem Markt platzieren. Neben dieser bloßen Reaktion auf den Trend auf Seiten der Nachfrager haben Unternehmen auch ein eigenes wirtschaftliches Interesse daran, den Absatz individualisierter und individualisierender Produkte zu forcieren. Sie agieren daher auch und fördern den Trend der Individualisierung durch entsprechende Marketingmaßnahmen. Der Grad der Individualisierung und Adaptivität von Produkten ist ein entscheidendes Kriterium für Unternehmen, sich von Mitbewerbern abzuheben. Kunden sind bereit, für maßgeschneiderte Produkte mehr zu bezahlen als für Standardprodukte. Unternehmen versuchen naturgemäß, die sich hier ergebenden Potenziale zu realisieren, also mehr Umsatz mit individualisierten und individualisierenden Produkten zu generieren.

Hinzu kommt oft auch ein wirtschaftliches Interesse an den im Kontext der Individualisierung anfallenden großen Mengen an personenbezogenen Daten, denn diese Daten haben einen erheblichen Wert für Marketing und Produktentwicklung. Je besser Unternehmen ihre Kunden kennen, desto leichter ist es, eine intensivere Bindung dieser Kunden zu sich herzustellen und Produkte zu entwickeln, die zu ihren derzeitigen und zukünftigen Interessen und Bedürfnissen passen. Der Aspekt der Kundenbindung ist wirtschaftlich besonders wichtig für Unternehmen, denn die Kosten der Gewinnung eines Neukunden liegen fünf- bis siebenmal höher als die Aufrechterhaltung einer bereits bestehenden Kundenbeziehung.[364] Durch gezieltes Direktmarketing werden Streuverluste, wie sie bei der herkömmlichen Werbung entstehen, minimiert. Darüber hinaus ermöglicht die intelligente Verarbeitung der anfallenden Daten auch die Implementierung erfolgreicherer Strategien zur Neukundengewinnung.

Letztlich steckt in der Summe der personenbezogenen, auf einzelne Individuen bezogenen Daten auch der Schlüssel zur Erforschung der zukünftigen Ent-

---

[364] Stolpmann (2000), 18.

wicklung gesamter Marktsegmente. Unternehmen wie zum Beispiel Google Inc. benutzen seit Jahren Techniken, um aus großen Datenmengen Schlussfolgerungen zu ziehen. Bei der Suchmaschine Google wird zum Beispiel die Häufigkeit von eingegebenen Suchbegriffen erkannt. Werbeflächen auf der Google-Oberfläche werden dann abhängig von der aus der Zahl der Anfragen abgeleiteten Wertigkeit der Suchbegriffe vermarktet. Google wird sogar nachgesagt, den Inhalt von E-Mails[365] und so genannten Weblogs (öffentlich geführten Internet-Tagebüchern) von Google-zugehörigen Unternehmen wie zum Beispiel Pyra Labs (blogger.com[366]) zu durchleuchten. Mittels spezieller Algorithmen[367] sollen Ausbrüche („bursts") von bestimmten in der Kommunikation enthaltenen Begriffen erkannt und daraus Trends abgeleitet werden.[368] Der entschlüsselte Inhalt der Kommunikation durch E-Mails und Weblogs wird darüber hinaus genau wie bei der Nutzung der Google-Suchmaschine dazu benutzt, dem Kunden gezielt solche Werbung zukommen zu lassen, die mit dem Inhalt seiner Kommunikation korrespondiert.[369] Die hierbei Verwendeten Techniken sind vielfältig, zum Beispiel werden Web Bugs, Cookies, Session-IDs, Trojaner und andere Spyware verwendet.[370]

Gerade in einer Zeit, in der sich die Verhältnisse auf allen gesellschaftlichen,[371] technischen[372] und damit auch wirtschaftlichen Ebenen immer schneller ändern, ist es von existenzieller Bedeutung für Unternehmen, Marktentwicklungen zu antizipieren und sich hierauf durch Anpassung des Produktsortiments, der Kapazitäten und strategischen Partnerschaften vorzubereiten. Die Anfertigung beziehungsweise Leistung individualisierter Produkte setzt zwingend die Erhebung personenbezogener Daten voraus. Tendenziell ist die Anzahl und Aussagekraft dieser Daten umso größer, je höher der Grad der Indi-

---

[365] Google verfügt seit April 2004 mit G-mail (https://gmail.google.com/) über einen eigenen Mail-Dienst.

[366] http://www.blogger.com/start.

[367] Zuerst wurde ein derartiger Algorithmus von Jon Kleinberg entwickelt, vgl. http://www.cs.cornell.edu/home/kleinber/ (Cornell University, New York), siehe Will Knight, NewScientist.com vom 18.2.2003, abrufbar unter http://www.newscientist.com/news/print.jsp?id=ns99993405.

[368] Sherman, Searchenginewatch, 18.2. 2003, abrufbar unter http://searchenginewatch.com/searchday/article.php/2161891.

[369] PCtipp, Meldung vom 7.4.2004, abrufbar unter http://www.pctipp.ch/webnews/wn/27088.asp.

[370] Siehe hierzu Grimm, in: Roßnagel/Banzhaf/Grimm (2003), 79 ff.

[371] Baltes (2001), 27f.

[372] Die Nonprofit-Organisation ISAC (Institute for the Study of Accelerating Change, www.accelerating.org) in Kalifornien untersucht explizit das Phänomen der sich stets beschleunigenden Technologieentwicklung.

vidualisierung ist. Besonders hoch ist das Datenaufkommen bei der Nutzung individualisierender (adaptiver) Produkte und der Inanspruchnahme individualisierter Dienstleistungen, da hier nicht nur punktuell Daten anfallen, sondern Daten konstant in einem fließenden Prozess erhoben und verarbeitet werden.

Nicht unerwähnt bleiben soll hier, dass es für die Betroffenen auch durchaus von Vorteil sein kann, wenn Unternehmen mehr und besser aufbereitetes Wissen über sie haben. Lästige Werbung kann eliminiert, die Suche nach geeigneten Produkten kann erleichtert werden. Das oft mühsame Ausfüllen von Formularen kann auf ein Minimum reduziert werden und die Wünsche der Kunden müssen unter Umständen nicht mehrmals in Gesprächen oder durch sonstige Korrespondenz herausgefunden und geklärt werden. Bei einem effektiven und intelligenten Einsatz von Datenverarbeitungsmethoden können Verhältnisse geschaffen werden, wie sie vielleicht mit der Situation in kleinen Städten vor fünfzig Jahren vergleichbar sind: Der Produktanbieter kennt seine Kunden genau, weiß um ihre jeweiligen Lebenssituationen, Wünsche und Bedürfnisse genau Bescheid und kann hierauf mit Fingerspitzengefühl so reagieren, dass sich die Kunden bei ihm gut aufgehoben und betreut fühlen. Hinzu kommt, dass adaptive und individualisierte Waren und Dienstleistungen geeignet sind, wesentliche Beiträge zur Verwirklichung der informationellen Selbstbestimmung und damit der Persönlichkeitsentfaltung ihrer Nutzer zu liefern, sich also nicht nur grundrechtskonform, sondern sogar grundrechtsunterstützend und -fördernd darzustellen. So können Technologien, die zum Beispiel in Privacy-Management-Systemen eingesetzt werden, eine wertvolle Unterstützung dabei sein, die Datenweitergabe an bestimmte Kommunikationspartner nach vorher selbst definierten Prämissen maßgeschneidert zu steuern. Solche positiven Entwicklungen setzen jedoch voraus, dass die vier oben dargestellten Gestaltungsziele des Datenschutzrechts (Entscheidungsfreiheit, Transparenz, Datenvermeidung und Datensicherheit) eingehalten werden.

Im Folgenden soll untersucht werden, wie Techniken und Methoden gestaltet sein müssen, um den rechtlichen Anforderungen zu entsprechen. Dies setzt voraus, dass Klarheit hinsichtlich der potenziellen Problembereiche beim Einsatz dieser Techniken und Methoden besteht. Daher wird nachfolgend ein Überblick darüber gegeben, inwiefern der Trend der Individualisierung eine Gefahr für die Grundrechte, insbesondere die informationelle Selbstbestimmung darstellen kann. Hierbei wird nacheinander auf die im Kontext der Individualisierung zum Einsatz kommenden, datenschutzrechtlich besonders relevanten Verarbeitungstechniken Data Warehousing, Data Mining, On-Line Analytical Processing, Profilbildung und Scoring eingegangen. Eine kurze Erläuterung zur Bedeutung dieser Techniken und Methoden wird jeweils kurz vorangestellt.

Hierbei kommt es hinsichtlich der Grundrechtsgefährdungen durch die einzelnen Techniken zu Überschneidungen, da diese aufeinander aufbauen und teilweise in Kombination angewendet werden.

4.1 Data Warehousing

Bei Unternehmen fallen in alltäglichen Geschäftsprozessen an den unterschiedlichsten Stellen Daten an, zum Beispiel in den Abteilungen Vertrieb, Forderungsmanagement, Buchhaltung und Marktforschung. Diese Daten werden in so genannten operativen Datenbanken geführt.[373] Dort sind sie zwar wichtig und wertvoll für die Verwendung in der jeweiligen Abteilung, sie sind jedoch für das Gesamtunternehmen darüber hinaus nicht von weiterem Nutzen. Um die Datenmassen nutzbar zu machen, müssen die enthaltenen Daten verknüpft sowie praxisorientiert und benutzerfreundlich abrufbar sein. Das heißt, um über die einzelnen operativen Funktionen hinaus Aussagen machen zu können, müssen Daten in einer bestimmten Organisationsform vorliegen, die einen Zugriff nach Art eines gut sortierten, einheitlich strukturierten Warenlagers (engl. warehouse) erlaubt.[374]

Ein Data Warehouse sammelt als zentraler Speicher personenbezogene Daten, die daraufhin mit Hilfe von Data Mining-Instrumenten analysiert und genutzt werden können.[375] Unter einem Data Warehouse versteht man ein Konzept zum Aufbau einer subjektorientierten, konsistenten, zeitbezogenen und beständigen Datenbasis für vielfältige Anwendungen in Unternehmen, insbesondere zur Unterstützung der analytischen Aufgaben von Fach- oder Führungskräften sowie zu Zwecken des Marketings.[376] Data Warehouses können unternehmensbezogen oder konzernbezogen (innerhalb des Konzerns also unternehmensübergreifend) angelegt sein, auch die gemeinsame Nutzung von Data Warehouses durch mehrere, nicht zusammengehörende Unternehmen innerhalb einer strategischen Partnerschaft ist möglich und kommt vor, zum Beispiel bei Kundenbindungsprogrammen wie Payback, Happy Digits und Air Miles-Vielfliegerprogrammen.

Data Warehouses werden typischerweise von den operativen[377] Datenverar-

---

[373] Büllesbach, CR 2000, 11 (12); Scholz, in: Roßnagel (2003), 9.2, 11 ff.

[374] Büllesbach, CR 2000, 11 (12); Scholz, in: Roßnagel (2003), 9.2, 3.

[375] Taeger, K&R 2003, 220.

[376] Insgesamt zum Data Warehousing vgl. Scholz, in: Roßnagel (2003), 9.2, 34 ff.; Frosch-Wilke, DuD 2003, 597.

[377] Operative Informationssysteme sind im Gegensatz zu Data Warehouses überwiegend

beitungsvorgängen im Tagesgeschäft abgekoppelt betrieben. Während die operativen Informationssysteme funktional ausgerichtet sind, gehen Data Warehouse-Konzepte von den betriebswirtschaftlichen Subjekten oder Themen aus, wie zum Beispiel Kunden, Produkten oder Umsätzen. Die Daten werden meistens multidimensional modelliert, wodurch die Darstellung von Zusammenhängen über mehrere funktionale Einheiten (Abteilungen) eines Unternehmens möglich wird. In operativen Informationssystemen (Finanzbuchhaltung, Kostenrechnung) werden Daten möglichst tages- oder sogar zugriffsaktuell vorgehalten. Anders bei Data Warehouse-Systemen: Dort ist typischerweise lediglich eine zeitpunktbezogene Korrektheit der Daten gegeben, wobei der Zeitpunkt abhängig ist vom Datum des letzten Datenimports beziehungsweise der letzten Synchronisierung mit den angeschlossenen (operativen) Systemen. Diese – im Vergleich zu den operativen Informationssystemen – geringere Aktualität der Daten erklärt sich aus dem Zweck von Data Warehouses, eine Analyse von Zeitreihen über einen mittleren oder längeren Zeitraum zu ermöglichen, zum Beispiel in Form von Wochen-, Monats- oder Quartalsbetrachtungen. In operativen Systemen werden Daten permanent eingefügt, verändert oder gelöscht. Demgegenüber ist bei Data Warehouses lediglich der Import von Daten sowie das Abrufen von vorgehaltenen Daten möglich.

Nach der Konzeption des Data Warehousing sollen Daten aus einer Vielzahl heterogener operativer Datensysteme und gegebenenfalls auch aus externen[378] Datenquellen systematisch nach Relevanz selektiert, transformiert und für Zwecke der Entscheidungsunterstützung vorgehalten werden.[379] Der charakteristische Bestandteil von Data Warehouses sind Metadaten,[380] die die Voraussetzung für die weitere elektronische Verarbeitung und Nutzung der gespeicherten Daten bilden. Erst die Verknüpfung mit Metadaten ermöglicht den Nutzern des Data Warehouses den Zugriff auf bestimmte Daten. Die Metadaten steuern gleichzeitig auch den gesamten informationstechnischen Ablauf des Data Warehouses.

---

funktional ausgerichtet, zum Beispiel in den Abteilungen Beschaffung (Procurement) oder Rechnungswesen (Accounting beziehungsweise Controlling).

[378] Typischerweise werden in einem Data Warehouse interne und externe Daten in einen einheitlichen und konsistenten Datenbestand überführt. Erforderlich dafür ist eine logische Integration der Daten, die in der Regel mit einer Vereinheitlichung verbunden ist. Die physische Zentralisation der Daten in einem einzigen Datenpool ist nicht zwingend erforderlich, vgl. Frosch-Wilke, DuD 2003, 597 (598).

[379] Frosch-Wilke, DuD 2003, 597.

[380] Metadaten sind Daten, die der Beschreibung (Struktur, Datentyp, Wertebereich, Semantik u.a) anderer Daten dienen, vgl. Aebi (1996), 34. Metadaten sind also „Daten über Daten". So sind beispielsweise Titel, Thema, Autor und die Dokumentengröße Metadaten eines Dokumentes, vgl. Gates (1999), 123.

Mit dem Data Warehousing und dem Data Mining stellen sich Unternehmen darauf ein, Informationen über Kunden zu sammeln und nach beliebigen Kriterien für spätere Aktivitäten einzusetzen.[381] Eine datenschutzrechtliche Problematik beim Data Warehousing ergibt sich, wenn Daten ohne konkreten Bezug zu einem identifizierten und designierten Zweck gespeichert werden. Eine solche Datenspeicherung „auf Vorrat" ist datenschutzrechtlich grundsätzlich bedenklich. Unternehmen bevorraten typischerweise[382] Daten ohne tatsächlichen konkreten Zweck in Data Warehouses, wobei sie sich oft pauschal auf relativ unspezifische Zwecke wie die Verwendung im Rahmen von Marketingmaßnahmen oder Kundenbindungsprogrammen berufen. Data Warehousing-Konzepte führen bei den Unternehmen zu umfangreichen Datensammlungen über die Konsumenten.[383] Ohne primäre und unmittelbare Notwendigkeit werden von Unternehmen also Datenzentralen aufgebaut, die personenscharfe Informationen über das Verhalten einer großen Anzahl von Betroffenen enthalten.[384]

Diese vielfach beobachtete Praxis scheint auf den ersten Blick mit dem Grundrecht auf informationelle Selbstbestimmung in der vom Bundesverfassungsgericht im Volkszählungsurteil beschrieben Form unvereinbar zu sein. In der dortigen Entscheidung stellt das Gericht fest, dass die Sammlung nicht anonymisierter Daten auf Vorrat zu unbestimmten oder noch nicht bestimmbaren Zwecken nicht mit dem Recht auf informationelle Selbstbestimmung vereinbar ist.[385] Die Bindung jeder Datenverarbeitung an einen bestimmten Zweck stellt daher ein zentrales Prinzip des Datenschutzrechts dar.[386] Nur die Einhaltung dieser Zweckbindung ermöglicht es den Betroffenen, sich ein verlässliches Bild über die Folgen der automatisierten Datenverarbeitung zu verschaffen.[387] Nur sie vermag die Ausübung der Selbstbestimmung des einzelnen Betroffenen sicherzustellen, denn wenn der Betroffene zum Beispiel vor der Entscheidung steht, ob er eine Einwilligung in eine Datenverarbeitung erteilen will oder

---

[381] Büllesbach, CR 2000, 11; Bizer (1997), 95.

[382] Vgl. Möller, DuD 1998, 555 ff.; ebenso: Petri, DuD 2003, 609: „Das Wesen des Data Warehouses liegt in einer systematisch angelegten Datenvorratswirtschaft. Eine solche Sammlung personenbezogener Daten auf Vorrat wird heute in nahezu allen Bereichen des Wirtschaftslebens betrieben, wobei damit zumeist Stichworte wie Marketing oder Kundenbindungsprogramme assoziiert werden."

[383] Scholz, in: Roßnagel (2003), 1845.

[384] Ein Beispiel für zentralisierte, unternehmens- und konzernübergreifende Konsumentendatenbanken sind die seit ca. 2002 sich immer mehr durchsetzenden Kundenbindungssysteme (Payback, Happy Digits, Webmiles usw.).

[385] BVerfGE 65, 1, (46).

[386] Petri, DuD 2003, 609.

[387] Vgl. BVerfGE 65, 1 (45); Simitis, in: Simitis (2003), Einl., Rn. 35f.

nicht, muss er wissen, welche Zwecke die erhebende Stelle hiermit verfolgt, um einschätzen zu können, ob er seine Daten freigibt oder nicht.

Eine genaue Festlegung zu der Frage, wie bestimmt der jeweilige Zweck der Datenverarbeitung sein muss, trifft das Bundesverfassungsgericht nicht. Eine Festlegung ergibt sich auch nicht aus dem Bundesdatenschutzgesetz oder bereichsspezifischen Datenschutzregelungen. Einerseits kann die pauschale Berufung auf „Zwecke des Marketing" oder „Zwecke der Kundengewinnung und -bindung" nicht ausreichen, um die Datenverarbeitung zu legitimieren. Andererseits darf nicht erwartet werden, dass zum Erhebungszeitpunkt auch die letzte Einzelheit jeder zukünftigen Datenverwendung bereits feststeht. Das Bundesverfassungsgericht wollte erreichen, dass sich der durchschnittliche Betroffene vom Umfang und der Bedeutung der zukünftigen Datenverarbeitung und -verwendung ein Bild machen kann.[388] Im Volkszählungsurteil hat das Bundesverfassungsgericht in Form von Extrembeschreibungen aufgezeigt, welche Formen der Datenverarbeitung jedenfalls unzulässig sind. Dies bedeutet jedoch gerade nicht, dass jede Datenspeicherung, deren Zweck nicht bei Datenerhebung bis ins kleinste Detail ausdefiniert ist, unzulässig ist. Im Volkszählungsurteil wird verlangt, dass der Betroffene sich bei der Datenerhebung ein verlässliches Bild über die Folgen der automatisierten Datenverarbeitung verschaffen können muss. Dies bedeutet, dass der Zweck der Datenerhebung so konkret bezeichnet und kommuniziert sein muss, dass der Betroffene ihn erfassen und verstehen kann, ohne im nachhinein überrascht zu sein, zu welchen Zwecken und mit welchen Auswirkungen seine Daten letztlich benutzt worden sind. Mithin muss für den jeweiligen Betroffenen in der konkreten Situation der Datenerhebung bereits erkennbar sein, welche Konsequenzen sich aus der Datenverwendung für ihn ergeben können. Der von der verantwortlichen Stelle mit der Datenerhebung verfolgte Zweck muss sich im Rahmen dieser Erwartungen des Betroffenen halten. Diese Erwartungen unterliegen jedoch einem Wandel im Verlauf der Zeit. Die Bestimmung dessen, was für den Betroffenen als noch zum Zweck der Datenverarbeitung gehörig angesehen werden kann und was nicht, ist von Fall zu Fall zu bestimmen.

Eine generelle Unzulässigkeit von Data Warehouses per se kann nicht erkannt werden. Es kommt darauf an, wie mit den Daten verfahren wird, die gespeichert werden, wie intensiv die Betroffenen bei Datenerhebung über die Speicherung und Verarbeitung der anfallenden Daten informiert wurden und zu welchen Zwecken die Daten letztlich eingesetzt werden. Weiterhin macht es für die Frage der Zulässigkeit der Data Warehouses einen Unterschied, aus

---

[388] Vgl. BVerfGE 65, 1 (45).

118

wie vielen unterschiedlichen Datenquellen Daten zusammengetragen werden. Handelt es sich lediglich um Daten, die bei der Nutzung der Dienste beziehungsweise beim Erwerb von Produkten des betroffenen Unternehmens anfallen, spricht dies grundsätzlich für eine Zulässigkeit. Es ist schließlich auch interessengerecht, wenn das Unternehmen, um dessen Dienstleistung oder Waren es geht, Datensammlungen über deren Nutzung führen darf. Außerdem kommt dies unter Umständen auch den betroffenen Kunden zugute, die bei Gewährleistungs- oder Wartungsansprüchen von einem verbesserten Service profitieren können, je mehr das Unternehmen bereits über die bei Ihnen befindlichen Produkte weiß. Den Kunden wird die mühsame mehrmalige Schilderung ihrer Probleme abgenommen, wenn bestimmte Daten beim Unternehmen in abrufbarer Form zum Beispiel beim Call Center vorgehalten werden. Auch profitiert der Kunde davon, dass zukünftige Wartungen oder Folgeangebote personalisiert angeboten werden können, dies umso mehr, je aufwändiger und komplexer die Produkte sind, um die es geht. Kritischer dürfte die Zulässigkeit von Data Warehouses zu bewerten sein, wenn Daten nicht nur aus dem Kontakt mit dem betroffenen Unternehmen gesammelt werden, sondern konzernweit oder sogar unternehmens- und konzernübergreifend Daten zusammengetragen und womöglich noch mit öffentlichen Datensammlungen abgeglichen werden. Hier ist für den Betroffenen letztlich nicht mehr überschaubar, welche Schlüsse aus den Daten, die er preisgibt gezogen werden können, vor allem wenn diese in Kombination zu den Daten aus anderen Datenbeständen zu neuen Aussagen verknüpft werden. Durch geeignete organisatorische Maßnahmen[389] sowie eine Zwecksicherung und -überwachung ist seitens der verantwortlichen Stelle außerdem sicherzustellen, dass sich ihre Mitarbeiter auch innerhalb dieses möglichst eng begrenzten Zwecks halten.

Obwohl Grundrechte unmittelbar nur im Verhältnis Staat – Bürger gelten, ist anerkannt, dass sie auch in Privatrechtsverhältnissen Wirkung entfalten,[390] denn der Staat hat sich schützend vor die Grundrechte der Einzelnen zu stellen.[391] Öffentliche Stellen sind daher aufgefordert, die Verwirklichung von Grundrechten auch im nicht-öffentlichen Bereich zu ermöglichen und zu för-

---

[389] Zum Beispiel durch intelligente Zugangsbeschränkungen zu den unternehmensinternen Datenbanken abhängig von den Situationen, in denen die jeweiligen Daten erhoben wurden, sowie geeignete Sperren, die eine Datenweitergabe innerhalb und erst recht außerhalb des Konzerns verhindern.

[390] Vergleiche zum staatlichen Schutz vor privater Datenverarbeitung bereits oben Teil C 2.1.3.

[391] Vgl. BVerfGE 49, 89 (132); in dieser Entscheidung formuliert das Gericht: „Es ist Aufgabe staatlicher Organe, alle Anstrengungen zu unternehmen, um mögliche Gefahren [für die Grundrechte] frühzeitig zu erkennen und ihnen mit den erforderlichen verfassungsmäßigen Mitteln zu begegnen".

dern. Aufgrund der mittelbaren Drittwirkung[392] von Grundrechten gilt das grundsätzliche Verbot der Vorratsdatenspeicherung somit auch für das Verhältnis von Privaten untereinander.[393]

Im Übrigen ergeben sich datenschutzrechtliche Bedenken des Data Warehousing vor allem in Kombination mit dem Data Mining, der Profilbildung und dem Scoring. Diese Techniken setzen allesamt auf dem Bestehen von Data Warehouses auf. Die sich aus Kombinationen des Data Warehousing mit anderen im Kontext der Individualisierung verwendeten Verarbeitungstechniken ergebenden datenschutzrechtlichen Bedenken werden in den jeweiligen nachfolgenden Unterkapiteln behandelt.

4.2 Data Mining

Der Begriff Data Mining lässt sich sinngemäß übersetzen mit „Zutagebringen von Informationen aus großen Datenmengen", wörtlich übersetzt bedeutet der Begriff „Daten-Bergbau". Data Mining ist ein wesentlicher Bestandteil des Prozesses des so genannten „Knowledge Discovery in Databases (KDD)".[394] Mit Hilfe des Data Mining werden die in Datensammlungen vorliegenden und oft unüberschaubar großen Datenmengen nutzerfreundlich aufbereitet. Es sollen also auf der Basis vorhandener Data Warehouses neue Wissenszusammenhänge generiert werden.[395] Ein treffenderer Begriff als Data Mining wäre Information Mining[396], denn schließlich geht es nicht um das Zutagefördern neuer Daten, sondern um das Finden relevanter Informationen in vorhandenen

---

[392] Allgemein zur Drittwirkung von Grundrechten vgl. BVerfGE 7, 198 („Lüth-Urteil").

[393] Vgl. Wittig, RDV 2000, 59, (61).

[394] KDD ist eine interdisziplinäre Forschungsrichtung, die sich im Wesentlichen mit den Gebieten des maschinellen Lernens und der statistischen Datenanalyse sowie der parallelen und verteilten Verarbeitung stützt, vgl. Frosch-Wilke, DuD 2003, 597 (602).

[395] Zum Data Mining insgesamt Scholz, in: Roßnagel (2003), 9.2, 27 ff.; ebenso: Büllesbach, CR 2000, 11 (12).

[396] Der Begriff „Daten" soll hier wie folgt verstanden werden: Daten sind jegliche Angaben über Sachen oder Personen, unabhängig davon, ob die Angaben für den Empfänger etwas bedeuten oder bei ihm eine Reaktion jeglicher Art auslösen. Der Begriff „Information" hingegen ist spezieller: Nur ein mit einer Wertung verbundenes Datum, das in den Kontext des jeweiligen Nutzers einstellbar ist, ist eine Information. Dies bedeutet, dass Daten für den einen Datennutzer Informationen enthalten können, für den anderen jedoch nicht. Ob ein Datum zugleich eine Information ist oder enthält, kann erst gesagt werden, wenn das Datum gesichtet und in Bezug gebracht worden ist. Beim Data Mining geht es gerade um das In-Bezug-Bringen von Daten, um in den zunächst bedeutungsneutralen Daten verborgene Informationen zu finden. Demnach wäre der Begriff Information Mining treffender.

Datenmengen.[397] Bei der Datenanalyse durch Data Mining sollen Regelmäßigkeiten, Muster und Auffälligkeiten in Datenbeständen gefunden werden. Hierbei werden je nach Zielrichtung der Suche verschiedene Methoden und Verfahren eingesetzt.[398] Charakteristisch beim Data Mining ist, dass durch die Aufbereitung und Verdichtung einzelner personenbezogener Informationen bisher nicht vorhandene und vor allem weitergehende Meta-Daten über die Person des Betroffenen gewonnen werden können.

Zur Veranschaulichung der Möglichkeiten des Data-Mining sei an dieser Stelle auf eine innovative und erfolgreiche Anwendung dieser Technik hingewiesen. Nach dem Niedergang des amerikanischen Energiekonzerns Enron wurden, um Hintergründe und Ursachen des Skandals zu erforschen, 517.431 E-Mails von 150 Ex-Mitarbeitern, hauptsächlich aus dem Management, von der Federal Energy Regulatory Commission (FERC), die den Fall untersuchte, im Internet veröffentlicht. Verschiedene Forschergruppen analysierten die riesige Datenmenge mittels Data-Mining-Werkzeugen mit beachtlichem Erfolg. Aus der Vielzahl der Informationen ergaben sich Hinweise auf die Drahtzieher der skandalösen Machenschaften und über die sozialen Netzwerke innerhalb des Konzerns. Data-Mining-Anwendungen wird zugetraut, auch einen Beitrag zur Bekämpfung des internationalen Terrorismus leisten zu können, allerdings dürfte die Formulierung der Kriterien, nach denen die Datenmengen durchsucht werden, noch verbesserungsfähig sein.[399]

Data Mininig kann nicht per se als Grundrechtsgefährdung angesehen werden. Es kann zu den unterschiedlichsten Zwecken eingesetzt werden und hat viele unbedenkliche, hilfreiche und sinnvolle Anwendungsfelder. Als Instrument der Unternehmensentwicklung und Strategieausrichtung ist Data Mining

---

[397] So auch Hahn, DuD 2003, 605.

[398] *Clusterung* (Daten werden auf Basis eines Ähnlichkeitsmaßes zusammengefasst, um zum Beispiel eine Kundensegmentierung für Marketingzwecke zu ermöglichen); *Klassifikation* (Daten werden vorgegebenen Klassen zugeordnet, zum Beispiel können Kunden in Bonitätsklassen eingestuft werden); *Abhängigkeitsdeckung* (Zusammenhänge zwischen unterschiedlichen Merkmalsausprägungen von Daten werden entdeckt, zum Beispiel bei Warenkorbanalyse im Handel; *Ursache-Wirkungszusammenhang-Erkennung* (Ursache-Wirkungszusammenhänge zwischen einzelnen Merkmalen einer Datenbasis werden erkannt, zum Beispiel bei Interpretation von Aktienkurs-Verläufen auf internationalen Kapitalmärkten); *Visuelle Datenexploration* (durch Visualisierungstechniken werden Daten grafisch für Menschen sichtbar dargestellt, Menschen können so visuell Beziehungen in den abgebildeten Daten erkennen); hinzu kommen noch die Methoden der *Clusteranalyse* und der *Künstlichen neuronalen Netze*, die vergleichsweise komplex sind und in mehreren Spielarten eingesetzt werden; vgl. Frosch-Wilke, DuD 2003, 597 (602 ff.).

[399] Die diesbezüglichen Studien zweier Forschergruppen sind abrufbar unter http://www.cs.queensu.ca/TechReports/Reports/2005-498.pdf (Keila/Skillicorn, Juni 2005, Ontario/Kanada) sowie unter http://jheer.org/enron/v1/ (Marti Hearst, Herbst 2004).

heute aus den Führungsetagen und Entscheidungsgremien der Wirtschaftsunternehmen nicht mehr wegzudenken. Bei Beachtung der Anforderungen, die sich durch das Grundrecht auf informationelle Selbstbestimmung ergeben, kann Data Mining auch in der Interaktion mit Konsumenten für die Interessen beider Seiten förderlich sein.

Besonders hinzuweisen ist hier auf die Möglichkeit, das Data Mining so zu gestalten, dass die personenbezogenen Daten in anonymer oder pseudonymer Form verarbeitet werden. Durch die Anonymisierung und Pseudonymisierung von Daten lässt sich die Gefahr für die informationelle Selbstbestimmung erheblich reduzieren. Die von Unternehmen verfolgten Zwecke lassen sich vielfach auch mit derartig „entschärften" Daten erreichen. Der Anonymisierung und Pseudonymisierung sind eigene Unterkapitel in den nachfolgenden Teilen dieser Arbeit gewidmet.[400] Hier sollen hingegen die grundrechtlichen Probleme, die sich potenziell aus dem Data Mining ergeben, dargestellt werden.

Eine Gefahr für das Grundrecht auf informationelle Selbstbestimmung ergibt sich beim Data Mining vor allem aus der Tatsache, dass ursprünglich verteilte Informationen zusammengeführt werden können. Die Technik des Data Mining macht es zum Beispiel möglich, auf Knopfdruck Daten über eine Person zusammenzuführen, die an den entlegendsten Erdteilen in den unterschiedlichsten Lebenssituationen erhoben worden sind. Diese Daten können selbstverständlich auch Informationen jeglicher Art enthalten, die zu der jeweiligen Situation, in der sie abgerufen werden, keinerlei Bezug haben. In der Kommunikation des Einzelnen mit Unternehmen haben diese daher oft einen unüberwindbaren Wissensvorsprung durch die Zugriffsmöglichkeiten auf riesige Datenmengen. In den Tiefen dieser Datenmengen können sich auch unangenehme oder zumindest unvorteilhafte Details finden, die in der Lage sind, Entscheidungen von Unternehmensmitarbeitern negativ zu beeinflussen, obwohl sie für den Zweck des in Frage stehenden Rechtsverhältnisses völlig irrelevant sind. Denkbar sind etwa Fälle, in denen Data Mining-Maßnahmen mit Bewerberdaten durchgeführt werden. Für Bewerber kann dies unter Umständen die unangenehme Folge haben, dass Details über frühere Arbeitsverhältnisse oder auch aus dem Privatbereich ans Licht gebracht werden, die möglicherweise dazu führen, dass ihnen die Einstellung verwehrt wird.

Dem Einzelnen wird es somit unmöglich gemacht, bestimmte Informationen, zu deren Preisgabe er rechtlich in der jeweiligen Situation nicht verpflichtet ist, unter Verschluss zu halten. Er wird sozusagen des Mantels der Anonymität,

---

[400] Siehe Teil E 1.

der bei einem ersten Geschäftskontakt vor dem Zeitalter der Digitalisierung und Vernetzung bestand, beraubt. Der Einzelne kann unter Umständen die Rolle, die er gerade annehmen will, nicht spielen, weil er aufgrund des Wissensvorsprungs des jeweiligen Unternehmens sofort enttarnt wird. Die Möglichkeit, in unterschiedlichen Lebenssituationen unterschiedliche Rollen anzunehmen, soll jedoch gerade vom Grundrecht auf informationelle Selbstbestimmung gewährt werden.[401] Bereits in einer früheren Entscheidung[402] zum allgemeinen Persönlichkeitsrecht hatte das Bundesverfassungsgericht bestimmt: „Der Einzelne soll ... selbst entscheiden können, wie er sich Dritten oder der Öffentlichkeit gegenüber darstellen will." Die Ausübung dieses Rechts kann jedoch durch die Techniken des Data Mining ganz erheblich erschwert werden.

Ferner birgt die bloße Möglichkeit, dass Daten weltweit vernetzt und zusammengeführt werden, die Gefahr, dass Einzelne aufgrund der Befürchtung zukünftiger negativer Folgen davon absehen, sich so zu verhalten, wie sie es ohne diese Möglichkeit tun würden. Wer sich auf Schritt und Tritt beobachtet fühlt und davon ausgehen muss, dass permanent Daten erhoben, gespeichert, später verknüpft und analysiert werden könnten, wird möglicherweise zur Vermeidung von negativen Folgen davon absehen, sich auf eine Weise zu verhalten, die aus seiner Sicht potenziell schädlich für spätere Kontakte mit Unternehmen ist. Data Mining kann daher eine Gefahr für die Verwirklichung der grundgesetzlich verbürgten Freiheitsrechte darstellen.

Das Bundesverfassungsgericht ist bereits in der Volkszählungsentscheidung auf die Gefahren der integrierten Informationssysteme und der Verknüpfung von Datensammlungen untereinander eingegangen.[403] Des Weiteren hat es herausgestellt, dass es bei der Bestimmung der Gefährdung der informationellen Selbstbestimmung nicht nur auf die Art der Daten ankomme, sondern ganz entscheidend auch auf ihre Nutzbarkeit und Verwendungsmöglichkeit. Diese hingen wiederum ab von den der Informationstechnologie eigenen Verarbeitungs- und Verknüpfungsmöglichkeiten. Dadurch könnten für sich gesehen belanglose Daten einen neuen Stellenwert bekommen.[404] Gerade das Data Mining bietet derartige Möglichkeiten der Datenverarbeitung und -verknüpfung. Durch die Verarbeitung großer Mengen von für sich genommen unwichtigen Daten können mittels mathematischer und informationstechnischer Verknüp-

---

[401] BVerfGE 65, 1 (43f.).
[402] BVerfGE 54, 148 (155f.).
[403] BVerfGE 65, 1 (42).
[404] BVerfGE 65, 1 (45).

fungsmethoden qualitativ verdichtete Informationen generiert werden, die eine viel höhere Aussagekraft haben als die bloße Summe der Daten.

Der Betroffene muss – und auch dies hat das Bundesverfassungsgericht bereits in der Volkszählungsentscheidung klargestellt – sich ein Bild darüber machen können, zu welchem Zweck die Daten bei ihm erhoben werden und welche Verknüpfungs- und Verwendungsmöglichkeiten bestehen.[405] Je nachdem, zu welchem Zweck Unternehmen Data Mining-Techniken einsetzen, haben sie daher sicherzustellen, dass die Betroffenen im Rahmen der Datenerhebung und -verarbeitung zugrunde liegenden Rechtsverhältnisses ausreichend informiert und gegebenenfalls auf Widerspruchsmöglichkeiten hingewiesen werden. Data Mining-Technologien werden vornehmlich zu Zwecken des Marketing und der Produktentwicklung eingesetzt. Diese Zwecke dürften außerhalb der individuellen Verträge zwischen den Betroffenen und den Datenverarbeitern liegen, sofern in diesem Verhältnis überhaupt Vertragsbeziehungen bestehen. Daher müsste die Datenverarbeitung mittels Data Mining regelmäßig per Einwilligung legitimiert werden. Da es für den Betroffenen nicht per se ersichtlich ist, dass seine Daten auf diese Weise verarbeitet werden, ist darauf zu achten, dass er hier ausreichend detailliert aufgeklärt und informiert wird.

4.3 On-Line Analytical Processing (OLAP)

OLAP wurde 1993 zur Verbesserung der Datenanalysemodelle entwickelt und wird heute oft als aliud oder auch als Weiterentwicklung des Data Mining bezeichnet. OLAP hat mit Data Mining gemein, dass es auf bestehende Daten in Data Warehouses zurückgreift und eine Analyse der dort gespeicherten Datenbasis ermöglicht. Die Ergebnisse dieser Analyse werden so präsentiert, dass sie für die menschliche Wahrnehmung besonders leicht zu erfassen sind, zum Beispiel mittels visueller Darstellungen.

Hinter dem Begriff OLAP verbirgt sich ein dynamischer und multidimensionaler Analyseansatz, der das Ziel hat, neue und bisher unentdeckte Beziehungen zwischen Daten und Variablen zu erkennen.[406] Um diese Ziele zu erreichen, werden multidimensionale Datengruppen[407] aus unterschiedlichen Perspektiven betrachtet. Darüber hinaus werden neue Datengruppen erstellt bezie-

---

[405] BVerfGE 65, 1 (45).
[406] Vgl. Codd (1993), White Paper.
[407] Frosch-Wilke nennt diese Gruppen „Datenwürfel", siehe DuD 2003, 597 (601f.); im englischen Sprachraum wird der Begriff OLAP Cube benutzt.

hungsweise automatisch generiert (zum Beispiel durch „What if"-Simulationen). Ferner wird ein Vergleich manipulierter Datenwürfel mit realen Datenwürfeln zur Ableitung von Prognosen und Trends möglich gemacht. Es gibt mittlerweile mehrere unterschiedliche OLAP-Modelle.[408] Dieser dynamische Geschäftsanalyseansatz steht im Gegensatz zu den bis 1993 statischen Analyseansätzen, die man sich als bloße Berichtsgeneratoren vorstellen kann. In diesen wurden nämlich lediglich einzelne Würfelzellen (zum Beispiel Ist- und Soll-Umsatz) verglichen, sie enthielten ferner keine Simulationskomponente. Während Data Mining für die hypothesenfreie Entdeckung von Meta-Informationen in Datenmengen eingesetzt wird, setzt OLAP stets Hypothesen voraus.[409]

OLAP wird meist zur Verarbeitung von Datengruppen (also zusammengefassten Daten einer Mehrzahl von Betroffenen) angewendet. Das heißt, personenbezogene Daten werden während des Einsatzes von OLAP nicht personenscharf verwendet. Aus datenschutzrechtlicher Sicht stellt OLAP für sich genommen daher keine Bedrohung dar, denn es fehlt an personenbezogenen Daten – schließlich werden bei OLAP keine Einzelangaben über identifizierte Personen verarbeitet, sondern zusammengefasste Angaben über Personengruppen. In Kombination mit den Methoden des Data Mining und der Profilbildung ergeben sich jedoch datenschutzrechtlich relevante Aspekte. Diese werden im Rahmen dieser Arbeit in den Unterkapiteln zu Data Mining (4.2) und Profilbildung (4.4) behandelt.

4.4 Profilbildung

Ein Profil ist ein Datensatz über eine Person, der umfassend Auskunft über ihre Persönlichkeit gibt.[410] Unter Profilbildung versteht man das Zusammenfüh-

---

[408] Man unterscheidet zwischen ROLAP, das auf eine relationale Datenbank zugreift und MOLAP (Multidimensionales OLAP). HOLAP (H: Hybrid) ist eine Zwischenform zwischen ROLAP und MOLAP. Jeder Typ hat seine Vor- und Nachteile. MOLAP kann schnell die Aggregationen berechnen, erzeugt dabei aber große Datenmengen. ROLAP benötigt den wenigsten Speicherplatz und skaliert besser, aber ist dafür langsamer als MOLAP. OLAP-Werkzeuge werden häufig durch Multidimensionalität charakterisiert. Durch diese Multidimensionalität sollen relevante betriebswirtschaftliche Kennzahlen (bspw. Umsatz- oder Kostengrößen) anhand unterschiedlicher Dimensionen (z. B. Kunden, Regionen, Zeit) mehrdimensional betrachtet und bewertet werden können. Zur bildlichen Darstellung werden Würfel verwendet (s. Fn. zuvor). Diese Würfel sind unterteilt in verschiedene Dimensionen, die wiederum in Elemente untergliedert sind.

[409] Vgl. allgemein zu OLAP: Bachmann, Vortrag, abrufbar unter http://olap.winf.ruhr-uni-bochum.de/

[410] Podlech, DVR 1972/73, 157. Nach dem schweizerischen Bundesgesetz über den Daten-

ren einer Vielzahl von einzelnen personenbezogenen Daten in Dateien mit dem Ziel, ein möglichst detailliertes, umfassendes und realitätsgetreues Bild der (Konsumenten)-Persönlichkeit einer Person zu erhalten.[411] So können beispielsweise räumliche Bewegungsmuster erstellt werden, auch sind lückenlose Dokumentationen über Tätigkeiten, Konsumverhalten, Kaufgewohnheiten, Präferenzen und Bedürfnisse technisch möglich, sofern der Betroffene digitale Medien und Zahlungsmittel benutzt oder sein Verhalten auf andere Weise digitale Spuren hinterlässt beziehungsweise durch Identifizierungstechniken elektronisch nachvollzogen werden kann.[412]

Im Persönlichkeitsprofil ist eine Vielzahl der einzelnen Daten in verknüpfter und mit Schlussfolgerungen versehener Form enthalten.[413] Die besondere Brisanz des Profils ergibt sich nicht aus der bloßen Datensumme, also der Datensammlung im Sinne eines unverbundenen Nebeneinanders von Einzelinformationen.[414] Vielmehr entsteht die besondere Grundrechtsgefährdung erst aufgrund der intelligenten automatisierten Kombination von Daten innerhalb der Datenstruktur und aus dem Bezug zu der jeweiligen Zielrichtung der Datenaufbereitung.[415] Regelmäßig werden Daten über einen längeren Zeitraum verknüpft, so dass sich auch in zeitlicher Hinsicht eine Entwicklung nachvollziehen lässt. Je größer die Menge und die zeitliche Differenz der in dem Profil zusammengeführten Daten, desto präziser und aussagekräftiger sind die aus ihm ableitbaren Informationen. Im Zeitalter der Globalisierung werden Profile

---

schutz vom 19.6.1992 ist ein Persönlichkeitsprofil eine „Zusammenstellung von Daten, die eine Beurteilung wesentlicher Aspekte der Persönlichkeit einer natürlichen Person erlauben." Allg. zum Begriff des Profils auch Bizer, in: Simitis (2003), § 3a, Rn. 18 ff., zur Profilbildung siehe Roßnagel/Pfitzmann/Garstka (2001), 117 ff.

[411] Wittig, RDV 2000, 59.

[412] Zur Gefahr der Profilbildung siehe bereits Roßnagel/Wedde/Hammer/Pordesch (1990), 221f.; Rasmussen, CR 2002, 37f.; Scholz (2003), 94 ff.

[413] Die Profilbildung ist als inhaltliche Umgestaltung, somit als „Datenänderung" und folglich als „Datenverarbeitung" im Sinne von § 3 Absatz 4 Satz 2 Nr. 2 BDSG zu qualifizieren, da die Gesamtinformation mehr ist als die Summe der Teilinformationen, vgl. Wittig, RDV 2000, 60; Dammann in Simitis (2003), § 3, Rn. 136; Rasmussen, RDV 2001, 36 (37f.).

[414] Vgl. BVerfGE 65, 1 (42). Aus dem Umstand, dass auch das belangloseste Datum in der seit der Digitalisierung technisch mögliche Verknüpfung mit anderen Daten eine ganz neuartige Dimension gewinnt, erklärt sich auch, warum hinsichtlich der modernen Datenverarbeitung nicht auf die „Sphärentheorie" zurückgegriffen wurde, nach der herkömmlicherweise bei Eingriffen in das allgemeine Persönlichkeitsrecht zwischen den verschiedenen Sphären um den Persönlichkeitskern herum differenziert wurde. Hierzu Wittig, RDV 2000, 59 (60) ebenso: Hufen, JZ 1984, 1072 (1073 ff.). Die Sphärentheorie versucht, verschiedene Persönlichkeitsrechts-Sphären voneinander abzugrenzen, die in unterschiedlichem Maße schutzbedürftig sind, etwa nach Hubmann (1967), 269f: Individualsphäre – Privatsphäre – Geheimsphäre; oder nach Seidel (1972), 65: Öffentlichkeitssphäre – Sozialsphäre – Vertrauenssphäre - Geheimsphäre – Intimsphäre.

[415] Vgl. Scholz (2003), 96, 100.

auch immer öfter über Unternehmensgrenzen hinweg gebildet, indem die in den einzelnen konzernzugehörigen Unternehmen vorhandenen Daten zusammengeführt werden. Durch Mergers und Acquisitions kann es also dazu kommen, dass zwei oder mehr Unternehmen, mit denen Betroffene Geschäftsbeziehungen unterhielten, vereint werden und dass auch die jeweils vorhandenen Datensätze abgeglichen und in Profilen zusammengefasst werden.

Auch Persönlichkeitsprofile sind nicht per se als Gefahr für die informationelle Selbstbestimmung zu sehen. Es gibt eine große Bandbreite an Ausgestaltungsmöglichkeiten mit einer Vielzahl von verschiedenen Techniken und Organisationsformen, die bei der Profilbildung eingesetzt werden können. Grundsätzlich können Profile Vorteile sowohl für Unternehmen als auch Konsumenten bringen. Profile können die Persönlichkeitsentfaltung des Einzelnen unterstützen, wenn sie zum Beispiel im Rahmen von Kommunikations- oder Privacy-Management-Systemen eingesetzt werden. Ferner ist die Profilbildung Grundvoraussetzung für bestimmte individualisierte Dienstleistungen, die von Konsumenten in Anspruch genommen werden, um ihren persönlichen Interessen und Bedürfnissen besser nachgehen zu können. Diese Systeme weisen die Konsumenten ihren eigenen Einstellungen entsprechend automatisiert auf Angebote oder sonstige für sie relevante Aspekte hin, die im Alltagsleben ansonsten als unüberschaubarer Datenstrom an ihnen vorbeilaufen würden. Festzuhalten ist hier also, dass Profile aus grundrechtlicher Sicht nicht zwingend ein Problem darstellen müssen. Unproblematisch sind Profile insbesondere dann, wenn die Verfügungsbefugnis über sie bei den Betroffenen selbst liegt und auch verbleibt, so dass nur sie darüber entscheiden können, wer in welchem Umfang auf die Profile zugreifen kann, ob und wie sie fortentwickelt und verändert werden und unter welchen Umständen sie gelöscht werden können. Nachfolgend soll jedoch kurz auf die potenziellen Gefahren eingegangen werden, die mit der Profilbildung verbunden sind.

Die Erstellung von Konsumentenprofilen ist in mehrerlei Hinsichten problematisch: Profile stellen eine Gefahr für die Privat- und Intimsphäre dar, denn mit ihnen ist die Gefahr von Manipulationen hinsichtlich der eigenen Willensbildung der Betroffenen ebenso verbunden wie die Gefahr des Missbrauchs der Profildaten; problematisch ist ferner, dass Profile oft unbemerkt im Hintergrund, aus Sicht des Betroffenen also „heimlich" und unfreiwillig,[416] angefertigt

---

[416] Im Internet werden mit Hilfe einer Vielzahl nicht-reaktiver Erhebungsverfahren wie zum Beispiel Web Bugs oder auch Packet-Sniffing-Technologien Daten über Anfragen „unfreiwillig" erhoben, da ihre Anwendung technisch auch ohne Zustimmung des Nachfragers möglich ist; siehe dazu insgesamt Grimm, in: Roßnagel/Banzhaf/Grimm (2003), 55 ff., ins-

werden und dass es gegen die Erstellung der Profile bislang keine adäquaten Schutzmöglichkeiten gibt.[417]

Mit dem Einsatz von Verfahren zur Profilbildung ist die Gefahr verbunden, dass Kunden in ihrer freien Willensbildung und -ausübung gestört werden.[418] Denn wenn erst einmal die hinter der Gesamtheit der verarbeiteten Daten stehenden Eigenheiten, Präferenzen und Interessen der Kunden abgeleitet sind, ist ein sehr gezieltes, manipulatives Marketing möglich. Der Einsatz maßgeschneiderter Marketingmaßnahmen verstärkt vorhandene und verborgene Wünsche des Kunden und kann dazu führen, dass Verträge abgeschlossen werden, zu denen es ohne die Beeinflussung nicht, jedenfalls aber nicht zu den spezifischen Bedingungen, gekommen wäre.[419] Unternehmen wissen manchmal mehr über ihre Kunden als diese über sich selbst, zumindest ist denkbar, dass ihnen die hinter den Handlungen[420] der Kunden stehenden Bedürfnisse und Motivationen augenfälliger sind, als es bei den Kunden selbst der Fall ist. Vielfach werden Konsumenten es nicht einmal bemerken, dass Werbe- oder sonstige Maßnahmen von Unternehmen mit Hilfe von Profilen durchgeführt werden, welche aus ihren gespeicherten Konsumentendaten generiert wurden.

Das in Profilen aufbereitete Wissen kann beispielsweise dazu eingesetzt werden, den Betroffenen ein verzerrtes Bild der tatsächlich vorhandenen Angebotspalette zu vermitteln. Ist zum Beispiel bekannt, dass ein Konsument häufig hochwertige und teure Konsumgüter erwirbt, könnten ihm unter Anpreisung aller qualitativer und technischer Vorteile ausschließlich Angebote aus dem Premium-Sortimentsausschnitt unterbreitet werden, so dass der Kunde im Extremfall gar keine Kenntnis mehr von günstigeren, aber ebenfalls nach Qualitäts- und Leistungsmerkmalen für ihn akzeptablen Produkten mehr hat.[421] Desgleichen könnten Unternehmen Konsumenten genau zu solchen Zeitpunkten Werbung zu ihren privaten (dem Unternehmen aber bekannten) Interessen

---

besondere 71 ff.; vgl. Tröndle (1999), 717; Wiese (2000), 9. Im nicht web-basierten Verkehr bestehen hinsichtlich der Freiwilligkeit deshalb Bedenken, weil für die Nutzung vieler Angebote in ABGs enthaltene Einwilligungen der Betroffenen eingeholt werden, die zwar über die Datenverarbeitung aufklären, die Folgen derselben aber vom Betroffenen in der Situation der Unterzeichnung der Erklärung nicht absehbar sind. Vergleiche hierzu auch Grimm, in Roßnagel/Banzhaf/Grimm (2003), 79 ff.

[417] Vgl. Buxel, DuD 2001, 579 ff.

[418] Buxel, DuD 2001, 579 (581).

[419] Vgl. Scholz (2003), 100.

[420] Handlungen der Betroffenen sind in dem Sinne ersichtlich, als die personenbezogenen Daten das Verhalten der betroffenen Personen (im Extremfall lückenlos) dokumentieren.

[421] Vgl. Buxel, DuD 2001, 579 (581).

zukommen lassen, zu denen sie über einen Erhebungszeitraum hinweg relativ überdurchschnittliche Ausgaben machen, zum Beispiel jeweils zum Monatsanfang oder zum 15. eines Monats. Auch eine Abstimmung der Werbung auf berufliche oder familiäre Lebensumstände ist möglich.[422]

Vor allem bei unternehmensübergreifender Profilbildung und der Einbeziehung von Daten aus öffentlich zugänglichen Verzeichnissen sowie gegebenenfalls Auskunfteien ergibt sich eine erhebliche Gefahr für die informationelle Selbstbestimmung. Diese Gefahr liegt darin, dass Unternehmen aufgrund der Profilbildung von vornherein bereits einen hohen Wissensstand über den Einzelnen haben. Mit anderen Worten: Der Einzelne ist für das Unternehmen von Anfang an nicht lediglich Kunde X, ein „unbeschriebenes Blatt"; vielmehr existieren ab der ersten Namensnennung[423] mindestens so detaillierte Hintergrundinformationen über ihn, als habe er seit Jahren mit dem jeweiligen Unternehmen in einer geschäftlichen Beziehung gestanden.

Grundsätzlich muss es jedoch jedem selbst überlassen sein, wie er sich Dritten oder der Öffentlichkeit gegenüber in bestimmten Situationen darstellt. Nach der Rechtsprechung des Bundesverfassungsgerichts gilt: „Der Einzelne soll - ohne Beschränkung auf seine Privatsphäre - grundsätzlich selbst entscheiden können, wie er sich Dritten oder der Öffentlichkeit gegenüber darstellen will, ob und inwieweit von Dritten über seine Persönlichkeit verfügt werden kann."[424] Zusätzlich zu der aus Artikel 2 Absatz 1 GG abgeleiteten Garantie der eigenen Entscheidung über die Selbstdarstellung wird hier auch das sich aus der Menschenwürde ergebende Recht deutlich, als selbstverantwortliche und selbst bestimmte Persönlichkeit respektiert zu werden.[425] Wenn aber der Kommunikationspartner von vornherein umfassend informiert ist - wie es beim Vorliegen von Persönlichkeitsprofilen der Fall sein kann – wird dem Individuum die frei selbst bestimmte Außendarstellung unmöglich gemacht. Hinzu kommt noch die abstrakte Gefahr, dass derjenige, über den ein Persönlichkeitsprofil abrufbar existiert, sich genau so wenig sicher sein kann, was seinem Gegenüber bereits bekannt ist, wie derjenige, der das Vorliegen eines abrufbaren Persönlichkeitsprofils lediglich vermutet.

---

[422] Beispiele wären etwa Werbung für bestimmte Automobile für Pendler unter Hinweis auf Steuervorteile und km-Pauschalen; Werbung von Küchenherstellern für junge Familien oder Personen, die gerade mit Umzugsunternehmen Kontakt aufgenommen haben; Werbung über Steuersparmodelle oder Werbung bezüglich ganz bestimmter Flugverbindungen zwischen zwei Städten für Expatriots (ins Ausland entsandte Arbeitnehmer).

[423] Oder dem ersten sonstigen vom Individuum preisgegebenen und vom Unternehmen auslesbaren Anknüpfungspunkt für eine Identitätsbestimmung.

[424] BVerfGE 54, 148 (155f.).

[425] Roßnagel/Wedde/Hammer/Pordesch (1990), 206f.

Dem entsprechend hat das Bundesverfassungsgericht das Erstellen von umfassenden Persönlichkeitsprofilen als absolute Grenze der Datenverarbeitung
bezeichnet.[426] Mit der Menschenwürde und dem Recht auf informationelle
Selbstbestimmung ist es nicht vereinbar, den Menschen zwangsweise in seiner ganzen Persönlichkeit zu registrieren und zu katalogisieren.[427] Der Mensch
darf nicht durch die Konzentration von Informationen und Wissen über ihn zum
bloßen Objekt degradiert werden, indem ein Totalabbild von ihm angefertigt
wird.[428] Mit dieser Feststellung hat das Bundesverfassungsgericht jedoch lediglich eine extreme, in jedem Fall unzulässige Form der Datenverarbeitung
beschrieben. Profil ist jedoch nicht gleich Profil und eine Vielzahl von Faktoren
spielt bei der Bewertung der datenschutzrechtlichen Bedrohung durch Profile
eine Rolle.[429] Dass Profile unter Umständen datenschutzrechtlich zulässig sein
können, zeigt sich schon daran, dass es im kodierten Datenschutzrecht mehrere Vorschriften gibt, die Profile voraussetzen.[430] Zu der Frage, unter welchen
Umständen Profile zulässig sein können, hat das Bundesverfassungsgericht
keine Stellung bezogen.

Daran, von Personen ein „Totalabbild" in der vom Bundesverfassungsgericht
geschilderten Form zu schaffen, besteht aus heutiger Sicht ohnehin kein wirtschaftliches Interesse; Aufwand und Nutzen für die Erstellung derartiger allum-
fassender Profile stehen in keinem sinnvollen Verhältnis. Den Verwendern von
Profilen reicht es vielmehr aus, wenn sie über Profile verfügen, die zu den von
Ihnen verfolgten Zwecken passen. Es reicht den Vertragspartnern aus, wenn
jemand etwa als Kunde und Konsument gläsern ist, als Arbeitnehmer oder als
Nutzer einer bestimmten Dienstleistung. Zusätzliche Informationen bezüglich
anderer Lebensbereiche und Facetten der Persönlichkeit wären für den jeweiligen Zweck in aller Regel überflüssig. Allerdings ist denkbar, dass Unternehmen „auf Vorrat" Profile erstellen, die umfassender und detaillierter sind als
derzeit erforderlich. Auch muss bedacht werden, dass manche Unternehmen,
so wie bei Adresshändlern üblich, Profile anlegen, um diese an Partnerunternehmen zu vermarkten. Daher ist es wichtig, gewisse Kriterien zu formulieren,
anhand derer in einer Gesamtschau bewertet werden kann, ob die Grenze der
zulässigen Ausgestaltung von Profilen erreicht ist, beziehungsweise wie gegebenenfalls die Ausgestaltung der Profilbildung im jeweiligen Fall so verändert
werden kann, dass eine verfassungsrechtliche Unbedenklichkeit gegeben ist.

---

[426] BVerfGE 27, 1 (6); 65, 1 (42, 53f.).
[427] BVerfGE 27, 1 (6); AK-GG - Podlech, Artikel 2 Absatz 1, Rn. 79, 83.
[428] BVerfGE 27, 1 (6); 65, 1 (53).
[429] Vgl. zu diesen Faktoren Weichert, DuD 1997, 274.
[430] Zum Beispiel § 6 Absatz 3 Satz 1 TDDSG und § 19 Absatz 4 MDStV.

Unter Berücksichtigung der Äußerungen des Bundesverfassungsgerichts kann daher zum Beispiel formuliert werden, dass Profile dann umso kritischer zu bewerten sind, je näher sie an ein so genanntes Totalabbild einer Person heranreichen. Kriterium hierfür könnte die Anzahl der verschiedenen Quellen sein, die für die Profilerstellung angezapft werden. Ein weiteres Kriterium kann die Qualität der verarbeiteten Daten sein: Profile stellen eine umso größere Gefahr für die Menschenwürde dar, je tiefer gehend, exklusiv und sensibel die in ihnen verarbeiteten Daten sind. Je privater also die im Profil enthaltenen Daten für den Betroffenen sind, desto kritischer ist das Profil aus datenschutzrechtlicher Sicht zu bewerten. Ein weiteres Kriterium im Licht der BVerfG-Entscheidung ist die Frage, inwieweit der Betroffene durch das Profil tatsächlich zu einem „Objekt" degradiert wird, inwieweit ihm also die Kontrolle über das Profil entzogen ist. Wenn dem Betroffenen ein wirksames Instrument zur Verfügung gestellt wird, mittels dessen er Angaben berichtigen oder löschen und so selbst auf das Profil Einfluss nehmen kann, fördert dies seine Teilhaberechte. Gibt es für den Betroffenen wirkungsvolle Mittel, sein Profil zu überprüfen und mitzugestalten, wird man nicht von einer Verobjektivierung seiner Persönlichkeit sprechen können.

Auch die Erstellung von Teilabbildern mit Persönlichkeitsbezug ist unzulässig, wenn dies mit der Würde des Menschen unvereinbar ist.[431] Insbesondere bei der Integration und Vernetzung automatisierter Informationssysteme muss vermieden werden, dass die Personendaten zu einem seine Menschenwürde verletzenden Teilabbild seiner Persönlichkeit zusammengefügt werden, ohne dass der Betroffene dessen Richtigkeit und Verwendung zureichend kontrollieren kann.[432] Das Bundesverfassungsgericht hatte in der Volkszählungsentscheidung die Vernetzung von Daten, die anlässlich der Volkszählung erhoben wurden, mit anderen, bei den Verwaltungsbehörden vorhandenen und zum Teil sehr sensitiven Datenbeständen vor Augen.[433] Mit der Formulierung, dass die „umfassende Registrierung und Katalogisierung der Persönlichkeit durch die Zusammenführung einzelner Lebens- und Personaldaten zur Erstellung von Persönlichkeitsprofilen der Bürger" unzulässig sei, hat es eine absolute

---

[431] BVerfGE 65, 1 (54).

[432] Vgl. BVerfGE 65, 1 (42): „Wer nicht mit hinreichender Sicherheit überschauen kann, welche ihn betreffenden Informationen in bestimmten Bereichen seiner sozialen Umwelt bekannt sind und wer das Wissen möglicher Kommunikationspartner nicht einigermaßen abzuschätzen vermag, kann in seiner Freiheit wesentlich gehemmt werden, aus eigener Selbstbestimmung zu planen oder zu entscheiden. Mit dem Recht auf informationelle Selbstbestimmung wären eine Gesellschaftsordnung und eine diese ermöglichende Rechtsordnung nicht vereinbar, in der der Bürger nicht mehr wissen können, wer was wann und bei welcher Gelegenheit über sie weiß."

[433] BVerfGE 65, 1 (53).

Außengrenze der Datenverarbeitung markiert, also eine jedenfalls unzulässige Form der Profilbildung. Aus der Formulierung, dass die Persönlichkeitsabbilder beziehungsweise Teilabbilder, um die es hier geht, „mit der Würde des Menschen" unvereinbar sind,[434] lässt sich jedoch erkennen, dass nur wirklich hochgradig detaillierte und sensible Persönlichkeitsprofile gemeint sein können. Dies ergibt sich aus folgender Überlegung.

Die Menschenwürde ist das oberste Schutzgut der deutschen Verfassung, ihre Verletzung kann durch nichts gerechtfertigt werden. Gerade um diese exklusive Stellung hervorzuheben, wird nur bei ganz schwerwiegenden Persönlichkeitsverletzungen auf sie rekurriert. Um einen Verstoß gegen die Menschenwürde darzustellen, muss die Gefahr, die von einem Persönlichkeitsprofil ausgeht, also außerordentlich sein. Das Verfassungsgericht gibt durch seine Äußerungen Hinweise, wann dies der Fall sein kann. Einmal erwähnt es die „sensitiven Datenbestände" der Verwaltungsbehörden,[435] es stellt also auf die Art der Daten ab, die in dem Profil zusammengetragen werden. Zum anderen erwähnt es die Verknüpfung von Daten aus der Volkszählung mit anderen öffentlichen Datenbeständen.[436] Und schließlich beschreibt es die absolute Unzulässigkeit einer Datenaufbereitung, die es ermöglicht, auf detaillierte, allumfassende Persönlichkeitsprofile von Personen mittels einheitlichem Personenkennzeichen oder sonstigem Ordnungsmerkmal zuzugreifen.[437] Plastisch formuliert, wollte das BVerfGE klarstellen, dass es keinesfalls zulässig sein kann, wenn der Staat Persönlichkeitsprofile von seinen Bürgern entwickelt, auf die durch die bloße Eingabe von Namen und Geburtsdatum oder etwa Personalausweisnummer zugegriffen werden kann und in denen alle jemals dem Staat gegenüber gemachten oder auf anderem Wege bekannt gewordenen Angaben in verdichteter Form vorhanden sind, so dass sich aus diesen Angaben Totalabbilder der hinter ihnen stehenden Personen ergeben.

Aufgrund der mittelbaren Drittwirkung[438] der Grundrechte gilt das grundsätzliche Verbot der Anfertigung von umfassenden Persönlichkeitsprofilen auch für das Verhältnis von Privaten.[439] Denn wenn dies schon dem Staat, der aus öffentlichen Interessen handelt, nicht erlaubt ist, dann erst recht nicht privatwirt-

---

[434] BVerfGE 65, 1 (53).
[435] BVerfGE 65, 1 (53).
[436] BVerfGE 65, 1 (53).
[437] „... oder gar die Erschließung eines derartigen Datenverbundes durch ein einheitliches Personenkennzeichen oder sonstiges Ordnungsmerkmal möglich wäre; ...", vgl. BVerfGE 65, 1 (53).
[438] Vgl. hierzu oben Gliederungspunkt C 2.1.3.
[439] Wittig, RDV 2000, 59, (61).

schaftlichen Unternehmen, die aus rein kommerziellen Interessen handeln.[440]

Dennoch ergibt sich – an dieser Stelle besonders deutlich – aus der Natur der Sache, dass es im Privatbereich gewisse Unterschiede zum Staat-Bürger-Verhältnis gibt. Zunächst einmal ist es aufgrund mehrerer Verfassungsprinzipien und Gesetze unzulässig, dass Private Zugriff auf die im Volkszählungsurteil beschriebenen hochsensitiven Datenbestände, die bei einigen Verwaltungsbehörden geführt werden, Zugriff nehmen. Die Gefahr von „Totalabbildern" in der Form, wie sie im Volkszählungsurteil gemeint sind, ist schon aus diesem Grund im Privatbereich vermindert. Zudem besteht an solchen Totalabbildern von Personen soweit ersichtlich seitens der Wirtschaftsunternehmen ein geringes Interesse, es sei denn, die Unternehmen wollen aus den Gesamtprofilen jeweils Teilprofile an interessierte Partnerunternehmen veräußern. Schließlich ist zu berücksichtigen, dass Datenverarbeiter wie Betroffene ein Interesse an bestimmten Datenverarbeitungen haben können und dass es grundsätzlich auch im Hinblick auf die informationelle Selbstbestimmung nicht zu beanstanden ist, wenn sich Teilnehmer an der Informationsgesellschaft vertraglich oder per Einwilligung mit der Verarbeitung eines Teiles ihrer personenbezogenen Daten zu Profilen einverstanden erklären. Mit § 4a und § 28 BDSG haben verfassungsrechtlich nicht zu beanstandende, diese Interessenlage berücksichtigende Rechtsnormen Eingang in das Datenschutzrecht gefunden.

4.5 Bewertungsmodelle (Scoring- oder Rating-Systeme)

Die Methoden des Scoring und Rating zielen darauf ab, zu bewerten, welchen Nutzen der einzelne Kunde dem Unternehmen bisher gebracht hat und welcher Nutzen künftig von ihm zu erwarten ist.[441] Das englische Wort Score bedeutet einerseits Rechnung oder Zeche, andererseits versteht man unter dem Begriff Scoring auch „treffen", „punkten", aber auch „nach Punkten bewerten".[442] Unter Rating versteht man die Bewertung innerhalb einer bestimmten

---

[440] Vgl. Roßnagel/Pfitzmann/Garstka (2001), 51; Gola/Schomerus (2005), § 29, Rn. 15: „Die vom Bundesverfassungsgericht (in BVerfGE 65, 1) zunächst für staatliche Datenspeicherung im öffentlichen Interesse getroffene Aussage (vgl. Gola/Schomerus (2005), § 1, Rn. 9) muss *umso mehr* gelten, wenn private Wirtschaftsunternehmen derartige Verarbeitungen zur Befriedigung kommerzieller Interessen betreiben wollen." Das Bundesverfassungsgericht selbst hat in Folgeentscheidungen zum Volkszählungsurteil die dort entwickelten Grundsätze ausdrücklich auch auf das Verhältnis zwischen Privaten untereinander ausgeweitet, siehe zum Beispiel BVerfG, NJW 1991, 2411; DuD 2001, 568 (599).
[441] Möller, DuD 1998, 555 (557).
[442] Vgl. zum Beispiel Langenscheidts Handbuch Englisch-Deutsch, 2004.

vorgegebenen Skala.[443] Das Ziel von Unternehmen beim Scoring ist, die erfolgversprechendsten Kunden zu identifizieren und mittels der jeweils am besten geeigneten Maßnahmen zu den jeweils richtigen Zeitpunkten langfristige und profitable Kundenbeziehungen aufzubauen.[444] Beim Scoring werden Vergangenheitsdaten mittels mathematisch-statistischer Verfahren analysiert.[445] Ergebnis der Analyse ist eine statistische Wahrscheinlichkeitsprognose des zukünftigen Verhaltens der einzelnen Kunden. Diese werden dann nach bestimmten Merkmalen wie Bonität, Umsatzstärke oder Marketingakzeptanz kategorisiert und klassifiziert. Besonders in der Kreditwirtschaft werden Scoring-Systeme zur Kreditrisikoanalyse und Angebotserstellung eingesetzt.[446] Beim Rating-Verfahren versuchen Unternehmen, die Kreditwürdigkeit von (potenziellen) Schuldnern zu bewerten.[447] Scoring und Rating werden mitunter synonym verwendet, richtig ist aber wohl, den Begriff des Rating im Bereich der Firmenkundengeschäfte (juristische Personen) anzuwenden und den Begriff des Scoring im Kontext des Privatkundengeschäfts mit natürlichen Personen.[448] Da juristische Personen nicht Betroffene im Sinne des deutschen Datenschutzrechts sein können, wird nachfolgend entsprechend dem Fokus dieser Arbeit das Scoring ins Zentrum der Betrachtung gestellt.

Scoring-Methoden bieten grundsätzlich eine wichtige Unterstützung für die Kreditindustrie. Sie machen bestimmte Formalitäten bei der Kreditvergabe entbehrlich und verbessern aufgrund ihrer Objektivität die persönliche Planungssicherheit der Kreditnehmer. Dadurch, dass sie wie Warnsysteme eingesetzt werden können, tragen sie dazu bei, das Kreditausfallrisiko für die Kreditgeber zu minimieren. Hierdurch wird es diesen wiederum möglich, Verwaltungsaufwand und letztlich Geld zu sparen und ihren Kunden günstigere Konditionen anzubieten. Der Einsatz von bestimmten Scoring-Methoden liefert jedoch auch Anlass zur Kritik. Diese wird nachfolgend kurz skizziert.

Datenschutzrechtlich problematisch ist beim Scoring der Aspekt der Einordnung der einzelnen Individuen in vordefinierte Gruppen. Die Einordnung geschieht hierbei nicht aufgrund des Gesamteindrucks einer Person durch Einzelfallentscheidungen von Menschen, sondern automatisiert aufgrund von meist nur einigen wenigen, nicht immer verlässlichen Anknüpfungspunkten. Ein schlechter Scoring-Wert kann zum Beispiel auch dann entstehen, wenn

---

[443] Petri, DuD 2003, 631.
[444] Vgl. Link/Hildebrand (1997), 16 (19).
[445] Petri, DuD 2003, 631.
[446] Koch, MMR 1998, 458.
[447] Petri, DuD 2003, 631.
[448] Vgl. Füser (2001), 33.

Kunden berechtigte Gewährleistungs- und Zurückbehaltungsrechte geltend gemacht und Zahlungen aus diesem Grunde nicht geleistet haben. Ebenso kann bereits die Nichtzahlung relativ kleiner Beträge gravierende Auswirkungen auf den Scoring-Wert haben.[449] Dies ist im Lichte des Grundrechts auf informationelle Selbstbestimmung bedenklich, da dieses gerade verbietet, den Einzelnen zum bloßen Informationsobjekt zu machen.[450]

Ist ein Kunde einmal in eine bestimmte Kategorie eingeordnet, so wird er diesen „Stempel", der ihm typischerweise ohne seine Kenntnis aufgedrückt worden ist (und gegen den es nur den kosten- und zeitintensiven ordentlichen Rechtsweg zu den Zivilgerichten gibt), unter Umständen nur schwer wieder los. Typischerweise werden Kunden in unterschiedlichen Kundengruppen von Unternehmen unterschiedlich behandelt, so dass es dazu kommen kann, dass Kunden des einen Segments keinen Zugang zu Waren oder Dienstleistungen erhalten oder dass dieser Zugang an unvorteilhafte Bedingungen geknüpft ist, indem zum Beispiel bestimmte Finanzierungsmöglichkeiten ausgeschlossen sind oder hohe Zinssätze an die jeweiligen Kreditangebote gekoppelt sind.

Aufgrund der Bewertung von Kunden und der Einteilung in so genannte Cluster können Preisgestaltungspolitik und Marketingmaßnahmen so gestaltet werden, dass Unternehmen mehr Umsatz mit den für sie wichtigen Kunden generieren und weniger Mittel für die Betreuung weniger lukrativer Kundensegmente verwendet werden.[451] Die Gefahr hierbei liegt darin, dass ein Teil der Kunden diskriminiert wird, indem ihnen bestimmte Angebote oder Kredite ab einer bestimmten Höhe verwehrt werden. Hinzu kommt, dass die Scoring- und Rating- Ergebnisse nach objektiven Kriterien automatisiert von Computern generiert werden und daher nie alle tatsächlichen Umstände berücksichtigen.

Ein beachtlicher Teil der derzeit angewandten Scoring-Verfahren ist ungenau im Hinblick auf die Wahrscheinlichkeit der produzierten Prognosen. In etwa 35 von 100 Fällen liegen Fehlprognosen vor.[452] Dies ist bedenklich, insbesondere wenn man die Wichtigkeit der Scoring-Werte für den Abschluss bestimmter Vertragsarten in Betracht zieht. Eine menschliche Entscheidung fließt unter normalen Umständen nicht in die Berechnung von Scoring-Werten ein. Die Korrektur von Scoring-Werten kann sich als schwierig gestalten. In aller Regel

---

[449] 23. Tätigkeitsbericht des Unabhängigen Zentrums für Datenschutz (ULD), Schleswig-Holstein (2001), Kap. 6.4.2.
[450] Vgl. BVerfGE 65, 1, 42f.
[451] Diese Einteilung in Kundenklassen wird auch als ABC-Analyse oder 80-20-Analyse bezeichnet.
[452] Petri, DuD 2003, 631 (632).

haben die direkten Ansprechpartner der Kunden keinerlei Möglichkeit, die Werte zu beeinflussen.

Besonders schwierig ist die Situation für die Betroffenen bei Scoring-Werten, die von Dritten (Schufa, Creditreform, Auskunfteien) ermittelt werden, da hier der potenzielle Vertragspartner und der Verantwortliche für den Scoring-Wert auseinanderfallen. Weiterhin ist bedenklich, dass es gegen Scoring-Werte nur den allgemeinen zivilen Rechtsweg über die Erhebung einer Unterlassungsklage gibt, was zeit- und kostenintensiv ist. Auf den Punkt gebracht stellt sich also die Situation schlimmstenfalls so dar, dass beim Scoring Individuen von Maschinen, also automatisiert, aufgrund von unverlässlichen Kriterien bewertet werden und dass sie sich gegen die – möglicherweise falschen oder unvollständigen – Bewertungen[453] nur schwer wehren können und so unter Umständen daran gehindert werden, für sie persönlich höchst bedeutsame und zeitkritische[454] Kreditverträge abschließen zu können.[455]

Zwar verbietet § 6a BDSG, dass Entscheidungen, die für den Betroffenen eine rechtliche Folge nach sich ziehen oder ihn erheblich[456] beeinträchtigen (wie es

---

[453] Es kann zum Beispiel auch dann zu einem schlechten Scoring-Wert kommen, wenn Kunden ggf. berechtigte Gewährleistungs- und Zurückbehaltungsrechte geltend machen und Zahlungen aus diesem Grunde nicht geleistet werden. Ebenso kann bereits die Nichtzahlung relativ kleiner Beträge gravierende Auswirkungen auf den Scoring-Wert haben, vgl. 23. Tätigkeitsbericht des Unabhängigen Zentrums für Datenschutz (ULD), Schleswig-Holstein (2001), Kap. 6.4.2.

[454] Gerade im Bereich der Kreditverträge geht es oft darum, Geldmittel kurzfristig zur Verfügung gestellt zu bekommen. Hier wird deutlich, dass es zu der prekären Situation kommen kann, dass eine Person einen Kredit braucht, um gerade fällige Zahlungen zu leisten, diesen jedoch aufgrund eines Scoring-Wertes nicht erhält und so wiederum gehindert ist, die fälligen Zahlungen zu leisten, was zu einer erneuten Verschlechterung seines Wertes führt.

[455] Vgl. 23. Tätigkeitsbericht des ULD (2001), Kap. 6.4. Darüber hinaus erteilen Scoring-Unternehmen wie zum Beispiel die Schufa derzeit keine Auskunft an Privatpersonen über deren Scoring-Werte. Im Hinblick auf den Auskunftsanspruch des § 34 BDSG berufen sich die Unternehmen darauf, dass es sich bei diesen Werten nicht um personenbezogene Daten handle, sondern lediglich um Wahrscheinlichkeitsberechnungen, die von Fall zu Fall tagesgenau berechnet würden, hierzu im Einzelnen Petri, DuD 2003, 631 (635f.), zum ASS-Scoring der Schufa. Aufgrund der Software-Architektur sei zudem eine Abrufbarkeit der Scoring-Daten für den einzelnen Kunden unmöglich (Auskunft über Gesprächsthemen des so genannten Düsseldorfer Kreises, Auskunft erteilt von Herrn Leopold vom ULD, 12.11.2004).

[456] Erheblich ist eine Beeinträchtigung dann, wenn sie nicht lediglich eine bloße Belästigung ist. Dies ist dann der Fall, wenn für den Betroffenen eine nachhaltige Beeinträchtigung mit der Entscheidung verbunden ist, zum Beispiel für seine wirtschaftliche oder persönliche Entfaltung. Eine mit § 6a BDSG gleichlautende Formulierung findet sich in Artikel 15 Absatz 1 der EG-DSRL. Diese wurde explizit deshalb aufgenommen, um klarzustellen, dass auch die Ablehnung von Kreditanträgen umfasst sein soll, bei denen gerade keine vertragliche Verpflichtung entsteht, vgl. Bizer, in: Simitis (2003), § 6a, Rn. 21. Als Beispiele

zum Beispiel bei einer abschlägigen Entscheidung über einen Kreditantrag der Fall ist)[457], ausschließlich auf eine automatisierte Verarbeitung personenbezogener Daten gestützt werden. Gleichwohl finden derartige Methoden zunehmend Verbreitung.[458] Unternehmen berufen sich zum einen darauf, dass die Entscheidungen nicht „ausschließlich" sondern unter Beteiligung von menschlichen Mitarbeitern zustande kommen, sowie auf die aus Sicht der verarbeitenden Stellen großzügigen Ausnahmen des § 6a Absatz 2 BDSG. Hiernach sind automatisierte Einzelentscheidungen zum Beispiel zulässig, wenn dem Betroffenen die Möglichkeit der Stellungnahme gegeben wurde und die verantwortliche Stelle hiernach ihre Entscheidung erneut überprüft hat, wobei diese zweite Überprüfung nicht ausschließlich automatisiert erfolgen darf.[459] Das jeweilige Unternehmen muss also den vom Betroffenen vertretenen Standpunkt zur Kenntnis nehmen und bei der Entscheidung berücksichtigen.[460] In der Praxis dürfte sich diese Prüfung jedoch in aller Regel auf eine reine Plausibilitätskontrolle der maschinell getroffenen Entscheidungen beschränken, so dass das grundsätzliche Verbot der automatisierten Einzelentscheidung des § 6a Absatz 1 BDSG im Ergebnis nicht die gesetzgeberisch bezweckte Wirkung hat.

Die Beispiele haben gezeigt, dass von der Individualisierung nicht grundsätzlich eine Gefahr für die informationelle Selbstbestimmung und die freie Entfaltung der Persönlichkeit ausgehen muss. Individualisierung kommt in vielen Konstellationen vor. In einigen Konstellationen ist eine Beeinträchtigung der informationellen Selbstbestimmung eher zu befürchten als in anderen. Wird

---

für eine erhebliche Beeinträchtigung werden in der Literatur die bereits erwähnte Ablehnung eines Kreditantrags oder einer Stellenbewerbung genannt, vgl. Dammann/Simitis(1997), Artikel 15, Rn. 5; Ehmann/Helfrich (1999), Artikel 15, Rn. 19. Verneint wird die Erheblichkeit der Beeinträchtigung der Betroffenen von der EU-Kommission für die Übersendung von Werbematerial, vgl. Begründung Kommissionsvorschlag, Abl EG Nr. C 311 vom 27.11.1992, 26.

[457] Vgl. hierzu BT-Drs. 14/4329, 37: „Entscheidungen im Sinne des Absatzes 1 sind solche, die auf Daten gestützt werden, die zum Zweck der Bewertung einzelner Aspekte einer Person, wie beispielsweise ihrer beruflichen Leistungsfähigkeit, ihrer Kreditwürdigkeit, ihrer Zuverlässigkeit oder ihres Verhaltens, erhoben wurden. Hierunter sind insbesondere sog. Scoring-Verfahren, wie sie im Kreditgewerbe üblich sind, zu verstehen. Diese Verfahren, auch Punktwertverfahren genannt, stellen eine Auswertungsmethode dar, eine Mehrzahl von Menschen oder Merkmalen in eine Reihenfolge nach einem oder mehreren Kriterien zu bringen, d. h. sie zu positionieren."

[458] Taeger, K&R 2003, 220 (221).

[459] Vgl. BT-Drs. 14/4329, 37: „Um dem Zweck der Regelung des Absatzes 2 Nr. 2 gerecht zu werden, muss der Betroffene über die Tatsache des Vorliegens einer Entscheidung im Sinne des Absatzes 1 informiert werden. Die erneute Überprüfung darf nicht ausschließlich automatisiert erfolgen."

[460] So auch Bizer, in: Simitis (2003), § 6a, Rn. 46.

die Individualisierung als Fremdindividualisierung gegen oder ohne den Willen des Betroffenen durchgeführt, ist eine größere Gefahr gegeben als in Fällen, in denen die Individualisierung als Eigenindividualisierung auf Wunsch und Bestellung des Betroffenen geschieht. Manche Individualisierungsanwendungen sind in ihren Auswirkungen für den Durchschnittsnutzer überschaubar und wenig komplex. Andere Anwendungen, insbesondere solche, die als Fremdindividualisierung zur Abwehr finanzieller Gefahren oder zu Zwecken der Marktforschung oder des Marketing eingesetzt werden, sind hingegen so komplex, dass kaum ein Betroffener ihre Folgen überschauen kann. Der wirtschaftliche Druck, den die Datenverarbeiter in diesen Situationen ausüben können, engt die Selbstbestimmung zusätzlich ebenso ein, wie das Über- und Unterordnungsverhältnis, das in diesen Situationen – zum Beispiel zwischen Banken oder Versicherungsunternehmen und ihren Kunden – besteht. Bei der Bewertung der Interessenlagen und bei der Herausarbeitung von Gestaltungsvorschlägen ist folglich je nach Gefährdungslage zu differenzieren. In der vorliegenden Arbeit soll auf die in Teil B 6 dargestellten Kategorien „Risikominimierung", „Marketing/F&E", „Waren/Geräte" und „Dienstleistungen" zurückgegriffen werden.

Für Unternehmen, die zur Erstellung individualisierter Produkte Daten verarbeiten, ist es wichtig zu wissen, auf welche Erlaubnistatbestände sie sich hierbei berufen können. Nach § 4 Absatz 1 BDSG ist die Erhebung, Verarbeitung und Nutzung[461] personenbezogener Daten nur zulässig, soweit das Bundesdatenschutzgesetz oder eine andere Rechtsvorschrift sie erlaubt beziehungsweise anordnet oder der Betroffene eingewilligt hat. Dieser Systematik entsprechen zahlreiche Vorschriften im Medien- und Kommunikationsrecht,[462] daher soll § 4 BDSG hier exemplarisch behandelt werden. Die Vorschrift verdeutlicht das Gesamtkonzept des deutschen Datenschutzrechts: Der Gesetzgeber untersagt abschließend die Verarbeitung personenbezogener Daten, es sei denn, sie ist gesetzlich legitimiert oder der Betroffene willigt ein. Liegt also keine Einwilligung vor, muss sich jede Datenverarbeitung auf eine Rechtsvorschrift stützen können, ansonsten ist sie unzulässig.

Dieses seit dem Landesdatenschutzgesetz Hessen[463] in sämtlichen Landesdatenschutzgesetzen sowie im Bundesdatenschutzgesetz angewandte Legitimationskonzept wird vielfach als „Verbot mit Erlaubnisvorbehalt" bezeichnet.[464] Diese Bezeichnung ist jedoch deshalb unpassend, weil es bei dem Legitimationskonzept nicht um ein Verbot geht, das durch einen besonderen Verwaltungsakt – die Erlaubnis – im Einzelfall wieder aufgehoben werden muss. Vielmehr ergibt sich die Erlaubnis zur Datenverarbeitung direkt aus dem Gesetz, nämlich aus § 4 Absatz 1 BDSG. Außerdem ist die Terminologie „Verbot mit Erlaubnisvorbehalt" ungeeignet, da sie aus dem öffentlichen Recht stammt, der Anwendungsbereich des Datenschutzrechts sich jedoch nicht nur auf Behörden, sondern auch auf Private erstreckt.[465] Dennoch wird diese zugegebenermaßen griffige und eingängige Bezeichnung vielfach benutzt,[466] weil sie knapp und anschaulich das Grundkonzept des deutschen Datenschutzrechts zur Legitimation der Verarbeitung personenbezogener Daten umschreibt.

---

[461] Der Begriff Datenverarbeitung wird als Oberbegriff für jeglichen Umgang mit Daten benutzt, vgl. Fußnote 10.

[462] Vgl. etwa §§ 91 ff. TKG, § 14 Absatz 1 SigG, §§ 3 und 4 Absatz 2 und 3 TDDSG, §§ 17 und 19 Absatz 1 und 2 MDStV.

[463] Das hessische Datenschutzgesetz wurde am 30.9.1970 als weltweit erstes Datenschutzgesetz verabschiedet.

[464] Tinnefeld/Ehmann (2005), 100f.; Klewitz-Hommelsen (1996), 144.

[465] Kritisch daher Simitis, in: Simitis (2003), § 4, Rn. 3; Woertge (1984), 152.

[466] Siehe zum Beispiel Gola/Schomerus (2005), § 4, Rn. 3.

5.1 Gesetzliche Legitimation

Nach dem oben dargestellten Legitimationskonzept ist die Verarbeitung personenbezogener Daten zulässig, wenn sie sich auf eine Rechtsvorschrift stützt oder der Betroffene seine Einwilligung erteilt hat. „Rechtsvorschrift" kann hierbei entweder das Bundesdatenschutzgesetz selbst oder eine andere Rechtsvorschrift im Sinne des § 4 BDSG sein. Grundsätzlich können nur solche Rechtsvorschriften die Verarbeitung personenbezogener Daten legitimieren, die das informationelle Selbstbestimmungsrecht in verfassungskonformer Weise beschränken. Der jeweilige Erlaubnistatbestand muss den Anforderungen des Volkszählungsurteils[467] des Bundesverfassungsgerichts entsprechen, also zur Wahrung eines überwiegenden Allgemeininteresses[468] erforderlich sein, den Verhältnismäßigkeitsgrundsatz[469] berücksichtigen und normenklar formuliert sein, also zumindest die zu verarbeitenden Datenarten und den Zweck und Ablauf der Verarbeitung in einer für den Betroffenen nachvollziehbaren Weise bestimmen.[470]

5.1.1 Legitimation durch das Bundesdatenschutzgesetz selbst

Nach dem Wortlaut des § 4 Absatz 1 BDSG ist die Datenverarbeitung zulässig, soweit das Bundesdatenschutzgesetz selbst dies erlaubt. Zwar wird diese Alternative der Legitimation in § 4 Absatz 1 BDSG an erster Stelle genannt, dem Charakter des Bundesdatenschutzgesetzes als Auffanggesetz entsprechend sind jedoch zuerst die „anderen Rechtsvorschriften" relevant.[471] Dennoch soll hier zunächst ein Überblick über die Erlaubnistatbestände des Bundesdatenschutzgesetzes gegeben werden. Für die Datenverarbeitung durch öffentliche Stellen definiert das Bundesdatenschutzgesetz die Zulässigkeitsvoraussetzungen für die Datenerhebung in § 4 Absatz 2, 3 und § 13, für die Speicherung, Veränderung und Nutzung in § 14 und für die Übermittlung in §§ 4b, 4c, 15 und 16. Für den im Rahmen der vorliegenden Arbeit maßgeblichen nicht-öffentlichen Bereich formuliert das Bundesdatenschutzgesetz Erlaubnisnormen für die Datenerhebung in §§ 4 Absatz 2 und 3, 28 Absatz 1, 29 Absatz 1 und 30 Absatz 1. Die Speicherung, Übermittlung und Nutzung von personenbezogenen Daten für eigene Zwecke wird durch § 28 Absatz 1, 2, 3, 5, 6,

---

[467] BVerfGE 65, 1 (43f.).

[468] Zu den Anforderungen an ein „überwiegendes" Allgemeininteresse Simitis, in: Simitis (2003); § 1, Rn. 86 ff.

[469] BVerfGE 65, 1 (44); 85, 219 (224); Rogall (1992), 66f.

[470] BVerfGE 65, 1 (44); Roßnagel/Pfitzmann/Garstka (2001), 52 ff.

[471] Gola/Schomerus (2005), § 4, Rn. 5.

7, 8 und 9, sowie für fremde Zwecke in §§ 29 Absatz 1, 2 und 30 Absatz 1, 2 legitimiert. Vorschriften zur Sperrung und Löschung finden sich in § 35 BDSG. Für den Teilbereich der Datenverarbeitung durch die Medien stellt § 41 BDSG besondere Regeln auf.

5.1.2 Legitimation durch andere Rechtsvorschriften

Unter dem Begriff „andere Rechtsvorschriften" sind grundsätzlich alle materiellen Rechtsnormen mit unmittelbarer Außenwirkung zu verstehen, also insbesondere Gesetze und Rechtsverordnungen.[472] Per Zustimmungsgesetz in bundesdeutsches Recht inkorporierte Staatsverträge sind ebenso umfasst wie aufgrund von EG-Richtlinien verabschiedete Gesetze.[473] Bundesgesetze, die in fach- und bereichsspezifischer Weise auf „personenbezogene Daten einschließlich deren Veröffentlichung anzuwenden sind", gehen gemäß § 1 Absatz 3 Satz 1 BDSG den Vorschriften des Bundesdatenschutzgesetzes vor, können also die Datenverarbeitung ebenfalls legitimieren.[474] Wenn der Landesgesetzgeber eine nach der Kompetenzverteilung des Grundgesetzes bestehende Zuständigkeit in Anspruch genommen hat, können auch landesrechtliche Rechtsvorschriften Verarbeitungsvorgänge nach § 4 BDSG legitimieren.[475] Ferner fallen Satzungen (bundesunmittelbarer) Körperschaften, Anstalten und Stiftungen unter den Begriff der Rechtsvorschrift in § 4 BDSG, da sie unmittelbare Außenwirkung entfalten.[476] Auch der normativ wirkende Teil von Tarifverträgen, Betriebs- und Dienstvereinbarungen ist wegen seiner unmittelbaren Außenwirkung[477] als „Rechtsvorschrift" im Sinne dieser Vorschrift zu qualifizieren.[478]

Nicht als „Rechtsvorschriften" im Sinne von § 4 BDSG zu werten sind hingegen Erlasse und Verwaltungsvorschriften, da diese keine unmittelbare Außenwirkung entfalten.[479] Satzungen von juristischen Personen des privaten Rechts, zum Beispiel von Vereinen, sind ebenfalls nicht von § 4 BDSG erfasst,

---

[472] Simitis, in: Simitis (2003), § 4, Rn. 8.

[473] Simitis, in: Simitis (2003), § 1, Rn. 163.

[474] Vgl. Gola/Schomerus (2005), § 4, Rn. 7.

[475] Simitis, in: Simitis (2003), § 4, Rn. 9.

[476] Simitis, in: Simitis (2003), § 1, Rn. 164; § 4, Rn. 10.

[477] Die generelle Verbindlichkeit der Tarif- und Betriebsnormen für die Arbeitsverhältnisse ergibt sich aus § 4 Absatz 1 TVG sowie § 77 Absatz 4 Satz 1 BetrVG, vgl. zur Qualifikation von Betriebsvereinbarungen BVerfGE 73, 261 (268) – Sozialplan.

[478] Vogelgesang, CR 1992, 163 (164); Simitis, in: Simitis (2003), § 4, Rn. 11.

[479] Simitis, in: Simitis (2003), § 4, Rn. 9; § 1, Rn. 167.

da sie keine Rechtsnormqualität haben.[480] Hinsichtlich des Umfangs der Verarbeitung ist stets genau zu prüfen, welche Phase der Datenverarbeitung durch die jeweilige Rechtsnorm legitimiert wird. Dies ergibt sich schon aus dem Wortlaut des Gesetzes in § 4 BDSG („soweit").[481] Wenn eine Rechtsvorschrift also nur eine oder einzelne Verarbeitungsalternativen zulässt, ist hinsichtlich aller anderen auf die allgemeinen Zulässigkeitstatbestände des Bundesdatenschutzgesetzes zurückzugreifen. Andererseits können Rechtsvorschriften auch einzelne Verarbeitungsalternativen verbieten, hinsichtlich der anderen kann sich dann eine Befugnis aus dem Bundesdatenschutzgesetz ergeben.[482]

Wenn das jeweilige Gesetz ein Verarbeitungsgebot formuliert, ist hiervon selbstverständlich auch die Erlaubnis zur Datenverarbeitung umfasst, wie sich aus der Formulierung „oder anordnet" in § 4 Absatz 1 BDSG ergibt.[483] Die bloße Aufgabenzuweisung per Gesetz reicht hingegen grundsätzlich nicht aus, um die Datenverarbeitung zu legitimieren, wenn die Einzelheiten der für die Wahrnehmung der Aufgabe notwendigen Datenverarbeitung nicht hinreichend genau definiert sind.[484] Die durch Rechtsvorschrift legitimierte Datenverarbeitung ist im öffentlichen Bereich schon wegen der Bindung der Verwaltung an das Gesetz aufgrund von Art. 20 Absatz 3 GG der Regelfall.

5.2 Datenschutzrechtliche Einwilligung, Verhältnis zur Rechtsvorschrift

Die Datenverarbeitung ist nach § 4 BDSG auch dann rechtmäßig, wenn der Betroffene eingewilligt hat. Formal steht die Einwilligung im Bundesdatenschutzgesetz auf einer Stufe mit den Rechtsvorschriften.[485]

---

[480] Bergmann/Möhrle/Herb, § 4, Rn. 22; Simitis, in: Simitis (2003), § 4, Rn. 9.

[481] Bis zur Novellierung des Bundesdatenschutzgesetzes 2001 fand sich im Gesetz die Formulierung „wenn". Der Gesetzgeber hat also klargestellt, dass es immer genau auf den jeweiligen Umfang der Legitimation ankommt.

[482] Simitis, in: Simitis (2003), § 4, Rn. 12.

[483] Vgl. Gola/Schomerus (2005), § 4, Rn. 4. Diese Formulierung wurde zur Klarstellung bereits im Bundesdatenschutzgesetz 1990 eingefügt, vgl. Amtliche Begründung zum RegE BDSG 1990, BT-Drs. 11/4306, 41.

[484] Simitis, in: Simitis (2003), § 4, Rn. 15.

[485] Holznagel/Sonntag, in: Roßnagel (2003), 4.8, Rn. 16; Simitis, in: Simitis (2003), § 4, Rn. 6; ders., § 4a, Rn. 1. Roßnagel widerspricht den obigen Ausführungen zur derzeit geltenden Rechtslage und zum Nachrang der Einwilligung in den dargestellten Fällen nicht, befürwortet jedoch für die Zukunft einen Vorrang der Selbstbestimmung in Form einer Aufwertung der Einwilligung als Ausdruck des Rechts auf informationelle Selbstbestimmung (vgl. Roßnagel/Pfitzmann/Garstka (2001), 72: „Die Einwilligung ist der genuine Ausdruck des Rechts auf informationelle Selbstbestimmung. Die Befugnis, grundsätzlich selbst über die Verwendung personenbezogener Daten zu bestimmen, muss im Datenschutzrecht zur

In bestimmten Fällen hat die Rechtsvorschrift jedoch gegenüber der Einwilligung ausschließenden Vorrang.[486] Wo bereits gesetzliche Verarbeitungsbefugnisse bestehen, gibt es für die Einwilligung keinen Anwendungsbereich mehr.[487] Hierdurch wird nämlich beim Betroffenen der (meist falsche) Eindruck erweckt, eine Wahlfreiheit und daher auch die Möglichkeit der Verhinderung der vorgesehenen Datenverarbeitung zu haben. Wenn die verarbeitende Stelle jedoch die Absicht hat, die Daten trotz Einwilligungsverweigerung (in diesem Falle also allein auf die Rechtsvorschrift gestützt) zu verarbeiten, wird der Betroffene insoweit getäuscht.[488] Aus diesem Grunde kommt die Einwilligung in Fällen, in denen bereits eine legitimierende Rechtsvorschrift gegeben ist, nur dort in Betracht, wo Behörden oder Unternehmen befugt und auch bereit sind, die Verweigerung der Einwilligung zu respektieren und dem entsprechend auf die Verarbeitung zu verzichten.[489] Wo Behörden gesetzlichen Verarbeitungspflichten unterworfen sind, *muss* die Datenverarbeitung auch bei verweigerter Einwilligung vorgenommen werden. Also sind Behörden hier gerade nicht „in

---

Grundregel werden."). Einwilligung und Rechtsvorschrift sollten nach dieser Ansicht zukünftig nicht mehr auf eine Stufe gestellt, sondern unter eindeutigem Vorrang der Einwilligung jeweils für sich geregelt werden. Auch Simitis spricht sich dafür aus, Einwilligung und Rechtsvorschriften in Zukunft nicht mehr auf eine Stufe zu stellen, sondern jeweils für sich zu regeln, vgl. Simitis, DuD 2000, 714 (721). Während er jedoch eher die strukturellen Schwächen der Einwilligung (Freiwilligkeit, Bestimmtheit, Informiertheit) in den Vordergrund der Betrachtung stellt und demgemäß eine Einschränkung des Anwendungsbereichs der Einwilligung zu unterstützen scheint, vgl. Simitis, in: Simitis (2003), § 4a, Rn. 2 ff.; ders., DuD 2000, 717f, (720f.), befürwortet Roßnagel den Gedanken der größtmöglichen Verwirklichung der Selbstbestimmung und damit eine Ausweitung des Anwendungsbereichs der Einwilligung (vgl. Roßnagel/Pfitzmann/Garstka (2001), 72f.; siehe auch Bizer (1992), 139.). Hierbei seien jedoch Anforderungen zu schaffen, die eine tatsächliche Freiwilligkeit des Betroffenen bei der Einwilligung sicherstellen, ferner müsse auch das Kopplungsverbot konsequent durchgesetzt werden. Einigkeit besteht hinsichtlich der Zielvorstellung, dass Vorschriften geschaffen werden müssen, die die Verwirklichung der informationellen Selbstbestimmung der Betroffenen in Zukunft besser unterstützen und schützen, vgl. Simitis DuD 2000, 714 (721); Roßnagel/Pfitzmann/Garstka (2001), 72.

[486] Simitis, in: Simitis (2003), § 4, Rn. 6; Holznagel/Sonntag, in: Roßnagel (2003), 4.8, Rn. 17; Gola/Schomerus (2005), § 4, Rn. 16.

[487] Für eine ggf. zusätzliche Einholung der Einwilligung „aus Gründen der Rechtssicherheit" jedoch Schaffland/Wiltfang, § 4a, Rn. 1. Holznagel/Sonntag, in: Roßnagel (2003), 4.8, Rn. 18, sehen die privatwirtschaftliche Praxis, dass durch die Einholung der Einwilligung die Unsicherheit über die Reichweite der gesetzlichen Legitimationsgrundlagen kompensiert werden soll, als unkritisch an; zumindest wenn der Betroffene auch auf die gesetzlichen Verarbeitungsalternativen hingewiesen wird.

[488] In diesen Fällen lehnen auch Schaffland/Wiltfang die Einholung der Einwilligung ab, es sei denn, der Betroffene wird ausdrücklich darauf hingewiesen, dass die Datenverarbeitung auch im Falle der Verweigerung der Einwilligung durchgeführt wird, § 4a, Rn.1.

[489] Simitis, in: Simitis (2003), § 4, Rn. 6; Holznagel/Sonntag, in: Roßnagel (2003), 4.8, Rn. 18; Geiger, NVwZ 1989, 37, Fn. 26; Hoeren, in: Roßnagel (2003), 4.6, Rn. 5 spricht sich dafür aus, in diesen Fällen vielmehr der verarbeitenden Stelle den Rückgriff auf die Rechtsvorschrift zu verweigern und sie aufgrund ihres eigenen Verhaltens dazu zu verpflichten, die Verweigerung des Betroffenen zu respektieren.

der Lage", den Willen der Betroffenen zu respektieren; die Einwilligung scheidet daher in diesen Fällen als Legitimation aus.[490] Aufgrund der fortdauernden Tendenz zu immer stärker ausdifferenzierter bereichsspezifischer Gesetzgebung verliert die Einwilligung im öffentlichen Bereich stetig an Bedeutung.[491]

Während die Einwilligung im öffentlichen Bereich aus den genannten Gründen wenig bedeutsam ist, wird sie im nicht-öffentlichen Bereich häufig eingesetzt und als „ebenso typische wie wichtige Verarbeitungsvoraussetzung" angesehen.[492] Auch hier spielt jedoch die Rechtsnorm eine wichtige Rolle. Um eine Abgrenzung der Anwendungsbereiche zu ermöglichen und darstellen zu können, für welche Tatbestände eine Einwilligung des Betroffenen erforderlich ist, soll nachfolgend ein Überblick darüber gegeben werden, welche gesetzlichen Datenverarbeitungstatbestände es gibt und wie diese ausgestaltet sind.

5.3 Datenverarbeitung im nicht-öffentlichen Bereich

Die für die Bewertung von Erscheinungsformen der Fremdindividualisierung besonders relevante Datenverarbeitung im Privatbereich soll nachfolgend gesondert betrachtet werden. Sie kann neben der Einwilligung auch durch Rechtsvorschriften legitimiert werden, die die Voraussetzungen und Grenzen der Datenverarbeitung normieren. Sie finden sich im Bundesdatenschutzgesetz und in Spezialgesetzen.

Grundsätzlich ist für private Unternehmen das Bundesdatenschutzgesetz anwendbar, wie § 1 Absatz 2 Nr. 3 BDSG bestimmt: „Dieses Gesetz gilt für ... nicht öffentlichen Stellen ...". Somit sind die Vorschriften des Bundesdatenschutzgesetzes, in denen die Datenverarbeitung durch private Stellen geregelt wird – namentlich die §§ 28 ff. BDSG –, von hervorgehobener Bedeutung für privatwirtschaftliche Unternehmen. Zentrale Gesetzesvorschrift für die Verwendung personenbezogener Daten im nicht-öffentlichen Bereich ist § 28 BDSG.[493] Diese Vorschrift erfasst alle privaten Datenverarbeitungen für eigene Zwecke. In § 29 geht das Bundesdatenschutzgesetz auf die Datenverwendung für fremde Zwecke (also für Dritte) ein, allerdings verweist § 29 BDSG bezüglich wichtiger Aspekte auf § 28 BDSG, so dass wichtige Problembereiche zusammengefasst abgehandelt werden können.

---

[490] Holznagel/Sonntag, in: Roßnagel (2003), 4.8, Rn. 17.; Simitis, in: Simitis (2003), § 4, Rn. 6.

[491] Simitis, in: Simitis (2003), § 4, Rn. 6

[492] Simitis, in: Simitis (2003), § 4a, Rn. 16.

[493] Simitis, in: Simitis (2003), § 28, Rn. 1.

Nach § 28 Absatz 1 Satz 1 BDSG gibt es drei Zulässigkeitsalternativen der privaten[494] Datenverarbeitung. Die Datenverarbeitung ist zulässig, wenn sie: durch den Zweck eines zwischen den Betroffenen und der verantwortlichen Stelle bestehenden Vertrags oder vertragsähnlichen Vertrauensverhältnisses abgedeckt ist, Nr. 1 (hierzu unten Gliederungspunkt 5.3.1), berechtigten Interessen der verantwortlichen Stelle dient und kein Grund zur Annahme besteht, dass gegen vorrangige Belange der Betroffenen verstoßen wird, Nr. 2 (hierzu unten Gliederungspunkt 5.3.2), Daten betrifft, die allgemein zugänglich sind oder von der verantwortlichen Stelle veröffentlicht werden dürfen, sofern offensichtlich überwiegende schutzwürdige Interessen der Betroffenen gegen eine Verwendung nicht offensichtlich überwiegen, Nr. 3 (hierzu unten Gliederungspunkt 5.3.3).

Nach dem Wortlaut besteht keine Rangfolge zwischen den drei Alternativen, daher können Unternehmen grundsätzlich – ein entsprechendes Vorliegen der Voraussetzungen mehrerer Alternativen vorausgesetzt – frei wählen, auf welche der Legitimationsgrundlagen sie die Datenverarbeitung stützen wollen.[495] Allerdings dürfen sie nicht offen lassen, auf welche der Alternativen sie sich berufen, sondern müssen sich entscheiden, ob die Verarbeitung aufgrund eines vertraglichen oder vertragsähnlichen Verhältnisses, aufgrund berechtigter Interessen oder allgemeiner Zugänglichkeit der Daten vorgenommen werden soll.[496] Sie können sich also nicht pauschal und kumulativ auf alle Zulässigkeitsgründe berufen, um den Verarbeitungsspielraum zu maximieren. In Rechsprechung[497] und Literatur[498] wird eine restriktive Auslegung der Nummern 2 und 3 der Vorschrift für den Fall befürwortet, dass ein Vertrag zwischen den Parteien besteht. Danach hat sich die Datenverarbeitung, um den tatsächli-

---

[494] Auf öffentlich-rechtliche Wettbewerbsunternehmen, also öffentliche Stellen, die am marktwirtschaftlichen Wettbewerb teilnehmen, sind die §§ 28 ff. BDSG nach § 27 Absatz 1 Satz 1 Nr. 2a beziehungsweise Nr. 2b BDSG ebenfalls anwendbar. Hierdurch sollen Wettbewerbsverzerrungen zu Lasten dieser öffentlich-rechtlichen Unternehmen vermieden werden, vgl. Tinnefeld/Ehmann (2005), 166. Für Wettbewerbsunternehmen des Bundes ergibt sich die Anwendbarkeit der §§ 28 ff. BDSG direkt aus § 27 Absatz 1 Nr. 2 a BDSG, für Wettbewerbsunternehmen der Länder folgt die Anwendbarkeit entweder aus § 27 Absatz 1 Nr. 2 b BDSG oder aus einem entsprechenden Verweis im jeweiligen LDSG auf das BDSG. Ein solcher Verweis findet sich in den meisten LDSG, vgl. Hoeren, in: Roßnagel (2003), 4.6, Rn. 7.

[495] BGH, BB 1983, 2016; BAG, AP Nr. 14 zu § 87 BetrVG 1972 Überwachung; Schaffland/Wiltfang, § 28, Rn. 13; Simitis, in: Simitis (2003), § 28, Rn. 75.

[496] Simitis, in: Simitis (2003), § 28, Rn. 76.

[497] BGH, RDV 1995, 170; BAG, DB 1987, 1048.

[498] Mattke (1995), 305; Däubler (2004) 124 ff., 242; Simitis, in: Simitis (2003), § 28, Rn. 77f.; Gola/Schomerus (2005), § 28, Rn. 9; Wedde, in: Däubler/Klebe/Wedde, § 28, Rn. 12, 29; Wohlgemuth (1992), Rn. 229f.; Koch (1997), Rn. 359.

chen Willen der Parteien in den Vordergrund zu stellen, primär an den vertraglichen Beziehungen zu orientieren. Mithin hat die Alternative der Verarbeitung aufgrund Vertrags oder vertragsähnlichen Vertrauensverhältnisses in Nr. 1 Vorrang vor den Alternativen in Nr. 2 und Nr. 3 der Vorschrift.[499] Diesen Alternativen kommt deshalb nur komplementäre Funktion zu. Das Vorliegen einer vertraglichen oder vertragsähnlichen Beziehung wirkt sich daher einschränkend auf die Auslegung der anderen Alternativen des § 28 Absatz 1 Satz 1 BDSG aus. Die Verarbeitungsalternativen in Nr. 2 und Nr. 3 sind keine Auffangklauseln, mit deren Hilfe der in Nr. 1 vom Gesetzgeber bewusst eingeschränkte Zugriff auf die Daten der Betroffenen ausgehebelt werden können. Es bedarf deshalb stets einer Prüfung, ob die jeweilige Verarbeitung ausnahmsweise über Nr. 2 oder Nr. 3 legitimiert werden kann oder ob ein solches Vorgehen angesichts des zwischen den Parteien bestehenden Vertragszwecks ausgeschlossen ist.[500]

5.3.1 Vertrag, Vertragszweck, Grenzen des Vertragszwecks

Im nicht-öffentlichen Bereich ist neben der Einwilligung der Vertrag die am häufigsten verwendete Rechtsgrundlage zur Datenverarbeitung. Das Bundesdatenschutzgesetz regelt diese Verarbeitungslegitimation in § 28 Absatz 1 Satz 1 Nr. 1.

Nach § 28 Absatz 1 Satz 1 Nr. 1 BDSG ist das Erheben, Speichern, Verändern oder Übermitteln personenbezogener Daten oder ihre Nutzung als Mittel für die Erfüllung eigener Geschäftszwecke zulässig, wenn es der Zweckbestimmung eines Vertragsverhältnisses oder ähnlichen Vertrauensverhältnisses mit dem Betroffenen dient. Klassische Fälle für ein solches Vertragsverhältnis sind Bank- oder Versicherungsverträge. Die Aufnahme des Merkmals „ähnliches Vertrauensverhältnis" unterstreicht, dass auch bereits im Vorfeld eines Vertrags sowie nach Beendigung eines Vertrags eine Verarbeitung personenbezogener Daten erlaubt sein kann.[501]

---

[499] Gola/Schomerus, § 28, Rn. 12.
[500] Weichert, WRP 1996, 526; Gola/Schomerus (2005), § 28, Rn. 9; Simitis, in: Simitis (2003), § 28, Rn. 78; für das Arbeitsverhältnis BAG, DB 1987, 1048; Hinweis Nr. 3 zum Bundesdatenschutzgesetz der Aufsichtsbehörde Baden-Württemberg, Staatsanzeiger BW, 1978, Nr. 52, 3; Däubler (2004), Rn. 242; für Werbezwecke: BGH, RDV 1995, 170; Mattke (1995), 305; Weichert, WRP 1996, 526; Breinlinger, RDV 1997, 251; für die Erstellung von Kundenprofilen: Wittig, RDV 2000, 59; ebenso: Podlech/Pfeifer, RDV 1998, 139; ferner Weichert, DuD 2001, 264 (265) und zusammenfassend Gola/Schomerus (2005), § 28, Rn. 12 m.w.N.
[501] Hoeren, in: Roßnagel (2003), 4.6, Rn. 17.

Die vertraglich legitimierte Datenverarbeitung setzt nach dem Wortlaut des §
28 Absatz 1 Satz 1 Nr. 1 BDSG eine Zweckbindung zu dem zugrunde liegenden Vertrag voraus. Die Verarbeitung personenbezogener Daten auf Grundlage eines Vertrags erfordert daher einen unmittelbaren sachlichen Zusammenhang zwischen der beabsichtigten Verwendung und dem konkreten Vertragszweck.[502] Wenn jemand beispielsweise Waren bestellt, ist die Verarbeitung der
erhobenen Kundendaten nur im Rahmen der Durchführung dieses Vertrags
rechtmäßig. Die spätere Verwendung der Daten im Rahmen des Customer
Relationship Management lässt sich nicht auf eine Zweckbindung im Sinne
von § 28 Absatz 1 Satz 1 Nr. 1 BDSG stützen. Hierfür bedarf es einer anderen
Legitimation, zum Beispiel durch § 28 Absatz 1 Nr. 2 oder Nr. 3 BDSG.[503] E-
benso ist etwa die Verarbeitung von Daten, die im Rahmen eines Preisausschreibens[504] erhoben werden, grundsätzlich nur insoweit zulässig, als dies
zur Durchführung des Preisausschreibens erforderlich ist. Etwas anderes gilt
jedoch, wenn das Preisausschreiben – wie häufig üblich – primär zu dem
Zweck durchgeführt wird, um die Daten der Teilnehmer für eine spätere Verwendung im Marketing zu erheben. In diesem Fall wird jedoch verlangt, dass
diese weitere Zweckbestimmung den Betroffenen deutlich gemacht wird, andernfalls soll die Speicherung der Daten über die Abwicklung des Preisausschreibens hinaus nur per Einwilligung legitimiert werden können.[505]

Der Zweck des Vertrags kann sich direkt aus dem Vertragstext ergeben. Wenn
dies nicht der Fall ist, muss der gesamte Vertragsinhalt zugrunde gelegt werden, aus dem sodann der von den Parteien verfolgte Zweck herauszulesen ist.
Hieraus folgt, dass es sich stets um einen Zweck handeln muss, den die Vertragsparteien gemeinsam, also durch übereinstimmende Erklärungen, ihrer
rechtsgeschäftlichen Beziehung zugrunde gelegt haben.[506] Im Rahmen einer
Interessenabwägung[507] sind bei der Vertragsauslegung die gegenseitigen
Rechte und Pflichten der Parteien zu analysieren. Zulässig ist die Verarbeitung
aller Daten, die zur Verwirklichung des im Vertrag insgesamt zum Ausdruck
kommenden Zwecks notwendig sind. Auch Daten über Tatsachen, die die
Verwirklichung des Vertragszwecks gefährden könnten, also zum Beispiel tat-

---

[502] BAG, NZA 1987, 415 (416); Simitis, in: Simitis (2003), § 28, Rn. 79; Berg-
mann/Möhrle/Herb, § 28, Rn. 26.

[503] Vgl. Hoeren, in: Roßnagel (2003), 4.6, Rn. 19.

[504] Preisausschreiben begründen vertragsähnliche Vertrauensverhältnisse i.S.v. §§ 661, 657
ff. BGB, vgl. Palandt-Sprau § 661, Rn. 1.

[505] Hoeren, in: Roßnagel (2003), 4.6, Rn. 20; vgl. Hinweise der Aufsichtsbehörden, StAnz.
Baden-Württemberg vom 4.7.1981, Nr. 53, 5.

[506] Schaffland/Wiltfang, § 28, Rn. 19; Wohlgemuth (1992), Rn. 224.

[507] Gola/Schomerus (2005), § 28, Rn. 16.

sächliche oder vermeintliche Verletzungen der dem Vertragspartner obliegen-
den Verpflichtungen, können hierzu gehören, solange deren Verarbeitung
nach dem Grundsatz der Verhältnismäßigkeit noch vertretbar ist.[508]

Neben dem Vertragszweck darf die verantwortliche Stelle für die Datenverarbeitung weitere, außerhalb dieses Zwecks liegende und für sie möglicherweise
sogar wichtigere Ziele haben. Aus Sicht der verantwortlichen Stelle kann der
Vertrag zum Beispiel lediglich dazu dienen, Geschäftsbeziehungen anzubah-
nen oder sich ein verlässlicheres Bild über den Geschäftspartner zu machen.[509] Die subjektiven Motive der verantwortlichen Stelle sind also gleichgültig, solange sich die Datenverarbeitung im Rahmen des Vertragszwecks hält.
Aufgrund der Bindung an den Vertragszweck ist es der verarbeitenden Stelle
andererseits verwehrt, ihre Verarbeitungsbefugnisse einseitig zulasten des
Betroffenen auszuweiten, etwa durch die Ergänzung der Allgemeinen Geschäftsbedingungen.[510] Entscheidend ist also der objektiv feststellbare, von
allen Vertragsparteien gebilligte Vertragszweck.[511] Der Zweck muss konkret
und individuell bestimmbar sein. Das ergibt sich aus § 28 Absatz 1 Satz 2
BDSG: „Die ... Zwecke sind konkret festzulegen" sowie aus Absatz 5: „...darf
die Daten nur für den Zweck verarbeiten oder nutzen, zu dessen Erfüllung sie
übermittelt werden". Auch das BVerfG[512] verlangt eine konkrete, individuell
bestimmbare Zweckbeziehung. Eine Vorratsdatenspeicherung[513] verbietet sich
daher grundsätzlich ebenso wie eine für unkonkretisierte, künftige Vertragsgestaltungen vorgenommene Verarbeitung.[514] Hieraus folgt, dass sich auch
die Verarbeitung von anfallenden Daten der Betroffenen zu Nutzer- und Kundenprofilen grundsätzlich nicht über § 28 Absatz 1 Satz 1 Nr. 1 BDSG legitimieren lässt.[515]

Haben Betroffene nicht nur einen, sondern mehrere Verträge mit der verantwortlichen Stelle, kommt es auf den Zweck des jeweiligen Vertragsverhältnisses an.[516] Liegen mehrere Verträge mit derselben Person vor, ist jede der ver-

---

[508] Vgl. Gola/Schomerus (2005), § 28, Rn. 16.
[509] Simitis, in: Simitis (2003), § 28, Rn. 80
[510] BGHZ 95, 362 (364f.).
[511] Simitis, in: Simitis (2003), § 28, Rn. 80.
[512] BVerfG, NJW 1984, 419 (423)
[513] Simitis, in: Simitis (2003), § 28, Rn. 102
[514] Hoeren, in: Roßnagel (2003), 4.6, Rn. 22; vgl. bereits Hinweise der Aufsichtsbehörde BW,
Staatsanzeiger Baden-Württemberg vom 1.4.1981, Nr. 26, 5f.
[515] Vgl. Wittig, RDV 2000, 59; Podlech/Pfeifer, RDV 1998, 139; Weichert, DuD 2001, 264
(265); Gola/Schomerus (2005), § 28, Rn. 12 m.w.N.
[516] Simitis, in: Simitis (2003), § 28, Rn. 81.

traglichen Beziehungen zwangsläufig mit der Verwendung bestimmter, sich auf ein und dieselbe Person beziehender Daten verbunden. Es mag für die verantwortliche Stelle wünschenswert und nahe liegend sein, die Daten zusammenzuführen und so ein umfassenderes Bild über den Vertragspartner zu haben. Der Bindung an den Vertragszweck entspricht ein solches Vorgehen jedoch nicht und ist daher grundsätzlich rechtswidrig.[517] § 28 Absatz 1 Satz 1 Nr. 1 BDSG orientiert sich gerade nicht an der Person des Betroffenen, sondern ausschließlich am Zweck des jeweiligen Vertrags. Eine Verarbeitung von Daten, die im Rahmen einer anderen Vertragsbeziehung erhoben und verwendet wurden, verbietet sich daher, es sei denn, der spezifische Zweck des fraglichen Vertrags legitimiert diese. Daten von Personen, die außerhalb des Vertragsverhältnisses stehen, dürfen aufgrund des strengen Zweckbindungserfordernisses nicht unter Berufung auf § 28 Absatz 1 Satz 1 Nr. 1 BDSG verarbeitet werden.[518]

Für die Anbieter individualisierter Produkte bedeutet dies, dass sie die anfallenden Daten grundsätzlich ausschließlich für die Erstellung des jeweiligen Produktes verwenden dürfen. Setzt der Vertrag allerdings voraus, dass Daten über einen längeren Zeitraum, etwa zur Bereitstellung eines individualisierten Mehrwertdienstes verwendet werden, so ist diese Verwendung vom Vertragszweck erfasst und die Daten dürfen somit gemäß § 28 Absatz 1 Satz 1 Nr. 1 BDSG verarbeitet werden. Der Vertrag muss jedoch im Zeitpunkt der Datenverwendung bereits geschlossen sein und sich auf genau diese Datenverwendung beziehen. Es reicht nicht aus, dass ein Nutzer später möglicherweise eine Dienstleistung in Anspruch nehmen möchte. Die Datenspeicherung für Dritte oder die Datenweitergabe an Dritte verbietet sich ebenso, selbst wenn der Betroffene mit diesen Verträge haben sollte. Dies ist vor allem für die Fallgruppe der Individualisierung zwecks Abwehr und Minimierung finanzieller Gefahren relevant. Die Legitimation zur Verarbeitung von Daten nach § 28 Absatz 1 Satz 1 Nr. 1 BDSG bezieht sich nur auf das jeweilige Vertragsverhältnis und die anfallenden Daten müssen innerhalb des jeweiligen Vertragsverhältnisses verbleiben. Auch die Datenverwendung für Marketing, Forschung und Produktentwicklung ist in aller Regel nicht vom Vertragszweck des zugrunde liegenden Vertrags gedeckt. Für die Verwendung der anfallenden Kundendaten zu diesen Zwecken bedarf es folglich einer anderen Erlaubnisnorm.

5.3.2 Wahrung berechtigter Interessen

Gemäß § 28 Absatz 1 Satz 1 Nr. 2 BDSG ist die Datenverarbeitung für eigene

---

[517] Gola/Schomerus (2005), § 28, Rn. 17.
[518] Hoeren, in: Roßnagel (2003), 4.6, Rn. 18.

Geschäftszwecke der verarbeitenden Stelle zulässig, wenn sie zur Wahrung berechtigter Interessen erforderlich ist und kein Grund zur Annahme besteht, dass das schützwürdige Interesse des Betroffenen an dem Ausschluss der Verarbeitung oder Nutzung überwiegt. Unter den Begriff des berechtigten Interesses fällt hierbei jedes tatsächliche, also auch etwa ein rein wirtschaftliches oder ideelles Interesse.[519] Trotz dieser weiten Definition formuliert Nummer 2 des § 28 Absatz 1 Satz 1 BDSG keinen Auffangtatbestand.[520] Vielmehr kommt es mit Blick auf den Sinn der Vorschrift, den Datenverarbeitungsspielraum einzuschränken,[521] darauf an, derjenigen Interpretation den Vorzug zu geben, die zu einer möglichst restriktiven Auslegung des „berechtigten Interesses" führt. Liegt zwischen den Parteien ein Vertrag oder ein vertragsähnliches Vertrauensverhältnis vor, der die fragliche Datenverwendung nicht deckt, kommt eine Legitimation dieser Verarbeitung aufgrund „anderer berechtigter Interessen" im Sinne des § 28 Absatz 1 Satz 1 Nummer 2 BDSG daher nur ausnahmsweise in Betracht.[522] Die Nummer 2 des § 28 Absatz 1 Satz 1 kann nicht dazu dienen, den nach Nummer 1 der Vorschrift genau umrissenen Verarbeitungsumfang auszuweiten.

Auf keinen Fall lässt sich eine – im Übrigen grundsätzlich unzulässige[523] – Vorratsdatenspeicherung auf „berechtigte Interessen" im Sinne dieser Vorschrift stützen.[524] Kundendaten dürfen zwar beispielsweise im Hinblick auf einen unter Umständen notwendigen Rückruf[525] der Waren gespeichert werden, eine Verarbeitung von Daten, die unter absatzpolitischen Gesichtspunkten zur

---

[519] VGH Mannheim, NJW 1984, 1912; Hoeren, in: Roßnagel (2003), 4.6, Rn. 31; Bergmann/Möhrle/Herb, § 28, Rn. 104; Dörr/Schmidt (1992), § 28, Rn. 19; Schaffland/Wiltfang, § 28, Rn. 85; Tinnefeld/Ehmann (2005), 360. Nach Gola/Schomerus, § 28, Rn. 33, muss es sich um ein „nach vernünftiger Erwägung durch die Sachlage gerechtfertigtes, also ein tatsächliches Interesse handeln, das wirtschaftlicher oder ideeller Natur sein kann und dessen Verfolgung vom gesunden Rechtsempfinden gebilligt wird".

[520] Simitis, in: Simitis (2003), § 28, Rn. 134

[521] Vgl. Simitis, in: Simitis (2003), § 28, Rn. 77f.; Gola/Schomerus (2005), § 28, Rn. 9; Wedde, in: Däubler/Klebe/Wedde, § 28, Rn. 12, 29; Wohlgemuth (1992), Rn. 229f.

[522] BGH, RDV 1995, 170; BAG, DB 1987, 1048; Mattke (1995), 305; Däubler (2004), 124 ff., 242; Simitis, in: Simitis (2003), § 28, Rn. 77f.; Gola/Schomerus (2005), § 28, Rn. 9; Wedde, in: Däubler/Klebe/Wedde, § 28, Rn. 12, 29; Wohlgemuth (1992), Rn. 229f.; Koch (1997), Rn. 359.

[523] Die Speicherung von Daten ohne konkreten Zweck, also „auf Vorrat" für eine mögliche zukünftige Verwendung, ist unzulässig, da sie mit dem Volkszählungsurteil, vgl. BVerfGE 65, 1 (46f.); unvereinbar ist, vgl. Roßnagel/Pfitzmann/Garstka (2001), 112; Simitis, in: Simitis (2003), §§ 13, Rn. 26, 28.

[524] Simitis, in: Simitis (2003), § 28, Rn. 147; einschränkend hingegen Wedde, in: Däubler/Klebe/Wedde, § 28, Rn. 30.

[525] Simitis, in: Simitis (2003), § 28, Rn. 148, 157; Auernhammer (2003), § 28, Rn. 18; Bergmann/Möhrle/Herb, § 28, Rn. 106; Tinnefeld/Ehmann (2005), 362.

Ausarbeitung von Käuferprofilen benutzt werden können, verbietet sich jedoch, denn Rückruf- und Werbeaktionen sind keine austauschbaren oder komplementären Verwendungsgründe, mithin verfolgen die Aktionen unterschiedliche Zwecke.[526] Während die Datenspeicherung im Hinblick auf Rückrufaktionen der Erfüllung vertraglicher Sorgfaltspflichten dient und daher unter die Nr. 1 des § 28 Absatz 1 Satz 1 BDSG fällt, stellt das Verarbeiten von Daten zu Zwecken der Werbung (allenfalls) eine Verwendung im berechtigten Interesse nach Nr. 2 dar. Ohne Einwilligung des Betroffenen dürfen nach Nr. 1 erhobene Daten jedoch nicht zu anderen Zwecken genutzt werden, die Daten müssten also zunächst erneut erhoben werden, bevor sie zu Zwecken der Werbung genutzt werden dürften.

Unter das Merkmal der berechtigten Interessen im Sinne dieser Vorschrift lässt sich jedoch die Praxis von Kreditkartenunternehmen subsumieren, Zahlungsprofile der Karteninhaber zusammenzustellen, solange diese Aktivität dazu dient, typischen Geschäftsrisiken vorzubeugen.[527] Diese Profile sollen finanzielle Belastungen minimieren, die bei einem Verlust oder Diebstahl von Kreditkarten auftreten können. Die verwendeten Systeme erkennen auffällige (da vom Profil abweichende) Transaktionen und alarmieren die entsprechenden Sicherheitsabteilungen der kartenausgebenden Institute. Die Verarbeitung der Kundendaten ist jedoch an eben diesen Zweck der Minimierung des Geschäftsrisikos gebunden und darf nicht für andere Zwecke, wie zum Beispiel des Marketings oder der Produktentwicklung verwendet werden.

Grundsätzlich ist auch das Interesse von Unternehmen als berechtigt anzuerkennen, zu Zwecken der Werbung erhobene personenbezogene Daten so zu verarbeiten, dass eine möglichst personalisierte, auf ein Individual-Marketing[528] abzielende Werbung erreicht wird, um Altkunden besser auf eigene Produkte aufmerksam machen zu können und Neukunden zu gewinnen.[529] Intensivere Kundenbeziehungen sowie die Ausweitung des Kundenkreises gehören zwar grundsätzlich zu den legitimen geschäftpolitischen Zielen von Unternehmen.[530] Allerdings ist der Konflikt mit dem informationellen

---

[526] Simitis, in: Simitis (2003), § 28, Rn. 148.

[527] Bergmann/Möhrle/Herb, § 28, Rn. 66 ff.; Wedde, in: Däubler/Klebe/Wedde, § 28, Rn. 33; Tinnefeld/Ehmann (2005), 362; Ehmann, AcP 188 (1988), 366; Simitis, in: Simitis (2003), § 28, Rn. 152.

[528] Zu diesem Begriff siehe Zorn (1997), 56.

[529] Simitis, in: Simitis (2003), § 28, Rn. 159.

[530] Vgl. Hinweise der Aufsichtsbehörde BW, Staatsanzeiger BW vom 19.1.1998, 7, Ziff. 4; Ehlers IuR 1988, 293; Paefgen, CR 1993, 482; Breinlinger, RDV 1997, 248 (250); Tinnefeld/Ehmann (2005), 362; Simitis, in: Simitis (2003), § 28, Rn. 159.

Selbstbestimmungsrecht der Betroffenen umso kritischer zu bewerten, je höher der Personalisierungsgrad der Werbemaßnahmen ist.[531] Die Datenverarbeitung im Sinne einer Profilbildung liegt jedenfalls außerhalb dessen, was als „berechtigtes Interesse" tolerierbar ist.[532]

Neben dem Kriterium des berechtigten Interesses muss die Datenverarbeitung auch „erforderlich" sein, um die Interessen der verantwortlichen Stelle zu verfolgen. Erforderlich ist eine Datenverwendung, wenn es keine objektiv zumutbaren Alternativen gibt.[533] Das bloße Vorliegen einer Geeignetheit oder Zweckmäßigkeit der Datenverarbeitung zur Wahrung der berechtigten Interessen reicht mithin nicht aus.[534] Zwar muss keine Unverzichtbarkeit der Datenverwendung zur Wahrnehmung der Interessen vorliegen.[535] Eine Legitimation durch diese Vorschrift bleibt jedoch außer Betracht, solange es für die verantwortliche Stelle andere Wege gibt, ihr Informationsziel zu erreichen.[536] Die Datenverarbeitung ist aufgrund dieser Vorschrift gerechtfertigt, wenn sie ein geeignetes Mittel ist, für das es keine zumutbare Alternative gibt.[537] Hierbei sind an das Kriterium der Zumutbarkeit im Interesse einer Wertungseinheitlichkeit der Rechtsordnung hohe Anforderungen zu stellen. Unzumutbar ist der Verzicht auf die Datenverarbeitung für die verantwortliche Stelle daher nur dann, wenn es bei objektiver Betrachtung kein für den Betroffenen milderes Mittel gibt, was gleich geeignet ist, den von der verantwortlichen Stelle verfolgten Zweck zu erreichen.

Ist das Merkmal der Erforderlichkeit der Verarbeitung gegeben, so müssen die Interessen der Beteiligten gegeneinander abgewogen werden. Bei dieser Abwägung kommt es auf die spezifische Verarbeitungssituation an. Je deutlicher das Maß der Beeinträchtigung in das Recht auf informationelle Selbstbestimmung eingreift, desto eher muss die Interessenabwägung zu seinen Gunsten ausfallen.[538] Aus § 4 BDSG ergibt sich ferner, dass bei der Interessenabwägung im Zweifel die Interessen des Betroffenen überwiegen, die Datenverarbeitung also unzulässig ist.[539] Nur wenn der Zweck, zu dem die Speicherung

---

[531] Dronsch, DuD 1996, 64f.; Weichert, WRP 1996, 526; Tinnefeld/Ehmann (2005), 362; Simitis, in: Simitis (2003), § 28, Rn. 159.

[532] Wittig, RDV 2000, 59; Podlech/Pfeifer, RDV 1998, 139; Weichert, DuD 2001, 264 (265); Gola/Schomerus (2005), § 28, Rn. 12 m.w.N.

[533] BGH, NJW 1984, 1887; Simitis, in: Simitis (2003), § 28, Rn. 143.

[534] So aber Gansäuge (1995), 164; Zöllner, ZHR 1985, 179 (191).

[535] Gola/Schomerus, § 28, Rn. 34.

[536] Simitis, in: Simitis (2003), § 28, Rn. 143 a.E.

[537] Schaffland/Wiltfang, § 28, Rn. 110.

[538] BGH, NJW 1984, 1889; Simitis, in: Simitis (2003), § 28, Rn. 163.

[539] Hoeren, in: Roßnagel (2003), 4.6, Rn. 33.

erfolgt, mit der Intensität des Eingriffs in das Selbstbestimmungsrecht des Betroffenen zu vereinbaren ist, kann eine Legitimation durch § 28 Absatz 1 Satz 1 Nr. 2 BDSG erfolgen.[540] Zur Interessenabwägung ist die verarbeitende Stelle zwar ausdrücklich selbst verpflichtet, sie darf diese jedoch auf eine summarische Prüfung der Belange des Betroffenen beschränken.[541] Eine kursorische Prüfung ohne Beachtung der konkreten Verarbeitung genügt hingegen nicht. Soweit die verarbeitende Stelle Zweifel daran hat, ob schutzwürdige Interessen der Betroffenen überwiegen, muss sie von der Verarbeitung absehen.[542]

5.3.3 Allgemein zugängliche Quellen

Gemäß § 28 Absatz 1 Satz 1 Nr. 3 BDSG ist die Datenverarbeitung auch zulässig, wenn die Daten allgemein zugänglich sind oder die verantwortliche Stelle sie veröffentlichen dürfte, wenn nicht ein schutzwürdiges Interesse des Betroffenen „offensichtlich überwiegt". Nach der Rechtsprechung des Bundesverfassungsgerichts liegt eine allgemein zugängliche Quelle vor, wenn die Informationsquelle technisch zur Eignung bestimmt ist, der Allgemeinheit, das heißt einem individuell nicht bestimmbaren Personenkreis, Informationen zu verschaffen.[543] Zu solchen Quellen zählen etwa öffentliche Register (Schuldnerverzeichnis, Handelsregister, Vereinsregister, Güterrechtsregister, Genossenschaftsregister, Musterregister, Schiffsregister),[544] Zeitungen, Telefonbücher, Hörfunk und Fernsehen. Internetseiten zählen zu diesen Quellen, wenn ohne zusätzliche Kenntnis bestimmter Umstände auf die Daten zugegriffen werden kann. Das heißt, E-Mail-Verzeichnisse zählen dann nicht dazu, wenn sie in Form von Suchmaschinen ausgestaltet sind und die Eingabe des jeweils gesuchten Namens Voraussetzung ist, um die gesuchte Adresse angezeigt zu bekommen.[545] Auch die Angaben im Grundbuch[546] sowie im Gewerbezentralregister sind keine allgemein zugänglichen Quellen, weil sie nicht voraussetzungslos zugänglich sind.[547] Die Daten müssen nicht notwendig aus den genannten Quellen stammen, denn das Gesetz spricht lediglich davon, dass die

---

[540] BGH, NJW 1986, 2506.

[541] Gola/Schomerus (2005), § 28, Rn. 37; Simitis, in: Simitis (2003), § 28, Rn. 164; Schaffland/Wiltfang, § 28, Rn. 87; Tinnefeld/Ehmann (2005), 361.

[542] Simitis, in: Simitis (2003), § 28, Rn. 166.

[543] BVerfGE 33, 52 (65).

[544] BGH, NJW 1989, 2818; Kollhosser, NJW 1988, 2409 (2410 ff.); Simitis, in: Simitis (2003), § 28, Rn. 191.

[545] Hoeren, in: Roßnagel (2003), 4.6, Rn. 35.

[546] Simitis, in: Simitis (2003), § 28, Rn. 191f.

[547] Hoeren , in: Roßnagel (2003), 4.6, 36; Simitis, in: Simitis (2003), § 28, Rn. 192.

Daten aus solchen Quellen entnommen werden können. Daher reicht die Möglichkeit einer Beschaffung der Daten aus öffentlichen Quellen aus.

Überwiegen schutzwürdige Interessen der Betroffenen an einem Verzicht auf die Datenverarbeitung offensichtlich, ist die Datenverarbeitung nach § 28 Absatz 1 Satz 1 Nr. 3 BDSG ausgeschlossen. Auch hier muss also eine Interessenabwägung erfolgen, allerdings ergibt sich aus der Formulierung des Gesetzgebers („...es sei denn...offensichtlich überwiegt") die Vermutung, dass dies gerade nicht der Fall ist. Die Interessenabwägung, die schon bei Nr. 2 lediglich summarisch durchzuführen ist, ist hier also weiter abgeschwächt.[548] Nur wenn der Vorrang der Interessen der Betroffenen auf der Hand liegt, sich mehr oder weniger von selbst ergibt, scheidet die Verarbeitung aus.[549]

5.3.4 Übermittlung oder Nutzung für andere Zwecke

Die Datenverarbeitung für andere als die in § 28 Absatz 1 BDSG normierten Zwecke richtet sich nach § 28 Absatz 3 BDSG. Nach dieser Vorschrift ist die Verarbeitung zulässig, wenn und soweit dies zur Wahrung berechtigter Interessen eines Dritten oder zur Abwehr von Gefahren für die öffentliche Sicherheit beziehungsweise zur Verfolgung von Straftaten erforderlich ist. Außerdem ist die Verarbeitung bestimmter Daten für Zwecke der Werbung, der Markt- und Meinungsforschung zulässig, wenn kein Grund zur Annahme besteht, dass schutzwürdige Interessen des Betroffenen entgegenstehen. Schließlich ist die Verarbeitung unter bestimmten weiteren Voraussetzungen zulässig, wenn sie wissenschaftlichen Zwecken dient.

5.3.4.1 Berechtigte Interessen eines Dritten

Berechtigt ist hier jedes von der Rechtsordnung gebilligte Interesse.[550] Erheblich eingeschränkt wird das Verarbeitungsrecht durch den Verweis auf die schutzwürdigen Interessen des Betroffenen. Auch hier ist wieder eine Interessenabwägung erforderlich.[551] Aus dem Wortlaut „...ist zulässig, soweit ... kein Grund zu der Annahme besteht, dass der Betroffene ein schutzwürdiges Inte-

---

[548] Vgl. Simitis, in: Simitis (2003), § 28, Rn. 201.

[549] Bergmann/Möhrle/Herb, § 28, Rn. 124; Gola/Schomerus (2005), § 28, Rn. 44; Dörr/Schmidt (1992), § 28, Rn. 32); Simitis, in: Simitis (2003), § 28, Rn. 201.

[550] Vgl. BGH, NJW 1984, 1887; Schaffland/Wiltfang, § 28, Rn. 85; Gola/Schomerus (2005), § 28, Rn. 33; Hoeren, in: Roßnagel (2003), 4.6, Rn. 42.

[551] Vgl. Gola/Schomerus (2005), § 28, Rn. 36

resse an dem Ausschluss [der Verarbeitung] hat" folgt, dass die Verarbeitung bereits unzulässig ist, wenn Zweifel darüber bestehen, ob eine Interessensverletzung des Betroffenen vorliegt. Für die verarbeitende Stelle darf kein konkreter Umstand erkennbar sein, der auf eine Beeinträchtigung hindeutet. Allerdings soll nicht jede theoretisch denkbare Annahme einer möglichen Interessensverletzung der Zulässigkeit der Datenverarbeitung entgegenstehen; dies käme einem völligen Ausschluss der Verarbeitungsbefugnis gleich, da jede Datenverarbeitung die Interessen des Betroffenen berühren kann.[552] Solange eine summarische, überschlägige Prüfung keine Anhaltspunkte für Persönlichkeitsrechtsverletzungen ergibt, ist die Verarbeitung zulässig.[553]

5.3.4.2 Werbung, Markt- und Meinungsforschung

Bei der Legitimation nach § 28 Absatz 3 Satz 1 Nr. 3 BDSG ist die Verarbeitung zulässig, wenn es sich bei den Daten um Angaben über die Zugehörigkeit des Betroffenen zu einer Personengruppe handelt, die Daten listenmäßig oder sonst zusammengefasst sind und es sich bei den Angaben ausschließlich um bestimmte, in der Vorschrift abschließend bezeichnete Daten handelt. Auch hier ist die Verarbeitung dadurch erheblich eingeschränkt, dass sie nach dieser Vorschrift nur zulässig ist, wenn kein Grund zur Annahme besteht, dass der Betroffene ein schutzwürdiges Interesse an dem Ausschluss der Verarbeitung hat.

Nach § 28 Absatz 4 BDSG hat der Betroffene ein Widerspruchsrecht gegen eine Datenverarbeitung zur Werbung, Markt- und Meinungsforschung. Dies verdeutlicht, dass das deutsche Datenschutzrecht hinsichtlich der Datenverarbeitung durch Private grundsätzlich eine Opt out-Lösung verfolgt. Nach § 28 Absatz 3 Satz 2 BDSG muss die verarbeitende Stelle sicherstellen, dass der Betroffene über das Widerspruchsrecht Kenntnis hat.

5.3.4.3 Wissenschaftliche Forschung

§ 28 Absatz 3 Satz 1 Nr. 4 BDSG privilegiert die private Datenverarbeitung zu Forschungszwecken. Im Rahmen dieser Legitimationsgrundlage ist das Merkmal „wissenschaftliche Forschung" problematisch. Nach der Rechtsprechung des Bundesverfassungsgerichts zu Artikel 5 Absatz 3 GG fällt unter

---

[552] Gola/Schomerus (2005), § 28, Rn. 37.
[553] Gola/Schomerus (2005), § 28, Rn. 37.

Wissenschaft alles, was nach Form und Inhalt als ernsthafter Versuch zur Ermittlung der Wahrheit anzusehen ist.[554] Dieser Begriff ist weit gefasst und nicht auf universitäre Forschung beschränkt. Einschränkungen der Privilegierung ergeben sich jedoch aus § 40 BDSG. Hiernach ist die Datenverarbeitung an wissenschaftliche Zwecke gebunden, ferner müssen die Daten so bald wie möglich anonymisiert werden. Die Veröffentlichung der Daten ist grundsätzlich nur mit Einwilligung der Betroffenen zulässig.

5.4 Gesetzliche Erlaubnis von Individualisierungsmaßnahmen

Nach dem Verständnis des deutschen Datenschutzrechts ist die Verwendung von personenbezogenen Daten grundsätzlich erlaubnispflichtig. Für die rechtmäßige Verwendung personenbezogener Daten benötigen die Anbieter individualisierter und individualisierender Produkte daher Erlaubnistatbestände, also entweder die gesetzliche Erlaubnis oder die Einwilligung des Betroffenen. Ist eine gesetzliche Erlaubnisnorm erfüllt, hat dies für die Anbieter individualisierter Produkte den Vorteil, dass sie keine Einwilligung von den Betroffenen einholen müssen. Nachfolgend wird daher untersucht, inwieweit die Verwendung der individualisierungstypischen Datenverarbeitungstechniken von den gesetzlichen Erlaubnistatbeständen gedeckt sein kann.

5.4.1 Gesetzliche Erlaubnistatbestände und Data Warehousing

Unternehmen nutzen bei der Individualisierung vielfach die Datenverarbeitungstechnik des Data Warehousing.[555] Der Begriff des Data Warehousing steht in der vorliegenden Arbeit für die Speicherung und Sortierung großer Mengen von Daten mittels Metadaten. Die Daten werden aus mehreren unternehmensinternen, aber auch unternehmensexternen Datenquellen zusammengetragen, wo sie meist im Tagesgeschäft anfallen. Sie können später multidimensional modelliert und entsprechend bestimmter Zielsetzungen individuell für einzelne Maßnahmen abgefragt werden. Auch dienen diese Datensammlungen als Grundlage für komplexere Datenverarbeitungstechniken, zum Beispiel Data Mining.

Vom Vertragszweck dürfte eine solche Datenverwendung regelmäßig nicht erfasst sein. Ein diese Technik legitimierender Vertrag müsste zu dem spezifi-

---

[554] BVerfGE 35, 79 (113); 47, 327 (367).
[555] Vgl. zu dieser Technik Teil C 4.1.

schen Zweck geschlossen werden, dem jeweiligen Unternehmen das Data Warehousing zu ermöglichen. Dies dürfte in der Praxis aus mehreren Gründen ausgeschlossen sein. Für die betroffenen Nutzer hätten derartige Verträge keinen Nutzen, daher würden sie diese nicht abschließen, selbst wenn sie ihnen angeboten würden. Data Warehousing ist eine Technik, die ganz überwiegend allein im Interesse der Datenverwender eingesetzt wird. Das Interesse der Datenverwender kann zum Beispiel in der Absicherung gegen finanzielle Verluste liegen. Kreditinstitute und Versicherungen greifen zum Beispiel auf das Data Warehousing zurück, um Ausfallrisiken zu bewerten. Vom Vertragszweck der zugrunde liegenden Verträge mit den Betroffenen ist das Data Warehousing jedoch in diesem Fall nicht umfasst, da es keinen unmittelbaren sachlichen Zusammenhang mit dem konkreten Vertragszweck (der Versicherung, der Kreditfinanzierung etc.) gibt. Um von dem Erlaubnistatbestand des Vertragszwecks nach § 28 Abs. 1 Satz 1 Nr. 1 BDSG erfasst zu sein, müssten die Daten auch tatsächlich mit Wissen und Wollen des Betroffenen zum Zweck des Data Warehousing erhoben werden. Dies wäre jedoch dem Data Warehousing völlig fremd. Data Warehousing wird nach seiner Definition gerade mit beiläufig im Alltagsgeschäft anfallenden Daten durchgeführt. Eine Datenerhebung mit dem erklärten Zweck des Data Warehousing wäre das Gegenteil hiervon. Auch die Tatsache, dass das Data Warehousing oft zu Zwecken erfolgt, die im Zeitpunkt der Datenerhebung noch gar nicht konkretisiert sind, widerspricht einer Legitimation über diese Vorschrift. Es ist gerade die Kernvoraussetzung dieses Erlaubnistatbestandes, dass der Zweck der Datenerhebung im Vertrag fixiert und konkret bestimmt ist. Eine Datenverarbeitung mittels Data Warehousing für später zu bestimmende Zwecken, also „auf Vorrat" erfüllt diese Anforderungen gerade nicht. Somit ist das Data Warehousing praktisch nicht über den Erlaubnistatbestand des Vertragszwecks zu legitimieren.

Gemäß § 28 Absatz 1 Satz 1 Nr. 2 BDSG ist Data Warehousing zulässig, wenn es zur Wahrung berechtigter Interessen des Unternehmens erforderlich ist und kein Grund zur Annahme besteht, dass ein schützwürdiges Interesse des Betroffenen dagegen überwiegt. In allen Konstellationen, in denen das Data Warehousing überwiegend im Interesse der verarbeitenden Stelle eingesetzt wird und für den Betroffenen mit negativen Folgen verbunden sein kann, ist davon auszugehen, dass sein Interesse gegen das Data Warehousing überwiegt. Werden Daten zum Beispiel zur Abwehr von finanziellen Gefahren der Datenverwender per Data Warehousing verarbeitet, kann dies dazu führen, dass dem Betroffenen bestimmte Verträge vorenthalten oder gekündigt werden oder dass ihm bestimmte Bezahlmodalitäten oder sonstige Vorzüge (wie etwa niedrigere Zinssätze oder längere Kreditlaufzeiten) nicht angeboten werden. Hieran hat kein Betroffener ein Interesse, das Gegenteil ist der Fall. Im Interesse eines effektiven Schutzes der informationellen Selbstbestimmung ist vielmehr davon auszugehen, dass der Betroffene ein Interesse daran hat, sensible Daten für sich zu behalten. Dieses Interesse dürfte auch im Normalfall, dass der Betroffene sich rechtstreu verhalten will und keine betrügerischen Absichten hat, gegenüber dem wirtschaftlichen Interesse der datenverarbeitenden Unternehmen überwiegen. Folglich besteht Grund zu der Annahme, dass in den Konstellationen, in denen das Data Warehousing überwiegend im Interesse der verarbeitenden Stelle zur Gefahrenabwehr eingesetzt wird, das Interesse der Betroffenen an dem Ausschluss des Data Warehousing überwiegt. Dies entspricht auch der Maßgabe, dass dieser Erlaubnistatbestand als Ausnahmevorschrift zum generellen Verbot der Datenverarbeitung restriktiv auszulegen ist. Nur in Konstellationen, in denen das Data Warehousing zwar vom Datenverarbeiter ausgeht und (auch) seinen Interessen dient, jedoch überwiegend im Interesse des Betroffenen eingesetzt wird, kann dieser Erlaubnistatbestand erfüllt sein. Sammelt ein Unternehmen etwa Daten per Data Warehousing, um ihm im fortlaufenden Geschäftsverkehr ein verbessertes Customer Relationship Management anzubieten und beschränkt sich der Zweck des Data Warehousing auf diesen Zweck, ist davon auszugehen, dass die schutzwürdigen Interessen des Betroffenen nicht überwiegen und dass das Data Warehousing gemäß § 28 Absatz 1 Satz 1 Nr. 2 BDSG zulässig ist.

Die Legitimation nach § 28 Absatz 1 Satz 1 Nr. 3 BDSG (allgemein zugängliche Quellen) kommt für das Data Warehousing nicht in Betracht. Die anfallenden Daten werden in individuellen Kundenbeziehungen gesammelt, sie können also denknotwendig gar nicht in öffentlich zugänglichen Quellen vorhanden sein. Dieser Erlaubnistatbestand ist schlichtweg nicht auf das Data Warehousing zugeschnitten und nicht erfüllt.

Der Erlaubnistatbestand des § 28 Absatz 3 BDSG umfasst drei Teilbereiche: erstens die Datenverarbeitung zur Wahrung berechtigter Interessen Dritter beziehungsweise zur Abwehr von Gefahren für die öffentliche Sicherheit sowie zur Verfolgung von Straftaten, zweitens die Verarbeitung zu Zwecken der Werbung, Markt- und Meinungsforschung und drittens die Verarbeitung zu wissenschaftlichen Zwecken.

Die erste Alternative des § 28 Absatz 3 BDSG fasst zwei Fallgruppen zusammen: einerseits die Fälle, in denen die Datenverarbeitung zur Wahrung berechtigter Interessen Dritter erfolgt und andererseits die Fälle, in denen die Verarbeitung zur Abwehr von Gefahren für die öffentliche Sicherheit sowie der Verfolgung von Straftaten erforderlich ist. Aus der Zusammenfassung dieser beiden Fallgruppen ergibt sich, dass hier Konstellationen gemeint sind, in denen die Betroffenen sich dem Anschein nach rechtswidrig verhalten haben und die Datenverarbeitung der Aufklärung beziehungsweise Bereinigung ihres Fehlverhaltens dient. Gemeint sind etwa Fälle, in denen der Vertragspartner eines datenverarbeitenden Unternehmens einem anderen Unternehmen gegenüber Verbindlichkeiten hat, dieses Unternehmen aber seine Ansprüche nicht durchsetzen kann, weil ihm die Identität oder ladungsfähige Anschrift des Betroffenen unbekannt sind. In diesen Fällen soll die informationelle Selbstbestimmung nicht dem böswilligen Betroffenen als Schutzmantel dienen, daher erlaubt das Gesetz hier die Datenweitergabe und –verarbeitung zugunsten des schutzwürdigen Dritten. Diese Lesart der Vorschrift wird auch dadurch gestützt, dass der Gesetzgeber die Fallkonstellation „Abwehr von Gefahren für die öffentliche Sicherheit sowie Verfolgung von Straftaten" mit der Fallkonstellation „Datenverarbeitung zur Wahrung berechtigter Interessen Dritter" in ein- und derselben Vorschrift zusammengefasst hat, denn dies spricht dafür, dass die Interessenlage in beiden Fällen vergleichbar sein muss. Wenn eine Verwendung von Daten nach dieser Vorschrift allerdings für das Data Warehousing zulässig wäre, hieße das, einen Generalverdacht gegen alle Betroffenen auszusprechen. Das Data Warehousing würde hierbei „auf Vorrat" für den Fall durchgeführt, dass einzelne Betroffene Forderungen nicht bedienen oder ihren Vertragspartnern sonstige Leistungen schuldig bleiben. Dies ist mit der Vorschrift nicht gemeint und soll auch nicht legitimiert werden. Gemeint ist, dass Daten im Einzelfall, bei konkret begründetem Verdacht, nachträglich verarbeitet und dann, aber auch nur dann weitergegeben werden dürfen, wenn sich die Unklarheit anders nicht auflösen lässt. Das Data Warehousing setzt jedoch zu einem früheren Zeitpunkt an, zu dem noch kein derartiger konkreter Verdacht bestehen kann. Eine generelle Legitimation des Data Warehousing nach dieser Vorschrift ist somit ausgeschlossen.

Die zweite Fallgruppe des § 28 Absatz 3 BDSG bezieht sich nur auf ganz bestimmte Daten, die in der Vorschrift aufgeführt sind. Dies sind: Angabe über die Zugehörigkeit des Betroffenen zu einer Personengruppe, Berufs-, Branchen- oder Geschäftsbezeichnung, Namen, Titel, akademische Grade, Anschrift und Geburtsjahr. Diese Aufzählung erfasst gerade nicht die beim Data Warehousing typischerweise verwendeten Daten. Dort werden nämlich vorwiegend die während einer Geschäftsbeziehung anfallenden Daten gespeichert und zusammengetragen. Daten wie Name, Anschrift und Geburtsjahr sind den Datenverarbeitern ohnehin bekannt. Die für das Data Warehousing notwendigen Daten sind viel feinkörniger und subtiler. Mithin kann diese Erlaubnisgrundlage das Data Warehousing nicht legitimieren.

Die letzte Fallgruppe des § 28 Absatz 3 BDSG legitimiert die Datenverarbeitung zu Zwecken der Wissenschaft und Forschung. Beim Data Warehousing werden wirtschaftliche Ziele verfolgt. Zwar ist denkbar, dass Unternehmen während der Durchführung des Data Warehousing auch Maßnahmen ergreifen, um das Data Warehousing selbst zu verbessern. In soweit könnte man argumentieren, dass sie den Zweck betriebswissenschaftlich-informationstechnischer Forschung verfolgen. Dieser Zweck ist aber gegenüber den eigentlich beim Data Warehousing verfolgten Zielen nachrangig. Das Merkmal der wissenschaftlichen Forschung kann nicht dazu dienen, eine an sich nicht zulässige Verwendung von Daten im Data Warehousing zu legitimieren, schließlich handelt es sich bei der Vorschrift um eine eng auszulegende Ausnahmeregelung.

Zusammenfassend lässt sich sagen, dass eine gesetzliche Legitimation des Data Warehousing nur in eng begrenzten Ausnahmefällen in Betracht kommt. Zum Beispiel wäre dies der Fall, wenn das Data Warehousing auch und überwiegend im Interesse der Betroffen eingesetzt wird, um den Betroffenen den Vorteil eines besonders kundenfreundlichen Customer Relationship Managements zu bieten.

5.4.2 Gesetzliche Erlaubnistatbestände und Data Mining

Auch beim Data Mining werden große Mengen personenbezogener Daten verarbeitet.[556] Die Technik des Data Mining lässt sich in etwa umschreiben mit dem kriterienorientierten Suchen und Finden von in großen Datensammlungen versteckten Informationen.[557] Aus einer Vielzahl von an sich unbedeutenden Daten werden beim Data Mining durch intelligente Sortierung, Aufbereitung und Verdichtung Informationen gewonnen, die von ihrer Qualität her die bloße Summe der in den Daten enthaltenen Informationen deutlich übersteigen. Hierin liegt auch der Mehrwert des Data Mining gegenüber dem Data Warehousing: Data Mining erlaubt differenziertere Aussagen als bloßes Data Warehousing; die Technik des Data Mining ist gegenüber dem Data Warehousing komplexer und intelligenter. Data Mining baut zwingend auf dem Data Warehousing auf, da für das Finden von Informationen in Datensammlungen diese Datensammlungen (also Data Warehouses) erst einmal angelegt werden

---

[556] Vgl. zur Technik des Data Mining die Ausführungen in Teil C 4.2.
[557] Der Begriff „Informationen" wird hier entsprechend des in der vorliegenden Arbeit verwendeten Schemas verwendet, weil die Angaben, die durch das Data Mining erzeugt werden, für die Datenverarbeiter eine Bedeutung haben und daher nicht bloß „neutrale" Daten sind.

müssen.

Data Mining wird ausschließlich innerhalb von Unternehmen angewendet. Eine direkte Außenwirkung des Data Mining gibt es nicht. Aus den Ergebnissen des Data Mining werden einerseits unternehmensinterne Strategien (etwa zur Produktportfoliogestaltung) entwickelt, andererseits werden die Ergebnisse dazu benutzt, um Kunden individualisierter ansprechen zu können, zum Beispiel mit Instrumenten des Marketings.

Die Legitimation des Data Mining durch § 28 Absatz 1 Satz 1 BDSG würde voraussetzen, dass ihr Einsatz der Zweckbestimmung eines zwischen Betroffenem und Datenverarbeiter geschlossenen Vertrags dient. In der Praxis sind keine Fälle denkbar, in denen Data Mining-Techniken auf die personenbezogenen Daten von Vertragspartnern eingesetzt werden, um Verträge mit diesen zu erfüllen. Data Mining wird von Datenverarbeitern vielmehr in erster Linie zur Verfolgung eigener strategischer und absatzpolitischer Ziele angewendet. Zwar mögen auch die Betroffenen mittelbare Vorteile haben, zum Beispiel dadurch, dass Marketingmaßnahmen auf ihre Interessen und Bedürfnisse abgestimmt werden und sie nicht mit einer Flut unpassender Werbung überhäuft werden. Diese Vorteile haben jedoch nichts mit etwaigen Verträgen zwischen ihnen und den Datenverarbeitern zu tun.

Nach § 28 Absatz 1 Satz 1 Nr. 2 BDSG wäre Data Mining zulässig, wenn es zur Wahrung berechtigter Interessen des Unternehmens erforderlich wäre und kein Grund zur Annahme bestünde, dass ein schützwürdiges Interesse des Betroffenen hiergegen überwiegt. Wenn Data Mining so benutzt wird, dass seine Auswirkungen für den Betroffenen negative Konsequenzen haben können, sind diese Voraussetzungen in der Regel nicht gegeben, da in diesen Fällen Grund zur Annahme besteht, dass die Betroffenen hiergegen aufgrund ihrer informationellen Selbstbestimmung schutzwürdige Interessen haben und dass diese gegenüber den Interessen der Wirtschaftsunternehmen auch überwiegen. Auch wenn Betroffene als Folge des Data Mining mit individualisierten Werbemaßnahmen konfrontiert werden, dürften grundsätzlich schutzwürdige Interessen vorliegen. Dieses Interesse ist umso stärker, je sensibler die verarbeiteten Daten sind und je komplexer und undurchsichtiger die Vorgänge sind, die zu der individualisierten Marketingmaßnahme führen. Wenn davon auszugehen ist, dass Betroffene durch Marketingmaßnahmen peinlich berührt oder negativ überrascht wären, dürften die Interessen daran, dass auf das Data Mining verzichtet wird, jedenfalls überwiegen.

Gegen Data Mining zur Ausrichtung der Unternehmensstrategie oder Gestaltung des Produktportfolios dürften hingegen keine schutzwürdigen Interessen der Betroffenen bestehen, da sie hiervon nicht direkt betroffen sind und der Personenbezug der Daten bei diesen Maßnahmen auch vollkommen in den Hintergrund tritt. Schließlich ist der Vollständigkeit halber auf die grundsätzliche Zulässigkeit des Data Mining unter Verwendung von pseudonymisierten Daten der Betroffenen hinzuweisen. Diese unterfallen schon nicht dem Anwendungsbereich des Datenschutzrechts, so dass das Vorliegen der Tatbestandsmerkmale einer Erlaubnisnorm nicht erforderlich ist.

Die Legitimation nach § 28 Absatz 1 Satz 1 Nr. 3 BDSG (allgemein zugängliche Quellen) kommt für das Data Mining ebenso wenig wie für das Data Warehousing in Betracht. Die beim Data Mining verarbeiteten Daten sind in öffentlich zugänglichen Quellen nicht zu finden, sondern werden bei individuellen Interaktionen mit den Kunden gesammelt. Eine Legitimation des Data Mining durch § 28 Absatz 1 Satz 1 Nr. 3 BDSG kommt daher nicht in Betracht.

In Frage kommt schließlich noch eine Legitimation durch § 28 Absatz 3 BDSG. Diese Vorschrift umfasst drei Teilbereiche: erstens die Datenverarbeitung zur Wahrung berechtigter Interessen Dritter beziehungsweise zur Abwehr von Gefahren für die öffentliche Sicherheit sowie zur Verfolgung von Straftaten, zweitens die Verarbeitung zu Zwecken der Werbung, Markt- und Meinungsforschung und drittens die Verarbeitung zu wissenschaftlichen Zwecken.

Der Anwendungsbereich der ersten Alternative ist sehr begrenzt.[558] Nur bei Vorliegen konkreter Hinweise auf ein rechtswidriges oder die öffentliche Sicherheit gefährdendes Verhalten wäre Data Mining durch diese Vorschrift legitimiert. In der Praxis dürfte dies keinerlei Relevanz haben. Bezüglich der Einzelheiten kann auf die obigen Ausführungen zum Data Warehousing verwiesen werden, die auch bezüglich des Data Mining zutreffend sind.

Die zweite Fallgruppe des § 28 Absatz 3 BDSG bezieht sich nur auf ganz bestimmte Daten, die in der Vorschrift aufgeführt sind. Dies sind: Angabe über die Zugehörigkeit des Betroffenen zu einer Personengruppe, Berufs-, Branchen- oder Geschäftsbezeichnung, Namen, Titel, akademische Grade, Anschrift und Geburtsjahr. Diese Aufzählung erfasst gerade nicht die beim Data Mining verwendeten Daten. Mithin kann auch diese Erlaubnisgrundlage das Data Mining nicht legitimieren.

Die letzte Fallgruppe des § 28 Absatz 3 BDSG legitimiert die Datenverarbei-

---

[558] Vgl. die Ausführungen im vorigen Unterkapitel zum Data Warehousing.

tung zu Zwecken der Wissenschaft und Forschung. Beim Data Mining werden jedoch in aller Regel keine wissenschaftlichen Zwecke verfolgt.

Insgesamt ist festzustellen, dass das Data Mining nur in ganz vereinzelten Ausnahmefällen und bei Marketingmaßnahmen mit niedrigem Individualisierungsgrad durch die gesetzlichen Erlaubnisnormen gedeckt sein dürfte.

5.4.3 Erlaubnistatbestände und On-Line Analytical Processing (OLAP)

Beim On-Line Analytical Processing werden keine personenbezogenen Daten verwendet. Daher unterfällt diese Technik nicht dem Anwendungsbereich der deutschen Datenschutzgesetze. Eine gesonderte Legitimationsgrundlage zur Verarbeitung von Daten im Rahmen von OLAP ist somit nicht erforderlich.

5.4.4 Erlaubnistatbestände und Profilbildung

Unter Profilbildung versteht man das Zusammenführen einer Vielzahl von einzelnen personenbezogenen Daten mit dem Ziel, ein möglichst detailliertes und aussagekräftiges Bild von einer Person zu erhalten.[559] Zum Beispiel können viele individualisierte Dienste ohne Profilbildung nicht erbracht werden. Doch auch für andere Individualisierungsmaßnahmen, etwa im Bereich des Marketing, der Kundenbindung und der individualisierten Vertragsgestaltung, wird auf diese Technik zurückgegriffen. Die Profilbildung ist die wichtigste Technik, die bei der Erbringung von individualisierten Dienstleistungen zur Anwendung kommt. Auch bei der Erstellung von individualisierten Waren ist ihr Einsatz weit verbreitet. Schließlich werden Profile angelegt, wenn adaptive Geräte von Betroffenen benutzt werden. Diese Geräte speichern Nutzungsdaten und passen sich entsprechend der aus diesen Daten gezogenen Schlüsse an die Bedürfnisse und Eigenheiten der Nutzer an. Die Profildaten haben einen erheblichen wirtschaftlichen Wert und können für eine Vielzahl weiterer Zwecke genutzt werden, wie zum Beispiel zu Zwecken des Marketings, der Kundenbindung, der Markt- und Meinungsforschung und der Produktentwicklung. Die Profilbildung stellt aus datenschutzrechtlicher Sicht ein erhebliches Gefahrenpotential da, denn es werden besonders viele personenbezogene und teils auch sensible Daten zusammengetragen. Durch die intelligente Verknüpfung dieser Daten lassen sich unter Umständen sensible und sehr private Informationen über die Eigenheiten und Motivationen des hinter dem Profil stehenden

---

[559] Vgl. zur Profilbildung die Ausführungen in Teil C 4.4.

Individuums herausfinden. Das Bundesverfassungsgericht hat bereits in der Volkszählungsentscheidung klargestellt, dass die Erstellung von Profilen im Sinne von Totalabbildern auf jeden Fall unzulässig ist. Auch die Erstellung von Teilabbildern einer Person sei grundsätzlich unzulässig. Dies macht deutlich, dass die Profilbildung nur ausnahmsweise gestattet sein kann.

Zunächst zur Legitimation der Profilbildung aufgrund Vertrags. Festzuhalten ist, dass sich die Erlaubnis zur Datenverarbeitung am Vertragszweck orientiert und durch ihn begrenzt ist. Eine Profilbildung, die nicht zwingend für die Vertragserfüllung Voraussetzung ist, wird durch § 28 Absatz 1 Satz 1 Nr. 1 BDSG also nicht legitimiert. Soll ein individualisiertes Produkt hergestellt werden, bedeutet dies zum Beispiel, dass Profile nur bis zur Beendigung des Vertragsverhältnisses gespeichert bleiben dürfen. Eine Datenweitergabe verbietet sich ebenso wie die Verwendung des Profils für Zwecke, die über den Vertrag hinausgehen. Dies verdeutlicht, dass Unternehmen sich hinsichtlich vieler Verwendungsmöglichkeiten von Profilen gerade nicht auf diese Vorschrift berufen können. Bei Dienstleistungen, die ohne Profilbildung nicht denkbar sind, kommt auf jeden Fall eine Legitimation der Datenverarbeitung nach § 28 Absatz 1 Satz 1 Nr. 1 BDSG in Betracht. Setzt eine Dienstleistung die Erstellung von Profilen voraus, ist die Erstellung und Verwendung insoweit vom Vertragszweck gedeckt. Wenn etwa individualisierte Location Based Services über einen längeren Zeitraum abgerufen werden und es gerade dem Vertragsinhalt entspricht, dass im Verlauf der Geschäftsbeziehung adaptiv auf Erfahrungswerte zurückgegriffen werden soll, so dass die Dienstleistung für den Nutzer ein hohes Maß an Individualisierung bieten kann, dann ist diese Profilbildung vom Vertragszweck gedeckt und gemäß § 28 Absatz 1 Satz 1 Nr. 1 BDSG erlaubt. Eine Profilbildung zu Zwecken des Marketing, der Meinungsforschung und der abstrakten Produktentwicklung dürfte im Normalfall jedoch gerade nicht vom Vertragszweck erfasst sein. Für die Profilbildung zu diesen Zwecken ist eine Legitimation über diese Vorschrift also nicht möglich. Erst recht nicht zulässig ist die Profilbildung für Zwecke der Abwehr finanzieller Gefahren – etwa durch Kreditgeber oder Versicherungen – denn diese Zwecke liegen klar außerhalb der zugrunde liegenden Vertragszwecke zwischen den Betroffenen und den die Profilbildung betreibenden Unternehmen.

Gemäß § 28 Absatz 1 Satz 1 Nr. 2 BDSG ist die Profilbildung dann zulässig, wenn dies zur Wahrung berechtigter Interessen des Unternehmens erforderlich ist und kein Grund zur Annahme besteht, dass ein schützwürdiges Interesse des Betroffenen gegen die Profilbildung überwiegt. Entsprechend der Ausführungen am Anfang dieses Unterkapitels ist die Profilbildung in allen Konstellationen, in denen sie überwiegend im Interesse der verarbeitenden

Stelle eingesetzt wird und für den Betroffenen mit negativen Folgen verbunden sein kann, nicht zulässig, da davon auszugehen ist, dass das Interesse der Betroffenen gegen eine Erstellung von Profilen überwiegt. Angesichts der hohen datenschutzrechtlichen Relevanz muss angenommen werden, dass die Profilbildung grundsätzlich gegen das schutzwürdige Interesse der Betroffenen an ihrer informationellen Selbstbestimmung verstößt. Im Interesse eines effektiven Schutzes der informationellen Selbstbestimmung ist deshalb in der Regel davon auszugehen, dass der Betroffene ein Interesse daran hat, die (potenziell) sensiblen Daten für sich zu behalten und sie nicht in Profile einfließen zu lassen. Nur wenn ausnahmsweise aus den Umständen erkennbar ist, dass die Profilbildung im Interesse des Betroffenen liegt, kommt eine Legitimation nach dieser Vorschrift in Betracht.

Die Legitimation nach § 28 Absatz 1 Satz 1 Nr. 3 BDSG (allgemein zugängliche Quellen) kommt für die Profilbildung nicht in Betracht, da die in Profilen verarbeiteten Daten ganz überwiegend nicht in öffentlich zugänglichen Quellen vorhanden sind.

Zum Erlaubnistatbestand des § 28 Absatz 3 BDSG ist auch im Kontext der Profilbildung im Wesentlichen das Gleiche zu sagen wie bereits oben in den ersten beiden Unterkapiteln zum Data Warehousing und Data Mining. Die Vorschrift enthält einige restriktiv auszulegende Ausnahmevorschriften, die im Kontext der Individualisierung praktisch bedeutungslos sind.

Festzuhalten ist, dass die Profilbildung zwar gesetzlich legitimiert ist, wenn sie innerhalb der Abwicklung eines Vertrags stattfindet und vom Vertragszweck umfasst ist. Für die besonders praxisrelevante Verwendung von Profilen zu Zwecken, die über die konkrete Vertragsgestaltung hinausgehen, ist jedoch keine gesetzliche Erlaubnis ersichtlich, es sei denn, ausnahmsweise liegt kein Grund zu der Annahme vor, dass das Interesse der Betroffenen am Schutz ihrer informationellen Selbstbestimmung überwiegt.

5.4.5 Erlaubnistatbestände und Bewertungsmodelle (Scoring)

Beim Scoring werden Vergangenheitsdaten mittels mathematisch-statistischer Verfahren analysiert.[560] Ergebnis der Analyse sind Wahrscheinlichkeitsprognosen über das zukünftige Verhalten beziehungsweise die zukünftige wirtschaftliche Situation einzelner Kunden. Der Kunde erfährt hiervon in der Regel nichts. Scoring wird unternehmensintern angewendet, um herauszufinden, welchen Nutzen bestimmte Kunden dem Unternehmen bringen können. Lukrative Kunden sollen von weniger lukrativen Kunden abgegrenzt werden, so dass Unternehmen ihre Bemühungen auf die lukrativsten Kunden konzentrieren können. In der Praxis wird das Scoring oft von Dritten durchgeführt, mit denen die Kunden keine vertraglichen Beziehungen unterhalten. Diese Dritten agieren hierbei als Dienstleister für Unternehmen. Eine typische Zielsetzung des Scorings in dieser Konstellation ist, dass Unternehmen vor dem Vertragsschluss mit einem Kunden bei einem externen Dienstleister einen Scoring-Wert für diesen Kunden abfragen, um im vorhinein zu klären, welcher wirtschaftliche Nutzen sich aus einem Vertragsschluss ergibt beziehungsweise ob diesem Kunden überhaupt ein Vertrag angeboten werden sollte. Außerdem wird das Ergebnis der Scoring-Abfrage möglicherweise genutzt, um die Details des jeweiligen Vertrags im Sinne des Unternehmens auszugestalten.

Da sich das Scoring aus Kundensicht im Hintergrund abspielt, kommt eine Legitimation über § 28 Abs. 1 Satz 1 Nr. 1 BDSG nicht in Betracht. Es gibt schlichtweg keine Verträge zwischen Unternehmen und Kunden, die das Scoring zum Gegenstand hätten, somit kann das Scoring auch nicht von einem Vertragszweck erfasst sein.

Auch die Voraussetzungen des Erlaubnistatbestandes in § 28 Absatz 1 Satz 1 Nr. 2 BDSG liegen nicht vor. Zwar dient das Scoring wohl berechtigten wirtschaftlichen Interessen der Unternehmen, die es betreiben. Allerdings hat das Scoring für die meisten Kunden, wenn überhaupt, negative Folgen. Der Einsatz des Scorings kann dazu führen, dass dem Betroffenen bestimmte Verträge vorenthalten werden oder dass ihm bestimmte Bezahlmodalitäten oder sonstige Vorzüge (zum Beispiel niedrigere Zinssätze oder längere Kreditlaufzeiten) nicht angeboten werden. Der durchschnittliche Kunde würde deshalb, wenn er die Wahl hätte, lieber auf das Scoring verzichten. Grundsätzlich möchte jeder Kunde von seinen potenziellen Vertragspartnern gleich gut behandelt werden. Das Scoring führt zu einem Wissensvorsprung des Unternehmens, der im Widerspruch zur informationellen Selbstbestimmung steht.

---

[560] Vgl. zur Technik des Scoring die Ausführungen in Teil C 4.5.

Somit besteht im Normalfall Grund zur Annahme, dass ein schützwürdiges Interesse des Betroffenen gegen den Einsatz des Scoring überwiegt.

Eine Legitimation des Scorings nach § 28 Absatz 1 Satz 1 Nr. 3 BDSG (allgemein zugängliche Quellen) kommt ebenfalls nicht in Betracht. Scoring-Werte werden nur unternehmensintern erzeugt und niemals veröffentlicht. Für die Unternehmen, die Scoring als Dienstleistung anbieten, entspricht es gerade dem Geschäftsmodell, dass die Scoring-Werte nicht öffentlich sind. Ihre Dienstleistung besteht darin, die Scoring-Werte selbst zu erzeugen.

Die Erlaubnistatbestände des § 28 Absatz 3 BDSG enthalten eng umgrenzte Ausnahmevorschriften für Fälle, die beim Scoring keine Rolle spielen.[561] Eine Legitimation über diese Vorschrift scheidet daher aus.

Zusammenfassend lässt sich sagen, dass eine gesetzliche Legitimation des Scoring nicht ersichtlich ist.

5.5 Datenschutzrechtliche Einwilligung als wichtige Legitimationsgrundlage

Die vorstehenden Ausführungen haben gezeigt, dass der Einsatz der individualisierungstypischen Techniken nur in wenigen Fallkonstellationen von gesetzlichen Legitimationsgrundlagen gedeckt ist. Daher stellt die Einwilligung im Privatbereich gerade für die im Rahmen dieser Arbeit zu untersuchenden Datenverarbeitungsarten die wichtigste Verarbeitungslegitimation dar. So ist sie beispielsweise als Legitimationsgrundlage für die Erstellung von Kundenprofilen zu Marketingzwecken unumgänglich; insbesondere lässt sich eine Profilbildung gerade nicht allein auf das Bestehen vertraglicher oder vertragsähnlicher Verhältnisse gemäß § 28 Absatz 1 Satz 1 Nr. 1 BDSG stützen.[562] In den gesetzlichen Verarbeitungslegitimationen enthaltene Einschränkungen, wie etwa die Bindung an den konkreten Vertragszweck, der Ausnahmecharakter der Verarbeitungslegitimationen nach § 28 Absatz 1 Satz 1 Nr. 2 und 3 BDSG sowie die weiteren gesetzlichen Verarbeitungsvoraussetzungen führen dazu, dass viele der gegebenenfalls sogar für beide Seiten wünschenswerten und sinnvollen Verarbeitungstechniken nur mit Einwilligung der Betroffenen zulässig sind.

---

[561] Die Interessenlage ist hierbei ganz ähnlich wie beim Data Mining. Bezüglich der Einzelheiten wird daher an dieser Stelle auf die Ausführungen in Teil C 5.4.2 verwiesen.

[562] Vgl. Wittig, RDV 2000, 59; ebenso: Podlech/Pfeifer, RDV 1998, 139; ferner Weichert, DuD 2001, 264 (265) und zusammenfassend Gola/Schomerus (2005), § 28, Rn. 12 m.w.N.

Im Wege der Einwilligung können Unternehmen die ihnen nach § 28 BDSG zustehenden Verarbeitungslegitimationen erweitern, sie müssen sich also nicht an die dort festgeschriebenen Grenzen halten. Die Einwilligung ist als Instrument zur Absicherung der Datenverarbeitung flexibel einsetzbar und es gibt für Unternehmen viele Situationen (zum Beispiel Kontoeröffnung, Versicherungsabschluss, Kreditaufnahme, Arbeitsvertragsabschluss, Warenbestellung, Beitrittserklärung, Software-Lizenzvereinbarung usw.), in deren Rahmen die beabsichtigten Datenverarbeitungen erläutert werden und durch ein Einverständnis der Betroffenen abgesichert werden können.[563]

6 Bedeutung der Einwilligung im deutschen Datenschutzrecht

Die Einwilligung des Betroffenen im Datenschutzrecht ist der genuine Ausdruck des Rechts auf informationelle Selbstbestimmung,[564] denn sie gibt dem Betroffenen die Möglichkeit, selbst und unmittelbar über die Verarbeitung seiner Daten zu bestimmen. Das Bundesverfassungsgericht hat bereits im Volkszählungsurteil klargestellt, dass der Einzelne die Befugnis hat, grundsätzlich selbst über die Preisgabe und Verwendung seiner personenbezogenen Daten zu bestimmen,[565] was die zentrale Rolle der Berücksichtigung des Willens des Betroffenen im Datenschutzrecht verdeutlicht. Rechtssystematisch hätte die Einwilligung daher im Hinblick auf die vom Bundesdatenschutzgesetz zu schützende informationelle Selbstbestimmung an erster Stelle der Zulässigkeitstatbestände stehen müssen,[566] formal steht die Einwilligung nach deutschem Recht jedoch auf einer Stufe mit den Rechtsvorschriften, welche die Datenverarbeitung erlauben.[567] Im Folgenden sollen Anwendungsbereich und Bedeutung der Einwilligung im Privatrechts- und im Arbeitgeber-Arbeitnehmer-Verhältnis skizziert werden.

---

[563] Vgl. Simitis, in: Simitis (2003), § 28, Rn. 18.
[564] Roßnagel/Pfitzmann/Garstka (2001), 72.
[565] BVerfGE 65, 1 (42).
[566] Gola/Schomerus (2005), § 4, Rn. 5; Gola/Wronka (2004), Rn. 142.
[567] Vgl. § 4 I BDSG, § 3 I TDDSG; Artikel 15 I BayDSG; §§ 4 I LDSG BW, 6 I BlnDSG, 4 I BbgDSG, 5 I Satz 1 HmbDSG, 7 I HDSG, 4 I Satz 1 DSG NW, 4 I Satz 1 SDGS, 11 I LDSG SH, 4 I ThürDSG; Tinnefeld/Ehmann (2005), 210; Simitis, in: Simitis (2003), § 4, Rn. 6.

6.1 Die Einwilligung in Privatrechtsverhältnissen, insbesondere in der Privatwirtschaft

Im Privatbereich ist die Einwilligung ein wichtiges Instrument, um personenbezogene Daten der Betroffenen zu verarbeiten. Die Einwilligung bildet einerseits die Basis der Kundengewinnung und -bindung, andererseits ist ihre Erteilung oftmals Voraussetzung dafür, dass Verträge zwischen Betroffenem und verantwortlicher Stelle überhaupt zustande kommen. Gerade im Rahmen von Individualisierungsmaßnahmen wird oft auf die Möglichkeit der Legitimation der Datenverarbeitung durch Einholung einer Einwilligung der Betroffenen zurückgegriffen, weil die gesetzlichen Erlaubnistatbestände oft nicht ausreichen, um die gewünschten Datenverarbeitungen zu legitimieren. Nachfolgend sollen einige wichtige Anwendungsbeispiele genannt werden, ohne im Detail auf deren datenschutzrechtliche Zulässigkeit einzugehen. In diesen Anwendungsbeispielen sind Situationen beschrieben, in denen Unternehmen Daten erheben möchten, die hinterher im Rahmen von Individualisierungsmaßnahmen genutzt werden können.

Zwar bestehen auch im Privatbereich gesetzliche Befugnisse, die es privaten Unternehmen ermöglichen, die zur Vertragserfüllung und zur Wahrung sonstiger berechtigter Interessen erforderlichen Daten zu verarbeiten,[568] zum Beispiel die oben beschriebenen Alternativen der Ziffern 1 und 2 des § 28 Absatz 1 Satz 1 BDSG. Von diesen Befugnissen kann jedoch nicht in jedem Fall Gebrauch gemacht werden, beziehungsweise es wird von vornherein auf die Möglichkeit der Einwilligung ausgewichen. In der Literatur wird diesbezüglich zwar die Empfehlung ausgesprochen, sich nur dann auf die Einwilligung zu stützen, wenn kein gesetzlicher Erlaubnistatbestand einschlägig ist, damit nicht beim Betroffenen der falsche Eindruck entsteht, die Datenverarbeitung liege tatsächlich voll und ganz im Rahmen seines informationellen Selbstbestimmungsrechts.[569] Zudem ist auch im Hinblick auf § 242 BGB fraglich, ob für den Fall, dass die Einwilligung rechtsunwirksam ist oder vom Betroffenen widerrufen wird, später auf gesetzliche Befugnisnormen wie zum Beispiel die §§ 28, 29 BDSG zurückgegriffen werden kann.[570]

In der datenschutzrechtlichen Wirklichkeit ist die Einwilligung eine sehr wichtige Legitimationsgrundlage und als solche auch nicht wegzudenken. Auf die Möglichkeit der Einwilligung des Betroffenen wird vor allem dann zurückgegrif-

---

[568] Bergmann/Möhrle/Herb, § 4a, Rn. 14.

[569] Vgl. Gola/Schomerus (2005), § 4, Rn. 16.

[570] Gola/Schomerus (2005), § 4, Rn. 16.; Gola, RDV 2002, 109.

fen, wenn (noch) keine vertraglichen Beziehungen mit dem Betroffenen bestehen oder wenn Daten verarbeitet werden sollen, bei denen fraglich ist, ob deren Verarbeitung durch das Vertragsverhältnis abgedeckt ist.[571] Das oben erwähnte Risiko, sich wegen widersprüchlichen Verhaltens gemäß § 242 BGB nicht auf gesetzliche Ermächtigungsnormen berufen zu können, wird insoweit in Kauf genommen. Für die Datenverarbeiter ist die hiermit verbundene Rechtsunsicherheit tolerierbar, da ein gerichtliches Vorgehen der Betroffenen die absolute Ausnahme ist. Schließlich wird auf die Einwilligung zurückgegriffen, wenn Daten verarbeitet werden sollen, die zur Vertragserfüllung nicht erforderlich sind. Wie die nachfolgenden Beispiele zeigen werden, ist der Einsatz der Einwilligung heute in der Wirtschaft sehr weit verbreitet. Zu Recht wird mitunter die Frage aufgeworfen, ob den Bürgern ihre informationelle Selbstbestimmung in vielen Fällen nicht „abgekauft" oder „abgepresst" wird, da ihnen wichtige, aus dem heutigen Alltagsleben nicht mehr wegzudenkende Dienstleistungen, wie etwa Versicherungen und Bankgeschäfte, verwehrt bleiben, wenn sie nicht in die Verarbeitung ihrer Daten einwilligen. Die bereits hier anklingenden Probleme der Freiwilligkeit der Einwilligung werden jedoch später in dieser Arbeit gesondert behandelt.

6.1.1 Einwilligung zur Gewinnung von Konsumentendaten

Bei nahezu allen Gewinnspielen und Preisausschreiben werden Verbraucherdaten zwecks späterer werblicher Ansprache erhoben. Oft werden aus Marktforschungsgründen bereits auf dem Teilnahmeformular Konsumentendaten wie etwa Geburtsdatum, Einkommensklasse etc. abgefragt, deren Angabe nichts mit dem Gewinnspiel zu tun hat und freiwillig ist. Diese Daten können dann später für Maßnahmen der Individualisierung genutzt werden. Tragen Konsumenten personenbezogene Daten in diese Formulare ein, wird dies von den Unternehmen als Einwilligung in die Verarbeitung der Daten interpretiert. Auf die Zulässigkeit dieser Interpretation des Verhaltens als konkludente Einwilligung in die Datenverarbeitung wird später eingegangen. Die erhobenen Daten verbleiben entweder beim werbenden Unternehmen oder werden von Adresshändlern weitervermittelt. Vielfach ist die Durchführung solcher Gewinnspiele auch von vornherein an Drittunternehmen ausgelagert, welche die erhobenen Daten meist für eigene Marktforschungszwecke verarbeiten und weitervermitteln. Die Verarbeitung der Daten zu Zwecken, die über die Durchführung des jeweiligen Gewinnspiels hinausgehen, bedarf stets der Einwilligung des Betroffenen, dies ergibt sich bereits aus § 28 Absatz 1 Satz 1 BDSG.

---

[571] Bergmann/Möhrle/Herb, § 4a, Rn. 14.

Auch die Datenerhebung im Rahmen von so genannten Haushaltsumfragen zu „Lifestyle" und Konsumverhalten der Betroffenen bedarf stets der Einwilligung.[572]

6.1.2 Einwilligung zur Datenbankabfrage zur Gefahrenabwehr

Jeder durchschnittliche Bürger wird im täglichen Leben mit einer Vielzahl von Einwilligungssituationen konfrontiert, die sich ergeben, weil Vertragspartner bestrebt sind, ihre wirtschaftlichen Risiken durch Datenbankabfragen vor Vertragsschluss zu minimieren oder den Missbrauch von Versicherungen zu verhindern, also pootentielle finanzielle Gefahren abzuwenden.[573] Unternehmen verwenden die abgefragten Daten dazu, Risiken individuell zu kalkulieren und den Kunden individualisierte Verträge anzuwenden.

Der Abschluss einer Kranken-, Berufsunfähigkeits- oder Lebensversicherung wird ohne Einwilligung gegenüber dem Versicherungsgeber in der Praxis ebenso wenig zustande kommen wie die Einrichtung eines Kontos oder der Abschluss eines Vertrags mit einem Versorgungsunternehmen. In der gesamten Versicherungsbranche entspricht es ausnahmslos der Praxis, die Abfrage von Daten in zentralen Datenbanken der Versicherungsindustrie, aber auch die Datenübermittlung an diese Datenbanken sowie die Übermittlung an Rückversicherungsgesellschaften per Einwilligung der Betroffenen zu legitimieren. Ebenso ist es üblich, von den Betroffenen die Unterzeichnung einer ärztlichen Schweigepflichtentbindungsklausel zu verlangen,[574] wenn Verträge abgeschlossen werden sollen, bei denen die Leistungen der Versicherer vom Gesundheitszustand der Betroffenen abhängen.

Auch im Bereich des Wohnungsmarktes zeichnet sich eine Zunahme von Warndateien und Auskunftssystemen ab; es ist daher zu erwarten, dass auch vor dem Abschluss von Mietverträgen zukünftig vermehrt Datenbankabfragen aufgrund entsprechender Einwilligungen der Betroffenen durchgeführt werden.[575] In diesen Mieterdateien werden zum Teil sensible Daten gespeichert: detaillierte Angaben über die Vermögensverhältnisse, die Staatsangehörigkeit,

---

[572] Zum Erfordernis der Einwilligung bei der Erhebung von Konsumentendaten vgl. Podlech/Pfeifer, RDV 1998, 139 (150f.).

[573] Simitis, in: Simitis (2003), § 4a, Rn. 3.

[574] Bergmann/Möhrle/Herb, § 4a BDSG, Rn. 53.

[575] Vgl. Projekt der Schufa zum Angebot für Immobilienverwaltungsunternehmen zur Bonitätsprüfung von Wohnungsinteressenten vor Mietvertragsabschluss, 19. TB des BfD, Kap. 10.5.1.

Personalausweis- oder Passnummer sind ebenso üblich wie Angaben über die Einhaltung der Hausordnungen bei früheren Vermietern.

Im Bereich der mobilen Kommunikation ist ein Vertragsabschluss ohne vorherige Einwilligung in Datenbankabfragen ebenfalls nicht möglich, da sämtliche Anbieter in Deutschland entsprechende Vertragsklauseln verwenden, um das Risiko von Forderungsausfällen insbesondere im Hinblick auf die hohen wirtschaftlichen Vorleistungen (subventioniertes Mobiltelefon sowie sofortige Freischaltung des Anschlusses) zu kalkulieren. Die Leistungen, die letztlich vom Erteilen der Einwilligungen abhängig gemacht werden, sind für den durchschnittlichen Betroffenen meist unentbehrlich: die Versorgung mit Strom oder Wasser ist für ihn ebenso existenziell wichtig wie die Absicherung gegen Krankheiten und die Teilnahme an Zahlungsverkehr und Kommunikation.[576] Nach derzeitiger Praxis wird selbst die Eröffnung eines reinen Guthaben-Kontos ohne Einwilligung in eine so genannte Schufa-Klausel abgelehnt.[577] Der Grund hierfür liegt darin, dass Banken bestrebt sind, den mit eventuell zahlungsunfähigen Kunden verbundenen Arbeitsmehraufwand aufgrund von Kontopfändungen etc. zu vermeiden.

Gerade am Beispiel der Schufa lassen sich die potenziell einschneidenden Auswirkungen der Einwilligung in der datenschutzrechtlichen Wirklichkeit eindrucksvoll veranschaulichen. Die Datenbank der Schufa wurde ursprünglich auf Initiative der Finanzdienstleister angelegt, die ein Interesse daran hatten, ihre Risiken durch eine Zentralisierung der Daten über ihre (potenziellen) Kunden besser bewerten zu können. Inzwischen werden Daten jedoch nicht nur von klassischen Finanzdienstleistern wie Banken und Sparkassen per Schufa-Einwilligung eingeholt und übermittelt, sondern von jeglichen Unternehmen, die ihre Abnehmer auf Kreditbasis betreuen, also zum Beispiel auch Automobilhändler, Möbelhäuser und Versandhandelsunternehmen. Auskünfte zu den gespeicherten Daten erteilt die Schufa europaweit allen Unternehmen, die ein berechtigtes Interesse hieran glaubhaft machen.[578] Ermöglicht wird dies durch die so genannte Schufa-Klausel.

Die Schufa-Klausel beinhaltet die Einwilligung des betroffenen Kreditnehmers

---

[576] Simitis, in: Simitis (2003) § 4a, Rn. 4f.

[577] Siehe Umfrageergebnis der Arbeitsgemeinschaft Schuldnerberatung der Verbände (AG SBV)/Landesarbeitsgemeinschaft Schuldnerberatung Hessen e.V. (LAG-SB), LAG-Infodienst Nr. 12 – Dezember 2001,
http://www.forum-schuldnerberatung.de/service_ratgeber/veroeff/v0038.htm.

[578] Zu den Einzelheiten der aktuellen Schufa-Klausel siehe Originaltext unter:
www.schufa.de/downloads/EB_D.pdf.

gegenüber dem Kreditgeber, Daten über die Beantragung, Aufnahme und Beendigung einer Geschäftsverbindung, aber auch Daten über die Einrichtung eines Telekommunikationskontos und Kundenkonten des Handels, sowie Daten über nicht vertragsgemäßes Verhalten des Betroffenen an die Schufa zu übermitteln. Zugleich wird der Kreditgeber vom Bankgeheimnis befreit.[579]

Hierdurch wird zugunsten der Kreditindustrie der Zugang zu allen bonitätsrelevanten Informationen über den Kunden ermöglicht, wobei die Interpretationsschwierigkeiten der gesetzlichen Verarbeitungsvoraussetzungen (wie etwa die des § 28 Absatz 1 Satz 1 Nr. 1, 2 BDSG) vermieden werden; ferner entfallen die ansonsten durchzuführenden zeit- und kostenintensive Interessenabwägungen. Für die Betroffenen birgt die Zentralisierung jedoch die Gefahr, dass neben ihren gegenwärtigen Vertragspartnern eine nicht überschaubare Zahl andere Unternehmen Zugriff auf ihre Daten nehmen können, mit denen sie zu späteren Zeitpunkten möglicherweise in Kontakt treten.[580] Diese Gefahr wird dadurch noch gesteigert, dass die Schufa-Daten in der Praxis mit denen aus anderen zentralen Hinweis- und Auskunftssystemen verknüpft werden.[581] Datenschützer geben zu bedenken, dass dies im Extremfall dazu führen kann, dass jemand, der als junger Mensch zum Beispiel nicht in der Lage war, seine Mobiltelefonrechnung zu bezahlen, später kein Konto mehr eröffnen kann, keine Wohnung findet, keine Versicherungen abschließen kann und aufgrund der Permanenz der Daten auf Dauer in seiner Lebensführung eingeschränkt ist.[582]

In der Versicherungsbranche kommt als Beweggrund für die Datenbankabfrage neben der Risikoeinschätzung im Rahmen der Vertragsanbahnung oder vor Vertragsverlängerungen noch der Aspekt des Schutzes vor Versicherungsmissbrauch hinzu. Daher werden vor allem von Rechtsschutz-, Unfall-, Kfz-Haftpflicht-, Sachschaden-, Lebens- und Transportversicherungen zentrale Dateien und Hinweissysteme unterhalten.[583] Auch bezüglich der Abfrage der Daten in diesen Datenbanken werden Betroffene zur Einwilligung aufgefordert beziehungsweise haben bereits bei Vertragsabschluss entsprechende Einwilligungsklauseln unterzeichnet.

---

[579] Vgl. Schufa-Klausel, siehe www.schufa.de/downloads/EB_D.pdf.
[580] Vgl. Simitis, in: Simitis (2003), § 4a, Rn. 5.
[581] 19. TB des BfD, Kap. 10.5.1.
[582] 19. TB des BfD, Kap. 10.5.1.
[583] Bergmann/Möhrle/Herb, § 4a, Rn. 54.

6.1.3 Einwilligung zwecks Kundengewinnung und –bindung

Auch im Rahmen von Kundenbindungsprogrammen und Rabatt-Systemen werden Kundendaten per Einwilligung der Betroffenen für Zwecke genutzt, die entweder über die bloße Vertragsabwicklung hinausgehen oder aber im Rahmen des so genannten Permission Marketing zusätzlich erhoben und genutzt werden.[584] Dies ist sowohl im Bereich der Marktforschung zur Entwicklung von neuen Produkten und Dienstleistungen sowie zur Zielgruppenanalyse der Fall, als auch im Rahmen einer gezielten Kundenansprache mittels Target Marketing.[585] Unternehmen versuchen hierbei, ihre (potenziellen) Kunden möglichst gezielt anzusprechen und ihnen individualisierte Angebote zu machen. Die Einwilligung wird in der Literatur sogar vereinzelt als „Voraussetzung jeglicher werblicher Ansprache" verstanden.[586]

6.1.4 Einwilligung bei Inanspruchnahme besonderer mobiler Dienstleistungen

Auch bei der Nutzung bestimmter Zusatzdienste im Bereich der Telekommunikation muss auf die Einwilligung zurückgegriffen werden. Dies ist zum Beispiel bei den standortbezogenen Diensten, den so genannten Location Based Services (LBS) der Fall. Die Inanspruchnahme dieser Dienste bringt aus datenschutzrechtlicher Sicht besonders große Risiken mit sich, da komplette Bewegungsprofile und Nutzerprofile der Betroffenen erstellt werden können. Hierfür gibt es im deutschen Recht noch keine spezielle Rechtsgrundlage, daher kann nur die informierte Einwilligung des Betroffenen die Verarbeitung seiner Standortdaten legitimieren.[587] Die Einwilligung ist also besonders wichtig bei Mehrwert-Dienstleistungen mit einem hohen Grad an Individualisierung.

6.1.5 Einwilligung zur Datenübermittlung innerhalb von Konzernen

Sollen Daten innerhalb eines Allfinanz- oder Versicherungskonzerns von einem konzernzugehörigen Unternehmen an ein anderes übermittelt werden, ist

---

[584] 19. TB des BfD, Kap. 10.6.

[585] Zur Nutzung der Passagierdaten von Fluggesellschaften als „betriebswirtschaftliche Produktionsfaktoren" umfassend Kranz, in: Roßnagel (2003), 7.4, 14 ff.

[586] Gola/Schomerus (2005), § 4a, Rn. 4.

[587] Umfassend zu Location Based Services und zum Umgang mit personenbezogenen Daten im M-Commerce Ranke (2003); 19. TB des BfD, Kap. 11.6.

hierfür eine Einwilligung der Betroffenen erforderlich.[588] Eine konzernweite Profilbildung kann daher nur durch Einwilligung des Betroffenen legitimiert werden. Auch andere Individualisierungsmaßnahmen, bei denen Daten über Grenzen von konzernzugehörigen Unternehmen verarbeitet werden, bedürfen zu ihrer Rechtmäßigkeit der Einwilligung der Betroffenen. Durch die Datenweitergabe erhoffen sich die Konzerne Umsatzsteigerungen durch Cross Selling und Kosteneinsparungen durch das Ausschöpfen von Synergieeffekten. Daher werden Kundendaten verknüpft[589] beziehungsweise gegenseitig ausgetauscht oder es wird gar ein gemeinsames Data-Base-Marketing für den gesamten Konzern durchgeführt.[590] Bei der Datenübermittlung ist grundsätzlich zu beachten, dass auch zum Konzernverbund gehörende Unternehmen „Dritte" in diesem Sinne sind, da dem deutschen Datenschutzrecht ein Konzernprivileg fremd ist.[591] Neben dem Gesetzeswortlaut im Bundesdatenschutzgesetz stützt sich diese ganz h.M. darauf, dass wegen der Heterogenität der Zwecke in verbundenen Unternehmen und der Kontextabhängigkeit personenbezogener Daten unterschiedliche juristische Personen auch innerhalb ein- und desselben Konzerns wie „Dritte" zu behandeln sind.[592]

6.2 Die Einwilligung im Arbeitsverhältnis

Trotz Einschränkungen[593] aufgrund des Machtgefälles zwischen Arbeitnehmer und Arbeitgeber und der durch die existenzielle Bedeutung eines Arbeitsplatzes bedingten Zwangslage, in der sich der durchschnittliche Arbeitnehmer befindet, hat die Einwilligung auch im Arbeitsrecht eine wichtige Bedeutung.

6.2.1 Bewerberdatenverarbeitung im Rahmen von Einstellungsverfahren

Insbesondere während der Arbeitsvertragsanbahnung ergeben sich zahlreiche

---

[588] BfD, 16. TB, Kap. 31.2.4; Bergmann/Möhrle/Herb, § 4a, Rn. 50f.

[589] Büllesbach, CR 2000, 11 ff.

[590] Vgl. BfD, 16. TB, Kap. 31.2.4.

[591] Siehe § 3 Absatz 8 Satz 2 BDSG: „Dritter ist jede... Stelle außerhalb der verantwortlichen Stelle", sowie § 2 Absatz 4 BDSG, der im Kontext der Definition des Begriffs „nicht öffentliche Stelle" nur von „juristischen Personen" spricht und nicht etwa auch von „Konzernen"; mithin kommt es für die Frage, ob eine Übermittlung vorliegt, nur darauf an, ob die Unternehmen eigenständige juristische Personen sind und nicht darauf, ob diese zu unterschiedlichen Konzernen oder zum selben Konzern gehören; vgl. Gola/Wronka (2004), Rn. 610 ff.; Simitis, in: Simitis (2003); § 2, Rn. 137; Däubler (2002), Rn. 234.

[592] Vgl. hierzu Ruppmann (2000), 29 ff., 48 ff.

[593] Zu diesen Einschränkungen siehe unten Teil C 6.2.4.

Einwilligungssituationen: es ist zum Beispiel gängige Praxis, mit Einwilligung der Betroffenen die personenbezogenen Daten von Bewerbern auf unbestimmte Zeit zu speichern und gegebenenfalls auch konzernweit verfügbar zu machen. Die Datenspeicherung und -übermittlung tritt besonders beim inzwischen verbreiteten so genannten e-Recruitment[594] auf. Bei diesem Verfahren können Bewerber offene Stellen auf den Internet-Seiten des Arbeitgebers ersehen und sich direkt bewerben, indem sie ihre Bewerberdaten online in vorgefertigte Masken eingeben.[595] Neben Standarddaten enthalten diese online-Fragebögen oft auch Fragen nach sensiblen Bewerberinformationen, wie etwa Ausbildung, Prüfungsergebnisse und Gehaltsvorstellungen. Die Bewerber erteilen ihre Einwilligungen in diesen Situationen meist bereitwillig, weil sie einen Arbeitsplatz suchen und daher ein eigenes Interesse daran haben, dass alle in Betracht kommenden Konzernteile Zugang zu ihren Bewerbungsdaten erhalten.

Desgleichen bedienen sich potenzielle Arbeitgeber der Einwilligung, wenn es um die Legitimation besonderer Einstellungstests geht. Dies kann zum Beispiel bei der Durchführung eines so genannten Assessment Centers oder einer graphologischen Untersuchung[596] der Handschrift des Bewerbers der Fall sein. Das Spektrum der Untersuchungen, die im Rahmen der Anbahnung von Arbeitsverhältnissen durchgeführt und auf die Einwilligung der Bewerber gestützt werden, ist sehr breit und reicht bis zur Durchführung von HIV[597]-, Drogen- und Alkoholtests[598]. Schließlich ist es gängige Praxis, mit Einwilligung der Arbeitnehmer Auskünfte bei Auskunftdiensten wie dem AVAD[599], der Schufa oder der Creditreform einzuholen,[600] beziehungsweise personenbezogene Daten an solche Auskunftdienste zu übermitteln.[601]

---

[594] Dazu Händschke, RDV 2002, 124 ff.

[595] Vgl. dazu Büllesbach, in: Roßnagel (2003), 6.1, Rn. 40f.

[596] BAG, NJW 1984, 446, ArbG München, DB 1975, 1657; Gola/Wronka (2004), Rn. 161.

[597] Zwar ist das Fragerecht des Arbeitgebers (und damit auch der Anwendungsbereich der Einwilligung) diesbezüglich eingeschränkt, da sich nach dem derzeitigen Stand der Kenntnis des Verlaufs der Infektion nicht voraussagen lässt, ob in absehbarer Zeit mit einer relevanten Arbeitsunfähigkeit zu rechnen ist. Für ein Fragerecht bei Arbeitsplätzen mit erhöhter Verletzungsgefahr siehe jedoch Fitting u.a., BetrVG, § 94, Rn. 19; Löwisch, DB 1987, 936 (939) und im Fall der Übernahme von Arbeitnehmern in das Beamtenverhältnis auf Lebenszeit VG Ansbach, NJW 1988, 1540.

[598] Dazu Diller/Powietzka, NZA 2001, 1227.

[599] Auskunftstelle über Versicherungs-/Bausparkassenaußendienst und Versicherungsmakler in Deutschland e.V. (AVAD), http://www.avad.de.

[600] Vgl. LAG Berlin, DB 1979, 2187f.; ArbG Bremen, DuD 1984, 248; Wohlgemuth (1998), Rn. 429.

[601] Vgl. ArbG Bremen, DuD 1984, 248; LAG Berlin, DB 1979, 2187f.

Auch im Zusammenhang mit Arbeitgeberauskünften (Mitteilungen über einen Arbeitnehmer von seinem jetzigen oder früheren Arbeitgeber an einen anderen Arbeitgeber, bei dem sich der Arbeitnehmer beworben hat) wird die Einwilligung eingesetzt. Entgegen einer früheren Rechtsprechung des BAG[602] ist der Arbeitgeber nun nach Rechtsprechung[603] und h.M. nicht berechtigt, ohne Einverständnis eines Mitarbeiters Auskünfte an Dritte zu erteilen, auch wenn diese daran ein berechtigtes Interesse haben.[604] Für den öffentlichen Dienst ist dies bereits landesgesetzlich ausdrücklich vorgeschrieben.[605]

Auch die Erhebung von allgemeinen Gesundheitsdaten der Bewerber kann auf die Einwilligung gestützt werden. Für Arbeitgeber ist es zum Beispiel interessant, ob ein Bewerber anerkannter Schwerbehinderter ist oder unter gesundheitlichen Handicaps leidet, die ihn hindern, seinen arbeitsvertraglichen Pflichten in vollem Umfang nachzukommen, beziehungsweise die zu längerfristigen krankheitsbedingten Einsatzausfällen führen können. Fragen des Arbeitgebers in diese Richtung sind nach bisheriger arbeitsrechtlicher Bewertung unter der Bedingung zulässig, dass sich die Krankheit auf die Arbeitstätigkeit des Arbeitnehmers auswirken kann.[606] Gesundheitsdaten gehören zu den in § 3 Absatz 9 BDSG aufgezählten „besonderen Arten personenbezogener Daten", deren Erhebung nur unter den speziellen restriktiven Vorgaben des § 28 Absatz 6 BDSG zulässig ist. In Betracht kommt hier nur eine Zulässigkeit nach Ziffer 3 des § 28 Absatz 6 BDSG, in der verlangt wird, dass die Datenverarbeitung „zur Geltendmachung, Ausübung oder Verteidigung rechtlicher Ansprüche" erforderlich ist. Besteht ein Arbeitsverhältnis bereits, kann dies schon im Hinblick auf § 611 BGB ohne weiteres bejaht werden.[607] Für den Fall, dass ein Arbeitsvertrag noch nicht geschlossen worden ist, kann diese Problematik jedoch nicht eindeutig beantwortet werden, es besteht also Rechtsunsicherheit. Um diese Unsicherheit zu vermeiden, weichen Arbeitgeber oft auf die in § 28 Absatz 6, 1. Halbsatz BDSG ausdrücklich vorgesehene Möglichkeit der Einwilligung aus.[608] Der Bewerber befindet sich hierbei in einer Zwangssituation, denn wenn er die Einwilligung beziehungsweise Gesundheitsauskunft nicht

---

[602] BAG, 18.12.1984 AP 8 zu § 611 BGB Persönlichkeitsrecht.

[603] Vgl. BAG, Urteil vom 4.4.1990, AP 21 zu § 611 Persönlichkeitsrecht.

[604] Gola/Klug (2003), 169; Wohlgemuth (1998), Rn. 426; a.A. wohl Schwerdtner, in: Münchener Kommentar zum BGB, § 630, Rn. 67f.

[605] § 29 BbgDSG, § 28 HmbDSG, § 34 II HDSG, § 31 III DSG MV, § 101 V NBG, § 29 I DSG NW, § 29 I SDSG, § 31 II SächsDSG.

[606] Vgl. BAGE 81, 120 (124f.); BAG, RDV 1999, 119 (120f.); Wohlgemuth (1998), Rn. 138; Gola/Wronka (2004), Rn. 213; Büllesbach, in: Roßnagel (2003), 6.1, Rn. 33.

[607] Vgl. Franzen, RDV 2003, 1; Gola, RDV 2001, 125 (127).

[608] Die Einwilligung muss sich jedoch gemäß § 4a Absatz 3 BDSG in diesen Fällen ausdrücklich auf die besonderes sensiblen Daten beziehen.

erteilt, muss er die Ablehnung seiner Bewerbung befürchten. Aufgrund des in diesem Zusammenhang jedoch vom BAG anerkannten[609] Fragerechts des Arbeitgebers führt diese Zwangslage dennoch nicht zu einer Unfreiwilligkeit und damit Unwirksamkeit der erteilten Einwilligung.[610]

6.2.2 Datenweitergabe an Dritte, konzerninterner Datenfluss

Mit Einwilligung des Arbeitnehmers können personenbezogene Daten auch an Dritte, wie zum Beispiel Personal- oder Unternehmensberatungen weitergegeben werden, etwa zu Zwecken der individuellen Mitarbeiterentwicklung und der gezielten Vermittlung von Arbeitnehmern an andere Arbeitgeber (so genanntes Outplacementmanagement). Von jedem Arbeitnehmer wird zum Beispiel ein Profil erstellt, das es den Personalabteilungen leichter macht, den Arbeitnehmer sinnvoll einzusetzen. Seine Fähigkeiten und Erfahrungen sind in einem individualisierten Profil gespeichert und können mit den Anforderungsprofilen für bestimmte Aufgaben abgeglichen werden. Auch im Rahmen von Restrukturierungsmaßnahmen oder Stellenabbauprojekten[611] oder um Unternehmensbewertungen vorzunehmen (Due Diligence), wird die Einwilligung der betroffenen Arbeitnehmer zur Verarbeitung ihrer personenbezogenen Daten eingeholt.

Wie oben gesehen, sind konzernangehörige Unternehmen im deutschen Datenschutzrecht nicht gegenüber konzernunabhängigen Unternehmen privilegiert. Die Datenweitergabe innerhalb eines Konzerns ist daher eine „Datenübermittlung" im Sinne von § 3 Absatz 4 Nr. 3 BDSG, wenn die Daten hierbei von einer juristischen Person an eine andere weitergegeben werden. Folglich muss in der Regel auch hier eine Einwilligung des betroffenen Arbeitnehmers vorliegen, bevor seine Daten an andere zum Konzern gehörende Unternehmen übermittelt beziehungsweise in einer konzernweiten Datenbank oder gar im Internet frei zugänglich gemacht werden dürfen.[612] Die Einwilligung kann jedoch auch die Übermittlung in Drittländer rechtfertigen, in denen ein niedrigeres Datenschutzniveau als in der Europäischen Union besteht. Auch diese Situation ergibt sich typischerweise, wenn Daten innerhalb eines multinationalen Konzerns von einem deutschen Unternehmen zu einem im außereuropäi-

---

[609] Siehe zum Beispiel BAG, NZA 1999, 584 (585f.).

[610] Vgl. Gola/Wronka (2004), Rn. 218.

[611] Vgl. Aufsichtsbehörde (Innenministerium) Baden-Württemberg, Hinweis zum Bundesdatenschutzgesetz für die private Wirtschaft Nr. 33, Staatsanzeiger 1/2 vom 2.1.1995.

[612] Gola/Wronka (2004), Rn. 589, 649; Gola, RDV 2002, 109 (113).

schen Ausland ansässigen Unternehmen übermittelt werden.[613]

Auch bei der Übermittlung von Arbeitnehmerdaten zu Werbezwecken an Dritte müssen Arbeitgeber auf die Einwilligung ihrer Arbeitnehmer zurückgreifen. Diese Situation ergibt sich zum Beispiel, wenn Versicherungsunternehmen interessiert sind, insbesondere Berufsanfänger und Auszubildende über ihre Versicherungsleistungen zu informieren. Zwar hat eine Vielzahl der Arbeitnehmer angesichts von Firmenrabatten meist auch Interesse an Informationen der Versicherungswirtschaft, dennoch ist eine derartige Datenübermittlung, um eine Belästigung der nicht interessierten Arbeitnehmer zu vermeiden und die Selbstbestimmung zu garantieren, nur mit schriftlicher Einwilligung der Betroffenen zulässig.[614] Auch Auskünfte der Arbeitgeber, zum Beispiel hinsichtlich der Höhe des ausgezahlten Gehalts, auf Anfragen von außen stehenden Gläubigern, die gegenüber deren Arbeitnehmern bestehende Ansprüche durchsetzen möchten, können nur durch Einwilligungserklärungen der betroffenen Arbeitnehmer legitimiert werden.[615]

6.2.3 Kontrollrechte des Arbeitgebers

Auf die Einwilligung der Betroffenen ist ferner zurückzugreifen, wenn Arbeitgeber ihrer Belegschaft zwar die private Nutzung von Telefon, E-Mail und Internet zugestehen, aber den Umfang der privaten Nutzung kontrollieren wollen, beziehungsweise diese private Nutzung im Rahmen der betrieblichen Kommunikationsdatenerfassung automatisch miterfassen, weil eine Trennung zwischen dienstlicher und privater Kommunikation technisch ausgeschlossen ist.[616] Außerdem ist der individuelle Gebrauch der Informations- und Kommunikationstechnologie für Arbeitgeber nachvollziehbar und kontrollierbar.

Bezüglich der Befugnis der Arbeitgeber, den dienstlichen E-Mail-Verkehr und die Nutzung des Internets durch Arbeitnehmer zu kontrollieren und der Frage, ob sich zugunsten des Arbeitgebers bereits aus dem Arbeitsverhältnis ein

---

[613] Vgl. Innenministerium Hessen im Bericht über den Datenschutz im privaten Bereich (LT-Drs. 15/357 vom 27.8.1999=RDV 2002, 38) zu einem Fall, in dem die deutsche Tochter eines amerikanischen Konzerns Daten ihrer Mitarbeiter an den Mutterkonzern übermitteln wollte, damit ihnen Konzernaktien zugeteilt werden konnten.

[614] Aufsichtsbehörde (Innenministerium) Baden-Württemberg, Hinweis zum Bundesdatenschutzgesetz für die Privatwirtschaft, Nr. 32, Staatsanzeiger 1/1994, 6.

[615] Aufsichtsbehörde (Innenministerium) Baden-Württemberg, Hinweis zum Bundesdatenschutzgesetz für die Privatwirtschaft, Nr. 35, Staatsanzeiger 3/1997, 7 ff.

[616] Vgl. Hessischer Landesdatenschutzbeauftragter, 30. TB 2001, Kap. 6.3, 216 ff.; Gola, RDV 2002, 109 (114).

Kontrollrecht ergibt, liegt bislang noch keine Rechtsprechung vor.[617] Um Rechtsunsicherheiten auszuräumen, wird von Seiten der Arbeitgeber oft eine Einwilligung zur Kontrollbefugnis verlangt.[618] Solange diese durch die Arbeitnehmer freiwillig erteilt wird, ist ein derartiges Vorgehen nicht zu beanstanden. Wenn die Vergabe oder Beibehaltung des Arbeitsplatzes jedoch von der Einwilligung in solche Kontrollmaßnahmen abhängig gemacht wird, scheidet eine wirksame Einwilligung mangels Freiwilligkeit aus.[619] Hiervon zu unterscheiden ist wiederum die bisweilen in Arbeitsverträgen zu findende, in der Form von Einwilligungsklauseln formulierte bloße Aufklärung des Arbeitnehmers über Kontrollrechte des Arbeitgebers, die sich bereits aus der Natur des Arbeitsverhältnisses ergeben und durch die Legitimation des § 28 Absatz 1 Satz 1 Nr. 1 BDSG gedeckt sind, da diese Datenverwendung vom Zweck des zugrunde liegenden Arbeitsvertrags gedeckt ist. Dies ist zum Beispiel bei Call Center Agenten bezüglich stichprobenhafter Aufzeichnungen der geführten Telefonate anerkannt. Ein anderes Beispiel ist etwa die Notwendigkeit von Gesprächsaufzeichnungen beim Telefonbanking, die aus der arbeitsplatzimmanenten Notwendigkeit zur Erfassung von Beweismitteln abgeleitet wird.[620] Genauso ist die Situation bei der Telearbeit zu bewerten: um seinen Kontrollrechten und -pflichten nachkommen zu können, muss der Arbeitgeber eine Kontrollmöglichkeit haben. Diesbezügliche Klauseln im Arbeitsvertrag enthalten lediglich Aufklärungen gegenüber dem Arbeitnehmer über diese Rechte und Pflichten, auch wenn sie manchmal als Einwilligungsklauseln bezeichnet werden.[621] Schließlich ist die Kontrolle der Arbeitnehmer zum Beispiel auch bei individualisierter (weil erfolgsabhängige) Vergütung wichtig.

6.2.4 Eingeschränkte Anwendbarkeit der Einwilligung im Arbeitsverhältnis

Im Hinblick auf das Machtgefälle zwischen Arbeitgeber und Arbeitnehmer unterliegt der Anwendungsbereich der Einwilligung im Arbeitsverhältnis weiterer Einschränkungen. Aufgrund der existenziellen Bedeutung des Arbeitsverhältnisses befinden sich die betroffenen Arbeitnehmer regelmäßig in einer Situation, die ihnen keinen Raum zu einer freien Willensbildung lässt.[622] Die Einwilligung darf jedoch unter keinen Umständen dazu dienen, einen nur scheinbar

---

[617] Vgl. zu dieser Konstellation Steidle (2005), 107f.
[618] Gola/Wronka (2004), Rn. 358.
[619] Gola, RDV 2002, 109 (111f.).
[620] Gola/Wronka (2004), Rn. 358.
[621] Hierzu Gola, RDV 2002, 109 (112).
[622] Wohlgemuth (1998), Rn. 120 ff., 176 ff.; 4. TB des BfD, BT-Drs. 9/1243, 57f.

gebilligten Vorgang rechtlich abzusichern.[623] Die Einwilligung ist nur dann wirksam, wenn sie auch ohne Furcht vor Nachteilen verweigert werden könnte.[624]

Die aufgrund des ungleichen Kräfteverhältnisses zwischen Arbeitgeber und Arbeitnehmer entwickelten Grundsätze des Arbeitnehmerschutzes dürfen mittels der Einwilligung nicht umgangen werden.[625] Die Einwilligung darf daher als Legitimation einer Datenverarbeitung im Arbeitsverhältnis nur dann eingesetzt werden, wenn dies nicht im Widerspruch zu gesetzlichen oder von der Rechtsprechung entwickelten Informationssperren steht.[626] Insbesondere dürfen die Regeln zum Befragungsrecht der Arbeitgeber nicht per Einwilligung umgangen werden.[627] Zum Schutz der Arbeitnehmer verbietet zum Beispiel § 32 SGB I privatrechtliche Vereinbarungen, die das Sozialgeheimnis zum Nachteil des Berechtigten einschränken. Arbeitnehmer können stets nur dann rechtswirksam in die Verarbeitung ihrer Angaben einwilligen, wenn die erhobenen Daten eine Beziehung zum Arbeitsverhältnis aufweisen und der Arbeitgeber ein sachliches Interesse an ihrer Kenntnis hat.[628]

Für die Einwilligung ist ferner dort kein Raum mehr, wo die Zulässigkeitsgrenzen einer Datenverarbeitung bereits durch Betriebs- oder Dienstverarbeitungen (die im Übrigen als „andere Rechtsvorschrift" im Sinne von § 4 Absatz 1 BDSG gelten)[629] im kollektiven Interesse einheitlich festgelegt worden sind. Das bedeutet, dass ein Arbeitnehmer sich insofern dem Schutz des Betriebsrates nicht entziehen kann; er kann grundsätzlich nicht zugunsten des Arbeitgebers per Einwilligung auf das per Betriebsvereinbarung vereinbarte Schutzniveau verzichten.[630]

---

[623] Vgl. BVerfGE 84, 192; 85, 219 (224); LfD RhPf, 14. TB, 62; Vogelgesang (1987) 151; Däubler, (2002), Rn. 150.

[624] 19. TB des BfD, Kap. 21.1.

[625] Fitting (2004), § 83, Rn. 28.

[626] Dazu Fitting (2004), §94, Rn. 17 ff., 28; Klebe, in Däubler (2004), § 94, Rn. 12 ff.

[627] Gola/Wronka (2004), Rn. 149 ff.; 19. TB des BfD, Kap. 21.1.

[828] Fitting (2004), § 83, Rn. 28, Buschmann, in: Däubler (2004), § 83, Rn. 3, 24.

[629] Vgl. BAG, NJW 1987, 674f., BAG, RDV 1996, 249 (251); Schaffland/Wiltfang, § 4, Rn. 3; Bergmann/Möhrle/Herb, § 4, Rn. 22 ff.; Gola/Schomerus (2005), § 4, Rn. 13 a.E.; Simitis, in: Simitis (2003), § 4, Rn. 11.

[630] Gola, RDV 2002, 109 (116).

7 Wirksamkeitsvoraussetzungen und Wirkungen der datenschutzrechtlichen Einwilligung

Die vorstehenden Kapitel haben die wichtige Rolle der Einwilligung im deutschen Datenschutzrecht allgemein und speziell im Kontext der individualisierten Waren und Dienstleistungen verdeutlicht. Nachfolgend wird im Detail auf die Wirksamkeitsvoraussetzungen und Wirkungen der Einwilligung eingegangen. Da der Einsatz von Individualisierungstechniken in vielen Fällen nur durch die Einholung entsprechender Einwilligungserklärungen legitimiert werden kann, hängt die Rechtmäßigkeit der hier beschriebenen und künftig denkbaren Einsatzformen der Individualisierung wesentlich vom Vorliegen der Wirksamkeitsvoraussetzungen der Einwilligung ab.

7.1 Formelle Anforderungen an die datenschutzrechtliche Einwilligung

7.1.1 Einsichtfähigkeit

Das Grundrecht auf informationelle Selbstbestimmung beinhaltet das Recht, personenbezogene Daten anderen gegenüber gerade nicht geheim zu halten, sondern sie offen zu legen. Die Einwilligung in die Datenverarbeitung ist also eine Ausübung des Rechts auf informationelle Selbstbestimmung.[631] Grundvoraussetzung für jede Einwilligung ist allerdings, dass der Betroffene weiß, worin er einwilligt. Das heißt, dass er über eine ausreichende Einsichts- und Erkenntnisfähigkeit verfügen muss, um die Bedeutung und Tragweite seiner Einwilligung einordnen zu können.[632] Im Normalfall stellt diese Zulässigkeits-

---

[631] Vgl. Bäumler/Breinlinger/Schrader, E 300, 1; Gola/Schomerus (2005), § 4a, Rn. 2f.; Geiger, NVwZ 1989, 35 (37); a.A. Robbers, JuS 1985, 925 (928), der in der Einwilligung einen (partiellen) Grundrechtsverzicht sieht, hierzu siehe Teil C 7.2.4.2.

[632] Die Einsichtsfähigkeit bezüglich des Gegenstands der Einwilligung ist eine an sich selbstverständliche Voraussetzung. Eine Einwilligung, die sich auf etwas bezieht, das der Einwilligende nicht versteht, kann nicht interessengerecht und daher auch nicht wirksam sein. Diese Argumentation kann auch durch die Methode Kora gestützt werden. In der zweiten Stufe der Methode Kora werden Kriterien formuliert, die bei der Gestaltung einer Technik erfüllt werden müssen. Hier lässt sich auch das Erfordernis der Einsichtsfähigkeit als Kriterium der Technikgestaltung herausarbeiten. Die Anforderungen der informationellen Selbstbestimmung können dahingehend konkretisiert werden, dass es eine Grundvoraussetzung eines individualisierenden Techniksystems sein muss, dass der Betroffene versteht, wozu es eingesetzt wird beziehungsweise wie es im Groben funktioniert, wenn er um seine Einwilligung zu einer Datenverarbeitung aufgefordert wird, die das Techniksystem einsetzt. Das Techniksystem muss daher also für den Einwilligenden so gestaltet sein, dass er es in seinen Grundzügen verstehen kann, damit es zu seiner Einsichtsfähigkeit „passt".

voraussetzung keine große Hürde dar. Aus verschiedenen Gründen kann jedoch die Einsichtsfähigkeit fehlen oder eingeschränkt sein, etwa aufgrund einer Erkrankung oder der Minderjährigkeit des Betroffenen. Die Gruppe derjenigen, deren Einsichtsfähigkeit aufgrund einer Erkrankung eingeschränkt ist, dürfte prozentual sehr klein und für Wirtschaftsunternehmen, die Individualisierungsmaßnahmen betreiben, als Zielgruppe auch uninteressant sein. Aus wirtschaftlicher Sicht interessant ist hingegen die Gruppe der Minderjährigen. Kinder und Jugendliche stellen die am stärksten umkämpfte und umworbene Zielgruppe vieler privatwirtschaftlicher Unternehmen dar. Dies erklärt sich daraus, dass die Markenbindung umso stärker ist, je früher Menschen sich an bestimmte Marken gewöhnt haben.[633] Daher besteht ein erhebliches Interesse seitens der Privatwirtschaft, personenbezogene Daten von Minderjährigen zu verarbeiten und ihnen auch bereits individualisierte Produkte anzubieten. Die nachfolgenden Überlegungen dienen dem entsprechend der Klärung, ab welchem Alter Kinder und Jugendliche in Individualisierungsmaßnahmen einwilligen können.

Ebenso wie bei anderen Grundrechten stellt sich auch beim Grundrecht auf informationelle Selbstbestimmung die Frage, ob und wann Minderjährige dieses Recht selbst wahrnehmen können. Mangels gesetzlicher Regelungen im Bereich der informationellen Selbstbestimmung wird diese Frage unter dem Begriff der Grundrechtsmündigkeit diskutiert.[634] In diesem Problemfeld muss einerseits das Verhältnis der Grundrechte des Kindes zum elterlichen Erziehungsrecht, andererseits das Verhältnis der Grundrechte des Kindes gegenüber Dritten berücksichtigt werden.[635]

Es gibt unterschiedliche Ansätze zu diesem Problem. Ausgelöst wurde die Diskussion um die Grundrechtsmündigkeit durch einen Aufsatz[636] von Hildegard Krüger aus dem Jahr 1956, in dem diese die Meinung äußerte, dass Jugendliche im Rahmen ihres Pflichtenkreises (zum Beispiel im Rahmen des Arbeits- und Studentenverhältnisses) ihre Grundrechte selbst ausüben könnten und auch in anderen bestimmten Bereichen selbst ihre Grundrechte wahrnehmen dürften.[637] Es folgte eine Vielzahl von Beiträgen zu dieser Problema-

---

[633] Hierzu eingehend mit weiteren Nachweisen Benz (2002), 8, 22 ff., abrufbar unter http://www.ub.uni-konstanz.de/v13/volltexte/2002/930//pdf/benz2.pdf.

[634] Allgemein zur Grundrechtsmündigkeit: Hohm, NJW 1986, 3107.

[635] AK – Denninger, vor Artikel 1, Rn. 36.

[636] Krüger, FamR 1956, 329.

[637] Zum Beispiel gestand Krüger Jugendlichen das Recht zu, an Versammlungen teilzunehmen, die anlässlich einer Wahl veranstaltet werden, welche nach Eintritt ihrer Volljährigkeit stattfindet.

tik, aus denen nachfolgend einige vorgestellt werden.

Günter Dürig hat das Problem der Grundrechtsmündigkeit in klassischer Weise behandelt.[638] Er geht von einer Dreiecksbeziehung zwischen dem Elterngrundrecht aus Artikel 6 Absatz 2 GG, den Kindesgrundrechten aus Artikel 2 Absatz 1 GG und dem Staat aus. Aus den Kindesgrundrechten folge, dass Eltern grundsätzlich nur solange und soweit für und anstelle ihrer Kinder entscheiden dürfen, als diese nicht zur Selbstbestimmung in der Lage seien, also noch der Erziehung und Pflege durch ihre Eltern bedürften. Zusätzlich ergebe sich eine Beschränkung aus dem Elterngrundrecht selbst, da dieses auf die zur Erziehung förderlichen Mittel begrenzt sei. Für den allgemeinen Rechtsverkehr gelte im Interesse der Rechtssicherheit eine allgemeine Grenze (21 beziehungsweise 18 Jahre), da Dritte nicht ohne weiteres den Reifegrad des Minderjährigen erkennen könnten. Allerdings könnten für einzelne Grundrechte unterschiedliche Grenzen eingreifen, wie zum Beispiel für das Grundrecht auf Religionsausübung, bei dem der Gesetzgeber in § 5 des Gesetzes über die religiöse Kindererziehung (RelKErzG) zu Recht ein von der Geschäftsfähigkeit abweichendes Alter (14 Jahre) festgelegt habe. Auch Bleckmann vertritt, hinsichtlich der Grundrechtsmündigkeit von Minderjährigen zu differenzieren: gegenüber ihren Eltern sei auf den individuellen Reifegrad des Kindes abzuheben, während im Interesse auf die Rechtssicherheit im allgemeinen Rechtsverkehr auf eine generelle Altersgrenze abgestellt werden solle.[639]

Festzuhalten ist, dass es eine allgemeingültige Altersgrenze für die Grundrechtsmündigkeit nicht gibt, dass es vielmehr auf das jeweils betroffene Grundrecht und auf die Einsichtsfähigkeit des Minderjährigen ankommt, die vom individuellen Entwicklungsstand des betroffenen Minderjährigen abhängt.[640] Im Bereich der elementaren Grundrechte der menschlichen Person, wie zum Beispiel Artikel 1, Artikel 2 Absatz 2, Artikel 104 GG sind Minderjährige stets grundrechtsmündig. Bei den anderen Grundrechten kommt es auf die Einsichtsfähigkeit an. Als Richtwert gelten hierbei die einfachen Gesetze, zum Beispiel §§ 104 ff. BGB und § 5 RelKErzG. Liegt jedoch keine einfachgesetzliche Regelung bezüglich der Grundrechtsfähigkeit vor, kommt es auf die individuelle Einsichts- und Entscheidungsfähigkeit des betroffenen Minderjährigen an. Im Bereich des Grundrechts auf informationelle Selbstbestimmung gibt es keine einfachgesetzliche Regelung bezüglich der Grundrechtsmündigkeit.[641]

---

[638] Dürig, in: Maunz/Dürig/Herzog, Artikel 19 III, Rn. 16 ff.

[639] Bleckmann (1997), 340f.

[640] Vgl. AK-Denninger, vor Artikel 1, Rn. 36.

[641] Anders in den USA, wo es mit dem Children's Online Privacy Protection Act (COPPA), der im Oktober 1998 erlassen wurde und seit 21. April 2000 in Kraft ist, eine einfachgesetzli-

Daher ist im Einzelfall entscheidend, welche Tiefe und welchen Umfang die Einwilligung für die informationelle Selbstbestimmung hat und welchen Reifegrad der Minderjährige erreicht hat.

In Anlehnung an § 828 Absatz 1 BGB und § 10 StGB i.V.m. §§ 1 Absatz 2, 3 JGG ist davon auszugehen, dass Kinder bis sieben Jahre mangels Einsichtsfähigkeit nicht die Fähigkeit haben, wirksame datenschutzrechtliche Einwilligungen abzugeben.[642] Aus dem gleichen Grund sollte bei Kindern bis 14 Jahren grundsätzlich davon ausgegangen werden, dass von diesen erklärte Einwilligungen unwirksam sind.[643] Nur wenn besondere Umstände des jeweiligen Einzelfalls die Annahme zulassen, dass das Kind zwischen sieben und 14 Jahren die nötige Einsichtsfähigkeit besitzt, kann hier eine Einwilligung wirksam sein. Zutreffen kann dies einerseits, wenn es sich bei der Datenverarbeitung um einen minimalen Eingriff in die informationelle Selbstbestimmung handelt[644] oder wenn sich aus den Umständen ergibt, dass das betroffene Kind in besonderem Maße geistig entwickelt und begabt ist, so dass das Vorhandensein der erforderlichen Einsichtsfähigkeit augenfällig ist. Die Alternative, dass es sich um einen Minimaleingriff in das informationelle Selbstbestimmungsrecht handelt, dürfte bei jeglichen Individualisierungsmaßnahmen ausgeschlossen sein. Für die Alternative der Feststellung der ausnahmsweise vorhandenen Einsichtsfähigkeit ist zu sagen, dass die individuelle Einsichtsfähigkeit im Einzelfall festgestellt werden müsste, wobei in erster Linie der persönliche Eindruck, den das Kind macht, entscheidend wäre. Eine Bewertung von Fall zu Fall auf der Grundlage persönlicher Eindrücke kann jedoch nicht automatisiert durchgeführt werden. Daher ist diese Alternative für die Verwender von Individualisierungstechniken, die auf Automatisierung aufbauen und meist durch digitale Kommunikation ohne persönlichen Kontakt initiiert werden, ungeeignet. Für die Gestalter von individualisierender Technik empfiehlt es sich daher, eine starre Altersgrenze zu verwenden, die keinesfalls unter 14 Jahren liegen kann.

---

che Regelung gibt. Diese besagt, dass personenbezogene Daten von Kindern unter 13 Jahren grundsätzlich nur mit Einwilligung der Eltern verarbeitet werden dürfen, vgl. http://www.ftc.gov/bcp/conline/pubs/buspubs/coppa.htm. In zwei prominenten Fällen hat die Federal Trade Commission der USA bereits empfindliche Strafen gegen Unternehmen verhängt, die Daten von Kindern verarbeiteten, ohne die erforderliche Einwilligung der Eltern hierfür eingeholt zu haben, siehe http://www.ftc.gov/opa/2003/02/hersheyfield.htm.

[642] Vgl. Zscherpe, MMR 2004, 723 (724).

[643] Vgl. Roßnagel/Pfitzmann/Garstka (2001), 95.

[644] Denkbares Beispiel für einen solchen Minimaleingriff wäre etwa die Datenverarbeitung zum Zweck der Teilnahme an einem Gewinnspiel per Postkarte unter der Maßgabe, dass die erhobenen Daten sich auf die postalische Anschrift und die Altersangabe des Kindes beschränken, zu keinem anderen Zweck verwendet werden und nach Durchführung des Gewinnspiels gelöscht werden.

In der Entwicklungsphase zwischen 14 und 16 Jahren kommt es auf die Umstände des Einzelfalls an, ob dem Jugendlichen die notwendige Einsichtsfähigkeit zugesprochen werden kann. Aus den erwähnten Gründen empfiehlt es sich für die Verwender von Individualisierungstechniken, feste Altersgrenzen zu verwenden. Minderjährige ab Vollendung des 16. Lebensjahres können zwar grundsätzlich als einsichts- und daher auch einwilligungsfähig angesehen werden. Dem entsprechend gibt es Bestrebungen, sie auch bereits ab diesem Alter an politischen Entscheidungen zu beteiligen. In manchen Bundesländern existieren bereits dem entsprechende Wahlgesetze.[645] Der Gesetzgeber geht in diesem Bereich also davon aus, dass Jugendliche ab dem vollendeten 16. Lebensjahr bereits ein erhebliches Einsichts- und Urteilsvermögen besitzen. Für die Mehrzahl an Individualisierungsmaßnahmen dürfte eine Altersgrenze von 16 Jahren dennoch zu niedrig sein, da es um erhebliche Eingriffe in das Recht auf informationelle Selbstbestimmung geht. Dies gilt zum Beispiel für den im Rahmen der vorliegenden Arbeit besonders relevanten Bereich der Profilbildung. Der mit der Erstellung von Konsumenten-, Nutzer- oder Bewegungsprofilen verbundene Eingriff in das Persönlichkeitsrecht des Betroffenen gehört zu denjenigen Eingriffen, die ihrer Intensität nach an den Grenzbereich des verfassungsrechtlich überhaupt Zulässigen heranreichen.[646] Daher sind hinsichtlich der Einsichtsfähigkeit des Betroffenen besonders hohe Maßstäbe anzulegen. Dies bedeutet, dass die Betroffenen über ein so hohes Maß an Urteils- und Einschätzungsvermögen verfügen müssen, dass sie die möglicherweise weit reichenden Folgen, die sich aus dem konkreten Verwendungszusammenhang, nämlich der Erstellung von Profilen, ergeben können, überschauen und einordnen können. Ein solches Maß an Einsichtsfähigkeit wird in aller Regel nur bei Volljährigen anzunehmen sein. Daher dürften Einwilligungen von Minderjährigen in die Erstellung von Profilen grundsätzlich als unwirksam zu bewerten sein. Das Gleiche dürfte für die Mehrheit der Individualisierungsmaßnahmen gelten.

---

[645] § 7 Absatz 1 KWG Mecklenburg-Vorpommern und § 3 Absatz 1 GKWG Schleswig-Holstein.

[646] Siehe hierzu bereits oben Teil C, 4.4. Das Bundesverfassungsgericht stellte im Volkszählungsurteil (BVerfGE 65, 1, 43f.) fest, dass jedenfalls die Erstellung von „Komplettprofilen" unzulässig ist. Es normierte somit einen Extremwert, der in keinem Falle erreicht werden darf. Die Frage der Zulässigkeit von Persönlichkeitsprofilen, die eine geringere Feinkörnigkeit, Qualität oder Umfänglichkeit haben als es bei Komplettprofilen der Fall wäre, wurde nicht besprochen. Es darf aber angenommen werden, dass Konsumenten- oder Bewegungsprofile jedenfalls nicht grundsätzlich von ihrer Eingriffsintensität her als so gravierend bezeichnet werden können, als dass sie als Eingriff in die Menschenwürde als Kernbereich der Persönlichkeit zu werten sind. Bei Vorliegen aller sonstigen Wirksamkeitsvoraussetzungen der Einwilligung ist die Erstellung von Profilen daher grundsätzlich zulässig, solange diese Profile keine Komplettprofile sind.

Für bestimmte Lebensbereiche finden sich jedoch gesetzliche Regelungen, die eine Geschäftsfähigkeit von Minderjährigen für Spezialbereiche normieren. So sind nach §§ 112f. BGB. Minderjährige, die nach der Maßgabe des § 112 BGB selbständig ein Erwerbsgeschäft betreiben, für solche Rechtsgeschäfte unbeschränkt geschäftsfähig, die der Geschäftsbetrieb mit sich bringt. Daher sollten Minderjährige, die insoweit geschäftsfähig sind, auch als ausreichend einsichtsfähig betrachtet werden, um selbst in die mit den jeweiligen Geschäften verbundenen Datenverarbeitungen einzuwilligen. Ebenso ist davon auszugehen, dass Minderjährige, denen der Gesetzgeber zugesteht, gemäß § 113 BGB einen Arbeitsvertrag schließen zu können,[647] auch über die erforderliche Einsichtsfähigkeit verfügen, um auch im Rahmen von Individualisierungsmaßnahmen wirksam in die Verarbeitung ihrer diesbezüglichen Daten einzuwilligen.[648]

In der Literatur wird hinsichtlich der Frage, ob Minderjährige selbstständig wirksam einwilligen können, oft ausgehend von der Frage der Rechtsnatur der Einwilligung diskutiert.[649] Über die Einordnung als rechtsgeschäftliche Willenserklärung[650] beziehungsweise als Realakt wird die Frage, ob die Einwilligungserklärungen Minderjähriger wirksam sind, zu beantworten versucht. Zum Teil werden die gefundenen Ergebnisse dann mit Argumenten aus der Diskussion um die Grundrechtsmündigkeit nachträglich korrigiert. Ein solches Vorgehen ist jedoch umständlich und unnötig. Es geht schließlich bei der Frage, ob ein Minderjähriger wirksam einwilligen kann, um die Ausübung des Grundrechts auf informationelle Selbstbestimmung. Hier sollte, genau wie bei anderen Grundrechten auch, mangels einfachgesetzlicher Regelungen von Altersgrenzen im Bereich der informationellen Selbstbestimmung direkt über den Weg der Grundrechtsmündigkeit und damit über das Vorliegen oder Fehlen der für den jeweiligen Grundrechtseingriff erforderlichen Einsichtsfähigkeit argumentiert werden und nicht der Umweg über die Frage, welcher Rechtsnatur die Einwilligung ist, beschritten und anschließend mit verfassungsrechtlichen Argumenten wieder korrigiert werden.

Anzumerken ist in diesem Kontext noch, dass das Abstellen auf die BGB-

---

[647] Vgl. diesbezüglich auch die Befugnisse von Minderjährigen in §§ 60 ff. BetrVG, 15KSchG, 36 SGBl.

[648] Vgl. Holznagel/Sonntag, in: Roßnagel (2003), 4.8, Rn. 22; Kroll (1981), 172f.; Simitis, in: Simitis (2003), § 4a, Rn. 25.

[649] Vgl. etwa Simitis, in: Simitis (2003), § 4a, Rn. 23; Gola/Schomerus (2005), § 4a, Rn. 10; Schaffland/Wiltfang, § 4a, Rn. 15, Gola/Wronka (2004), 126; v. Uckermann, DuD 1979, 166.

[650] Im Falle der Einordnung der Einwilligung als Willenserklärung müssten konsequenterweise die §§ 2, 104 ff., 119 ff., 142 ff., 164 ff., 812 ff. und 1626 BGB angewendet werden.

Regelungen zur Willenserklärung mehr Fragen aufwirft als beantwortet. Die konsequente Anwendung der zivilrechtlichen Normen auf das öffentlich-rechtliche Institut der Einwilligung nach dem Bundesdatenschutzgesetz bedeutet, dass eine aufgrund Täuschung oder Irrtum gemäß § 143f. BGB angefochtene Einwilligungserklärung ad tunc unwirksam ist, was zur Anwendung der §§ 812 ff. BGB führt. Dies wiederum verpflichtet den unrechtmäßigen Datenverarbeiter zur Herausgabe des „erlangten Etwas" – eine Konsequenz, die praktische Probleme aufwirft und in dieser Form bislang weitgehend unbeachtet geblieben ist.[651]

7.1.2 Höchstpersönlichkeit der Erklärung

Für Unternehmen, die Individualisierungsmaßnahmen betreiben, ist es wichtig zu wissen, ob auch Stellvertreter wirksam in diese Maßnahmen einwilligen können, oder ob stets eine höchstpersönliche Erklärung des Betroffenen einzuholen ist.

Das Bundesdatenschutzgesetz äußert sich nicht ausdrücklich zu der Frage, ob die Einwilligung stets höchstpersönlich abzugeben ist. Auch in der Rechtsprechung des Bundesverfassungsgerichts findet sich keine Antwort. Zum Teil wird die Notwendigkeit einer höchstpersönlichen Abgabe der Einwilligungserklärung mit dem Hinweis auf die Schriftform, die eine eigenhändige Unterschrift erfordert,[652] sowie mit dem Sinn und Zweck der Informationspflichten[653] der verantwortlichen Stelle gegenüber dem Betroffenen begründet. Die Ansicht, die von einer generellen Höchstpersönlichkeit der datenschutzrechtlichen Einwilligungserklärung ausgeht, ist von der Idee getragen, eine größtmögliche Gewährleistung der informationellen Selbstbestimmung sicherzustellen. Sie schließt daher die Abgabe einer datenschutzrechtlichen Einwilligungserklärung durch einen Bevollmächtigten aus.[654]

Allerdings findet diese Ansicht im Gesetz keine Stütze. Der Gesetzgeber hat sicherstellen wollen, dass dem Betroffenen ein hohes Maß an Selbstbestimmung eingeräumt wird. Dies schließt grundsätzlich gerade auch die Möglich-

---

[651] Vgl. hierzu lediglich Weichert, NJW 2001, 1463, der auf S. 1466f. dezidiert auf die (mögliche) Rolle des Bereicherungsrechts im Bereich der informationellen Selbstbestimmung eingeht.

[652] So Tinnefeld/Ehmann (2005), 4.1.

[653] Simitis, in: Simitis (2003), § 4a, Rn. 35.

[654] Auernhammer (2003), § 4, Rn. 18; Simitis, in: Simitis, § 4a, Rn. 33f.; einschränkend Wohlgemuth (1998), Rn. 187.

keit mit ein, die eigene Entscheidung zu delegieren, die Entscheidungsbefugnis also einem vertrauenswürdigen Dritten zu übertragen und sich dadurch zu entlasten. Im Übrigen spricht auch das Unterschriftserfordernis des § 4a BDSG nicht gegen die Möglichkeit einer Stellvertretung bei der Einwilligungserklärung, denn nach BGH-Rechtsprechung darf der Vertreter auch im Namen des Vertretenen unterzeichnen.[655] Das Erfordernis der Erfüllung der Informationspflichten durch die verantwortliche Stelle spricht ebenfalls nicht zwingend für eine höchstpersönliche Abgabe des Betroffenen, da diese auch dem Vertreter gegenüber mit Wirkung für den Vertretenen erfüllt werden können.[656] Schließlich ist auch bei Abgabe der Erklärung durch einen Stellvertreter erforderlich, dass der Bevollmächtigte vor Erteilung der Vollmacht im gesetzlich notwendigen Umfang über die Datenverarbeitung informiert ist. Die Bevollmächtigung müsste sich daher ausdrücklich auf die datenschutzrechtliche Einwilligung beziehen. Insgesamt ist daher davon auszugehen, dass bei der Einwilligung eine Stellvertretung jedenfalls nicht grundsätzlich ausgeschlossen ist.[657]

Ob im Einzelfall eine Stellvertretung zulässig ist, hängt von der Tiefe und Tragweite der Datenverarbeitung ab, in die eingewilligt werden soll. An dem Grundsatz, dass bei höchstpersönlichen Rechtsgeschäften keine Stellvertretung möglich ist, die Willensbildung also nicht delegiert werden kann, muss festgehalten werden.[658] In der Literatur ist aus verschiedenen familien- und erbrechtlichen Vorschriften[659] der allgemeine Grundsatz entwickelt worden, dass für grundrechtsrelevante Bereiche höchstpersönliche Erklärungen abgegeben werden müssen, beziehungsweise dass Geschäftsunfähige oder beschränkt Geschäftsfähige nur im Wege der gesetzlichen Stellvertretung vertreten werden können. Dieser Grundsatz beansprucht zum Beispiel auch für Erklärungen über den Kirchenaustritt, über Eingriffe in die körperliche Unversehrtheit und Verletzungen des Persönlichkeitsrechts Geltung.[660] In diesen Fällen steht die Natur des Rechtsgeschäfts der Stellvertretung entgegen. Es ist also im Einzelfall zu klären, ob die abzugebende Einwilligungserklärung von ihrer Grundrechtsrelevanz her mit den oben genannten Beispielen vergleich-

---

[655] Zum Beispiel BGHZ 45, 195.

[656] Holznagel/Sonntag, in: Roßnagel (2003), 4.8, Rn. 27.

[657] Vgl. Holznagel/Sonntag, in: Roßnagel (2003), 4.8, Rn. 27; Gola/Schomerus (2005), § 4a, Rn. 10; Wohlgemuth (1992), § 4, Rn. 187.

[658] Staudinger/Dilcher, Anm. 41 zu § 164 BGB; Palandt-Heinrichs, v. § 164, Rn. 4.

[659] Vergleiche zum Beispiel § 1311 BGB für die Erklärung der Eheschließung, ebenso die Eigenhändigkeit des Testaments, § 2064 BGB, ebenso § 2247 BGB für den Erbvertrag und § 2347 BGB für den Erbverzicht.

[660] Kohte, AcP 185 (1985), 105 (143).

bar ist. In diesen Fällen ist die Einwilligung nur wirksam, wenn sie höchstpersönlich erklärt wurde. Handelt es sich jedoch bei dem Grundrechtseingriff, auf den sich die Einwilligungserklärung bezieht, um einen „Alltagsfall", der von seiner Grundrechtsintensität her nicht annähernd an die oben genannten Beispiele aus dem Familien- und Erbrecht heranreicht, wäre es eine Förmelei, am Erfordernis der Höchstpersönlichkeit fest zu halten. Eine Stellvertretung ist demnach also jedenfalls möglich, wenn es um Datenerhebungen geht, die im Alltag ständig vorkommen und als normal und typisch angesehen werden.

Zwar hat das Bundesverfassungsgericht im Volkszählungsurteil festgestellt, dass es im Zeitalter der automatisierten Datenverarbeitung keine „belanglosen" Daten gibt, da alle Daten verknüpft und in einen Kontext gebracht werden könnten, in dem sie für den Betroffenen Konsequenzen haben können.[661] Wenn jedoch die Art der Daten, der Zweck der Verarbeitung und die Verknüpfungs- und Verwendungsmöglichkeiten bekannt sind, kann eine Aussage über die Intensität des Eingriffs in das Grundrecht auf informationelle Selbstbestimmung getroffen werden. Ein sinnvolles Abgrenzungskriterium in diesem Kontext stellt die allgemeine Zugänglichkeit von Daten im Sinne des § 28 Absatz 1 Nr. 3 BDSG dar. Können Daten auch von jedermann aus öffentlichen Verzeichnissen wie Telefonbüchern erlangt werden, ist der mit ihrer Verarbeitung verbundene Eingriff als Bagatellfall zu werten, da durch den Eingriff eine Verschlechterung der datenschutzrechtlichen Situation des Betroffenen ausgeschlossen ist. Die Daten sind ohnehin öffentlich zugänglich und miteinander verknüpfbar, so dass der Zugriff auf diese Daten keine eigenständige Qualität hat. Jedenfalls in diesen Fällen muss daher eine Stellvertretung bei der Einwilligung möglich sein.

Für die im Rahmen der vorliegenden Arbeit relevanten Einwilligungserklärungen im Kontext der Individualisierung ist jedoch davon auszugehen, dass es

---

[661] Vgl. BVerfGE 61, 1, 42: „Zu entscheiden ist nur über die Tragweite [des Rechts auf informationelle Selbstbestimmung] für Eingriffe ... Dabei kann nicht allein auf die Art der Angaben abgestellt werden. Entscheidend sind ihre Nutzbarkeit und Verwendungsmöglichkeit. Diese hängen einerseits von dem Zweck, dem die Erhebung dient und andererseits von den der Informationstechnologie eigenen Verarbeitungsmöglichkeiten und Verknüpfungsmöglichkeiten ab. Dadurch kann ein für sich gesehen belangloses Datum einen neuen Stellenwert bekommen; insoweit gibt es unter den Bedingungen der automatischen Datenverarbeitung kein „belangloses" Datum mehr. Wieweit Informationen sensibel sind, kann hiernach nicht allein davon abhängen, ob sie intime Vorgänge betreffen. Vielmehr bedarf es zur Feststellung der persönlichkeitsrechtlichen Bedeutung eines Datums der Kenntnis seines Verwendungszusammenhangs: Erst wenn Klarheit darüber besteht, zu welchem Zweck Angaben verlangt werden und welche Verknüpfungsmöglichkeiten und Verwendungsmöglichkeiten bestehen, läßt sich die Frage einer zulässigen Beschränkung des Rechts auf informationelle Selbstbestimmung beantworten."

sich jedenfalls nicht um Minimaleingriffe handelt. Viele Individualisierungs-maßnahmen sind mit gravierenden Eingriffen in die informationelle Selbstbe-stimmung verbunden. Dies gilt zum Beispiel für das Anfertigen von Profilen oder die Abfrage von Daten aus einem Data Warehouse. Eine Einwilligung, die so umfassend ist, dass sie die Verarbeitung von derartigen Daten erlaubt, muss deshalb höchstpersönlich abgegeben werden. Nur der Betroffene selbst kann die Bedeutung und Tragweite dieser Entscheidung beurteilen. Eine Stell-vertretung scheidet folglich in vielen Praxisanwendungen der Individualisie-rung aus.

Auch im Hinblick auf die Möglichkeit einer Stellvertretung bei der datenschutz-rechtlichen Einwilligung wird oft deduktiv von der Rechtsnatur der Einwilligung ausgegangen. Die hierzu vertretenen Lösungen sind jedoch in sich selbst nicht schlüssig, wie nachfolgende Betrachtung zeigt: Wenn man davon ausgeht, dass die Einwilligung eine rechtsgeschäftliche Willenserklärung ist, müsste man die Stellvertretung nach §§ 164 ff. BGB an sich bejahen. Bei der Annah-me, dass die Einwilligung ein Realakt sei, müsste man diese Möglichkeit hin-gegen verneinen, da die §§ 164 ff. BGB auf diese gerade nicht anwendbar sind, die Zurechnung des Verhaltens anderer Personen erfolgt nicht durch Stellvertretung, sondern mittels faktischer Abhängigkeit, wie etwa bei der Figur des Besitzdieners.[662]

Die konkreten Lösungsvorschläge im Schrifttum weisen jedoch genau in die gegenteilige Richtung: Vertreter nichtrechtsgeschäftlicher Positionen[663] beja-hen die Stellvertretung, während Anhänger der Rechtsgeschäftsnatur der rechtfertigenden Einwilligung[664] die Möglichkeit einer Stellvertretung ablehnen. Dies verdeutlicht, dass die Probleme der Einwilligung nicht aus ihrer Rechts-natur heraus zu klären sind, sondern dass die Lösungen bereits auf der Ebene des Verfassungsrechts zu suchen sind.[665] Die Kontroverse ist im Datenschutz-recht nicht als Diskussion um die Rechtsnatur der Einwilligung zu führen, son-dern über die höchstpersönliche Qualität des Grundrechts auf informationelle Selbstbestimmung.[666]

---

[662] Vgl. Staudinger/Dilcher Anm. 38 vor § 164 BGB; Palandt-Heinrichs vor §§ 164 ff. BGB, Rn. 3.

[663] Vgl. zum Beispiel Schaffland/Wiltfang, § 4a, Rn. 21, 24; Schenke (1969), 96 ff.; Go-la/Schomerus (2005), § 4a, Rn. 10, verlangt wird hier lediglich, dass die Bevollmächtigung sich ausdrücklich auf die Erteilung der Einwilligung erstreckt.

[664] Siehe zum Beispiel Simitis, in: Simitis (2003), § 4a, Rn. 23, 33; ebenso Klebe in Däub-ler/Klebe/Wedde, § 4, Rn. 9; Hollmann, NJW 1978, 2332; Hümmerich, DuD 1978, 136f.

[665] So auch Kohte, AcP 185 (1985), 105 (142).

[666] Vgl. hierzu die Diskussion um die Einsichtsfähigkeit, siehe oben Teil C 7.1.1.

Unstreitig zulässig ist die Abgabe der Erklärung durch einen Boten, der keinen eigenen Entscheidungsspielraum hat.[667]

7.1.3 Zeitbezug der Einwilligung

Viele Individualisierungsmaßnahmen finden nicht nur einmal zu einem bestimmten Zeitpunkt statt, sondern über einen Zeitraum. Es stellt sich daher die Frage nach dem Zeitbezug und der Wirkungsdauer der Einwilligungserklärung. Außerdem ist fraglich, ob die Einwilligung immer zwingend vor der Datenverarbeitung erfolgen muss, oder ob auch nachträglich erklärte Einwilligungen wirksam sein können.

Nach dem Begriffsverständnis des BGB ist die Einwilligung eine antizipierte Erlaubnis.[668] Das Gegenstück zur Einwilligung und damit andere Möglichkeit der Zustimmung ist die Genehmigung, die nach dem Eingriff in die betroffenen Rechtsgüter erklärt werden kann.[669] Die nachträgliche Zustimmung (=Genehmigung) zu einer Datenverarbeitung reicht demnach nicht aus, um diese zu legitimieren. Diese Regelung ist von der Idee getragen, jede Datenpreisgabe auszuschließen, die im falschen Glauben des Betroffenen erfolgt, er müsse die Daten abgeben. Selbst im Falle einer nach der Datenerhebung verweigerten Zustimmung der weitergehenden Datenverarbeitung hätte der Betroffene jedenfalls bei der Datenerhebung mitgewirkt und die Daten insoweit preisgegeben, selbst wenn diese Datensätze direkt im Anschluss an die Verweigerung der Zustimmung vernichtet würden – worauf der Betroffene vertrauen müsste. Diese Situation soll bei der datenschutzrechtlichen Einwilligung verhindert werden.

Trotz der klaren gesetzlichen Regelung wird seitens der Literatur Kritik an der unbedingten vorherigen Zustimmung des Betroffenen geübt. Die Betroffenen seien oftmals erst am Ende einer Datenerhebung, also nach Kenntniserlangung des Inhalts der erhobenen Daten, in der Lage, sich ein Bild über alle relevanten Details derselben zu machen und wirksam einzuwilligen.[670] Daher

---

[667] Holznagel/Sonntag, in: Roßnagel (2003), 4.8, Rn. 27.

[668] Palandt-Heinrichs, Einf. v. § 182, Rn. 1.

[669] Dies ergibt sich direkt aus §§ 182 ff. BGB.

[670] Vgl. Simitis, in: Simitis (2003), § 4a, Rn. 29 ff. mit einem Beispiel, in dem er feststellt, dass bei umfangreichen Befragungen erst die Kenntnis der einzelnen Fragen für eine informierte Entscheidung des Betroffenen vorliegen muss, da allgemeine Aussagen über Ziele und Hintergründe der Befragung den erforderlichen Kenntnisstand des Betroffenen nicht gewährleisten können. Nach Simitis kann daher die Einwilligung auch unmittelbar im Anschluss an die Datenerhebung abgegeben werden, jedenfalls aber die weitere Verarbei-

wird vertreten, dass auch einer nachträglichen Zustimmung des Betroffenen eine gewisse Wirkung zukommt, auch wenn sie eine vorausgegangene illegale Datenverarbeitung nicht über den Weg der Einwilligung nach § 4a BDSG zulässig machen kann, da eine Heilungsmöglichkeit im Bundesdatenschutzgesetz nicht vorgesehen ist.[671]

Eine Zustimmung des Betroffenen zu einem anderen als dem in § 4a BDSG gemeinten Zeitpunkt entfaltet jedenfalls im Rahmen der Betrachtung des § 28 Absatz 1 Nr. 2 BDSG Wirkung. Nach dieser Vorschrift ist die Verarbeitung von Daten als Mittel für die Erfüllung eigener Geschäftszwecke zulässig, soweit es zur Wahrung berechtigter Interessen der verantwortlichen Stelle erforderlich ist und kein Grund zu der Annahme besteht, dass das schutzwürdige Interesse des Betroffenen an dem Ausschluss der Verarbeitung überwiegt. Wenn der Betroffene einer Datenverarbeitung zustimmt, besteht jedenfalls kein Grund mehr zu der Annahme, dass sein Interesse an dem Ausschluss der Datenverarbeitung überwiegen könnte. Hierfür ist gleichgültig, ob die Zustimmung vor (Einwilligung) oder nach (Genehmigung) der Datenerhebung ausgesprochen wird. Ferner können nachträgliche Erklärungen im Hinblick auf mögliche zukünftige Schadensersatzansprüche gemäß §§ 7, 8 BDSG oder § 823 Absatz 2 BGB der Betroffenen herangezogen werden, um diese einzuschränken. Wer in die Verarbeitung einwilligt, der verzichtet auf den ihm unter Umständen zustehenden Schadensersatz.[672]

Besonders relevant für die vorliegende Arbeit ist die Frage der zeitlichen Wirkungsdauer einer einmal erteilten Einwilligung. Grundsätzlich gilt die Einwilligung zeitlich unbeschränkt. Problematisch könnte in diesem Kontext sein, dass der Betroffene durch eine einmal erteilte Einwilligung auf Jahre oder Jahrzehnte hinaus der Verarbeitung und Weitergabe seiner personenbezogenen Daten zustimmt. Der Betroffene weiß zu einem späteren Zeitpunkt mögli-

---

tung der erhobenen Daten legitimieren, da dies dem Zweck des Gesetzes entspreche. Lehnen die Betroffenen hingegen die Verwendung der erhobenen Daten ab, müssten sämtliche Angaben in ihrer Gegenwart sofort vernichtet werden. Die sichere und endgültige Vernichtung von erhobenen Daten ist allerdings insbesondere bei der digitalen Datenerhebung und -speicherung und erst recht bei einer Datenerhebung durch eine ortsabwesende erhebende Stelle problematisch. Hier müsste der Betroffene darauf vertrauen, dass tatsächlich die verwendeten Datenträger entweder physisch (was erhebliche Kosten verursachen würde) oder durch ausreichend oft hintereinander durchgeführtes Überschreiben (was erheblichen organisatorischen und zeitlichen Aufwand mit sich bringt) unwiederherstellbar gelöscht werden.

[671] Holznagel/Sonntag, in: Roßnagel (2003), 4.8, Rn. 19.

[672] Holznagel/Sonntag, in: Roßnagel (2003), 4.8, Rn. 19; Simitis, in: Simitis (2003), § 4a, Rn. 31. Nach Schaffland/Wiltfang (2003), § 4a, Rn. 3, könnte die Genehmigungserklärung als Verzicht auf dem entsprechende Ansprüche ausgelegt werden.

cherweise nicht mehr, wem er eine Einwilligung erteilt hat. Ferner ist es möglich, dass für ihn etwa wegen eines Rechteübergangs im Rahmen eines Unternehmenskaufs oder einer Insolvenz auch nicht mehr nachvollziehbar ist, an wen er sich zu wenden hat.

Zwar gilt die Einwilligung zeitlich unbeschränkt. Ist ein Betroffener allerdings nicht mehr einverstanden mit der Datenverarbeitung, hat er mehrere Gestaltungsrechte. Zunächst wäre an dieser Stelle das Auskunftsrecht nach § 34 BDSG zu erwähnen. Die Einwilligung zur Datenverarbeitung kann jederzeit mit Wirkung für die Zukunft widerrufen werden. Zusätzlich hat jeder Betroffene noch das Recht auf Berichtigung, Löschung und Sperrung seiner personenbezogenen Daten nach § 35 BDSG. Insgesamt sind daher weit reichende und umfassende Einwilligungserklärungen nicht zu beanstanden, sofern der Betroffene eine realistische Möglichkeit hat, die Datenverarbeitung für die Zukunft zu unterbinden. Außerdem ist zu berücksichtigen, dass der Betroffene vor der Einwilligungserteilung ausreichend über diese Rechte informiert worden sein muss, damit die Einwilligung überhaupt wirksam ist.

7.1.4 Form

7.1.4.1 Grundsatz der Schriftform

Individualisierungsmaßnahmen finden oft mit Unterstützung moderner Informations- und Kommunikationstechnologie statt. Aus mehreren Gründen ist es für Unternehmen interessant, auch die Einwilligungserklärungen unter Einsatz dieser Technologien einzuholen. Zum einen werden so Medienbrüche vermieden. Wenn ein Betroffener zum Beispiel per Internet mit der Website eines Unternehmens kommuniziert, ist es von Vorteil, wenn er nicht den Kommunikationsvorgang unterbrechen, die Einwilligungserklärung ausdrucken und per Post zu dem Unternehmen schicken muss, sondern sie gleich per Internet abgeben kann. Aufgrund der durch den Einsatz der Informations- und Kommunikationstechnologie möglichen Automatisierung wird sowohl für den Betroffenen als auch für das Unternehmen Zeit gespart, da Kommunikationsvorgänge zum Beispiel direkt online abgewickelt werden können. Hinzu kommt, dass Unternehmen Personal sparen können, wenn das Erfordernis der Schriftform der Einwilligung gelockert würde, da der Vorgang der Zuordnung der eingehenden Einwilligungserklärungen entfallen würde.

Nach § 4a Absatz 1 Satz 3 BDSG bedarf die Einwilligung der Schriftform, soweit nicht wegen besonderer Umstände eine andere Form angemessen ist. Zusätzlich zu dieser konkreten Gestaltung durch den Gesetzgeber ließe sich das Schriftformerfordernis auch parallel mittels der Methode KORA ableiten. Aus der informationellen Selbstbestimmung als Generalklausel folgt die Anforderung, dass die Betroffenen, wenn sie in einen Eingriff ihres Grundrechts einwilligen, dies mit Bedacht tun. Es muss ausgeschlossen sein, dass Einwilligungserklärungen „aus Versehen" abgegeben werden. Diese Anforderung lässt sich auf der zweiten KORA-Stufe dahingehend konkretisieren, dass die Betroffenen ihre Einwilligung nur wirksam erklären können, wenn eine bestimmte Form beachtet wird. Das Formerfordernis hat Warn- und Beweisfunktion und dient in erster Linie dem Schutz des Betroffenen vor Übereilung.[673] Der Betroffene soll von unbedachten oder ungewollten Äußerungen abgehalten werden, es soll ihm ermöglicht werden, die Tragweite seines Handelns zu überblicken.[674] Gemäß § 126 BGB ist die Schriftform erfüllt, wenn der Betroffene eigenhändig mit seinem Namen auf einer Urkunde unterschreibt, so dass seine Schriftzeichen dauerhaft festgehalten werden. Aufgrund des Erfordernisses der Eigenhändigkeit ist die Verwendung von Stempel, Schreibautomat oder sonstigen Hilfsmitteln unzulässig. Die Übermittlung einer eigenhändigen Unterschrift per Fernkopie durch Telefax genügt dem Formerfordernis ebenso wenig wie die Übersendung einer eingescannten Unterschrift per E-Mail.[675] Nach § 126 Absatz 3 i.V.m. § 126a BGB kann die Schriftform jedoch durch die elektronische Form ersetzt werden, was eine qualifizierte elektronische Signatur i.S.v. § 2 Nr. 3 SigG erfordert.

Wenn besondere Umstände vorliegen, die eine andere Form als die Schriftform angemessen erscheinen lassen, kann diese gemäß § 4a Absatz 1 Satz 3 BDSG statt der Schriftform gewählt werden. Einerseits können demnach auch mündliche Erklärungen ausreichend sein, andererseits können auch strengere Formerfordernisse als die Schriftform gefordert werden.[676] Wann solche besonderen Umstände gegeben sind, kann nur nach dem Prinzip der Verhältnismäßigkeit entschieden werden,[677] das heißt, dass die beteiligten Interessen unter Berücksichtigung der jeweiligen Verarbeitungsumstände gegeneinander abgewogen werden müssen. Mit dem grundsätzlichen Schriftformerfordernis

---

[673] Holznagel/Sonntag, in: Roßnagel (2003), 4.8, Rn. 28.

[674] Dörr, RDV 1992, 167; Podlech/Pfeiffer, RDV 1998, 152.

[675] BGH, NJW 1997, 3169; BGH, NJW 1993, 1126. Anders bei der Schriftform im Prozessrecht, für die anerkannt ist, dass die Übermittlung von fristwahrenden Schriftsätzen in Prozessen auch per Telefax oder Computerfax erfolgen kann: BGH, NJW 200, 2340. Ebenso Bergmann/Möhrle/Herb, § 4a, Rn. 84.

[676] Holznagel/Sonntag, in: Roßnagel (2003), 4.8, Rn. 29.

[677] Tinnefeld/Ehmann (2005), 4.1.2.

stellt das Bundesdatenschutzgesetz ein höheres Schutzniveau auf als die Europäische Datenschutzrichtlinie.[678] Nach Maßgabe der Richtlinie reicht eine mündliche Einwilligung nämlich grundsätzlich aus, Artikel 7 a der Richtlinie erfordert lediglich, dass die betroffene Person ihre Einwilligung „ohne Zweifel" erklärt.

Da es sich bei dem Schriftformerfordernis im deutschen Datenschutzrecht um den Grundsatz und bei allen anderen Fällen um Ausnahmen von diesem handelt, ist nach allgemeinen Auslegungsregeln restriktiv bei der Anerkennung von Einwilligungen vorzugehen, die nicht der Schriftform entsprechen. Als Fallgruppen, in denen ausnahmsweise eine explizite mündliche Einwilligung ausreicht, sind die nachfolgend aufgeführten Fälle anerkannt.

- Dauerhafte und langfristige **Geschäftsbeziehungen** sollen Anlass dafür sein, mündliche Einwilligungen als wirksam anzuerkennen, wenn ursprünglich eine schriftliche Einwilligung erteilt wurde.[679] Dies gelte jedoch nur, wenn der Verwendungszweck und das Verarbeitungsumfeld der Daten beibehalten wird,[680] es sich also um eine bloße Fortführung des vorigen, formgemäß zustande gekommenen Zustandes handelt. Eine Ausweitung der Befugnisse der verarbeitenden Stelle durch eine zweckfremde Verwendung oder Übermittlung der Daten an Dritte kann allein mit der Langfristigkeit einer Geschäftsbeziehung jedoch nicht legitimiert werden.[681]
- **Eilbedürftigkeit** kann zu einer Verzichtbarkeit auf die Schriftform führen, wenn der Betroffene am Verzicht auf die Schriftform und der dadurch erzielten Zeitersparnis ein Interesse hat.[682]

---

[678] RL 95/46/EG.

[679] Gola/Schomerus (2005), § 4a, Rn. 13; Schaffland/Wiltfang, § 4a, Rn. 5; Bergmann/Möhrle/Herb, § 4a, Rn. 87; Simitis, in: Simitis (2003), § 4a, Rn. 48 spricht von „langjährigen" Geschäftsbeziehungen.

[680] Holznagel/Sonntag, in: Roßnagel (2003), 4.8, Rn. 29.

[681] Simitis, in: Simitis (2003), § 4a, Rn. 48.

[682] In diesem Kontext wird oft das Beispiel des ärztlichen Heileingriffs im Notfall genannt, vgl. Schaffland/Wiltfang, § 4a, Rn. 5; Bergmann/Möhre/Herb, § 4a, Rn. 87; Däubler/Klebe/Wedde, § 4a, Rn. 13; fragwürdig ist hierbei jedoch die Vergleichbarkeit der Interessenlage im Kontext des Datenschutzes. Möglicherweise ist jedoch nicht nur der ärztliche Heileingriff als solcher gemeint, sondern die Datenerhebung und -verarbeitung der Namens-, Adress- und Gesundheitsdaten, die im Laufe der stationären Behandlung anfallen und in die der Patient etwa wegen Bewusstlosigkeit nicht einwilligen kann. Ein klassisch datenschutzrechtliches Beispiel wäre etwa die telefonische Warenbestellung bei einem Versandhaus mit dem Wunsch auf sofortigen Versand (Beispiel ähnlich Simitis, in: Simitis (2003), § 4a, Rn. 47). Hier liegt es im Interesse des Betroffenen, die Waren möglichst schnell zu erhalten. Wenn die Daten tatsächlich lediglich zur Vertragserfüllung genutzt werden und danach gelöscht werden, spricht nach Gola/Schomerus (2005), § 4a, Rn. 13, nichts gegen einen Verzicht auf das Schriftformerfordernis. Zu bemerken ist jedoch, dass im nicht-öffentlichen Bereich die Datenverarbeitung insoweit bereits durch die

Die Grenzen zur folgenden Fallgruppe sind undeutlich, dennoch wird unter dem Begriff des **Eigeninteresses** des Betroffenen in der Literatur[683] eine eigene Fallgruppe geführt. Beispiele hierfür sind etwa die Datenspeicherung auf Empfängerseite bei Banküberweisungen oder Streckengeschäften, sowie wiederum die Konstellation der telefonischen Bestellung von Produkten mit sofortiger Auslieferung. Zu erwähnen ist auch hier jedoch, dass in diesem Kontext zumindest im nicht-öffentlichen Bereich die Datenverarbeitung bereits durch die gesetzliche Regelung in § 28 BDSG legitimiert ist.

Auch bei Individualisierungsmaßnahmen ist grundsätzlich die Schriftform zu beachten. Sollen etwa individualisierte Datenbankabfragen zur Minimierung von finanziellen Risiken durchgeführt werden, ist regelmäßig ein entsprechendes Einwilligungsformular zu unterschreiben. Bei Marketingmaßnahmen gehen Unternehmen zwar oft von einer konkludent erklärten Einwilligung aus, dies ist jedoch fragwürdig. Dieses Problem soll im übernächsten Unterkapitel behandelt werden. Hinsichtlich der Datenverarbeitung zur Erstellung individualisierter Dienstleistungen kann argumentiert werden, dass hier eine Ausnahme vom Schriftformerfordernis vorliegt, da die Fallgruppen „längerfristiger Geschäftsbeziehungen" und „eigenes Interesse des Betroffenen" vorliegt. Insgesamt ist hinsichtlich der Erstellung adaptiver Produkte auf die nachfolgend erläuterte Möglichkeit der Einwilligung in elektronischer Form, die die Schriftform ersetzen kann, hinzuweisen.

7.1.4.2 Einwilligung in elektronischer Form

Viele Unternehmen, die Individualisierungsmaßnahmen betreiben, verwenden hierbei Tele- und Mediendienste. Daher ist die Möglichkeit der Einwilligung in elektronischer Form nach § 4 Absatz 2 TDDSG beziehungsweise § 18 Absatz 2 MDStV für sie nicht nur relevant, sondern auch besonders attraktiv, da sie die Möglichkeit bietet, das Schriftformerfordernis zu umgehen. Um Probleme und Rechtsunsicherheiten des Schriftformerfordernisses auszuweichen, sollten Diensteanbieter die Möglichkeit der Einwilligungserteilung in elektronischer Form wahrnehmen.[684] Das Schriftformerfordernis wird den modernen Anforderungen des elektronischen Geschäftsverkehrs nicht gerecht, weil Rahmenverträge, bei denen die Nutzer physisch anwesend sind und eine handschriftliche

---

gesetzliche Regelung in § 28 BDSG legitimiert ist.

[683] Holznagel/Sonntag, in: Roßnagel (2003), 4.8, Rn. 29; Schaffland/Wiltfang, § 4a, Rn. 5; Bergmann/Möhrle/Herb, § 4a, Rn. 87.

[684] Zur Möglichkeit der Einwilligung in elektronischer Form siehe auch Roßnagel, in: Roßnagel/Ganzhaf/Grimm, 162 ff.

Erklärung abgeben können, meist nicht vorliegen.[685] Mit § 126a BGB wurde jedoch eine techniknahe Regelung in das Bürgerliche Gesetzbuch aufgenommen, nach der die Schriftform durch eine qualifizierte elektronische Signatur ersetzt werden kann.[686] Der Einsatz qualifizierter Signaturen hat sich auf dem Markt jedoch derzeit noch nicht durchgesetzt, so dass diese Möglichkeit in der Praxis bislang so gut wie gar nicht wahrgenommen wird. Folglich würde es trotz der Möglichkeit der elektronischen Signatur in der Praxis bei der traditionellen Schriftform bleiben.

Ein Beharren auf dem Schriftformerfordernis würde, wie erwähnt, im Kontext elektronischer Dienste zu Medienbrüchen führen, es würde zusätzlichen organisatorischen Aufwand verursachen[687] und damit letztlich die Vorteile einer schnellen und komfortablen elektronischen Kommunikation von Online-Diensten herabsetzen.[688] Deshalb wurde für Daten nach dem Teledienstedatenschutzgesetz, dem Mediendienstestaatsvertrag und dem Telekommunikationsgesetz im Jahr 1997 erstmals in § 3 Absatz 7 TDDSG und § 12 Absatz 8 MDStV mit der Möglichkeit der elektronischen Abgabe einer datenschutzrechtlichen Einwilligung als gleichwertiger Ersatz für die schriftliche Erklärung eine Erleichterung der Formerfordernisse vorgesehen.[689] In dieser ursprünglichen Fassung zielten die Regelungen zwar noch darauf ab, alle Sicherungsfunktionen der Schriftform (Warnfunktion, Beweiskraft, Abschluss, Authentifizierung) auch in der elektronischen Kommunikation zu gewährleisten.[690] Die Einwilligung in elektronischer Form setzte daher den Einsatz hinreichend sicherer digitaler Signaturen voraus. Da sich diesbezüglich kein einheitlicher Standard durchsetzen konnte, wurde in der Folgezeit von diesem Erfordernis abgewichen. Die aktuelle Gesetzesfassung zur elektronischen Einwilligung verzichtet zugunsten einer Praxistauglichkeit der elektronischen Einwilligung gänzlich auf den Einsatz digitaler Signaturen. Nach § 4 Absatz 2 Nr. 1-3 TDDSG n.F. und 18 Absatz 2 Nr. 1-3 MDStV n.F. muss lediglich sichergestellt sein, dass die Einwilligung

- nur durch eine eindeutige und bewusste Handlung des Nutzers erfolgen kann (Autorisierung),
- protokolliert wird und
- ihr Inhalt jederzeit vom Nutzer abgerufen werden kann.

---

[685] Ranke (2003), 108.
[686] Hierzu ausführlich Scholz (2003), 290.
[687] Roßnagel, NVwZ 1998, 4.
[688] Bizer, in: Roßnagel, RMD, § 4 TDDSG, Rn. 216; Engel-Flechsig, DuD 1997, 13.
[689] Die elektronische Einwilligung wurde im Entschließungsantrag der Bundesregierung als eines der vier Kernelemente des TDDSG bezeichnet: BT-Drs. 13/7935, 2f.
[690] Bizer, in: Kröger/Kellersmann (1998), 151.

Eine eindeutige und bewusste Erklärung setzt voraus, dass die Erklärung subjektiv mit Handlungs- und Erklärungswillen abgegeben wurde und dass die Erlaubnis der Datenverarbeitung zu einem konkreten Zweck auf einem Geschäftswillen beruht.[691] Der Schutz vor einer übereilten Abgabe der Einwilligung kann aufgrund des flüchtigen Mediums im E- oder auch im M-Commerce nur erreicht werden, wenn sich die Autorisation der Einwilligung von üblichen Erklärungen unterscheidet.[692] Ein einfacher Tastendruck oder das Berühren eines Touch-Screens auf dem mobilen Endgerät ist daher genauso wenig mit den Regelungen in § 4 Absatz 2 TDDSG beziehungsweise 18 Absatz 2 MDStV vereinbar wie ein Ankreuz-Kästchen, das neben dem Einwilligungstext bereits vormarkiert ist, da in diesem Fall die vom Teledienstedatenschutz geforderte aktive Handlung des Nutzers entbehrlich wäre und die gesetzliche Forderung nach einer Warnfunktion damit nicht erfüllt wäre.[693] Vielmehr ist für die Autorisierung eine bestätigende Wiederholung des Übermittlungsbefehls zu verlangen.[694] Ferner muss der Diensteanbieter sicherstellen, dass sich die Erklärungshandlung des Nutzers eindeutig und bewusst auf einen bestimmten Inhalt der Einwilligung bezieht. Die Einwilligungserklärung muss daher zumindest auszugsweise während der Autorisierungshandlung auf dem Bildschirm oder LCD-Display erscheinen oder per Handy-Beamer[695] angezeigt werden.[696] Biometrische Verfahren können dagegen nicht als Einwilligung in diesem Sinn gewertet werden, da der Betroffene hierbei möglicherweise ohne sein Wissen und ohne seinen Willen identifiziert wird.[697]

Die Pflicht zur Protokollierung der Einwilligung sowie die Pflicht, die Erklärung jederzeit abrufbar vorzuhalten, gewährleistet die notwendige Transparenz und Nachweisbarkeit der elektronischen Einwilligung. Der Nutzer kann somit nachprüfen, wann er wem und in welchem Umfang eine Einwilligung in die Verarbeitung seiner Daten erteilt hat.[698] Mit Hilfe der Protokollierung soll festgehalten werden, dass der Nutzer überhaupt eine Einwilligung erklärt hat. Diese

---

[691] Bizer, in: Roßnagel, RMD, § 4 TDDSG, Rn. 248 ff., 252 ff.

[692] Ranke (2003), 109.

[693] Scholz (2003), 284.

[694] So die Gesetzesbegründung zum IuKD, BT-Drs. 13/7385, 23; Engel-Flechsig, DuD 1997, 13; zu alternativen Organisationsformen, zum Beispiel Einwilligung per E-Mail, siehe Bizer, in: Roßnagel, RMD, § 4 TDDSG, Rn. 276.

[695] In naher Zukunft werden Handys mit Mini-Projektoren ausgestattet sein, vgl. Handelsblatt Nr. 18 vom 26.1.2905, 21 „Wenn das Handy zum Beamer wird: Fraunhofer Forscher entwickeln kleine und robuste Projektionstechnik in Würfelzucker-Format".

[696] Zum Risiko einer divergierenden Darstellung einer Datei auf dem Bildschirm und der des Speichermediums, siehe Pordesch, DuD 1993, 561 (565); ders., DuD 2000, 89.

[697] Scholz (2003), 285.

[698] Engel-Flechsig, DuD 1997, 13.

Funktion erfüllt der Diensteanbieter, indem er die elektronische Einwilligung des einzelnen Betroffenen speichert.[699] Festzuhalten ist dabei auch der Zeitpunkt der Einwilligung, damit überprüft werden kann, wann der Nutzer seine Einwilligung erklärt hat, sowie der Umfang und die Zweckbestimmung der personenbezogenen Daten, die zu verarbeiten der Anbieter berechtigt ist.[700]

Die Protokollierung der elektronischen Einwilligung des Nutzers ist selbst ein personenbezogenes Datum. Der Zweck der Einwilligung dient ausschließlich der Kontrolle der vom Nutzer legitimierten Datenverarbeitung und damit der Datenschutzkontrolle.[701] Auf die Protokolldaten findet insoweit die besondere Zweckbindung nach §§ 14 Absatz 4 beziehungsweise 31 BDSG Anwendung.[702] Unzulässig ist die Speicherung der protokollierten Einwilligung, wenn und soweit die Speicherung der elektronischen Einwilligung zum Beweis für die Berechtigung der Datenverarbeitung nicht mehr erforderlich ist.[703]

Abrufbarkeit der Einwilligung nach § 4 Absatz 2 Nr. 3 TDDSG bedeutet, dass der Diensteanbieter die protokollierten Informationen ständig für den Nutzer, der die elektronische Einwilligung erklärt hat, bereithalten muss.[704] Zur Erfüllung dieser Anforderung muss die technische Möglichkeit seitens des Diensteanbieters gegeben sein, dem Nutzer unverzüglich nach einer Anfrage den genauen Inhalt der von ihm erteilten Einwilligung zu übermitteln.[705] Da es sich bei der elektronischen Einwilligung selbst um ein personenbezogenes Datum handelt, darf die Erklärung nicht allgemein – etwa durch Veröffentlichung auf der Web-Site des Diensteanbieters – zugänglich sein. Ausreichend ist jedoch, dass der Nutzer den vorformulierten Einwilligungstext abrufen kann.[706] Sobald allerdings mehrere Versionen der Einwilligungserklärung zum Abruf bereitgehalten werden, weil der Diensteanbieter etwa seine Datenschutz-

---

[699] Da die Aufbewahrung der elektronischen Einwilligung des Betroffenen die Speicherung eines personenbezogenen Datums darstellt, kann der Nutzer nach § 7 TDDSG, § 16 Absatz 1 MDStV jederzeit Einsicht nehmen. Ist die Speicherung der Einwilligung zum Beweis für die Zulässigkeit der Datenverarbeitung nicht mehr erforderlich, ist sie unzulässig und deshalb zu löschen, siehe Bizer in: Roßnagel, RMD, § 4 TDDSG, Rn. 278.

[700] Bizer, in: Roßnagel, RMD, § 4 TDDSG, Rn. 282.

[701] Scholz (2003), 285.

[702] Bizer, in: Roßnagel, RMD, § 4 TDDSG, Rn. 277.

[703] Bizer, in: Roßnagel, RMD, § 4 TDDSG, Rn. 278.

[704] Eine Pflicht zur Speicherung durch den Nutzer selbst besteht nicht, siehe Scholz (2003), 285; aA Münch, RDV 1997, 246.

[705] Scholz (2003), 285.

[706] Bizer, in: Roßnagel, RMD, § 4 TDDSG, Rn. 282; aA Scholz (2003), 286, der sich dafür ausspricht, dass stets ein Authentifizierungsmechanismus zu installieren ist, der sicherstellt, dass nicht ein unberechtigter Dritter, sondern ausschließlich der Nutzer „seine" elektronische Einwilligung abruft.

Policy geändert hat, dann muss der Nutzer wissen, in welche Einwilligungser-klärung er selbst eingewilligt hat. In diesen Fällen ist es sinnvoll, die elektroni-sche Einwilligung in einem Datenkonto des Nutzers zum Abruf bereitzuhalten, das dieser dann durch Passwort geschützt abrufen kann.

Zum Abruf bereitgehalten werden muss nur der „Inhalt der Einwilligung". Die-ser muss aber vollständig und ungekürzt zum Abruf verfügbar sein. Zur Einwil-ligung nach § 4 Absatz 2 Nr. 3 TDDSG gehören nicht die dokumentorientierten Schutzmechanismen, aus denen sich die Erfüllung der Anforderungen ergibt. Nur im Weg seines Auskunftsanspruchs nach § 4 Absatz 7 TDDSG kann der Nutzer erfahren, ob und wann er – jedenfalls nach dem Verständnis des Diensteanbieters – seine elektronische Einwilligung „eindeutig und bewusst" erteilt hat.[707]

Sind die oben erläuterten Voraussetzungen des § 4 Absatz 2 Nr. 1 bis 3 TDDSG nicht erfüllt, ist die elektronisch erklärte Einwilligung unwirksam und die auf ihr basierende Datenverarbeitung unzulässig.[708]

7.1.4.3 Konkludente, stillschweigende und mutmaßliche Einwilligungen

Insbesondere hinsichtlich individualisierter Marketingmaßnahmen berufen sich Unternehmen darauf, dass Betroffene ihre Einwilligung konkludent, etwa durch die Teilnahme an Gewinnspielen erklärt hätten. Auch bei der Inanspruchnah-me von Dienstleistungen, die eine individualisierte Datenverarbeitung zwin-gend voraussetzen, kann argumentiert werden, dass der Betroffene seine Einwilligung durch schlüssiges Verhalten erklärt. Die gleiche Argumentation wird angebracht, wenn für den Betroffenen erkenntlich ist, dass Datenverarbei-tungsvorgänge über die Erfüllung des Zwecks eines zugrunde liegenden Ver-trags hinaus durchgeführt werden, der Betroffene das fragliche Produkt aber widerspruchslos in Anspruch nimmt.

Die Zulässigkeit von konkludenten, stillschweigenden und mutmaßlichen Ein-willigungen wird kontrovers diskutiert. Das Bundesdatenschutzgesetz enthält keine konkrete Aussage zu dieser Frage. Allerdings wird in § 4a Absatz 1 Satz 3 BDSG gefordert, dass die Einwilligung der Schriftform bedarf, soweit nicht wegen besonderer Umstände eine andere Form angemessen ist. An dieser Stelle sollen nicht die Kriterien „Form" und „Ausdrücklichkeit" der Erklärung

---

[707] Bizer, in: Roßnagel, RMD, § 4 TDDSG, Rn. 283.
[708] Bizer, in: Roßnagel, RMD, § 4 TDDSG, Rn. 285.

vermischt werden, es besteht jedoch eine Verbindung zwischen diesen Kriterien. Eine konkludente schriftliche Einwilligung ist nämlich nicht denkbar, da eine Erklärung, die schriftlich fixiert ist, denknotwendig explizit sein muss. Die Ausnahmeregelung „soweit nicht wegen besonderer Umstände eine andere Form angemessen ist" könnte jedoch auch Räume für die konkludente Einwilligung schaffen. Wenn eine andere Form als die Schriftform ausnahmsweise zulässig ist, dann ist grundsätzlich auch denkbar, dass die Erklärung nicht explizit mit gesprochenen Worten abgegeben werden muss.

Der Blick auf die Regelung in der Europäischen Datenschutzrichtlinie zeigt, dass dort zumindest die konkludente Einwilligung als zulässig angesehen wird. Nach Artikel 7 a) der Datenschutzrichtlinie ist lediglich sicherzustellen, dass der Betroffene „ohne Zweifel" eingewilligt hat. Durch konkludentes Verhalten erklärte Einwilligungen erfüllen diese Voraussetzung, sie sind nach dieser Regelung also wirksam, wenn sie unmissverständlich abgegeben werden. Nur wenn sich die Einwilligungserklärung auf sensible Daten bezieht, ist eine ausdrückliche Erklärung erforderlich.[709] Die Entstehungsgeschichte der Richtlinie spricht entgegen einer teilweise vertretenen Ansicht nicht gegen die Zulässigkeit der konkludenten Einwilligung.[710]

Die Zulässigkeit der konkludenten Einwilligung nach der Datenschutzrichtlinie bedeutet jedoch nicht, dass auch in Deutschland konkludent erklärte Einwilligungserklärungen zulässig sind. Die Datenschutzrichtlinie zwingt die Mitgliedsstaaten gerade nicht, ihr Datenschutzniveau einzuebnen. Vielmehr bestimmt Erwägungsgrund 10, dass die Angleichung der Rechtsvorschriften nicht zu einer Verringerung des in den Mitgliedsstaaten bisher garantierten Schutzes führen darf.[711] Die Datenschutzrichtlinie formuliert somit also ein Mindest- aber nicht ein Höchstmaß an Datenschutz für die Mitgliedsstaaten. Nun ist im deutschen Datenschutzrecht aber gerade nicht abschließend geregelt, ob die Einwilligung ausdrücklich erklärt werden muss. Von der Daten-

---

[709] Vgl. Dammann/Simitis (1997), Artikel 2, Rn. 22, unter Hinweis auf Artikel 8 Absatz 2a der RL, der für sensitive Daten eine ausdrückliche Erklärung verlangt; Tinnefeld/Ehmann (2005), 215; Schleutermann, CR 1995, 577, 579; Brühann, DuD 1996, 66, 69.

[710] Ehmann/Helfrich (1999), Artikel 7, Rn. 14 verweisen auf den Änderungsvorschlag Nr. 30 des Europäischen Parlaments zum ursprünglichen Richtlinienvorschlag, EG-ABl. C 94 vom 13.4.1992, 173 (181) sowie auf den geänderten Vorschlag der Kommission, EG-ABl. C 311 vom 27.11.1992, 39 (42). Die im Zuge dieser Änderungen in Artikel 2 Lit. g) vorgeschlagene Definition der Einwilligung als *ausdrückliche* Willensbekundung wurde letztlich nicht in die DSRL übernommen. Vielmehr zeigt die Ersetzung des Merkmals „ausdrückliche" durch „jede", dass gerade nicht nur die ausdrückliche Erklärung ausreichend ist, die im Gegensatz dazu nur für den Bereich der sensiblen Daten gefordert wird.

[711] Vgl. Roßnagel/Pfitzmann/Garstka (2001), 56.

schutzrichtlinie kann in diesem Fall eine Leitbildfunktion ausgehen. Dies spricht dafür, auch nicht-explizite Erklärungen als zulässig anzuerkennen, solange kein Zweifel daran besteht, dass der Betroffene in die Datenverarbeitung einwilligt.

Diese Handhabung erscheint praxisnah und grundsätzlich interessengerecht, denn die Gegenmeinung, die eine ausdrückliche und gemäß § 4a Absatz 1 Satz 3 BDSG auch schriftliche Erklärung fordert, führt zwangsläufig zu Medienbrüchen und zu einem von allen Beteiligten unerwünschten Auseinanderreißen von an sich zusammenhängenden Lebenssachverhalten. Dies wäre zum Beispiel der Fall, wenn der Betroffene eine bestimmte Technik nutzen möchte, die zwingend die Verarbeitung bestimmter Daten voraussetzt, er aber vorher schriftlich oder mündlich einwilligen müsste. Je nach Art und Tragweite der Datenverarbeitung erscheint es zumindest tolerierbar, hier konkludente Einwilligungserklärungen zuzulassen.

Zum Teil wird die konkludente Einwilligung in der deutschen Literatur und Rechtsprechung unter Hinweis auf den Ausnahmecharakter von § 4a Absatz 1 Satz 3, 2. Halbsatz BDSG sowie auf die Systematik des „Verbots mit Erlaubnisvorbehalt" abgelehnt.[712] Ferner wird die Ablehnung damit begründet, dass bei der konkludenten Einwilligung eine von dem Betroffenen nicht beeinflussbare Interpretation seines Verhaltens an die Stelle einer klaren Äußerung tritt, was dem Gedanken der größtmöglichen Selbstbestimmung entgegensteht.[713] Demnach soll nur eine ausdrückliche mündliche Erklärung ausnahmsweise (im Falle des § 4a Absatz 1 Satz 3 BDSG) an die Stelle der grundsätzlich schriftlich abzugebenden Einwilligungserklärung treten. Eine konkludente Erklärung sei hingegen nicht zulässig.

Dem Argument, das auf den Ausnahmecharakter des § 4a Absatz 1 Satz 3 BDSG abstellt, kann entgegengehalten werden, dass Ausnahmevorschriften zwar nach allgemeinen Auslegungsregeln eng auszulegen sind. Allerdings findet sich im Gesetz innerhalb der formlosen Willenserklärungen keine Privilegierung der ausdrücklichen Erklärung gegenüber der konkludenten.[714] Die Vorschrift unterscheidet nicht zwischen expliziten und konkludenten formlosen Erklärungen, das heißt, auch nicht-mündliche formfreie Einwilligungserklärungen sind erfasst. Ist also eine Ausnahme vom Schriftformerfordernis gege-

---

[712] BGHZ 116, 268 (273); Hoeren/Sieber-Helfrich, 16.1, Rn. 55; Gola/Schomerus (2005), § 4a, Rn. 13 und Simitis, in: Simitis (2003), § 4a, Rn. 75.

[713] Simitis, in: Simitis (2003), § 4a, Rn. 75.

[714] Palandt-Heinrichs, vor § 116, Rn. 6.

ben,[715] gibt es kein Rangverhältnis zwischen expliziten und konkludenten formlosen Erklärungen. Insgesamt ist festzuhalten, dass der Schutz des Betroffenen jedenfalls solange nicht durch die Anerkennung der konkludenten Einwilligung beeinträchtigt wird, wie man eine eindeutige Handlung des Betroffenen verlangt, aus der sich der Wille zur Einwilligung ohne Zweifel (im Sinne der EG-Datenschutzrichtlinie) ergibt.

Die Forderung nach einer ausdrücklichen Erklärung der Einwilligung erscheint demgegenüber überzogen.[716] Den Stimmen, die kritisieren, dass der Betroffene bei Anerkennung einer konkludenten Einwilligung an einer nicht beeinflussbaren Interpretation seines Verhaltens festgehalten werde, muss entgegengehalten werden, dass es bei Willenserklärungen stets auf den objektiven Empfängerhorizont, also darauf ankommt, wie ein verständiger Beobachter eine Erklärung – gleich ob sie konkludent oder ausdrücklich erklärt wird – verstehen würde.[717] Der Erklärende trägt in allen Lebenslagen das Risiko, dass er sich sein Verhalten, das sich für den Erklärungsempfänger als Ausdruck eines bestimmten Rechtsfolgewillens darstellt, zurechnen lassen muss, es ist daher nicht ersichtlich, wieso im Datenschutzrecht etwas anderes gelten soll.[718] Dem Argument, dass eine Zulässigkeit der konkludenten Erklärung wegen der rechtlichen Bedeutung und tatsächlichen Tragweite der Einwilligung nicht in Einklang zu bringen sei, kann mit einem Hinweis auf die Zulässigkeit der konkludenten und selbst der mutmaßlichen Entbindung von der ärztlichen Schweigepflicht beziehungsweise der Befreiung vom Bankgeheimnis entkräftet werden.[719] Wenn in diesen Fällen schwerwiegendste Eingriffe in die Grundrechte der Betroffenen per nicht-ausdrücklich erklärter Einwilligung legitimiert werden können, muss zumindest die konkludent erklärte Einwilligung in bestimmten Bereichen des Datenschutzrechts zulässig sein; ansonsten wäre ein sachlich nicht begründbares Ungleichgewicht innerhalb der Rechtsordnung zu beklagen.

Jedenfalls beim Vorliegen von „besonderen Umständen" im Sinne von § 4a Absatz 1 Satz 3 BDSG, die ein Abweichen von der Schriftform zulassen, kann die Einwilligung durch schlüssiges Verhalten erklärt werden, weil hierdurch der Schutz des Betroffenen letzten Endes nicht verringert wird.[720] An den übrigen

---

[715] Vgl. zu diesen Ausnahmefällen Teil C 7.1.4.1.
[716] Holznagel/Sonntag, in: Roßnagel (2003), 4.8, Rn. 37.
[717] BGHZ, 21, 102; 91, 324; Palandt-Heinrichs, vor § 116, Rn. 2f.
[718] Vgl. BGHZ, 91, 324; BGHZ, 109, 171, 177; BGHZ, NJW 2002, 363; Medicus AT, Rn. 607, MüKo-Kramer vor § 116, Rn. 13; Palandt-Heinrichs, vor § 116, Rn. 17.
[719] Auernhammer (2003), § 4, Rn. 15.
[720] Auernhammer (2003), § 4, Rn. 15; Schaffland/Wiltfang, § 4a, Rn. 4; Tiedemann, NJW

Wirksamkeitsvoraussetzungen der Einwilligung ändert sich hierdurch nichts, insbesondere setzt auch die konkludente Einwilligung die Erfüllung der Informationspflichten voraus. Eine konkludent erklärte Einwilligung kann also eine wirksame Einwilligung sein, solange sämtliche sonstigen Wirksamkeitserfordernisse erfüllt sind und der einzige Unterschied darin besteht, dass die Einwilligung nicht mündlich oder schriftlich, sondern durch schlüssiges Verhalten erklärt wird. Dies gilt auch im Kontext der Individualisierung. Zweifel dürften angebracht sein, wenn aus der bloßen Teilnahme an Gewinnspielen eine konkludente Einwilligung bezüglich individualisierter Marketingmaßnahmen oder gar der Profilbildung abgeleitet wird. Demgegenüber kann in der bewussten Nutzung von individualisierenden Produkten wohl in den meisten Fällen eine konkludente Einwilligung in hierbei zwingend notwendige – und nicht schon durch etwaige zugrunde liegenden Verträge legitimierte – individualisierte Datenverarbeitungen gesehen werden.

Im Gegensatz dazu reicht bloßes Schweigen in keinem denkbaren Fall aus, um eine wirksame Einwilligung anzuerkennen.[721] Den Bedenken, die schon in Bezug auf die konkludente Einwilligung erhoben werden, kommt im Hinblick auf eine Einwilligung durch Schweigen ein größeres Gewicht zu, die letztlich nicht ausgeräumt werden können. Das Gleiche gilt für die mutmaßliche Einwilligung. Würde man sie als zulässige Verarbeitungslegitimation anerkennen, wäre es für den Betroffenen kaum noch zu kontrollieren, welche Einwilligungen er erteilt hat. Die Datenverarbeitung würde nicht mehr vom Willen des Betroffenen abhängen, sondern von einer Abwägung der Interessen der Beteiligten.[722] Um eine Selbstbestimmung zu garantieren, ist jedoch eine äußerlich erkennbare Willensäußerung als Legitimation zu fordern. Demzufolge kann ein bloßes Kopfnicken für eine wirksame konkludente Einwilligung genügen, wenn es sich bei der konkreten Datenverarbeitung um einen leicht zu überschaubaren Vorgang handelt, die Informationspflichten von der verarbeitenden Stelle erfüllt worden sind und die weiteren Ausnahmevoraussetzungen des § 4a Absatz 1 Satz 3 BDSG erfüllt sind.

7.1.5 Erkennbarkeit, besondere Hervorhebung

Eine weitere allgemeine Voraussetzung der Wirksamkeit der Einwilligung nach

---

1981, 945 (948).

[721] Holznagel/Sonntag, in: Roßnagel (2003), 4.8, Rn. 39; Hoeren/Sieber – Helfrich, 16.1, Rn. 59; Simitis, in: Simitis (2003), § 4a, Rn. 46; a.A. nur Schaffland/Wiltfang, § 4a, Rn. 5.
[722] Vgl. Globig, in: Roßnagel (2003), 4.7, Rn. 47.

§ 4a BDSG ist das Erfordernis der besonderen Hervorhebung nach § 4a Absatz 1 Satz 4 BDSG, das zu beachten ist, wenn die Einwilligung schriftlich zusammen mit anderen Erklärungen erteilt werden soll. Zur Verringerung des Verwaltungsaufwandes wird die Einwilligungserklärung oft zusammen mit anderen Erklärungen abgegeben, typischerweise im Rahmen von Vertragsabschlüssen. Dies ist zum Beispiel der Fall, wenn die Einwilligung zum Abruf von Datenbanken oder Scoring-Werten beziehungsweise die Weitergabe von Daten an diese Stellen eingeholt werden soll. Generell müssen Unternehmen, die Individualisierungsmaßnahmen betreiben, darauf achten, dass die Einwilligungserklärung, wenn sie zusammen mit anderen Erklärungen vom Betroffenen gefordert wird, für diesen noch als unabhängige Erklärung kenntlich ist.[723] Die Erklärung der Einwilligung muss in diesen Fällen so erfolgen, dass es sich für den Betroffenen um eine nach außen erkennbare Willensbekundung handelt und er diese Erklärung nicht übersehen kann.[724] Nach § 4a Absatz 1 Satz 4 BDSG ist die Einwilligungserklärung daher besonders hervorzuheben, wenn sie zusammen mit anderen Erklärungen abgegeben wird. Andernfalls kann die Schriftform nicht ihre Warnfunktion erfüllen. Zur Erreichung dieses Zwecks ist die Einwilligung in dem Dokument visuell hervorzuheben. Bei Dokumenten in Papierform wird also auf die drucktechnische Hervorhebung abgestellt.[725] Hierunter sind der Abstand zum übrigen Text, Einrahmungen oder Fettdruck ebenso zu verstehen wie die Platzierung der Einwilligungserklärung in räumlicher Nähe zur Unterschriftszeile, wenn sich die Erklärung damit vom Schriftbild der anderen Erklärungen abhebt und von einem verständigen Betroffenen nicht übersehen werden kann.[726]

Ist eine derartige gestalterische Hervorhebung nicht möglich, hat vor der Unterschriftszeile ein unübersehbarer schriftlicher Hinweis auf die Einwilligungserklärung in demselben Dokument zu erfolgen. Der bloße Hinweis auf eine in den Allgemeinen Geschäftsbedingungen enthaltene Erklärung oder gar eine Information per Aushang oder Merkblatt reichen hingegen nicht aus, um den Erfordernissen des § 4a Absatz 1 Satz 4 BDSG zu genügen.[727] Auf elektronische Dokumente sind diese Grundsätze entsprechend anzuwenden, im Ergebnis muss die Abgabe der Einwilligungserklärung also so gestaltet sein, dass nach den Umständen des Einzelfalls das Augenmerk des Betroffenen

---

[723] Holznagel/Sonntag, in: Roßnagel (2003), 4.8, Rn. 41.

[724] OLG Celle, NJW 1980, 347; Simitis, in: Simitis, § 4a, Rn. 42; Tinnefeld/Ehmann (2005), 212.

[725] Der Begriff „drucktechnisch" dürfte angesichts der auf dem Vormarsch befindlichen multimedialen Dokumente zu eng gefasst und damit bald überholt sein.

[726] Holznagel/Sonntag, in: Roßnagel (2003), 4.8, Rn. 41.

[727] Gola/Schomerus, § 4a, Rn. 14; Holznagel/Sonntag, in: Roßnagel (2003), 4.8, Rn. 42.

eindeutig auf die Abgabe der Erklärung gelenkt wird.[728]

7.1.6 Formulareinwilligungen

Insbesondere Maßnahmen zur Fremdindividualisierung beruhen oft auf Formularen, die Allgemeine Geschäftsbedingungen (AGB) einbeziehen. Das deutsche Datenschutzrecht erlaubt es grundsätzlich, Einwilligungserklärungen in Allgemeinen Geschäftsbedingungen einzubinden.[729] Allerdings müssen sich solche Einwilligungserklärungen an den Maßstäben des Bürgerlichen Gesetzbuchs, insbesondere den §§ 305 ff. BGB[730] messen lassen. Im Rahmen der Inhaltskontrolle nach § 307 BGB sind wiederum die Wertungen des Bundesdatenschutzgesetzes in die rechtliche Würdigung derjenigen Allgemeinen Vertragsklauseln mit einzustellen, die die Einwilligung betreffen. Außerdem dürfen Einwilligungsklauseln nicht überraschend i.S.v. § 305 c Absatz 1 BGB sein.

Nach § 307 Absatz 1 BGB sind solche AGB-Bestimmungen unwirksam, die den Vertragspartner des Verwenders entgegen den Geboten von Treu und Glauben unangemessen benachteiligen, wobei sich diese Benachteiligung auch daraus ergeben kann, dass die Bestimmung nicht klar und verständlich ist. So ist beispielsweise die pauschale Erstreckung der Einwilligungserklärung auf sämtliche Daten des Kreditnehmers einschließlich einseitiger Maßnahmen des Kreditgebers zur Durchsetzung möglicherweise nur vermeintlicher Ansprüche ohne jede Interessenabwägung im Einzelfall als unangemessene Benachteiligung i.S.v. § 307 Absatz 2 BGB zu beurteilen.[731] Desgleichen wäre etwa eine pauschale Klausel unwirksam, mit der ein Betroffener einwilligt, dass sämtliche während der Nutzung eines individualisierenden Gerätes anfallenden Daten regelmäßig ohne Kontrollmöglichkeit des Betroffenen an das Herstellerunternehmen zurückgesendet werden und dort zu jedem beliebigen Zweck verarbeitet und an Partnerunternehmen übermittelt werden können. Unterschreibt der Betroffene also derartig lautende Allgemeine Geschäftsbedingungen, liegt hierin keine wirksame Einwilligung.

Ein besonders prominentes Beispiel für eine Unwirksamkeit von in Allgemei-

---

[728] Holznagel/Sonntag, in: Roßnagel (2003), 4.8, Rn. 43.

[729] Schaffland/Wiltfang, § 4a, Rn. 13; Gola/Schomerus, § 4a, Rn. 8; Bergmann/Möhrle/Herb, § 4a, Rn. 26 ff.

[730] Mit der Einführung der §§ 305 ff.. BGB n.F. aufgrund des Gesetzes zur Modernisierung des Schuldrechts ist das ehemalige Gesetz über die Allgemeinen Geschäftsbedingungen (AGBG) in das Bürgerliche Gesetzbuch aufgenommen worden.

[731] BGHZ 95, 362 (368); BGH, JZ 1986, 185.

nen Geschäftsbedingungen enthaltenen Einwilligungserklärungen stellten die bis 2001 verwendeten Einwilligungsklauseln[732] des Unternehmens „Payback" dar. Payback ist ein Unternehmen, das einerseits die Abwicklung von Unternehmensübergreifenden Kundenbindungsprogrammen als Dienstleistung übernimmt. Andererseits agiert es jedoch auch als Dienstleister im Bereich der Individualisierungsmaßnahmen für die Partnerunternehmen, indem es Konsumentendaten sammelt, zu Profilen vereinigt und aufbereitet für Marketingmaßnahmen zur Verfügung stellt. Als eine unangemessene Benachteiligung wurde die Klausel betreffend der Einverständniserklärung mit dem Erhalt zusätzlicher Informationen und Angebote eingestuft, weil diese Erklärung auch eine Einwilligung in telefonische Werbung[733] einschließt, was eine unangemessene Kundenbenachteiligung darstelle.[734]

Unternehmen, die Individualisierungsmaßnahmen betreiben, müssen darauf achten, dass sie Klauseln verwenden, die dem Betroffenen klar und verständlich kommunizieren, wozu er seine Einwilligung erteilt und in wie weit er durch die Einwilligung auf eine ansonsten durchzuführenden Zulässigkeitsprüfung der Maßnahmen nach den gesetzlichen datenschutzrechtlichen Belangen verzichtet. Der bloße Verweis auf die „jeweils geltenden Datenschutzgesetze" macht es dem Betroffenen dagegen nicht hinlänglich deutlich, dass er durch seine Einwilligung für alle dem Bundesdatenschutzgesetz unterfallenden Tatbestände auf eine über § 4 BDSG hinausgehende Zulässigkeitsprüfung verzichtet. Bei dieser Sachlage stellt die Unklarheit und Intransparenz der Klausel eine unangemessene Benachteiligung gemäß § 307 Absatz 1 Satz 2 BGB dar.[735] Außerdem müssen Individualisierungsmaßnahmen in AGB-Klauseln nach Umfang und Zweck hinreichend konkret erläutert werden, soweit die

---

[732] Die streitigen Klauseln lauteten wie folgt: „Meine Zustimmung: Ich bin damit einverstanden, zusätzliche Informationen und Angebote von Payback und den Partnerunternehmen zu erhalten. Hier ankreuzen, falls nicht (im Originalformular umrandet). Ich bestätige durch meine Unterschrift die Richtigkeit der obigen Angaben und erkenne die beiliegenden Teilnahmebedingungen an. Ich bin damit einverstanden, dass meine oben stehenden Angaben sowie meine im Rahmen des Programms erhobenen personenbezogenen Umsatz-, Einlöse- und Teilnahmedaten durch die jeweiligen Partnerunternehmen und die in diesem Zusammenhang beauftragten Dienstleistungsunternehmen im Rahmen der jeweils geltenden Datenschutzgesetze zur Abwicklung des Payback-Programms sowie zu Werbe- und Marktforschungszwecken verarbeitet und genutzt werden."

[733] Für die Legitimation von Telefonwerbung ist eine ausdrückliche oder konkludente Einverständniserklärung notwendig, die nicht über Allgemeine Geschäftsbedingungen herbeigeführt werden kann, da ein solches Vorgehen für den Betroffenen stets als unangemessene Benachteiligung zu werten ist. Dies gilt auch dann, wenn der Betroffene die Klausel durch bloßes Streichen wirkungslos machen kann, vgl. LG Hamburg, AfP 2001, 152.

[734] LG München, DuD 2001, 292; das Gericht bezieht sich auf telefonische Werbekontakte und verweist auch auf § 1 UWG.

[735] LG München, DuD 2001, 294.

208

Verarbeitung nicht ausschließlich der Erfüllung des Vertragszwecks dient. Insbesondere muss bestimmt werden, wer außer dem die Einwilligung einholenden Unternehmen noch Zugang zu den personenbezogenen Daten der Betroffenen erhalten soll.[736]

Unzulässig ist ferner eine Klausel, die eine Einwilligung in eine Datenspeicherung auch über das Vertragsende hinaus legitimiert, da dies nicht nur überraschend i.S.v. § 305c BGB ist, sondern auch gegen wesentliche Grundgedanken des Bundesdatenschutzgesetzes und damit gegen § 307 Absatz 2 Nr. 1 BGB verstößt. Sowohl nach § 35 Absatz 2 Satz 2 Nr. 3 und 4 als auch nach § 20 Absatz 2 Nr. 2 BDSG sind personenbezogene Daten nach Vertragsbeendigung beziehungsweise Aufgabenerfüllung zu löschen.[737] Auch die Verknüpfung einer datenschutzrechtlichen Einwilligungsklausel mit datenschutzrechtlichen Selbstverständlichkeiten ist gemäß § 307 Absatz 2 BGB unwirksam, da es mit dem Sinn und Zweck des § 4a BDSG nicht vereinbar ist, wenn gesetzliche Zulässigkeitsregelungen zur Datenverarbeitung mit der freiwillig zu erteilenden Einwilligung verknüpft beziehungsweise zusammengefasst werden und die Bedeutung der Erklärung für den Betroffenen hierdurch undeutlich wird.[738]

Pauschale Einwilligungserklärungen und „Vorratseinwilligungserklärungen" in Allgemeinen Geschäftsbedingungen können eine Datenerhebung und -verarbeitung nicht rechtfertigen, wenn diese gegen § 4a Absatz 1 BDSG verstoßen, da hierin zugleich ein Verstoß gegen § 307 Absatz 2 Nr. 1 BGB (Abweichen von wesentlichen Grundgedanken gesetzlicher Regelungen) liegt.[739] Vielmehr ist auch in Allgemeinen Geschäftsbedingungen genau zu bestimmen, welche Datenarten zu welchen Zwecken und unter welchen Bedingungen verarbeitet werden. In seinem „Schufa-Urteil" hat der Bundesgerichtshof daher entschieden, dass eine formularmäßige Einwilligung, die sich auf „Daten des Kreditnehmers über die Abwicklung des Kredits" bezieht, eine unangemessene Benachteiligung darstellt, weil davon undifferenziert so genannte Positivmerkmale sowie so genannte harte[740] wie – für den Kreditnehmer besonders gefährliche – weiche[741] Negativmerkmale umfasst werden.[742] Für die

---

[736] LG München, DuD 2001, 294.

[737] Vgl. Hessische Aufsichtsbehörde für den Datenschutz, Hess. LTDrs. 13/6385, 11; Bergmann/Möhrle/Herb, § 4a, Rn. 32.

[738] Bergmann/Möhrle/Herb, § 4a, Rn. 33.

[739] Holznagel/Sonntag, in: Roßnagel (2003), 4.8, Rn. 60.

[740] Harte Negativmerkmale sind: Einträge in die Schuldnerlisten der Amtsgerichte, Eidesstattliche Versicherung (früher Offenbarungseid), Haftbefehle zur Abgabe einer Eidesstattlichen Versicherung sowie Privatinsolvenzen, Vergleich im Rahmen einer Insolvenz.

[741] Weiche Negativmerkmale sind z.B.: vorgerichtliche Mahnverfahren, mehrfache, bekannte und unverhältnismäßige Zahlungszielüberschreitungen, Inkassoverfahren im Vorfeld einer

Betroffenen war daher nicht vorhersehbar, welche ihrer Angaben an die Schufa weitergegeben wurden, was mit den wesentlichen gesetzlichen Grundgedanken in § 4a BDSG unvereinbar ist.[743]

Werden die zu verarbeitenden Datenarten in den Allgemeinen Geschäftsbedingungen aufgeführt, darf die Bestimmung, welche Daten konkret zu der jeweiligen Datenart zu zählen sind, nicht im Ermessen des AGB-Verwenders stehen.[744] Es muss vielmehr im Voraus klar sein, welche Daten unter die aufgeführte Datenart fallen.[745] Etwaige Unklarheiten hierbei gehen nach § 305c Absatz 2 BGB zu Lasten des Verwenders der vorformulierten Bedingungen. Zu berücksichtigen ist insbesondere, dass die jeweilige Klausel so verständlich formuliert sein muss, dass auch der weniger geschäftsgewandte Betroffene in der Lage ist, die Tragweite der Einwilligung zu übersehen.[746]

Schließlich sind solche Einwilligungsklauseln in Allgemeinen Geschäftsbedingungen unwirksam, die überraschend i.S.v. § 305 c Absatz 1 BGB sind. Bestimmungen, die nach den Umständen, insbesondere nach dem äußeren Erscheinungsbild des Vertrags, so ungewöhnlich sind, dass der Vertragspartner mit ihnen nicht zu rechnen braucht, liegen dann vor, wenn ihnen ein Überrumpelungseffekt innewohnt und zwischen ihrem Inhalt und den Erwartungen des Kunden eine deutliche Diskrepanz besteht.[747] Zum Beispiel braucht ein Kunde regelmäßig nicht damit zu rechnen, dass sein Vertragspartner in seinen Allgemeinen Geschäftsbedingungen eine formularmäßige Zustimmung in die Veröffentlichung seines Namens, seiner Anschrift und seines Lichtbilds zu Werbezwecken vorsieht.[748]

7.2 Inhaltliche Anforderungen

Neben den bisher behandelten formalen Anforderungen stellt das Daten-

---

gerichtlichen Forderungsbeitreibung.

[742] BGH, NJW 1986, 47.

[743] Holznagel/Sonntag, in: Roßnagel (2003), 4.8, Rn. 60.

[744] So dürfen zum Beispiel Mobilfunkbetreiber in ihren AGBs eine Ermächtigung zur Nutzung von Bestandsdaten nicht mit einer Klausel verknüpfen, nach der es in ihrem Belieben steht, welche Daten als Bestandsdaten einzuordnen sind, vgl. OLG Düsseldorf, BB 1996, 2610; siehe auch OLG Schleswig, DuD 1998, 104.

[745] Holznagel/Sonntag, in: Roßnagel (2003), 4.8, Rn. 61.

[746] Schaffland/Wiltfang, § 4a, Rn. 12.

[747] Vgl. Palandt-Heinrichs, § 305c, Rn. 3 ff.; Bergmann/Möhrle/Herb, § 4a, Rn. 36.

[748] Beispiel nach OLG Karlsruhe, RDV 1988, 146 (147); zum Schadensersatz nach Veröffentlichung eines Fotos ohne Einwilligung vgl. BGH, CR 1993, 621.

schutzrecht auch umfassende inhaltliche Anforderungen an die Einwilligung, die eine größtmögliche Verwirklichung der informationellen Selbstbestimmung sicherstellen sollen.

7.2.1 Informationspflicht der verantwortlichen Stelle

Um wirksam zu sein, muss jede Einwilligungserklärung „in Kenntnis der Sachlage" abgegeben werden.[749] Der Betroffene muss daher bereits vor der Erteilung der Einwilligung alle Informationen erhalten, die notwendig sind, um Anlass, Ziel und Folgen der gesamten beabsichtigten Verwendung der Daten im Einzelfall abzuschätzen.[750] Unwirksam ist die Einwilligung dagegen, soweit dem Betroffenen Angaben seitens der verantwortlichen Stelle vorenthalten werden, die Art, Umfang und Zweck der Datenerhebung hinreichend erklären. Hierauf gestützte Datenverarbeitungen sind demnach unzulässig.[751]

Der Wortlaut der EG-Datenschutzrichtlinie[752] ist in diesem Punkt weitergehend und eindeutiger als das Bundesdatenschutzgesetz: In Artikel 8 lit. h) der Richtlinie wird die Einwilligung legal definiert als eine Willensbekundung, die ohne Zwang, für den konkreten Fall und „in Kenntnis der Sachlage" erfolgt. Demgegenüber heißt es in § 4a Absatz 1 Satz 2 BDSG, dass der Betroffene auf den vorgesehenen Zweck der Erhebung, Verarbeitung oder Nutzung sowie auf die Folgen der Verweigerung der Einwilligung hinzuweisen ist. Die Hinweispflicht bezüglich der Folgen einer verweigerten Einwilligung besteht nach dem Wortlaut der Vorschrift nur, soweit ein solcher Hinweis nach den Umständen des Einzelfalles erforderlich ist oder der Betroffene hiernach verlangt.

Die im Bundesdatenschutzgesetz genannten Informationen sind nicht als ausreichendes Mindestmaß oder abschließende Aufzählung zu verstehen.[753] Nach dem Sinn und Zweck der Informationspflicht und unter Berücksichtigung der Vorgaben der EG-Datenschutzrichtlinie können auch über den Katalog hinausgehende weitere Informationen von der Informationspflicht erfasst sein, wenn deren Kenntnis erforderlich ist, um dem Betroffenen ein ausreichend umfassendes Bild von den Umständen der Datenverarbeitung zu vermitteln.

---

[749] Gola/Schomerus (2005), § 4a, Rn. 11f.; Wohlgemuth, BB 1996, 690 (693); Holznagel/Sonntag, in: Roßnagel (2003), 4.8, Rn. 44.

[750] Simitis, in: Simitis (2003), § 4a, Rn. 67; Scholz (2003), 297.

[751] Bergmann/Möhrle/Herb, § 4a, Rn. 46; Simitis, in: Simitis (2003), § 4a, Rn. 73; Tinnefeld/Ehmann (2005), 104.

[752] Richtlinie 95/46/EG des Europäischen Parlaments und des Rates vom 24. Oktober 1995.

[753] Holznagel/Sonntag, in: Roßnagel (2003), 4.8, Rn. 44.

Die in § 4a Absatz 1 Satz 2 BDSG aufgeführten Einzelheiten stellen lediglich Beispiele dar, die die für den Betroffenen in der Regel besonders wichtigen Angaben bezeichnen. Soll dem Betroffenen eine effektive Wahrnehmung seines Rechts auf informationelle Selbstbestimmung ermöglicht werden, muss die Informationspflicht alle im Einzelfall entscheidungsrelevanten Angaben umfassen, die erforderlich sind, damit er die Datenverarbeitung beurteilen kann.[754] In Anlehnung an die Benachrichtigung des Betroffen nach § 33 BDSG sollte die Aufklärung daher auch die Identität des für die Verarbeitung Verantwortlichen, die potenziellen Empfänger von Datenübermittlungen und unter Umständen die Art des Übermittlungsweges (verschlüsselt oder unverschlüsselt) umfassen.[755]

Die Einwilligung kann sich letztlich nur auf die dem Einwilligenden bekannten wesentlichen Faktoren der Datenverarbeitung beziehen und reicht demzufolge auch nur so weit.[756] Gibt es über diese Faktoren hinausgehende weitere wesentliche Informationen, die dem Betroffenen nicht mitgeteilt wurden, bezieht sich die Einwilligung nicht auf diese, was bedeutet, dass die Datenverarbeitung insoweit unzulässig ist, sofern nicht diesbezüglich andere Erlaubnistatbestände einschlägig sind. Das heißt, dass sich die Informationspflicht der datenverarbeitenden Stelle in der Regel auf die nachfolgend aufgelisteten Informationen[757] erstreckt:

- konkreter Zweck der spezifischen Verarbeitung (zum Beispiel Profilbildung);
- Name und Anschrift des Verantwortlichen oder dessen Vertretungsberechtigten für die Datenverarbeitung;
- geplante Übermittlungen der Daten an Dritte (bei Transfer ins EU-Ausland auch die entsprechenden Verarbeitungsbedingungen und -risiken);
- den Umfang der Speicherung (also Angaben darüber, welche Daten wie und für wie lange gespeichert werden);
- die Konsequenzen, die eine Verweigerung der Einwilligung für den Betroffenen nach sich zieht;
- zu welchen Zwecken eventuell angelegte Profile genutzt werden können;
- alle sonstigen für die Beurteilung des Datenverarbeitungsvorgangs und seiner Konsequenzen erforderlichen Informationen.

---

[754] Holznagel/Sonntag, in: Roßnagel (2003), 4.8, Rn. 45.
[755] Siehe Artikel29 – Datenschutzgruppe 2001; Räther/Seitz, MMR 2002, 425 (431f.).
[756] Hoeren/Sieber – Helfrich, Teil 16.1, Rn. 44.
[757] Liste nach OLG Hamm, NJW-RR 1986, 931 und OLG Karlsruhe, NJW-RR 1988, 304.

Die oben genannten Informationspflichten gelten selbstverständlich für alle Individualisierungsmaßnahmen, bei denen mit personenbezogenen Daten gearbeitet wird.

Wichtig ist noch, dass der Umfang der Informationspflicht sich nicht nach objektiven Kriterien bestimmt, sondern in Abhängigkeit vom Empfängerhorizont des jeweils Betroffenen zu bestimmen ist.[758] Ein rechts- und geschäftsunerfahrener Bürger muss umfassender aufgeklärt werden, als ein Betroffener, der mit der jeweiligen Datenverarbeitung und Nutzung bereits vertraut ist. Nur wenn der Informationsgehalt der Hinweise an den Kenntnisstand des Betroffenen angepasst wird, ist dieser in der Lage, die Tragweite seiner Einwilligung zu übersehen.

Zur gesetzlichen Formulierung des Bundesdatenschutzgesetzes hinsichtlich der Informationspflicht über die Konsequenzen einer verweigerten Einwilligung ist anzumerken, dass eine Information über diese Konsequenzen entgegen dem vermeintlichen Sinn des Wortlautes regelmäßig (und nicht ausnahmsweise) zu erfolgen hat.[759] Nur wenn der Betroffene weiß, wie sich die Verweigerung seiner Einwilligung für ihn auswirkt, kann er eine überlegte Entscheidung darüber treffen, ob er die Einwilligung erteilen möchte oder nicht.[760] Andernfalls ist eine echte Abwägung der Vor- und Nachteile nicht denkbar. Daher ist es jeder verantwortlichen Stelle zu empfehlen, diese Angaben grundsätzlich mitzuteilen. Gestützt wird diese Ansicht dadurch, dass nahezu alle Landesdatenschutzgesetze eine entsprechende uneingeschränkte Informationspflicht vorsehen.[761]

7.2.2 Bestimmtheit der Einwilligung

Um die Verwirklichung der informationellen Selbstbestimmung zu garantieren, muss sich jede Einwilligung eindeutig auf einen genau umschriebenen Verarbeitungsvorgang beziehen. Formale Anforderungen genügen hierfür nicht. Das Entscheidungsvorrecht des Betroffenen kann nur dann gewährleistet und konkretisiert werden, wenn die Einwilligung hinreichend bestimmt ist, also klar zu

---

[758] Holznagel/Sonntag, in: Roßnagel (2003), 4.8, Rn. 46.

[759] Holznagel/Sonntag, in: Roßnagel (2003), 4.8, Rn. 46; ebenso Simitis, in: Simitis, § 4a, Rn. 71.

[760] Holznagel/Sonntag, in: Roßnagel (2003), 4.8, Rn. 47.

[761] Vgl. Artikel 15 BayDSG, § 6 BlnDSG, § 3 BrDSG, § 4 BbgDSG, § 4 DSG-LSA, § 7 HDSG, § 7 DSG MV, § 5 HambDSG, § 7 HDSG, § 4 LDSG BW, § 5 LDSG Rh.-Pf., §§ 11, 12 LDSG SH, § 4 NDSG, § 4 SächsDSG, § 4 SDSG, § 4 ThürDSG.

erkennen gibt, unter welchen Bedingungen sich der Betroffene mit der Verarbeitung welcher Daten einverstanden erklärt.[762] Blankoeinwilligungen oder andere pauschal gehaltene Erklärungen (z.B.: „Die Datenverarbeitung erfolgt im Rahmen einer ordnungsgemäßen Vertragsabwicklung"), bei denen der Betroffene keine Möglichkeit hat, die Tragweite seiner Einwilligung zu überblicken, sind deshalb mit § 4a Absatz 1 BDSG unvereinbar.[763] Das Gleiche gilt für mutmaßliche und stillschweigende Erklärungen für den Bereich des Datenschutzrechts.[764] In anderen Einwilligungsfällen, wie etwa bei der ärztlichen Schweigepflicht oder im Zusammenhang mit dem Bankgeheimnis, ist demgegenüber anerkannt, dass mutmaßliche oder auch stillschweigende Einwilligungs„erklärungen" ausreichend sind, um Eingriffe zu legitimieren. Für das Datenschutzrecht ist dies jedoch nicht bindend. Hier kommt es darauf an, die informationelle Selbstbestimmung bestmöglich zu gewährleisten. Dieses Ziel würde gefährdet, wenn man ein letztlich unbestimmtes Verhalten oder sogar ein Schweigen des Betroffenen als wirksame Einwilligung ausreichen lassen würde.[765]

Ebenso unvereinbar mit dem Bestimmtheitsgrundsatz wäre es, die Einwilligung durch eine Widerspruchslösung zu ersetzen, nach der dem Betroffenen sein Einverständnis unterstellt wird, solange er nicht innerhalb einer bestimmten Frist der Datenverarbeitung widerspricht.[766]

Gerade auch im Interesse der informationellen Selbstbestimmung sind der Detaillierung der Einwilligungserklärung jedoch Grenzen gesetzt. Es muss der Grundsatz gelten: „So viel Information wie nötig, aber so wenig wie möglich." Wenn in der vom Betroffenen zu unterzeichnenden Einwilligungserklärung minutiös alle Einzelheiten und Eventualitäten der beabsichtigten Datenverarbeitung aufgeführt würden, hätte dies letztlich nur die Folge, dass die Kernpunkte der Erklärung verwässert würden, die Aufmerksamkeit des Lesers herabge-

---

[762] Vgl. BGHZ 95, 362 (367f.); 115, 123 (127); 116, 268 (273); OLG Celle, NJW 1980, 348; Simitis, in: Simitis (2003), § 4a, Rn. 74; Gola/Schomerus (2005), § 4a, Rn. 7; Bergmann/Möhrle/Herb, § 4a, Rn. 92.

[763] Scholz (2003), 296; Gola/Schomerus (2005), § 4a, Rn. 11; Simitis, in: Simitis (2003), § 4a, Rn. 75; einschränkend Schaffland/Wiltfang, § 4a, Rn. 12.

[764] Hierzu und in Abgrenzung dazu zur konkludenten Einwilligung siehe oben 7.1.4.3

[765] Nach Simitis soll dies auch für konkludente Einwilligungserklärungen gelten: Dem Betroffenen sei nicht zumutbar, dass an die Stelle einer klaren Äußerung eine von ihm nicht beeinflussbare Interpretation seines Verhaltens tritt, siehe Simitis, in: Simitis (2003), § 4a, Rn. 75. Zur hier vertretenen Auffassung siehe oben 7.1.4.3.

[766] Landesbeauftragter für den Datenschutz Niedersachsen, 10. TB, 32; Gola/Schomerus (2005), § 4a, Rn. 19; Körner-Dammann, NJW 1992, 729 (730); Simitis, in: Simitis (2003), § 4a, Rn. 76.

setzt und dieser möglicherweise entscheidende Passagen der Erklärung nicht bewusst wahrnehmen würde. Eine relative Unvollständigkeit muss daher in Kauf genommen werden.[767] Die Anforderungen an den Detailierungsgrad der Einwilligung hängen von der konkreten Datenverarbeitungssituation ab. Insoweit kann auf die Anforderungen an die Informationspflicht der verarbeitenden Stelle verwiesen werden.[768] Informationspflicht und Bestimmtheitsgebot der Einwilligung sind folglich gleichlaufende Instrumente des Datenschutzrechts, die demselben Ziel dienen.

Für Individualisierungsmaßnahmen bedeutet der Grundsatz der Bestimmtheit, dass zum Beispiel der Zweck der Profilbildung besonders präzis beschrieben und abgegrenzt sein muss oder dass die Zugriffsberechtigten der in einem Data Warehouse gesammelten Daten bezeichnet sind. Ferner müsste zum Beispiel der Ablauf und die Intensität von individualisierten Marketingmaßnahmen dargestellt werden.

7.2.3 Freiwilligkeit

Die Freiwilligkeit ist die inhaltliche Kernanforderung der Einwilligung. Sie ist notwendige Voraussetzung der informationellen Selbstbestimmung. Nur wenn der Betroffene seine Einwilligungserklärung freiwillig abgibt, ist garantiert, dass er selbst über die Verwendung seiner personenbezogenen Daten entscheidet.[769] Die Einwilligung kann nur dann ein legitimer Zulässigkeitstatbestand sein, wenn der Betroffene nicht nur Kenntnis von der Datenverarbeitung, sondern auch tatsächlich die Möglichkeit hat, selbst darüber zu befinden, ob und unter welchen Bedingungen die sich auf seine Person beziehenden Angaben benutzt werden dürfen.[770] Eine unfreiwillig erteilte Einwilligung kann die Datenverarbeitung nach dem Willen des Gesetzgebers unter keinen Umständen legitimieren. In der EG-Datenschutzrichtlinie findet sich das Freiwilligkeitserfordernis in Artikel 2 lit. h), nach dem die Einwilligung „ohne Zwang" abzugeben ist. Im Bundesdatenschutzgesetz formuliert § 4a, dass die Einwilligung auf der „freien Entscheidung des Betroffenen" beruhen muss. Zwar liegt insoweit also eine konkrete gesetzliche Norm vor. Parallel ließe sich dieses Erfordernis jedoch auch mittels der Methode KORA herleiten: wenn die informationelle

---

[767] Simitis, in: Simitis (2003), § 4a, Rn. 77.

[768] Siehe hierzu oben Teil C 7.2.1.

[769] Scholz (2003), 299; Gola/Schomerus (2005), § 4a, Rn. 6; Geiger NVwZ 1989, 35 (37); Jarass NJW 1989, 857 (860).

[770] Simitis, in: Simitis (2003), § 4a, Rn. 2; BVerfG, NJW 1992, 1875 (1876); Schapper/Dauer, RDV 1987, 170.

Selbstbestimmung als generalklauselartig formulierte verfassungsrechtliche Vorgabe auf der ersten Stufe der Methode fungiert, dann lässt sich hieraus die Anforderung ableiten, dass die Betroffenen nur dann wirksam einwilligen können, wenn die Einwilligung selbst bestimmt, also freiwillig abgegeben wird. Auf der zweiten KORA-Stufe ließe sich dies zu dem Kriterium konkretisieren, dass Unternehmen keinen Zwang auf die Betroffenen ausüben dürfen und sie nicht über die Verarbeitung und Verwendung ihrer Daten täuschen dürfen.

Abstrakt bedeutet Freiwilligkeit das Fehlen von psychischem oder physischem Zwang.[771] Probleme bereitet vor allem das Merkmal der Abwesenheit von psychischem Zwang. In der Praxis ist es mangels klar zu erkennender objektiver Anhaltspunkte oft schwer zu beurteilen, wann psychischer Zwang vorliegt beziehungsweise wann die Einwilligung tatsächlich aus freien Stücken erklärt wird. In vielen Fällen garantiert die Einwilligung gerade nicht die Entscheidungsfreiheit des Betroffenen, da dieser im Verhältnis zu seinen Kommunikationspartnern (zum Beispiel Behörden, Unternehmen oder Arbeitgebern) in organisatorischer, ökonomischer oder sozialer Hinsicht unterlegen ist.[772] Dem Betroffenen bleibt oft keine sinnvolle Alternative, als die geforderten Daten per Einwilligung preiszugeben, um sein - in der Regel außerhalb des Datenschutzrechts liegendes - Ziel mit einem für ihn vertretbaren ökonomischen und zeitlichen Aufwand zu erreichen. Aus diesem Grund liefert das Merkmal der Freiwilligkeit das wohl am kontroversesten diskutierte Problemfeld im Bereich der datenschutzrechtlichen Einwilligung und hat sogar dazu geführt, die Einwilligung in ihrer derzeitigen Form als Legitimationsgrundlage im Datenschutzrecht überhaupt in Frage zu stellen.[773]

Die Freiwilligkeit der Einwilligungserklärung ist je nach Konstellation der Individualisierungsmaßnahme unterschiedlich zu bewerten. Zur Darstellung dieser Unterschiede soll nachfolgend auf die in dieser Arbeit verwendeten Fallgruppen der Individualisierung eingegangen werden. In der ersten Fallgruppe „Risikominimierung" finden sich die Betroffenen oft in einer machtlosen Position. Bestimmte Dienstleistungen, wie etwa Versicherungen oder Bankgeschäfte, können in Deutschland nicht ohne Erklärung einer Einwilligung in die Abfrage

---

[771] Scholz (2003), 299.

[772] Gola/Schomerus (2005), § 4a, Rn. 6; Schmidt, JZ 1974, 247; Bull, ZRP 1975, 10.

[773] Vgl. Simitis, in: Simitis (2003), § 4a, Rn. 2 ff., ebenso: ders, DuD 2000, 714 (721). Simitis spricht unter Hinweis auf Klauseln im Banken- und Versicherungsbereich (Schufa-, Allfinanz- und Datenschutzermächtigungsklauseln) und auf die fortschreitende Kommerzialisierung der Einwilligung von der Einwilligung als bloßer Fiktion. Kritik an der derzeitigen Einwilligungskonzeption üben auch Schmidt, JZ 1974, 247; Bull ZRP 1975; ders., RDV 1999, 150; Vogelgesang 1987, 150f.; Geis, CR 1995, 174; Roßnagel/Bizer 1995, 48f.; Walz, DuD 1998, 153; Weichert 2000, 147.

von Negativdatenbanken, wie die der Schufa oder Creditreform, abgeschlossen werden, weil es schlicht keine Anbieter gibt, die hierauf verzichten. Der Betroffene ist hier in seiner Freiwilligkeit also aufgrund einer Vermachtung durch seine Vertragspartner eingeschränkt. Diese Tendenz ist datenschutzrechtlich als sehr kritisch zu bewerten, oft wird in diesem Kontext von einem „faktischen Zwang" zum Abschluss von Einwilligungserklärungen gesprochen.

In der zweiten Fallgruppe „Marketing, F&E" stellt sich die Einschränkung der Freiwilligkeit eher als Verführung da. Dem Betroffenen werden Vorteile wie zum Beispiel Rabatte und Gewinne versprochen, um ihn zur Abgabe einer Einwilligungserklärung zu bewegen. In diesen Fallen mag die freie Willensbildung zwar beeinflusst sein, dennoch hat der Betroffene eine echte Wahlmöglichkeit. Er muss die versprochenen Vorteile ja nicht annehmen. Wird der Betroffene jedoch dadurch zu beeinflussen versucht, dass die Verweigerung der Einwilligung mit Unannehmlichkeiten und dem Vorenthalten auf wertvolle Zusatzdienste verknüpft wird, kann schon eher eine faktische Beschränkung der Freiwilligkeit gegeben sein. Solange die Unannehmlichkeiten jedoch nicht tatsächlich die Wahlfreiheit des Betroffenen erheblich einschränken, ist dennoch von einer Freiwilligkeit auszugehen.

Die dritte und vierte Fallgruppe „individualisierte Waren/Geräte und Dienstleistungen" kann hier zusammengefasst dargestellt werden. Sofern die Einwilligung zur Datenverarbeitung hierbei notwendige Voraussetzung für die vom Betroffenen erwünschte Leistung (zum Beispiel Location Based Services oder adaptive Systeme) ist, dürfte von einer Beschränkung der Freiwilligkeit nicht auszugehen sein. Wird jedoch die Datenverwendung bereits durch den zugrunde liegenden Vertrag abgedeckt und verlangt der Anbieter der individualisierten Produkte als Gegenleistung für darüber hinausgehende Services eine Einwilligung in die Verarbeitung von Daten, die für die Erstellung des Produktes nicht erforderlich sind, kann die Freiwilligkeit eingeschränkt sein. Dies ist umso eher der Fall, je wichtiger die Zusatzdienste sind und je mehr diese gegenüber der eigentlichen Dienstleistung beziehungsweise der eigentlichen Waren in den Hintergrund treten. Wenn etwa offensichtlich ist, dass bestimmte Geräte nur zum Zweck der Nutzung von adaptiven Mehrwertdiensten erworben werden, diese Dienste jedoch nur gegen Erteilung einer umfassenden Einwilligung zur Verarbeitung der anfallenden Nutzungsdaten freigeschaltet werden, kann von einer Einschränkung der Freiwilligkeit gesprochen werden, da der Betroffene keine echte Wahlmöglichkeit hat und sich zumindest faktisch gezwungen fühlen wird, die Einwilligung zu erteilen.

Das Merkmal der Freiwilligkeit setzt allgemein voraus, dass der Betroffene die

Einwilligung auch verweigern können muss, anstatt einzuwilligen, ohne hierbei negative Folgen zu befürchten. Das heißt, der Betroffene muss die uneingeschränkte Möglichkeit haben, die Aufforderung zur Abgabe der Einwilligungserklärung abzulehnen, ohne dass er hierfür eine Begründung oder ein objektiv schutzwürdiges Interesse an der Verweigerung vorweisen müsste.[774] Somit darf die verarbeitende Stelle keine für den Betroffenen nachteiligen Sanktionen an die Versagung der Einwilligung knüpfen. Das Drohen mit unangenehmen Konsequenzen und das Ausnutzen einer wirtschaftlichen oder sozialen Machtposition machen die Einwilligung daher ebenso unwirksam wie die arglistige Täuschung.[775] Andererseits bleibt es jedem Betroffenen nach dem Grundsatz der Vertragsfreiheit grundsätzlich vorbehalten, in diesem Fall vom Abschluss eines Vertrags abzusehen. Die bloße Tatsache, dass das Zustandekommen einer vertraglichen Beziehung und der darin bedungenen Leistung von der Bereitschaft des Betroffenen abhängt, personenbezogene Daten preiszugeben, reicht demnach grundsätzlich nicht aus, die Freiwilligkeit der Entscheidung, ob eine Einwilligung erteilt werden soll, auszuschließen.

Etwas anderes gilt, wenn dem Betroffenen keine andere Wahl bleibt als die Einwilligung zu erteilen, um das fragliche Produkt zu erhalten,[776] insbesondere, wenn alle Anbieter der Leistungen, um die es geht, Einwilligungserklärungen fordern und es um Leistungen im Bereich der Daseinsvorsorge oder um verwandte Leistungen geht, die typischerweise von der ganz überwiegenden Mehrheit der Bevölkerung in Anspruch genommen werden. Gerade auch in diesen Bereichen wird jedoch die Einwilligung in der Praxis oft eingesetzt. Beispielhaft seien hier die Versorgung mit Strom oder Wasser, die Versicherungswirtschaft und die Bankenwirtschaft genannt. Vielfach wird daher bemängelt, dass die Einwilligung letztlich entgegen dem Willen des Gesetzgebers nicht als Beschränkung der Verwendung personenbezogener Daten wirkt, sondern als Schlüssel zu einem nahezu unbegrenzten, von allen ansonsten zu beachtenden gesetzlichen Schranken befreiten Zugang zu den gewünschten Daten fungiert.[777]
Im Hinblick auf Individualisierungsmaßnahmen in der Fallgruppe „Risikominimierung", also etwa das Data Warehousing, Data Mining und Scoring, ist diese Situation bereits gegeben. Dem Einzelnen ist es nicht möglich, Verträge mit Versicherungen oder Banken abzuschließen, ohne hierbei Einwilligungserklärungen für entsprechende Datenbankabfragen und die Weitergabe von Daten

---

[774] Holznagel/Sonntag, in: Roßnagel (2003), 4.8, Rn. 54.

[775] Zscherpe, MMR 2004, 723 (726).

[776] Simitis, in: Simitis (2003), § 4a, Rn. 3.

[777] Vgl. statt aller: Simitis, in: Simitis (2003), § 4a, Rn. 4 ff.

an diese zu erteilen.

Im Bereich des Marketing und der Marktforschung beziehungsweise Produktentwicklung wird die Möglichkeit der Betroffenen, ihren Willen frei auszuüben, stetig eingeschränkt, da der Verzicht auf die mit der Einwilligungserteilung geknüpften Vorteile immer schwerwiegender wird. Einerseits verzichtet derjenige, der nicht einwilligt, auf einen Zugewinn an Komfort, andererseits verzichtet er auch auf finanzielle Vorteile.[778] Diese Entwicklung ist zu beobachten, gegebenenfalls wird auch hier mittelfristig ein echter faktischer Zwang zu verzeichnen sein.

Für die Fallgruppen „individualisierte Waren beziehungsweise Geräte und Dienstleistungen" kann derzeit hingegen nicht davon ausgegangen werden, dass eine Beeinträchtigung der freien Willensausübung zu befürchten ist. Individualisierte Waren und Dienstleistungen gehören derzeit noch nicht zur Daseinsvorsorge oder einer ähnlich wichtigen Bedarfsdeckung. Derzeit werden derartige Produkte nur von einem kleinen Prozentsatz der Bevölkerung in Anspruch genommen. Es muss jedoch berücksichtigt werden, dass sich dies angesichts der Geschwindigkeit des technischen Fortschritts und der Verbreitung von Technologie in der Bevölkerung mittelfristig ändern kann. Vergleicht man die Situation zum Beispiel mit der Entwicklung im Bereich der mobilen Kommunikation, so wird man sagen können, dass sich hier innerhalb von nur zehn Jahren eine Marktdurchdringung von wenigen Prozent hin zu einer annähernden Marktsättigung vollzogen hat. Während im Jahre 1992 noch lediglich ein zu vernachlässigender Prozentsatz der Bevölkerung über Mobiltelefone verfügte, war es bereits im Jahr 2002 die Ausnahme, wenn eine Person nicht über ein solches Telefon verfügte. Es ist anzunehmen, dass innerhalb weniger Jahre eine erhebliche Steigerung in der Nutzung von individualisierten, personalisierten und adaptiven Produkten zu verzeichnen sein wird. Sollten alle Anbieter derartiger Leistungen einvernehmlich auf die Abgabe von Einwilligungserklärungen für die Verarbeitung personenbezogener Daten bestehen, ergäbe sich hier ein weiteres Beispiel für eine an sich gesetzwidrige Einschränkung der Freiwilligkeit. Dies wäre insbesondere angesichts der bei der Nutzung von individualisierten und adaptiven Produkten anfallenden großen Datenmengen mit teils sensiblem Inhalt besonders bedenklich.

---

[778] Häufig wird die Benutzung von Kundenkarten und die damit verbundene Datenerhebung über gekaufte Waren beziehungsweise in Anspruch genommene Dienstleistungen mit einem Rabatt von derzeit typischerweise 3% gekoppelt. Auf diesen automatischen Rabatt verzichten all diejenigen, die die Einwilligungserteilung verweigern.

7.2.4 Einwilligung und Verfassungsrecht, Grenzen

Da Individualisierungsmaßnahmen viele Merkmale der Persönlichkeit erfassen und in das Persönlichkeitsrecht der Betroffenen eingreifen können, stellt sich die Frage nach einer möglichen verfassungsrechtlichen Grenze der Einwilligung.

Die informationelle Selbstbestimmung ist einerseits ein Grundrecht im Sinne eines Abwehrrechts (in erster Linie gegen den Staat) gegen die unbegrenzte Datenverarbeitung. Andererseits gibt dieses Grundrecht dem Einzelnen als positive Gewährleistung die Befugnis, über die Preisgabe und Verwendung seiner Daten zu bestimmen. Wie bei allen Grundrechten stellt sich in diesem Zusammenhang die Frage, ob die Träger der informationellen Selbstbestimmung diese auch dahingehend ausüben dürfen, dass die Ausübung einem kompletten Verzicht auf das Grundrecht gleichkommt. Anders herum formuliert fragt sich, ob es einen Kernbereich des Grundrechts gibt, der unangetastet bleiben muss, über den der Einzelne folglich also nicht frei verfügen kann. Ist das Grundrecht auf informationelle Selbstbestimmung also letztlich ein unverzichtbares Grundrecht und wenn ja, wo fängt dieser unverzichtbare Kernbereich an? Um die hier aufgeworfenen Fragen zu beantworten, muss zunächst eine Einordnung der Einwilligung erfolgen, es muss geklärt werden, ob die Einwilligung in die Verarbeitung personenbezogener Daten eine Grundrechtsausübung oder einen Grundrechtsverzicht darstellt.

7.2.4.1 Begriff der Einwilligung

Unter Einwilligung wird im allgemeinen Sprachgebrauch zunächst die Äußerung eines zustimmenden, erlaubenden Willens verstanden.[779] Der erlaubende Wille bezieht sich dabei auf die Handlungen Dritter. Die Einwilligung zur Datenverarbeitung durch Dritte hat an sich noch keine verfassungsrechtliche Bedeutung. Dies wäre erst dann der Fall, wenn sie im Wortlaut einer Grundrechtsnorm enthalten wäre oder doch zumindest als Umschreibung eines durch Auslegung gewonnen Gehalts einer Grundrechtsnorm gelten könnte.[780] Die Rechtsfigur einer für alle Grundrechte gleichermaßen geltenden Einwilligung gibt es nicht, daher kann nicht etwa auf einen allgemein gültigen Einwilli-

---

[779] Vgl. Duden, Das große Wörterbuch der Deutschen Sprache; Wortschatz-Lexikon (http://wortschatz.uni-leipzig.de/). Als Synonyme für das Wort „Einwilligung" werden die folgenden Worte genannt: Billigung, Einvernehmen, Einverständnis, Erlaubnis, Genehmigung, Gewährung, Jawort, Konsens, Plazet, Verlaub, Zusage, Zustimmung.

[780] Geiger, NVwZ 1989, 35 (36).

gungsbegriff zurückgegriffen werden. Bei der Klärung des verfassungsrechtlichen Begriffs der Einwilligung kann schließlich nicht auf den Begriff der Einwilligung im Sinne der §§ 107, 182, 183 BGB oder auf den der §§ 4 und 4a BDSG zurückgegriffen werden, da diese Vorschriften lediglich einfachgesetzlich sind. Rechtsdogmatisch ist der Begriff der Einwilligung auf Verfassungsebene allein durch Auslegung der Verfassung selbst zu bestimmen.

Ausgangspunkt hierfür kann nur Artikel 2 Absatz 1 in Verbindung mit Artikel 1 Absatz 1 GG, also das allgemeine Persönlichkeitsrecht sein, aus dem das Grundrecht auf informationelle Selbstbestimmung als Ausprägung entwickelt wurde. Eben diese Auslegung des allgemeinen Persönlichkeitsrechts durch das Bundesverfassungsgericht im Volkszählungsurteil[781] liefert einen Hinweis darauf, dass der Einwilligung verfassungsrechtliche Bedeutung zukommt. Als Abwehrrecht bietet das Grundrecht auf informationelle Selbstbestimmung einen Schutz gegen die Datenverarbeitung durch Dritte, es gewährt also die Freiheit vor Datenverarbeitung. In der positiven Ausprägung gewährt es dem Einzelnen demgegenüber die Befugnis, grundsätzlich selbst über die Preisgabe und Verwendung von persönlichen Daten zu bestimmen.[782] Aus diesem Zusammenspiel von abwehr- und freiheitsrechtsrechtlicher Funktion ergibt sich, dass die Einwilligung verfassungsrechtlich vorgesehen oder zumindest angelegt ist mit dem Inhalt, dem Einzelnen zuzugestehen, sich selbst zu entscheiden, ob (beziehungsweise dass) er Dritten Handlungen erlaubt, die andernfalls den Charakter von Eingriffen in das Recht auf informationelle Selbstbestimmung hätten.[783]

7.2.4.2 Einwilligung als Grundrechtsausübung oder Grundrechtsverzicht?

Vereinzelt[784] wird die Einwilligung des Betroffenen in die Verarbeitung personenbezogener Daten als Verzicht auf die abwehrrechtliche Ausprägung des Rechts auf informationelle Selbstbestimmung gewertet. So führt Robbers die Einwilligung in die Weitergabe und Verarbeitung von persönlichen Daten explizit als Beispiel für einen Grundrechtsverzicht an.[785] Der Begriff des Grundrechtsverzichts kann definiert werden als die rechtlich verbindliche Aufgabe

---

[781] BVerfGE 65, 1 (43).

[782] BVerfGE 65, 1 (43).

[783] Vgl. Geiger, NVwZ 1989, 35 (36).

[784] Robbers, Jus 1985, 925; Stern, Staatsrecht III/1, § 86 I 5; vgl. auch Eberle, in: Gedächtnisschrift für W. Martens, 1987, 351 (364).

[785] Robbers, Jus 1985, 925 (928).

einer grundrechtlich gewährleisteten Rechtsposition,[786] wobei das Kriterium der Verbindlichkeit das Unterscheidungsmerkmal zur bloßen tatsächlichen Nichtausübung des Grundrechts darstellt.[787] Teilweise wird in der Literatur bereits bestritten, dass ein Verzicht auf Grundrechte überhaupt möglich ist.[788] Einigkeit besteht dahingehend, dass auf bestimmte Grundrechte (zum Beispiel Leben und Menschenwürde) nicht wirksam verzichtet werden kann. Andererseits gibt es einen breiten Konsens dahingehend, dass es einen staatlich erzwungenen generellen Grundrechtsschutz gegen sich selbst nicht geben kann, da dies eine Bevormundung darstellen und den primären Charakter der Grundrechte als Schutz vor dem Staat verkennen würde.[789] Darüber hinaus spricht gerade der Grundsatz der Selbstbestimmung für die Dispositionsbefugnis des Grundrechtsberechtigten über sein Recht.[790]

Insgesamt scheinen die Begriffe „Verzicht" und „Einwilligung" in diesem Kontext teilweise synonym benutzt zu werden. So formuliert von Münch zum Beispiel: „Wer die Grundrechte als Freiheitsrechte versteht, kommt zu dem Schluss, dass auch der Grundrechtsverzicht – jedenfalls prinzipiell – ein Grundrechtsgebrauch ist, das heißt ein Akt der Selbstbestimmung."[791] Nach dieser Maßgabe kann also die Ausübung der Selbstbestimmung gleichzeitig ein (teilweiser) Verzicht auf das Grundrecht sein. Pietzker hält daher auch den Ausdruck „individuelle Verfügung über Grundrechtspositionen" gegenüber der Bezeichnung „Verzicht auf ein Grundrecht" für vorziehenswert.[792] Selbst Robbers als Vertreter der Ansicht, dass die Einwilligung ein Grundrechtsverzicht ist, formuliert, dass der Verzicht dem Einzelnen Handlungsfreiräume gewährleistet und deshalb „jedenfalls prinzipiell", ein Grundrechtsgebrauch sei.[793] Der Begriff „Gebrauch" eines Grundrechts ist immer dann zutreffend, wenn das Grundrecht in einem Recht auf Entscheidung besteht. Dies ist zum Beispiel nicht der Fall bei den Grundrechten auf Menschenwürde, Leben und Gesund-

---

[786] Robbers, Jus 1985, 925; Geiger, NVwZ 1989, 35 (37).

[787] V. Münch, Vorb. Artikel 1-19, Rn. 62; Sturm, in: Festschrift für Geiger (1974), 173 (185f.). Früher wurde zusätzlich zwischen unzulässigem Verzicht auf Grundrechte und zulässigem Verzicht auf die Ausübung derselben unterschieden. Diese Differenzierung wurde jedoch bereits Mitte der 1980er-Jahre aufgegeben mit der Begründung, dass ein Grundrecht, dass nicht ausgeübt werden könne, ein „nudum ius" sei, für den Betroffenen also gleichbedeutend sei mit einem Grundrecht, auf das er verzichtet habe, vgl. Robbers, Jus 1985, 925.

[788] Erichsen (1982), 161f.; Sturm, in: Festschrift für Geiger (1974), 173 (198).

[789] V. Münch, Vorb. Artikel 1-19, Rn. 63; Schwabe, JZ 1998, 66 (67); ähnlich Sachs, vor Artikel 1, Rn. 52.

[790] Sachs, vor Artikel 1, Rn. 57.

[791] Spieß, 51; von Münch, Vorb. Artikel 1-19, Rn. 63.

[792] Pietzker, 527 (531).

[793] Robbers, Jus 1985, 925 (927); vgl. auch Göldner, JZ 1976, 352 (355).

heit. Die begrifflichen Unstimmigkeiten sind vermutlich in der zweiseitigen Ausprägung des Grundrechts auf informationelle Selbstbestimmung als Freiheits- und Abwehrrecht begründet. Sachs differenziert zum Beispiel zwischen Grundrechten, die Verhaltensmöglichkeiten (Freiheiten, Wahlrecht, Rechtsbehelfe) schützen und solchen, die Schutz gegen staatliche Eingriffe gewährleisten. Für die Freiheitsrechte sei der Begriff „Ausübungsverzicht" treffend, für die Abwehrrechte der Begriff „Einwilligung".[794]

Soweit der Grundrechtsverzicht letztlich als Form der Grundrechtsausübung verstanden wird, ist der Begriff ohne eigenen Inhalt und damit überflüssig.[795] Im hier zu untersuchenden Kontext ist letztlich unerheblich, welche Begrifflichkeit verwendet wird. Wie gesehen, meinen die Stimmen aus der Literatur im Kern dasselbe. Zum Wortsinn und zu der Einordnung der Einwilligung als Möglichkeit für den Betroffenen, seinen Willen auszuüben, passt jedoch der Begriff der Grundrechtsausübung besser als der des Grundrechtsverzichts. Zudem ist der Begriff der Grundrechtsausübung relativ klar definiert als das „Gebrauchmachen von den grundrechtlichen Gewährleistungen durch ihren Inhaber",[796] während der Begriff des Grundrechtsverzichts verfassungsrechtlich konturenlos ist. Nachfolgend soll die datenschutzrechtliche Einwilligung daher als Ausübung des Grundrechts auf informationelle Selbstbestimmung verstanden werden.[797]

7.2.4.3 Verfassungsrechtliche Grenzen der Einwilligung

Nach dieser Klärung der Begrifflichkeiten nun zur Frage, ob es einen verfassungsrechtlich bedingten Kernbereich des Grundrechts auf informationelle Selbstbestimmung gibt, der, auch wenn eine ansonsten wirksame Einwilligung des Betroffenen vorliegt, nicht angetastet werden darf. Ein solcher unantastbarer Kernbereich könnte sich aus zwei Argumentationsrichtungen begründen lassen: zum einen über die Menschenwürde und zum anderen über die Sozialpflichtigkeit des Rechts auf informationelle Selbstbestimmung.

Eine verfassungsimmanete Schranke jedes Grundrechts ergibt sich aus Artikel 1 Absatz 1 Satz 1 GG. Das Grundrecht der Menschenwürde ist unantastbar, die Menschenwürde steht daher nicht zur Disposition – weder der des Staates

---

[794] Sachs, vor Artikel 1, Rn. 54f.
[795] So auch Geiger, NVwZ 1989, 35 (37).
[796] Siehe zum Beispiel Pieroth/Schlick, Rn. 231.
[797] So auch Scholz, in: Roßnagel (2003), 9.2, 117; Vogelgesang, 150; Bizer, 139f.

noch der des Einzelnen.[798] Nach einer verbreiteten Meinung enthalten die speziellen von der Verfassung gewährleisteten Grundrechte einen so genannten „Würdekern".[799] Die Grundrechte werden hierbei als Ausprägungen und Ausfaltungen der ihnen allen zugrunde liegenden Idee der Menschenwürde gedacht. Deshalb ist eine Ausübung der Grundrechte, die diesen Würdekern verletzt, unwirksam. Die Menschenwürde fungiert somit als Garantin, aber auch als Grenze der Autonomie. Der Mensch darf nicht „zum Objekt, zu einem bloßen Mittel, zur vertretbaren Größe" herabgewürdigt werden, wie Dürig formuliert.[800] In Entscheidungen wie etwa „Peep-Show" (das Bundesverwaltungsgericht hält an dieser Judikatur inzwischen nicht mehr fest),[801] „Zwergenweitwurf"[802] und „Laserdrome"[803] haben deutsche Gerichte die Verletzung der Menschenwürde als Beschränkung des Freiheitsgebrauchs ins Feld geführt, obwohl die Würde gerade die Entscheidung für einen selbst gewählten Lebensentwurf schützt. Festzuhalten ist, dass die Missachtung der betroffenen Person eine erhebliche Intensität erreichen muss.

Für den hier zu betrachtenden Kontext des Schutzes der Privatsphäre und des Grundrechts auf informationelle Selbstbestimmung ist ein Blick auf die rechtliche Bewertung des so genannten Big-Brother-Fernsehformats hilfreich. Zwar sehen einige Stimmen in der Literatur die Grenze zur Herabwürdigung der Betroffenen zu bloßen Objekten hier bereits als überschritten an.[804] Die herrschende Literaturmeinung hingegen geht davon aus, dass hier kein Verstoß gegen die Menschenwürde vorliegt.[805] Begründet wird dies damit, dass die Kandidaten gerade nicht ihrer Persönlichkeit beraubt und zu bloßen Objekten des Voyeurismus herabgewürdigt worden seien. Vielmehr hätten sie durch das Zusammenleben ihre Individualität und Persönlichkeit gerade demonstrieren können. Die Preisgabe der Privatheit zum Zwecke des Ruhmes oder kommerziellen Erfolgs liege im Trend und müsse daher im Rahmen des Selbstbe-

---

[798] Dies ergibt sich direkt aus Artikel 1 Absatz 1 Satz 1 GG, unterstrichen wird dies zusätzlich durch die Ewigkeitsgarantie des Artikel 79 Absatz 3 GG.

[799] Vgl. Benda, 111f.; Robbers, JuS 1985, 925 (929).

[800] Dürig, AöR 1981, 117 (127). Das Bundesverfassungsgericht selbst formuliert: Mit der Menschenwürde als oberstem Wert des Grundgesetzes und tragendem Konstitutionsprinzip ist der soziale Wert und Achtungsanspruch des Menschen verbunden, der es verbietet, ihn zum bloßen Objekt des Staates zu machen oder ihn einer Behandlung auszusetzen, die seine Subjektqualität prinzipiell in Frage stellt (BVerfGE 6, 32 (36, 41); 30, 1 (26)).

[801] BVerwGE 64, 274 (279).

[802] VG Neustadt a.d.W., NVwZ 1993, 98 (99).

[803] BVerwGE 115, 189 (200).

[804] Bergmann/Möhrle/Herb, § 4a, Rn. 13; Thaenert, 14f.

[805] Siehe die drei Rechtsgutachten von Di Fabio, 1 ff.; Dörr, 1 ff.; Frotscher, 1 ff.; ebenso Cole in Sokol (2001), 40 (55 ff.).

stimmungsrechts erlaubt sein.

Wenn nun schon diese intensive Form der Preisgabe an Privatheit nicht gegen die Menschenwürde verstößt, dann muss dies für die Einwilligung im Kontext der Individualisierung erst recht gelten. Zwar mag ein Unterschied darin begründet liegen, dass die Nutzer dieser Produkte anders als die Big-Brother-Kandidaten sich nicht als Schauspieler gerieren, sondern ganz normal ihr Leben weiter führen und so der Authentitätsgehalt der Informationen, die sie weitergeben, höher sein mag. Andererseits werden diese Informationen jedoch nicht zu dem erklärten Zweck erhoben, um sie einem Millionenpublikum zugänglich zu machen, sondern für die Ermöglichung und Verbesserung des betreffenden Dienstes. Insgesamt ist jedenfalls nicht von einer so intensiven Selbstgefährdung der Menschenwürde der Betroffenen auszugehen, dass diese wegen verfassungsrechtlicher Bedenken hiervor bewahrt werden müssten.

Kritischer zu prüfen dürfte die Frage sein, ob der Einwilligung aufgrund des Sozialbezugs des Grundrechts auf informationelle Selbstbestimmung verfassungsrechtlich bedingte Grenzen gesetzt sind. Die informationelle Selbstbestimmung beinhaltet die „Befugnis des Einzelnen, grundsätzlich selbst zu entscheiden, wann und innerhalb welcher Grenzen persönliche Lebenssachverhalte offenbart werden".[806] Insbesondere im Hinblick auf die Ähnlichkeit dieser Formulierung mit der Legaldefinition des Eigentums im BGB[807] könnte man vermuten, dass das Bundesverfassungsgericht dem Betroffenen eine Art eigentumsähnliches Verfügungsrecht an seinen personenbezogenen Daten zubilligt. So haben auch Stimmen in der Literatur eine solche Kommerzialisierung der informationellen Selbstbestimmung beziehungsweise der Einwilligung angedacht[808] oder geradeheraus befürwortet.[809] Allerdings meinte das Bundesverfassungsgericht trotz der gewählten Formulierung gerade nicht, dass jeder Bürger eine Art Eigentumsrecht an seinen Daten oder eine Verfügungsmacht über sie erhält.[810] Bereits im Volkszählungsurteil heißt es nämlich weiter: „Der einzelne hat nicht ein Recht im Sinne einer absoluten, uneingeschränkten Herrschaft über ‚seine' Daten; er ist vielmehr eine sich innerhalb der sozialen Gemeinschaft entfaltende, auf Kommunikation angewiesene Persönlichkeit. Information, auch soweit sie personenbezogen ist, stellt ein Abbild

---

[806] BVerfGE 65, 1, 43.

[807] Vgl. § 903 BGB: „Der Eigentümer einer Sache kann, soweit nicht das Gesetz oder Rechte Dritter entgegenstehen, mit der Sache nach Belieben verfahren und andere von jeder Einwirkung ausschließen."

[808] Weichert, NJW 2001, 1463, 1466f.; Kilian, CR 2002, 921, 925f.

[809] Ladeur, DuD 2000, 12 ff., 18.

[810] Roßnagel (2002), 133.

sozialer Realität dar, die nicht ausschließlich dem Betroffenen zugeordnet werden kann".[811] In einer späteren Entscheidung hat das Gericht zusätzlich klargestellt, dass der verfassungsrechtliche Schutz der informationellen Selbstbestimmung nicht im Interesse einer Kommerzialisierung der eigenen Person gewährleistet sei.[812] Das gegenteilige Verständnis würde zum einen den objektivrechtlichen Gehalt der informationellen Selbstbestimmung als Funktionsvoraussetzung für eine Gesellschaft verkennen, die auf individueller Selbstbestimmung und freier demokratischer Willensbildung beruht.[813] Zum anderen darf nicht vergessen werden, dass personenbezogene Daten mehrrelational sind und demzufolge nicht nur eine Beziehung zum Objekt, sondern auch zum Autor haben.[814]

Insbesondere der Aspekt der auch-objektivrechtlichen Natur der informationellen Selbstbestimmung ist in diesem Zusammenhang aufschlussreich. Wenn einem Grundrechtsträger ein Grundrecht nur teilweise im Sinne eines subjektiven Rechts zusteht, dann kann er es auch nur in diesem Rahmen frei ausüben. Ebenso wie man nicht auf die Ausübung von Grundrechten, die einem nicht zustehen, verzichten kann, kann man sie nicht in weiterem Umfang ausüben, als sie gewährleistet werden. Wenn also die informationelle Selbstbestimmung auch-objektivrechtlichen Gehalt hat und insoweit sozialpflichtig ist, als sie die Funktionsvoraussetzung für eine Gesellschaft bietet, die auf individueller Selbstbestimmung und freier demokratischer Willensbildung beruht, dann kann der Betroffene genau insoweit nicht über seine Daten verfügen. Somit ergibt sich eine Einschränkung der Einwilligung immer dann, wenn die Preisgabe der personenbezogenen Daten sich als Demokratie gefährdender Ausdruck eines kommerzialisierten, eigentumsähnlichen Verfügungsrechts darstellt. Um allerdings diese Schwelle zu erreichen, müsste zumindest ansatzweise eine Gefahr für die Erreichung des objektivrechtlich gewollten Gehalts bestehen. Dies ist im Kontext individualisierter und personalisierter Produkte schwer vorstellbar. Dadurch, dass der Betroffene derartige Produkte nutzt, geht er in anderen Lebensbereichen nicht zwingend exklusiver mit seinen Daten um. Im Gegenteil, es wird sich an seinem Umgang mit seinen Daten nichts ändern, außer dass er nun zusätzlich die Verarbeitung von personenbezogenen Daten erlaubt, die während der Nutzung der Geräte und Dienstleistungen erforderlich ist. Verfassungsrechtliche Bedenken gegen eine durch Einwilligung legitimierte Datenverarbeitung bei der Nutzung individuali-

---

[811] BVerfGE 65, 1, 43f.
[812] BVerfG, NJW 2000, 1021 (1023).
[813] Roßnagel/Pfitzmann/Garstka, 37.
[814] Roßnagel/Pfitzmann/Garstka, 37.

sierter Geräte und Dienstleistungen ist also nicht ersichtlich. Auch im Hinblick auf die Individualisierung in den Fallgruppen „Risikominimierung" und „Marketing/F&E" dürfte kein Risiko für den objektivrechtlichen Gehalt des Grundrechts auf informationelle Selbstbestimmung darstellen, weil nicht ersichtlich ist, inwiefern die Einwilligung des Betroffenen in die Datenverarbeitung zum Zwecke des Data Warehousing, Data Mining oder Scoring dazu führen könnte, einen Einfluss auf den sonstigen Umgang des Betroffenen mit seinen Daten haben kann.

7.2.5 Einwilligung im Telekommunikations- und Multimediarecht

Individualisierungsmaßnahmen werden vielfach unter Zuhilfenahme des Internet eingesetzt. So werden individualisierte Dienste über das Internet erbracht, auch bei adaptiven Techniken wird oft das Internet mit in die Systemarchitektur aufgenommen. Daher ist die datenschutzrechtliche Einwilligung im Internet von besonderer Bedeutung für die Individualisierung.

In offenen Informations- und Kommunikationsnetzen wie dem Internet ist die Datenschutzproblematik besonders brisant, da die eingesetzte Technologie die Datenerhebung sehr einfach macht und hierdurch eine besondere Gefahr für die informationelle Selbstbestimmung besteht. Daher stellen die Regelungen des TDDSG und des MDStV höhere Anforderungen an die Wirksamkeit der Einwilligung als die allgemeinen Datenschutzgesetze. Durch das so genannte Kopplungsverbot soll den ansonsten im nicht-öffentlichen Bereich bestehenden Schwächen der Einwilligung begegnet werden. Zusätzlich wird durch TDDSG und MDStV das Rollenverhalten umgekehrt, indem der Betroffene nicht – wie in den allgemeinen Datenschutzgesetzen – mittels Widerspruch tätig werden muss, um eine zweckentfremdete Datenverarbeitung zu verhindern.[815] Vielmehr muss der Diensteanbieter hier die Einwilligung des Betroffenen einholen und ist somit in der aktiven Rolle.[816] In Gesamtschau mit dem Kopplungsverbot, den Informationspflichten[817] und dem ausdrücklichen Verbot eines Verzichts auf den Widerruf der Einwilligung führt dies dazu, dass

---

[815] Siehe § 28 Absatz 4 BDSG: „Widerspricht der Betroffene bei der verantwortlichen Stelle der Nutzung oder Übermittlung seiner Daten für Zwecke der Werbung oder der Markt- oder Meinungsforschung, ist eine Nutzung oder Übermittlung für diese Zwecke unzulässig."

[816] Vgl. § 17 Absatz 2 MDStV, § 3 Absatz 2 TDDSG: „Der Diensteanbieter darf für die Durchführung von Telediensten erhobene personenbezogene Daten für andere Zwecke nur verarbeiten und nutzen, soweit dieses Gesetz oder eine andere Rechtsvorschrift es erlaubt oder der Nutzer eingewilligt hat." Zur Zweckbindung der Bestandsdaten siehe § 5 Satz 1 TDDSG und der Verbindungsdaten siehe § 6 Absatz 1 Satz 1 TDDSG.

[817] Siehe § 4 Absatz 1 TDDSG, 18 Absatz 1 MDStV, § 10 MDStV.

der Einwilligung im Multimediarecht eine höhere Legitimationswirkung zukommt als im Geltungsbereich der allgemeinen Datenschutzrechte.[818]

In der Leichtigkeit der Datenverarbeitung im Multimediabereich liegt jedoch nicht nur eine Bedrohung für die Selbstbestimmung des Betroffenen, sondern auch die Chance, dass er in seiner persönlichen Entfaltung effektiver unterstützt wird, indem er schneller und komfortabler die Informationen erhält, die er sucht und die für die jeweilige Situation, in der er sich gerade befindet, passend sind. In dem hohen Grad der Automatisierung und Digitalisierung der Datenverarbeitung liegt also gerade auch der Vorteil und die Stärke der relativ neuartigen technikgetriebenen Kommunikationswege, die es im Rahmen der Analyse des Datenschutzes bei individualisierten und personalisierten Dienstleistungen und Waren zu betrachten gilt. Für eine intelligente und individualisierte Ansprache des Nutzers ist es eine notwendige Voraussetzung, dass die Anbieter auf die erforderlichen personenbezogenen Daten der Nutzer zugreifen und diese verarbeiten können, es bedarf daher einer konstruktiven Berücksichtigung der Interessen der Beteiligten.

7.2.5.1 Informationspflichten

Im Multimediabereich haben Diensteanbieter eine zweifache Informationspflicht zu erfüllen.[819] Zunächst gibt es die allgemeine Unterrichtungspflicht des § 4 Absatz 1 TDDSG beziehungsweise § 18 Absatz 1 MDStV, die sich auf die im Rahmen des jeweiligen Dienstes erfolgende Erhebung der personenbezogenen Daten bezieht. Diese Pflicht betrifft nur die generelle Information des Nutzers über die Datenverarbeitung ohne Bezug zum Einzelfall und über den gesamten Nutzungszeitraum hinweg. Zusätzlich muss der Diensteanbieter die spezifische, auf die Einwilligung bezogene Hinweispflicht nach den allgemeinen Datenschutzgesetzen auch bei einer Einwilligung nach dem TDDSG beziehungsweise MDStV erfüllen.[820] Diese Hinweispflicht bezieht sich nur auf die Abgabe einer konkreten Einwilligung, die die Schranken der gesetzlichen Verarbeitungsrechte aufheben kann. In der Praxis fallen die beiden Erklärungen oft zusammen, was rechtlich nicht zu beanstanden ist, soweit der Diensteanbieter den Nutzer hinsichtlich beider Aspekte in vollem Umfang informiert. Gemäß § 4 Absatz 3 TDDSG beziehungsweise § 18 Absatz 3 MDStV ist der

---

[818] Holznagel/Sonntag, in: Roßnagel (2003), 4.8, Rn. 71.

[819] Zur Unterrichtungspflicht vgl. auch Roßnagel, in: Roßnagel/Banzhaf/Grimm (2003), 181 ff.; ebenso Schaar (2002), 590 ff.

[820] Bizer, in: RMD, § 3 TDDSG, Rn. 121f.; Holznagel/Sonntag, in: Roßnagel (2003), 4.8, Rn. 73.

Nutzer zusätzlich darauf hinzuweisen, dass er seine Einwilligung jederzeit widerrufen kann.[821] Der Gesetzgeber hat hier mit § 4 Absatz 1 und 18 Absatz 1 MDStV bereits eine detaillierte Regelungen getroffen. Parallel hierzu könnte die Pflicht, datenschutzrechtlich Betroffene über Datenverarbeitungsvorgänge über Reichweite und Inhalt der Einwilligung auch mittels der Methode KORA abgeleitet werden. Aus der generalklauselartig formulierten informationellen Selbstbestimmung kann auf der ersten KORA-Stufe die Anforderung abgeleitet werden, dass die Betroffenen Kenntnis über Eingriffe haben müssen, auch und gerade, wenn sie in diese einwilligen. Hieraus kann in der zweiten Stufe gefolgert werden, dass Unternehmen, die Datenverarbeitungen vornehmen, die Betroffenen mittels entsprechender Informationen in die Lage versetzen müssen, Kenntnis von den Vorgängen zu nehmen.

7.2.5.2 Kopplungsverbot

Nach § 3 Absatz 4 TDDSG und § 17 Absatz 4 MDStV darf die Erbringung eines Diensteangebots nicht von der Einwilligung des Nutzers in die Verarbeitung oder Nutzung seiner Daten für andere Zwecke als die eigentliche Durchführung des Dienstes abhängig gemacht werden. Eingeschränkt wird dieses Kopplungsverbot durch die Maßgabe, dass es nur dann gilt, wenn dem Nutzer ein anderer Zugang zu den Diensten nicht oder zumindest nicht in zumutbarer Weise möglich ist. Das Kopplungsverbot wurde zu dem Zweck eingeführt, die Selbstbestimmung der Betroffenen sicherzustellen.[822] Jeder Versuch seitens der Diensteanbieter, ihre Leistungserbringung von der Bereitschaft der Nutzer zur Freigabe personenbezogener Daten abhängig zu machen, soll unterbunden werden.[823] Es ist daher nichts anderes als eine Konkretisierung oder Verschärfung des Erfordernisses, dass die Einwilligung freiwillig erteilt werden muss.[824] Denn wenn bestimmte Dienste nur genutzt werden können, wenn hiermit gleichzeitig die Zustimmung zum Zugriff auf weitere, für die konkrete Leistung nicht benötigte Daten gekoppelt ist, wird die Selbstbestimmung insoweit eingeengt. Der Betroffene muss also, ohne einen Nachteil davon zu haben, stets seine Einwilligung auch verweigern können.[825]

Teilweise wird darauf hingewiesen, dass Betroffene in der Realität tatsächlich

---

[821] Holznagel/Sonntag, in: Roßnagel (2003), 4.8, Rn. 73.
[822] Geiger, NVwZ 1989, 35 (37); Jarass, NJW 1989, 857 (860).
[823] Vgl. Simitis, in: Simitis (2003), § 4a, Rn. 65.
[824] Holznagel/Sonntag, in: Roßnagel (2003), 4.8, Rn. 77; Simitis, in: Simitis, § 4a, Rn. 65.
[825] Bizer, in: RMD, § 3 TDDSG, Rn. 184.

oft keine Wahlmöglichkeit haben.[826] Das Freiwilligkeitskriterium sei daher durch die Wirklichkeit überholt[827] und zu einer bloßen Fiktion[828] verkommen. Dem ist entgegenzuhalten, dass der Schutz der Entscheidungsfreiheit gerade nicht dadurch aufgehoben werden darf, dass die Einwilligung aufgrund der strukturellen Unterlegenheit des betroffenen Nutzers in der Praxis oft in Ermangelung von Handlungsalternativen „notgedrungen" erteilt wird.[829] Vielmehr müssen Diensteanbieter unter diesen Umständen damit rechnen, dass die Einwilligung des einzelnen Nutzers unfreiwillig und daher unwirksam ist,[830] so dass die eventuell bestehende Alternativlosigkeit des Betroffenen also zu ihren Lasten geht. Das Bundesverfassungsgericht hat hierzu den Gedanken der strukturellen Parität der Vertragspartner entwickelt, nach dem eine Fremdbestimmung dann vorliegt, wenn der eine Vertragsteil ein so starkes Übergewicht hat, dass er den Vertragsinhalt faktisch einseitig festlegen kann.[831] Das Kopplungsverbot ist ein wirksames Mittel, die Disparität zwischen Diensteanbieter und Nutzer auszugleichen und so die Kommunikationsfähigkeit des Nutzers zu stärken und die Ausübung informationeller Selbstbestimmung zu ermöglichen.[832] Das Kopplungsverbot ist somit eine verfahrensrechtliche Vorkehrung, mit der die Nutzer davor bewahrt werden sollen, Einwilligungserklärungen aufgrund faktischer Zwangslagen in den besonders datenschutzsensiblen Bereichen Telekommunikation und multimedialer Kommunikation abzugeben.

Das Kopplungsverbot bietet auch Schutz gegen eine Kommerzialisierung[833] der informationellen Selbstbestimmung, denn es verbietet, dass dem Betroffenen seine Einwilligung mit der Erbringung des Diensteangebots vom Anbieter „abgekauft" wird. Hierbei ist unerheblich, ob der Diensteanbieter den Dienst ohne eine Einwilligung des Nutzers gar nicht oder nur gegen Entgelt erbringen würde.[834] Ausreichend ist für einen Verstoß gegen das Kopplungsverbot, dass der Diensteanbieter die Erbringung des Dienstes überhaupt von der Einwilligung des Nutzers abhängig macht und dieser dadurch in seiner Entscheidungsfreiheit über die Verwendung seiner Daten beeinträchtigt wird.[835] Auf-

---

[826] Geis, CR 1995, 171 (174); Schmidt, JZ 1974, 241 (247); Simitis, in:-Simitis, § 4a, Rn. 2 ff.; Walz, DuD 1998, 150 (153).

[827] Vogelgesang (1987), 150f.; ähnlich Brosette (1991), 246.

[828] Geis, CR 1995, 171 (174); Simitis, in: Simitis, § 4a, Rn. 3.

[829] Bizer, in: RMD, § 3 TDDSG, Rn. 186.

[830] Walz, DuD 1998, 150 (153).

[831] BVerfGE 81, 242 (255); 89, 214 (232).

[832] Bizer, in: RMD, § 3 TDDSG, Rn. 187.

[833] Hierzu Roßnagel (2002), 131 (133); Simitis, in: Simitis (2003), § 4a, Rn. 11; Weichert, NJW 2001, 1463 ff.

[834] Schaar (2002), Rn. 593.

[835] Bizer, in: RMD, § 3 TDDSG, Rn. 200.

grund des Kopplungsverbotes ist es zum Beispiel auch untersagt, die Diensterbringung von einer Einwilligung der Nutzer in die Auswertung der Nutzungsdaten in Form von individualisierten Nutzungsprofilen für Zwecke der Kundenanalyse i.S.v. § 6 Absatz 1 und 3 TDDSG abhängig zu machen.[836] Das Gleiche gilt für die Übermittlung personenbezogener Kundendaten für Zwecke der Marktforschung an Dritte. Diese ist zwar nach § 6 Absatz 4 TDDSG grundsätzlich nicht zulässig, kann aber gemäß § 6 Absatz 1 TDDSG durch Einwilligung des Betroffenen zulässig gemacht werden.[837] Selbst wenn das Dienstangebot darauf abzielt, Nutzerdaten für Zwecke der Werbung zu erheben und dies dem Nutzer auch so mitgeteilt wird, greift das Kopplungsverbot.[838] Denn die datenschutzrechtlichen Bestimmungen legitimieren die Verarbeitung personenbezogener Daten ausdrücklich[839] nur zur Durchführung der betreffenden Tele- und Mediendienste, nicht zur Gewinnung von Daten für andere Zwecke. Die Verwendung von Daten für jedwede andere Zwecke als die Diensterbringung bedarf also stets einer Einwilligung des Nutzers, die diesem nicht auf eine gegen das Kopplungsverbot verstoßenden Weise abgerungen werden darf.[840]

Eine Einschränkung des Kopplungsverbots ergibt sich aus § 3 Absatz 4 TDDSG sowie § 17 Absatz 4 MDStV. Nach diesen Vorschriften darf die Erbringung von Tele- beziehungsweise Mediendiensten nur für den Fall nicht von einer Einwilligung des Nutzers in die Verarbeitung oder Nutzung seiner Daten für andere Zwecke als die der Diensterbringung abhängig gemacht werden, wenn ihm ein anderer Zugang zu diesen Diensten ansonsten nicht oder in nicht zumutbarer Weise möglich ist. Vom Gesetzgeber wird diese Einschränkung des Kopplungsverbots mit der Vertragsfreiheit begründet.[841] Den Interessen der Nutzer werde trotz der einschränkenden Zumutbarkeitsklausel noch ausreichend Rechnung getragen.[842] Das Kopplungsverbot gilt in diesem Kontext also nur eingeschränkt.[843] Das Merkmal „kein anderer Zugang" ist zu bejahen, wenn der Nutzer auf den von ihm nachgefragten Tele- oder Mediendienst nicht zugreifen kann, ohne in die Zweckänderung der Daten einzuwilli-

---

[836] Bizer, DuD 1998, 570, 575; ders., in: RMD, § 3 TDDSG, Rn. 201.

[837] So die Meinung des „Düsseldorfer Kreises" und der Bundesregierung, siehe BT-Drs. 14/1191, 16; ebenso: Bizer, in: RMD, § 3 TDDSG, Rn. 201.

[838] Schaar (2002), Rn. 594.

[839] Siehe zum Beispiel § 5 Satz 1 und § 6 Absatz 1 Satz 1 TDDSG.

[840] Königshofen/Hansen-Oest zu § 3 Absatz 2 TDSV, in: Wiechert/Schmidt/Königshofen, 2001, Nr. 550, § 3, Rn. 12; Bizer, in: RMD, § 3 TDDSG, Rn. 202.

[841] BT-Drs. 13/7934, 8.

[842] BT-Drs. 13/7934, 40.

[843] Schaar (2002), Rn. 593; Rasmussen, DuD 2002, 406, (409).

gen. Dem Nutzer muss also mindestens eine andere Möglichkeit verbleiben, in den Genuss des Dienstes zu kommen, ohne hierbei eine Einwilligung erklären zu müssen. Wenn der avisierte Dienst ausschließlich von einem einzigen Anbieter als Monopolist angeboten wird, ist dies ausgeschlossen.[844] Das Zumutbarkeitskriterium soll nämlich gerade verhindern, dass ein Anbieter seine Monopolstellung ausnutzt.[845] Aufgrund der Verwendung des bestimmten Artikels „diesen" in § 3 Absatz 4 TDDSG besteht Einigkeit darüber, dass es nicht ausreichend ist, wenn der Nutzer eine zumutbare Möglichkeit des Zugangs zu einem ähnlichen oder gleichwertigen Dienst hat.[846] Allerdings ist zu beachten, dass Diensteanbieter oft eine Vielfalt an unterschiedlichen Leistungen anbieten. Es erscheint überzogen, zu verlangen, dass dem Nutzer andere Zugangsmöglichkeiten zu genau identischen Diensteangeboten offen stehen müssen. Vielmehr ist auf den bestimmten Dienst innerhalb des angebotenen Dienstbündels abzustellen, den der Betroffene nutzen will, jedenfalls solange sich die Einwilligung ebenfalls nur auf diesen Ausschnitt aus dem Gesamtangebot bezieht.[847] Entscheidend ist also die Reichweite der geforderten Einwilligung: Bezieht sich diese auf das Gesamtangebot des Diensteanbieters, so muss mindestens ein alternatives – einwilligungsfreies – Angebot, das diesem entspricht, vorhanden sein, bezieht sich die Einwilligung nur auf einen bestimmten Dienst innerhalb des Angebotsbündels, so muss lediglich dieser Dienst anderweitig verfügbar sein.

Hinsichtlich des Merkmals der „anderen Möglichkeit", Zugang zu den Diensten zu bekommen, gibt es zwei Maßstäbe. Einerseits kann objektiv von den Möglichkeiten eines verständigen Nutzers ausgegangen werden,[848] andererseits subjektiv von den individuellen Möglichkeiten des betreffenden Nutzers.[849] Nach dem Wortlaut des Gesetzes scheint die zweite Alternative gewollt zu sein, denn das Gesetz formuliert: „wenn dem Nutzer nicht ... möglich ist". Hiermit kann sinnvoller Weise jedoch nur gemeint sein, dass der Nutzer nicht auf irgendeine andere schwer auffindbare oder anderweitig beschränkte Zugangsmöglichkeit verwiesen können werden soll. Auf den einzelnen Nutzer mit seinen individuellen Fähigkeiten und Eigenschaften abzustellen hätte zur Folge, dass Diensteanbieter mit einer erheblichen Rechtsunsicherheit belastet würden. Wie könnte ein Diensteanbieter jemals sicherstellen, dass wirklich jeder einzelne Nutzer eine anderweitige Zugangsmöglichkeit hat? Das Abstellen

[844] Schaar, MMR 2001, 644 (648).
[845] Engel-Flechsig, DuD 1997, 474.
[846] Schaar (2002), Rn. 594; Bizer, in: RMD, § 3 TDDSG, Rn. 207.
[847] Holznagel/Sonntag, in: Roßnagel (2003), 4.8, Rn. 81.
[848] So Holznagel/Sonntag, in: Roßnagel (2003), 4.8, Rn. 83.
[849] So Bizer, in: RMD, § 3 TDDSG, Rn. 208.

auf einen subjektiven Maßstab würde die Einschränkung des Kopplungsverbotes letztlich leer laufen lassen. Schließlich reicht es auch nach der Ansicht, die einen subjektiven Maßstab befürwortet, für das Merkmal der anderen Möglichkeit aus, wenn nach dieser zunächst – etwa mittels einer Suchmaschine – gesucht werden muss.[850] Es wird immer Nutzer geben, die nicht in der Lage sind, diese anderen Zugangsmöglichkeiten zu finden. Sachgerecht ist jedoch, hierbei auf einen verständigen Durchschnittsnutzer abzustellen.

Einigkeit besteht dahingehend, dass das Kriterium der anderen Zugangsmöglichkeit auch dann erfüllt ist, wenn es faktisch andere Möglichkeiten des Zugangs gibt, diese aber die Zugehörigkeit zu einem bestimmten Personenkreis voraussetzt, solange der Nutzer sich die Merkmale aneignen kann, um zu der geschlossenen Benutzergruppe zu gehören.[851] Dies gilt auch dann, wenn die Zugehörigkeit zu dieser Nutzergruppe an die Zahlung eines Nutzungsentgeltes gekoppelt ist.[852] Festzuhalten bleibt daher, dass jedenfalls das Möglichkeitskriterium erfüllt ist, wenn die „andere Möglichkeit" des Zugangs kostenpflichtig ist, während die kostenlose Zugangsmöglichkeit nur unter der Maßgabe besteht, dass der Nutzer in eine Zweckänderung seiner personenbezogenen Daten einwilligt.

Gemäß § 3 Absatz 4 TDDSG und § 17 Absatz 4 MDStV darf die andere Möglichkeit des Zugangs zu den Diensten nicht unzumutbar sein, seine Entscheidungsfreiheit hinsichtlich der Frage, ob er seine Einwilligung erteilt oder nicht, darf also durch den für die Inanspruchnahme eines einwilligungsfreien Zugangs notwendigen Zusatzaufwand nicht wesentlich beeinträchtigt sein. Kriterien für die Zumutbarkeit des Zugangs sind der Aufwand an Zeit und Kosten im Verhältnis zu dem Wert der angebotenen Leistung des Dienstes, den ein verständiger Nutzer einsetzen müsste, um Zugang zu einem anderen identischen Angebot zu erhalten.[853] Hiernach kann vom Nutzer ein umso höherer Aufwand erwartet werden, je höherwertig die konkrete Leistung ist, wobei die Wertigkeit nach objektiven Kriterien zu bestimmen ist. Der Aufwand an Zeit und Geld darf nicht unverhältnismäßig sein.[854] Indizien hierfür kann neben den höheren Kosten der Alternative die zeitliche Dauer sein, die die Suche nach der einwilligungsfreien Alternative in Anspruch nimmt. Schließlich kann ein alternativer Zugang auch unzumutbar sein, wenn er nur unter technischen

---

[850] So Bizer, in: RMD, § 3 TDDSG, Rn. 209.

[851] Holznagel/Sonntag, in: Roßnagel (2003), 4.8, Rn. 83; Bizer, in: RMD, § 3 TDDSG, Rn. 210.

[852] Bizer, in: RMD, § 3 TDDSG, Rn. 210.

[853] Holznagel/Sonntag, in: Roßnagel (2003), 4.8, Rn. 83.

[854] Bizer, in: RMD, § 3 TDDSG, Rn. 211.

Schwierigkeiten zu erreichen ist.[855] Wenn mehrere der genannten Faktoren kumulativ vorliegen, ist die Grenze zur Unzumutbarkeit eher überschritten als wenn nur ein einzelner gegeben ist.[856]

Es liegt im Verantwortungsbereich des jeweiligen Diensteanbieters, dafür Sorge zu tragen, dass er das Kopplungsverbot nicht verletzt.[857] Das bedeutet, dass Einwilligungen, die aufgrund einer Kopplung des Zugangs zu seinem Dienst erteilt werden, unwirksam sind, wenn den Nutzern keine andere (zumutbare) Zugangsmöglichkeit zu einem vergleichbaren Dienst offen stand. Hierin kann ein Verstoß gegen das Wettbewerbsrecht liegen, da die so erlangten Nutzerdaten einen Vorsprung durch Rechtsbruch gegenüber den Mitbewerbern darstellen.[858] Die Unkenntnis des Diensteanbieters von der fehlenden einwilligungsfreien Zugangsalternative schützt ihn hierbei nicht vor den rechtlichen Konsequenzen seines Verstoßes gegen das Kopplungsverbot. Will ein Diensteanbieter daher sicherstellen, dass er sich rechtstreu verhält, bleibt ihm neben der Möglichkeit, regelmäßige Kontrollen bei den Mitbewerbern durchzuführen, nur die Alternative, selbst einwilligungsfreie Zugangsmöglichkeiten anzubieten. In der Praxis dürfte dies die zweckmäßigere und rechtlich sicherere Alternative sein. Diensteanbieter könnten ihre Zusatzkosten für die einwilligungsfreien Zugänge an die Nutzer weitergeben, indem sie höhere Preise verlangen. Die Preisunterschiede dürfen jedoch nicht so groß sein, dass hierdurch die Selbstbestimmung der Kunden wesentlich beeinträchtigt wird. Am Grundsatz, dass die Entscheidungsfreiheit des Kunden nicht durch das Vorgaukeln einer Sparmöglichkeit beeinträchtigt werden darf, muss festgehalten werden. Um diese Gefahr, ins Zwielicht der Kommerzialisierung der Einwilligung zu geraten, zu vermeiden, sollten die Preise für einwilligungsfreie Zugangsmöglichkeiten nur unwesentlich von den übrigen Preisen für die Dienste abweichen. Diensteanbieter könnten den Nutzern andere Argumente liefern, ihre Einwilligung zu erteilen, etwa, dass bestimmte (Mehrwert-)Funktionalitäten nur bei Verwendung weiterer Daten angeboten werden können oder dass Nutzer als Individuen zielgenauer beraten und betreut werden können, wenn die Diensteanbieter mehr über sie wissen. Selbstverständlich müssten diese Angaben auch der Wahrheit entsprechen, das heißt, die Nutzer müssten wirklich auch spürbare Vorteile aufgrund der erweiterten beziehungsweise zweckveränderten Datennutzung haben, andernfalls drohen wiederum wettbewerbsrechtliche Konsequenzen.

---

[855] Engel-Flechsig in Beck-IuKDG, § 3, Rn. 35.

[856] Bizer, in: RMD, § 3 TDDSG, Rn. 212.

[857] Holznagel/Sonntag, in: Roßnagel (2003), 4.8, Rn. 84; Bizer, in: RMD, § 3 TDDSG, Rn. 213.

[858] LG Stuttgart, DuD 1997, 355 und DuD 1999, 294; LG Mannheim, DuD 1996, 363.

Wendet man die Methode KORA auf diesen Sachverhalt an, ergibt sich parallel zur gesetzlichen Regelung die Notwendigkeit eines Koppelungsverbots. Aus der informationellen Selbstbestimmung als allgemein gefasstem Rechtssatz kann die Anforderung abgeleitet werden, dass die Willensbildung hinsichtlich der Einwilligung in Eingriffe in das Grundrecht unbeeinflusst und frei sein muss. Auf der zweiten KORA-Stufe kann dies dahingehend konkretisiert werden, dass Unternehmen die Beeinflussung des Willens der Betroffenen durch Koppelung an Umstände, die die freie Willensbildung beeinträchtigen können, verboten sein muss.

7.3 Zusammenfassung: Individualisierung und Einwilligung

Da die gesetzlichen Erlaubnistatbestände viele Individualisierungsmaßnahmen nicht abdecken,[859] greifen Unternehmen häufig auf die Möglichkeit zurück, die Datenverwendung durch Einwilligung des Betroffenen zu legitimieren. Gerade für die in der Praxis besonders häufigen und wirtschaftlich interessanten Individualisierungsmaßnahmen ist die Einwilligung die wichtigste Legitimationsgrundlage. Dies gilt etwa für die Individualisierung zur Minimierung wirtschaftlicher Risiken oder die Verwendung von individualisierten Datensätzen über Vertragszwecke hinaus. Nachfolgend werden die Feststellungen zur Einwilligung in individualisierende Datenverarbeitungsmaßnahmen zusammengefasst.

Minderjährige verfügen bezüglich der meisten Individualisierungsmaßnahmen nicht über die nötige Einsichtsfähigkeit. Dies gilt umso mehr, je gravierender die durch die Maßnahme auf das informationelle Selbstbestimmungsrecht einwirkt. Für weniger komplexe und umfassende Maßnahmen kann ab einem Alter von ca. 16 Jahren beim durchschnittlichen Jugendlichen von der erforderlichen Einsichtsfähigkeit ausgegangen werden. Da Einzelfallprüfungen aufgrund von automatisierten Kommunikationsvorgängen mit den Betroffenen nicht möglich sind, sollten Unternehmen feste Altersgrenzen zugrunde legen. Zur Vermeidung von Unsicherheiten ist zu empfehlen, die Altersgrenzen im Zweifel höher anzusetzen.

Die Einwilligung hat aufgrund ihrer Qualität, Eingriffe in Grundrechte zu legitimieren, Grundrechtsrelevanz. Eine Stellvertretung bei der Einwilligungserklärung ist deshalb nur denkbar, wenn die zu verarbeitenden Daten nicht sensibel sind und gravierende Auswirkungen der Datenverarbeitung für den

---

[859] Vgl. dazu oben Teil C 5.4.

Betroffenen auszuschließen sind. Im Kontext der Individualisierung ist hiervon gerade nicht auszugehen. Die Datenverarbeitungsmaßnahmen sind typischerweise besonders grundrechtsrelevant und können weitreichende Folgen haben. Somit scheidet eine Stellvertretung bei Einwilligungen in Individualisierungsmaßnahmen regelmäßig aus.

Die Einwilligung ist grundsätzlich vor der jeweiligen Datenverarbeitung einzuholen. Individualisierung findet meist nicht an einem bestimmten Zeitpunkt, sondern über einen Zeitraum statt. Dies gilt zum Beispiel für die Profilbildung, für Data Warehousing oder adaptive Systeme. Eine einmal erteilte Einwilligung in einen Prozess ist grundsätzlich zeitlich unbeschränkt. Allerdings sind die Betroffenen über das Recht auf Widerruf der Einwilligung, sowie über die Rechte auf Berichtigung, Löschung und Sperrung ihrer Daten zu informieren.

Zwar muss die Einwilligung im Normalfall in Schriftform abgegeben werden. Allerdings besteht bei Einwilligungserklärungen unter Verwendung von Multimediadiensten die Möglichkeit der elektronischen Einwilligung. Besonders bei der Inanspruchnahme individualisierter und adaptiver Geräte und Dienstleistungen dürfte dies eine Möglichkeit der Umgehung des Schriftformerfordernisses darstellen. Auch die Wirksamkeit konkludent erklärter Einwilligungserklärungen dürfte bei der willentlichen Inanspruchnahme individualisierter Produkte besonders häufig in Betracht kommen, jedenfalls wenn für den Betroffenen erkennbar ist, dass der Einsatz von Individualisierungstechniken wie Profilbildung oder Lokalisierung erforderlich ist. Bei Individualisierungsmaßnahmen zur Abwehr finanzieller Gefahren wird hingegen in aller Regel am Schriftformerfordernis und damit auch an der Ausdrücklichkeit der Erklärung festzuhalten sein.

Bei Einwilligungserklärungen, die per Allgemeiner Geschäftsbedingung eingeholt beziehungsweise ausgestaltet werden, sind die Voraussetzungen der Wirksamkeit von Allgemeinen Geschäftsbedingungen selbstverständlich auch im Kontext der Individualisierung zu beachten.

Bei Individualisierungsmaßnahmen ist den inhaltlichen Wirksamkeitsanforderungen der Einwilligungserklärungen besonders aufmerksam Rechnung zu tragen. Da die Zwecke der Individualisierung ebenso wie deren Folgen vielfältig sein können, sind die Betroffenen hierüber sowie über ihre Gestaltungsrechte gründlich aufzuklären. Das Gleiche gilt für die Bestimmtheit der Formulierung der Einwilligungserklärungen: der Zweck der jeweiligen Maßnahme ist genau zu beschreiben, die möglichen Datenübermittlungsempfänger müssen erwähnt werden, so dass eine höchstmögliche Transparenz für den Betroffenen erzielt wird.

Die Freiwilligkeit der Willensbildung hinsichtlich der Einwilligungserklärung ist
bei den Fallgruppen der Individualisierung unterschiedlich stark gefährdet. In
der ersten Fallgruppe „Gefahrenminimierung" ist der Betroffene praktisch immer einer faktischen Zwangssituation ausgesetzt, da er keine Wahlmöglichkeit
hat, wenn er auf das gewünschte Produkt nicht verzichten kann oder will. Bei
Individualisierungsmaßnahmen der zweiten Fallgruppe „Marketing/F&E" ist
eine zunehmende Einschränkung der Willensbildung durch die Werbewirt-
schaft und Dienstleistungsunternehmen zu verzeichnen. Dennoch kann hier
wohl noch nicht von faktischen Zwangslagen ausgegangen werden, da die Betroffenen derzeit noch einwilligungsfreie Handlungsalternativen haben. Hinsichtlich der Fallgruppen „individualisierte Waren/Geräte und Dienstleistungen
ist die Freiwilligkeit der Einwilligung überwiegend unproblematisch zu bejahen.

Teil D: Ansätze für Verbesserungsmöglichkeiten

Nachdem in den vorstehenden Kapiteln die Anforderungen an Individualisierungsmaßnahmen aufgrund der informationellen Selbstbestimmung aufgezeigt wurden, soll nun auf die konkreten Herausforderungen und mögliche Antworten auf diese Herausforderungen eingegangen werden.

1 Herausforderungen aufgrund der Individualisierung

In allen vier Fallgruppen der Individualisierung entstehen Herausforderungen für den Datenschutz aufgrund der Datenverarbeitungsmaßnahmen, die zur Ermöglichung der Individualisierung durchgeführt werden. Die neuartigen Dienstleistungen und Geräte, die adaptiv auf Situationen und Verhaltensmuster von Menschen reagieren, um ihre Nutzer möglichst effektiv zu unterstützen, können nur funktionieren, wenn sie Zugriff auf bestimmte Daten ihrer Nutzer haben. Je mehr sie von ihren Nutzern „wissen", desto individueller können sie diese unterstützen und auf spezifische Bedürfnisse eingehen. Das bedeutet, dass personenbezogene Daten erhoben und verarbeitet werden müssen, da ein Großteil der Funktionalitäten nicht oder nur schwer vorstellbar sind, ohne dass die Nutzer personenbezogene Daten preisgeben. Um etwa Bedürfnisse antizipieren zu können, ist die Beobachtung des Verhaltens der Nutzer über Zeiträume notwendig, was wiederum notwendig die Speicherung der Daten also die Erstellung von Profilen erforderlich macht. Außerdem haben Unternehmen zum Beispiel auch ein Interesse daran, ihre Vertragspartner möglichst genau zu kennen, um sich gegen finanzielle Risiken wie etwa das Kreditausfallrisiko abzusichern. Die Problematik wird noch komplexer, wenn man sich vor Augen führt, dass an den Individualisierungsmaßnahmen oft mehrere Unternehmen beteiligt sind, wie zum Beispiel Zugangsvermittler, Diensteanbieter, Gerätehersteller, Informationsübermittler, Data Warehousing- und Scoring-Betreiber.

Zusätzlich vertreten die beteiligten Unternehmen oft unterschiedliche Interessen, beziehungsweise haben weiter gehende (für den Betroffenen nichtoffensichtliche) Interessen an den erhobenen Daten. Es kann für die beteiligten Unternehmen zum Beispiel wichtig sein, die anfallenden Daten auch für andere Zwecke zu nutzen als für die, die dem betroffenen Nutzer in der spezifischen Situation, in der die Daten erhoben werden, erkennbar sind. Mitunter steht und fällt sogar das gesamte Geschäftsmodell der Unternehmen mit dieser „zweckfremden" Datennutzung.[860] Hier kommt es darauf an, die bestehenden Regeln in einer Weise anzuwenden, die die Interessen der Betroffenen an einem Schutz der Daten sichert, ohne die Dienstleistungen per se unmöglich zu machen. Insbesondere durch eine Aufklärung und Beteiligung der Betroffenen kann ein Interessenausgleich hergestellt werden. Vermieden werden muss grundsätzlich, dass die Daten über die Köpfe der Betroffenen hinweg nach Belieben verarbeitet werden. Die Betroffenen müssen eine realistische Chance zur Mitbestimmung haben, mit anderen Worten: eine informationelle Fremdbestimmung muss ausgeschlossen sein.

Es ist offensichtlich, dass es zu einem Wettstreit der Interessen kommen muss und dass ein Kompromiss im Sinne eines Abrückens von den Extrempositionen gefunden werden muss. Denn eine datenschutzrechtlich unbedenkliche Lösung, bei der personenbezogene Informationen gar nicht erst anfallen, scheint es nicht zu geben. Individualisierte Funktionalitäten sind nicht denkbar, wenn die Anbieter nichts über ihre Kunden wissen. Dennoch darf es nicht dazu kommen, dass aufgrund der Individualisierung zwangsläufig annähernd komplette Persönlichkeitsprofile entstehen. Es scheint schwierig zu sein, die Produkte so zu gestalten, dass das Datenschutzniveau für die betroffenen Nutzer trotz der Nutzung individualisierter und individualisierender Produkte auf einem vertretbaren Niveau bleibt. Für die Fallgruppe der Individualisierung zur Gefahrenminimierung beziehungsweise Ermöglichung von Marketing, Forschung und Entwicklung gilt dies umso mehr, da die Betroffenen hier ohnehin in ihrer Wahlfreiheit eingeschränkt sind.[861]

Aufgrund des technischen Fortschritts haben sich gravierende Veränderungen in der Datenverarbeitungstechnik ergeben, die gerade bei einem Einsatz zur Unterstützung von Individualisierungsmaßnahmen besondere datenschutzrechtliche Risiken darstellen. Das Datenschutzrecht hat mit den Veränderungen in der Datenverarbeitungstechnik nicht Schritt gehalten.[862] Die hinter den Regelungen stehenden Konzepte und nahezu alle wesentlichen Vorschriften sind in den letzten fünfunddreißig Jahren in den entscheidenden Punkten gleich geblieben. Als die ersten Datenschutzgesetze entwickelt und verabschiedet wurden, funktionierte die Datenverarbeitung jedenfalls im nicht-

---

[860] Dies kann zum Beispiel der Fall sein, wenn der betroffene Dienst den Kunden kostenlos oder zu geringen Kosten angeboten wird und die Haupteinnahmen des Dienstes mit der Weitergabe von gesammelten Konsumentendaten erzeugt werden.

[861] Man denke etwa an die Häufigkeit der Verwendung von Schufa-Klauseln oder an die Tatsache, dass Marketingmaßnahmen oft zwar nicht gegen, aber doch ohne den Willen der Betroffenen durchgeführt werden.

[862] Roßnagel/Pfitzmann/Garstka (2001), 22f.

öffentlichen Bereich noch vollkommen anders als dies aufgrund des technologischen Fortschritts heute der Fall ist. Das deutsche Datenschutzrecht ist zu einer Zeit entstanden, in der es nur wenige Großrechner gab, die von mehreren beziehungsweise vielen - hierfür speziell ausgebildeten – Spezialisten bedient wurden. Diese Ära lässt sich durch den Merksatz „Viele Menschen – ein Rechner" beschreiben.

Heute kann dieser Satz umgekehrt werden in: „Ein Mensch – viele Rechner", wenn man zum Beispiel den massenweisen Einsatz von Microchips in Alltagsgegenständen berücksichtigt. Die Datenschutzgesetze sind jedoch noch immer auf die Datenverarbeitung zugeschnitten, wie sie im ersten Stadium stattfand. Sie sind von der Vorstellung getragen, dass Datenströme kontrollierbar, Programme sicher beherrschbar und Hardwarefaktoren wichtiger als Softwareprogramme sind.[863] Die Vielzahl der heute vorhandenen Computer und Systeme und deren mehr oder weniger globale Vernetzung stehen hierzu in einem ebenso krassen Widerspruch wie das Macht- oder Einflussgefüge. Nicht die Nutzer bestimmen über die Systeme, sondern in der Regel die Softwarehersteller. Der Umfang der verarbeiteten Daten ist gerade nicht mehr kontrollierbar und der durchschnittliche Nutzer beherrscht typischerweise einen Großteil der möglichen Funktionen seiner Geräte nicht mehr. Auch die Verbreitung des Internet hat entscheidend zur grundlegenden Veränderung der Möglichkeiten der Datenverarbeitung beigetragen. Im Gegensatz zur Offline-Welt erzeugt in der Online-Welt jedes Verhalten, jede Lebensregung Datenspuren, die in unmittelbarer Form entstehen. Bei der Kommunikation in Netzen fällt eine ungleich größere Menge personenbezogener Daten an als bei anderen Kommunikationsformen.[864] Denn im Gegensatz zu den traditionellen Medien sind hier für den Nutzungsvorgang selbst Informationen nötig, zum Beispiel um abgerufene Angebot dem Nutzer zuleiten und die Inanspruchnahme von Diensten abrechnen zu können. Mit jedem Mausklick und jedem Tastendruck entsteht beiläufig eine grundsätzlich verfolgbare Datenspur. Aufgrund der (scheinbaren) Unvermeidbarkeit, Datenspuren zu hinterlassen und aufgrund der inzwischen eingetretenen Gewöhnung der Menschen an den alltäglichen Informationsaustausch via Internet ist das datenschutzrechtliche Problembewusstsein beim durchschnittlichen Nutzer wenig ausgeprägt.[865] Die Abwicklung wirtschaftlicher, gesellschaftlicher, politischer und persönlicher Beziehungen über das Internet wird – insbesondere mit der Verbreitung von immer mehr mobilen Internet-Funktionen – weiterhin stark zunehmen. Hinzu

---

[863] Garstka, MMR 1998, 449 (450).
[864] Scholz (2003), 23.
[865] Vgl. Trute, JZ 1998, 822 (823).

kommt die fortschreitende Vernetzung der Dinge des täglichen Gebrauchs und eine immer stärker verbreitete Sensortechnik, die eine beiläufige und unbemerkte Erhebung von immer mehr Daten(arten) möglich macht, die ihrerseits wiederum per Internet in Sekundenschnelle weltweit digital übertragbar sind und verarbeitet werden können.

Die Gründe für die erhöhte Gefahr der informationellen Selbstbestimmung in der Gegenwart ergeben sich also zum Großteil aus dem technischen Fortschritt. Wenn nun die Gründe für die Gefährdung des Datenschutzes in der Technologie liegen, dann ist es nur logisch, auch Wege für eine Lösung des Problems über die Gestaltung von Technologie zu suchen. Datenerhebung und -verarbeitung finden immer öfter unbemerkt im Hintergrund statt. Um einen effektiven und sinnvollen Selbstdatenschutz zu ermöglichen, müssen den Betroffenen Instrumente verfügbar sein, mit denen sie der technisierten Datenerhebung und -verarbeitung „auf Augenhöhe" begegnen können. Genau wie die Datenerhebung muss auch der Datenschutz ins tägliche Leben integriert werden.[866] Datenschutz muss elektronisch gestützt und weitgehend automatisiert im Hintergrund ablaufen, ohne für den Betroffenen zu lästigen Unterbrechungen in Kommunikationsvorgängen zu führen. Für eine Sicherung der informationellen Selbstbestimmung ist es Voraussetzung, dass der Datenschutz für einen durchschnittlichen Nutzer mit akzeptablem Aufwand realisierbar ist. Ein durch Technik unterstützter Datenschutz kann ein wichtiger Bestandteil eines Gesamtkonzeptes sein, das alle an der Erstellung und Nutzung von individualisierten und personalisierten Produkten beteiligten Akteure mit einbezieht. Einen Schwerpunkt der nachfolgenden Betrachtungen bildet der Denkansatz, Datenschutz und Techniknutzung zu verbinden, den Datenschutz also gleichsam in der zu verwendenden Technik von vornherein mit „einzubauen".

In den verschiedenen Individualisierungsgruppen ist die Möglichkeit, einen effektiven Selbstdatenschutz durch Verwendung datenschutzfreundlicher Technologie durchzusetzen, für die Betroffenen in unterschiedlichem Maß gegeben. Je mehr die Datenverarbeitung im Hintergrund und auf Unternehmensseite stattfindet, desto weniger kann er Einfluss darauf nehmen. Besonders offensichtlich ist dies bei der ersten Fallgruppe (Individualisierung zur Risikominimierung). Hier findet die Individualisierung vollständig auf Unternehmensseite statt, oft sogar nicht einmal bei Unternehmen, mit denen sie in Vertragsbeziehungen stehen, sondern bei Dritten, die als Dienstleister – zum Beispiel

---

[866] Vgl. zu den Herausforderungen aufgrund der allgegenwärtigen Datenverarbeitung Roßnagel, MMR 2005, 71 ff.

als Scoring- oder Data Mining-Agentur für Banken und Versicherungen – auftreten. Diese Dritten haben kein Interesse daran, bei den Betroffenen als besonders datenschutzfreundlich und daher Vertrauen erweckend wahrgenommen zu werden. Ihre Kunden sind die Unternehmen, die sich gegen Risikoverträge absichern wollen. Daher bieten sie den Betroffenen nicht die Möglichkeit, die Verarbeitung ihrer Daten technisch mitzugestalten. Die Betroffenen haben oft nur die Wahl, individualisierten Datenbankabfragen zuzustimmen oder von den jeweiligen Verträgen insgesamt Abstand zu nehmen. In dieser Fallgruppe lässt sich also aus Betroffenensicht mit technisch unterstütztem Datenschutz, den sie selbst durchsetzen könnten, in der Regel nichts erreichen.

Für die Individualisierung in der Fallgruppe „Marketing, Forschung und Entwicklung" haben Betroffene zwar grundsätzlich eher die Möglichkeit, Einfluss auf die Datenverarbeitung zu nehmen, indem sie etwa an Marketingmaßnahmen, die (auch) der Datenerhebung dienen, nicht teilnehmen, oder durch technische Datenschutzmaßnahmen vermeiden, dass personenbezogene Daten erhoben werden können. Auch sind die Unternehmen hier eher auf ihre Außenwirkung bedacht, da es letztlich darum geht, wie sie von ihren Kunden wahrgenommen werden. Sie könnten daher dazu tendieren, Selbstdatenschutzmaßnahmen jedenfalls zuzulassen. Dennoch sind auch hier zahlreiche Drittunternehmen am Markt vertreten, die Daten sammeln, verarbeiten und dann an andere Unternehmen weiterleiten. Für diese Unternehmen ist der Aspekt der Außenwirkung gegenüber den datenschutzrechtlich betroffenen Endkunden irrelevant. Angesichts der vielfältigen Möglichkeiten, personenbezogene Daten von Betroffenen in Alltagssituationen zu erheben und Angesichts des florierenden Handels mit diesen Daten ist es für Unternehmen kein Problem, an ausreichend große Datenmengen der meisten Kunden heranzukommen, um individualisierte Marketingmaßnahmen durchzuführen.[867] Die Verarbeitung einmal erhobener Daten findet letztlich innerhalb der Unternehmen statt, so dass die Betroffenen keine Möglichkeit der Einflussnahme haben. Dies gilt etwa für die Datenverarbeitung mittels Data Warehousing- und Data Mining-Techniken. Die erste und zweite Fallgruppe der Individualisierungsmaßnahmen können aufgrund der für den Betroffenen vergleichbaren Interessenlage und des vergleichbaren Grads der Einflussmöglichkeit für die hier verfolgten

---

[867] Nur ein relativ geringer Prozentsatz der Betroffenen ist datenschutzsensibel und verweigert konsequent die Teilnahme an Datenerhebungsmaßnahmen. Nach Sheehan (2002) haben zum Beispiel 54% der Internetnutzer keine oder nur geringe Datenschutzbedenken, weitere 43% haben lediglich mittlere Bedenken. Gegen unerlaubte, aber in der Praxis nicht auszuschließende Datenerhebungsmaßnahmen (zum Beispiel durch Verstoß gegen Selbstverpflichtungen oder Datenverarbeitung ohne Legitimation durch Erlaubnistatbestand) kann sich schließlich auch die kleine Gruppe der besonders datenschutzsensiblen Nutzer nicht wehren.

Zwecke zusammengefasst werden. Zu den Möglichkeiten, die in der ersten und zweiten Individualisierungsgruppe bestehen, um ein vertretbares Datenschutzniveau aufrechtzuerhalten, wird am Ende dieses Kapitels Stellung bezogen.[868]

Aus drei Gründen konzentrieren sich die nachfolgenden Überlegungen zu einem technikgetriebenen Selbstdatenschutz auf die Individualisierungsgruppen drei und vier (individualisierte Waren/Geräte und individualisierte Dienstleistungen). Erstens stellen diese Gruppen den Hauptanwendungsbereich für Selbstdatenschutz durch Technik dar, da im Gegensatz zur ersten und zweiten Gruppe bessere Möglichkeiten der Einflussnahme auf Datenverarbeitungsvorgänge für die Betroffenen bestehen. Zweitens entwickeln sich die Individualisierungsmaßnahmen in der dritten und vierten Gruppe im Gegensatz zu denen der ersten und zweiten Gruppe derzeit dynamisch und sind deshalb auch rechtswissenschaftlich interessant, da hier datenschutzrechtliches Neuland zu betrachten ist. Und drittens sind datenschutzrechtliche Aspekte in der dritten und vierten Gruppe bisher weniger intensiv untersucht worden als in der ersten und zweiten Gruppe. Nachfolgend werden also vor allem Verbesserungsansätze vorgestellt, die für individualisierte Waren beziehungsweise individualisierte Geräte und Dienstleistungen relevant sind. Wo dies relevant ist, wird auf Individualisierungsmaßnahmen der dritten und vierten Gruppe Bezug genommen.

2 Verbesserungsansätze im Kontext der Individualisierung

2.1 Einsatz datenschutzfreundlicher Technologien als Ausdruck der Selbstbestimmung

Die informationelle Selbstbestimmung kann in den verschiedensten Formen zum Ausdruck kommen und rechtlich beachtlich sein. Neben der expliziten datenschutzrechtlichen Einwilligung, bei der der Betroffene hinsichtlich bestimmter Datenverarbeitungen unter den oben genannten Voraussetzungen sein Einverständnis erklären kann, kommen auch andere Facetten des Opt-in, also der zum Ausdruck gebrachten Entscheidung eines Betroffenen für eine Datenverarbeitung unter bestimmten Umständen oder mit bestimmten Einschränkungen, in Betracht.

---

[868] Siehe Teil D 2.5.

Als Ausprägung des Opt-in, die es hier näher zu betrachten gilt, ist die Teilnahme der Betroffenen an der Kommunikation unter Benutzung von datenschutzfördernden Techniken zu nennen. Zwar ist es wünschenswert, dass Datenverarbeiter von vornherein datenschutzfreundliche Technologien einsetzen. Wo dies nicht der Fall ist, hat der Nutzer verschiedene Möglichkeiten, *selbst* für eine Verbesserung des Schutzes seiner Daten einzutreten. Der durch die Verwendung von datenschutzfördernder Technologie zum Ausdruck kommende Wille, die Verarbeitung personenbezogener Daten einzuschränken oder zu unterbinden, ist von Datenverarbeitern zu respektieren. Dies gilt aufgrund der besonderen datenschutzrechtlichen Relevanz erst Recht im Kontext der Individualisierung. Verwendet ein Nutzer Technologien, die dazu bestimmt sind, seine personenbezogenen Daten zu schützen, kommt hierin seine informationelle Selbstbestimmung zum Ausdruck. Der Nutzer gibt durch die Verwendung der Technologien zu erkennen, dass er zwar an der Kommunikation teilnehmen möchte, aber dass er es hierbei vorzieht, unerkannt zu bleiben oder zum Beispiel unter einem Pseudonym aufzutreten. Gäbe es solche datenschutzfördernden Technologien nicht, würden manche Betroffenen möglicherweise davon absehen, an der Kommunikation überhaupt teilzunehmen. Dies gerade soll jedoch der Datenschutz und das Grundrecht auf informationelle Selbstbestimmung vermeiden: Der Einzelne soll in allen Lebensbereichen seine Freiheitsrechte ohne die Befürchtung ausüben können, dass sein Verhalten aufgezeichnet und analysiert wird, er soll sein Leben ohne die Angst führen dürfen, ständig beobachtet zu sein.[869]

Nachfolgend sollen einige Möglichkeiten des „Datenschutzes durch Technik" betrachtet werden, wobei der Schwerpunkt auf die Methoden gelegt wird, die sich für den Betroffenen besonders eignen, seinen Willen zur informationellen Selbstbestimmung zum Ausdruck zu bringen.

2.2   Konzept „Datenschutz durch Technik"

Das Konzept „Datenschutz durch Technik" basiert auf dem Denkansatz, die informationelle Selbstbestimmung mit technischer Hilfe sicherzustellen, also die Technik der Datenverarbeitung nicht per se als Gefahr, sondern zumindest auch als Chance für die informationelle Selbstbestimmung zu begreifen. Die Datenverarbeiter setzen komplexe und fortschrittliche Technik ein, die es ihnen ermöglicht, personenbezogene Daten noch schneller, effektiver und gezielter zu erheben und zu verarbeiten. Die dabei verwendeten Systeme sind

---

[869] Vgl. BVerfGE 65, 1, 42f.

so anspruchsvoll und aufwändig, dass sie für den durchschnittlichen Betroffenen der Datenverarbeitung nicht im Ansatz fassbar sind. Zusätzlich ist die datenverarbeitende Technik in aller Regel organisatorisch im Hintergrund und örtlich bei den verantwortlichen Stellen – oft sogar im Ausland – positioniert, wo sie für den Betroffenen nicht zugänglich sind. Dies führt zu einer Intransparenz der Datenverarbeitung. Insgesamt entsteht beim durchschnittlichen Nutzer ein Ohnmachtsgefühl – die eingesetzte Technik ist zu komplex, um sie zu verstehen, nicht greifbar, räumlich entfernt und oft nicht einmal wahrnehmbar. Daher wird die Technik überwiegend als Bedrohung für die informationelle Selbstbestimmung verstanden, so dass viele Betroffene einer technischen Datenverarbeitung von vornherein misstrauisch gegenüberstehen und sie allenfalls als notwendiges Übel in Kauf nehmen.

Auf breiter Front hat sich jedoch inzwischen die Meinung durchgesetzt, dass gerade wegen der zentralen Rolle der Technik bei der Datenverarbeitung Datenschutz künftig nur *durch* und nicht gegen die Technik erreicht werden kann.[870] Um diesen technikgetriebenen Datenschutz möglichst nutzerfreundlich zu gestalten und seine Verbreitung sicherzustellen, wird vorgeschlagen, ihn von vornherein in die Geräte, Dienstleistungsangebote und Verfahren zu integrieren.[871] Für einen technikgetriebenen Datenschutz sprechen auch Vorteile hinsichtlich der Effektivität gegenüber einem rein rechtlichen Datenschutz: Datenschutztechniken sind weltweit, also über Landesgrenzen hinaus, wirksam. Außerdem erleichtert ein technischer Datenschutz die Arbeit für die Aufsichtsbehörden: was bereits technisch verhindert wird, muss nicht mehr kontrolliert und verboten werden. Der technische Datenschutz setzt also direkt an der Wurzel der Probleme an, weil er dazu beitragen kann, dass bestimmte personenbezogene Daten gar nicht erst erhoben werden.[872] Hierdurch würde ein Teil des Kontroll- und Überwachungsaufwandes entfallen sowie Bußgeld- und Strafverfahren überflüssig werden. Deutlich wird, dass die Integration des Datenschutzes in die Technik eine interdisziplinäre Zusammenarbeit erforderlich macht, die bereits im Entwicklungsstadium auch datenschutzrechtliche Aspekte berücksichtigt.

Die Idee eines technikgetriebenen oder zumindest technisch unterstützten Datenschutzes ist fast so alt wie die ersten Datenschutzgesetze. Bereits 1970

---

[870] Podlech, DÖV 1970, 473 (475); ders., (1982), 451; Roßnagel/Wedde/Hammer/Pordesch (1990), 259 ff.; v. Rossum/Gardeniers/Borking, Information and Privacy Commissioner/Registratiekamer, (1995); Simitis (1996), 35 ff.; Hoffmann-Riem, AöR 1998, 537; Bizer (1999), 28 ff.; Roßnagel/Pfitzmann/Garstka (2001), 35f.; aus technischer Sicht Pfitzmann, DuD 1999, 405 ff.
[871] Roßnagel, DuD 1999, 253 ff.; Roßnagel/Pfitzmann/Garstka (2001), 35f.
[872] Roßnagel/Pfitzmann/Garstka (2001), 36.

wurde von Wilhelm Steinmüller und der Arbeitsgruppe Rechtsinformatik vorgeschlagen, die Datenschutzgesetzgebung mit einer datenschutzgemäßen Technikgestaltung zu flankieren.[873] Seit 1982 wurde unter dem Begriff „Systemdatenschutz" eine strukturelle, also systemanalytische Ergänzung des individuellen Rechtsschutzes der Betroffenen propagiert.[874] Ein rein individualrechtlicher Ansatz des Datenschutzes wurde demgegenüber als unzulänglich erkannt.[875] In der Informatik stammen Ansätze zu anonyme Kommunikationsverfahren ohne zurückverfolgbare Datenspuren bereits aus dem Jahr 1981, lange bevor das Internet der Öffentlichkeit zugänglich wurde.[876]

Ein zentraler Ansatz innerhalb der Idee des Datenschutzes durch Technik sind Privacy Enhancing Technologies (kurz: PET). Der Begriff „Privacy Enhancing Technologies" ist seit 1995 aus einer gemeinsamen Studie der Registratiekamer[877] der Niederlande und des Information and Privacy Commissioners der Provinz Ontario, Kanada, bekannt.[878] PET verfolgen das Ziel, die Informations- und Kommunikationstechnik so auszugestalten, dass bei der Nutzung dieser Techniken die Risiken für die Privatsphäre der Betroffenen minimiert werden und dass der Datenschutz für die Nutzer der Informations- und Kommunikationstechnologien erhalten bleibt oder sogar gegenüber herkömmlichen Verfahren verbessert wird.[879] Datenschutz wird hierbei also so in die Systeme integriert, dass die Risiken in Bezug auf die anfallenden personenbezogenen Daten vermindert werden. PET setzten schon auf einer sehr tiefen Ebene an, nämlich bevor überhaupt Daten erhoben werden. Durch Methoden der Datenvermeidung und Datensparsamkeit soll das Entstehen von unnötigen personenbezogenen Daten vermieden werden, anstatt sie zu erzeugen und anschließend wieder zu schützen.[880] Im Kontext digitaler Informations- und Kommunikationstechnik ist dieser Ansatz besonders relevant, weil hier bereits durch die bloße Nutzung Datenspuren entstehen. Wenn es gelänge, die betreffenden Dienste unter Verwendung von nicht personenbezogenen Daten zugänglich zu machen, anstatt personenbezogene Daten zu verlangen, wäre dies ein großer

---

[873] Steinmüller und Arbeitsgruppe Rechtsinformatik an der Universität Regensburg, 1970; dies., JA 1970, Sonderheft 6.

[874] Podlech (1982), 451.

[875] Zur Theorie Podlechs: Roßnagel (1994), 227 (241 ff.).

[876] Chaum, CACM 1981, 84.

[877] Seit 1. September 2001 umbenannt in „College bescherming persoonsgegevens" (CBP), abrufbar unter http://www.dutchdpa.nl/, http://www.cbpweb.nl/ sowie www.registratiekamer.nl.

[878] V. Rossum/Gardeniers/Borking, Information and Privacy Commissioner Ontario/ Registratiekamer Niederlande, 1995, 1 ff.

[879] Hansen, in: Roßnagel (2003), 3.3, Rn. 1f.

[880] Hansen, in: Roßnagel (2003), 3.3, Rn. 2.

Fortschritt für den Datenschutz in diesem Bereich. Die Etablierung von datenschutzfördernden Techniken ist auch aus anderen Gründen datenschutzrechtlich besonders wünschenswert. Während Rechtsnormen nur innerhalb der politischen Landesgrenzen Wirkungen entfalten, gelten technische Standards
grundsätzlich unabhängig von Landesgrenzen. Sie können daher eine Antwort
auf die Probleme liefern, die sich aus der weltweiten Vernetzung von Daten-
systemen und aus den großen Unterschieden im Datenschutzniveau in unterschiedlichen Ländern ergeben.

Zwar gibt es eine Reihe von theoretischen Ansätzen für PET, es sind auch bereits funktionierende technische Bausteine vorgestellt und in den Markt eingeführt worden. Allerdings spielen PET in der Praxis bislang kaum eine Rolle und
sind dem durchschnittlichen Nutzer unbekannt. Es mangelt an für den Nutzer
leicht bedienbaren Lösungen.[881] Besonders problematisch ist, dass Daten-
schutzmechanismen häufig nicht nachträglich an die Verarbeitungsprozesse
angeflanscht werden können. Sie müssten stattdessen konzeptionell antizi-
piert und von vornherein eingebaut werden. Das Zusammenspiel von PET mit
herkömmlichen Systemen, aber auch mit anderen PET, ist bislang noch kaum
untersucht, ihre Grenzen und Risiken nicht ausreichend analysiert.[882] Die Forschung und Entwicklung wird zwar zum Beispiel durch die Projekte FIDIS und
PRIME auf EU-Ebene vorangetrieben, von einer Marktreife der PET auf breiter
Front kann dennoch keine Rede sein. Verglichen mit anderen Gebieten der
Technologieentwicklung scheint die Entwicklung von nutzerfreundlichen PET
jedenfalls lediglich schleppend voranzugehen. Dies dürfte vor allem daran liegen, dass die Unternehmen, die durch PET betroffen wären, größtenteils kein
eigenes Interesse daran haben, das Datenschutzniveau der Benutzer ihrer
Produkte anzuheben. Es gilt im Grundsatz die Formel: Je mehr personenbezogene Daten anfallen und gespeichert werden, desto besser. Denn personenbezogene Daten haben, insbesondere in aufbereiteter Form, wirtschaftlich
einen hohen Wert.[883] Die Verwendung von Kunden- und Nutzerdaten wird von

---

[881] Nedden (2001), 72 fordert deshalb, die Anwenderfreundlichkeit datenschutzsichernder
Technik als eigenständige Gestaltungsvorgabe im Datenschutzrecht zu verankern.

[882] Scholz (2003), 386.

[883] Roßnagel/Pfitzmann/Garstka (2001), 24; als Beleg dafür, dass es um sehr hohe Geldbe-
träge gehen kann, sei hier nur der Rechtsstreit Universal Image Inc. vs. Yahoo! Inc. genannt, in dem die Beklagte Yahoo! Inc. auf Schadensersatz in Höhe von vier Milliarden
US-Dollar (allerdings lediglich eine Milliarde Dollar Schadensersatz, die restliche Forderung von 3 Milliarden Dollar bezog sich auf Entschädigungszahlungen mit Strafcharakter,
so genannte punitive damages) verklagt wurde, weil sie sich weigerte, Nutzerdaten an die
Klägerin zu liefern, obwohl dies in einer Vereinbarung so bedungen war. Details zu diesem Rechtsstreit sind abrufbar unter
http://www.gigalaw.com/articles/2000-all/sanzaro-2000-03-all.html.

Unternehmen als Teil einer Wertschöpfungskette gesehen, auf die sie freiwillig nur verzichten, wenn durch die Datenverarbeitung höhere Kosten anfallen als ohne sie. Kundendaten stellen für viele Unternehmen einen wichtigen Aktivposten dar, im Falle von Insolvenzen sind sie manchmal sogar die einzige nennenswerte Kapitalquelle.[884] Insbesondere die ehemaligen Konkurrenzunternehmen sind in diesem Fall sehr an den Kundendaten des insolventen Unternehmens interessiert. Daher sind Wirtschaftsunternehmen naturgemäß zunächst nicht geneigt, den Einsatz von PET durch ihre Kunden zuzulassen oder zu fördern.

Es gibt jedoch auch positive Aspekte von PET für Wirtschaftsunternehmen: Wenn weniger personenbezogene Daten erhoben werden, muss ein geringerer Aufwand zur Pflege, Verwaltung und Sicherung dieser Daten getrieben werden. Außerdem entfällt der Aufwand für Auskünfte an andere Unternehmen und öffentliche Stellen, beispielsweise aufgrund zivilgerichtlicher Streitigkeiten oder bei Ermittlungsverfahren. Weitere Vorteile der Verwendung von PET sind die Akzeptanzverbesserung bei datenschutzbewussten Nutzern sowie die Möglichkeit einer positiveren Außendarstellung des Unternehmens, insbesondere wenn Audits durchgeführt und Datenschutzgütesiegel vergeben werden. In diesen Fällen können mit dem Einsatz von PET Wettbewerbsvorteile verbunden sein. Insgesamt ist aus datenschutzrechtlicher Sicht zu hoffen, dass es gelingt, Anreize zu schaffen, die stark genug sind, um Wirtschaftsunternehmen zu überzeugen. Letztlich haben die Betroffenen der Datenverarbeitung die ausschlaggebende Position. Nur wenn sie deutlich machen, dass ihnen ihr Recht auf informationelle Selbstbestimmung etwas bedeutet, werden sich Unternehmen veranlasst sehen, von sich aus etwas an ihrem bisherigen Umgang mit personenbezogenen Daten zu ändern. Ansonsten bleibt nur der Weg, die verantwortlichen Stellen per Gesetz zur Verwendung datenschutzfreundlicher Techniken zu verpflichten.

Innerhalb des Konzepts „Datenschutz durch Technik" lassen sich die vier Grundprinzipien Datensparsamkeit, Systemdatenschutz, Selbstdatenschutz und Transparenz unterscheiden, die im Folgenden näher ausgeführt sind.

---

[884] Wallace, A., A Privacy Proposal for Dot-Com Bankruptcies, abrufbar unter http://www.gigalaw.com/articles/2001-all/wallace-2001-04-all.html; Roßnagel/Pfitzmann/ Garstka (2001), 24.

2.2.1 Datensparsamkeit beziehungsweise Datenvermeidung

Sobald personenbezogene Daten einmal erhoben sind, hat der Betroffene keine Einflussmöglichkeit mehr auf sie. Die Durchsetzung der informationellen Selbstbestimmung in Bezug auf diese Daten ist deshalb schwierig. Daten können problemlos global verschickt oder vernetzt werden, sie können im Prinzip auf ewig gespeichert und unendlich oft kopiert werden. Die Kosten hierfür sind im Vergleich zu den Kosten, die vor dreißig oder vierzig Jahren erforderlich gewesen wären, minimal. Daher sind die Eintrittsbarrieren in den Markt der Datenverarbeitung sehr niedrig und der Kreis der Unternehmen, die in diesem Markt agieren können, ist praktisch unbeschränkt. Wenn Daten erst einmal erhoben worden sind, ist eine Verwendung zu allen möglichen, vom Betroffenen nicht nachvollziehbaren oder kontrollierbaren Zwecken möglich. Daher ist es datenschutzrechtlich besonders effektiv, die Erhebung von personenbezogenen Daten an der Wurzel zu verhindern, soweit dies möglich ist. Der Grundsatz der Datensparsamkeit verfolgt genau diese Intention: Gemäß dem Erforderlichkeitsprinzip wird auch in IT-Systemen die Erhebung und Verarbeitung von personenbezogenen Daten minimiert, zusätzlich wird auf technischem Wege versucht, die Verwendungsmöglichkeiten der zu verarbeitenden – weil erforderlichen – personenbezogenen Daten einzuschränken und so die Zweckbindung zu garantieren.[885] Die Daten, die erhoben werden, sollen nur für eine möglichst kurze Zeit anfallen, also nach der Verwendung zu dem erforderlichen Zweck wieder gelöscht werden. Datensparsamkeit lässt sich auf technischem Wege vor allem durch Verfahren der Anonymisierung und Pseudonymisierung realisieren.[886] Auch die Wahl und Gestaltung des Geschäftsmodells entscheidet jedoch darüber, ob der Grundsatz der Datensparsamkeit umgesetzt werden kann. Als Beispiel einer besonders unproblematischen Konstruktion zur Organisation von Bezahldiensten werden etwa Prepaid-Chip- oder Rubbelkarten genannt.[887]

2.2.2 Systemdatenschutz

Unter dem Begriff des Systemdatenschutzes versteht man eine datenschutzfreundliche Gestaltung der Systeme, in denen Daten verarbeitet werden. Die Systemstrukturen sollen im Optimalfall so angelegt werden, dass einer unzulässigen Datenverwendung vorgebeugt wird und die Selbstbestimmung der

---

[885] Pfitzmann (1999), 18.
[886] Hierzu vgl. die Ausführungen oben in Teil C 3.5.1.2.
[887] Hansen, in: Roßnagel (2003), 3.3, Rn. 48f.

Nutzer sichergestellt wird.[888] Wäre dieses Ziel erreicht, dann wäre technisch gesichert, dass Systeme nur solche Datenverarbeitungen durchführen könnten, die rechtlich auch zulässig sind.[889] Das Datenschutzrecht wäre damit nicht bloßes Bewertungsinstrument, dass nachträglich von außen an erfolgte Verarbeitungsvorgänge angelegt wird, sondern würde originär den Prozess selbst von innen bestimmen.[890] In sehr beschränktem Umfang kann der Nutzer selbst auf die Gestaltung der Systeme einwirken, die seine Daten verarbeiten. Die Benutzerfreundlichkeit und Integrierbarkeit von Datenschutzprodukten, die vom Nutzer in diesem Kontext selbst eingesetzt werden können, lässt jedoch noch zu wünschen übrig.[891] Ganz überwiegend entzieht sich die Gestaltung der Systeme außerdem dem Einflussbereich des Nutzers, da allein die datenverarbeitenden Stellen hierüber bestimmen. Mittels des Systemdatenschutzes soll versucht werden, den Umgang mit Daten in der Kommunikation insgesamt so zu gestalten, das die informationelle Selbstbestimmung in ihrer objektiv-rechtlichen Ausgestaltung gesichert ist. Individual- und Systemdatenschutz stehen sich also ganz ähnlich gegenüber wie die subjektiv- und objektiv-rechtliche Ausprägung des Grundrechts auf informationelle Selbstbestimmung.[892]

Mittels Systemgestaltung können vor allem die Datenschutzziele der Datensparsamkeit, Zweckbindung und der informationellen Gewaltenteilung angegangen werden.[893] Der Anbieter individualisierter Mehrwertdienste könnte zum Beispiel die Verarbeitung von Inhaltsdaten entbehrlich machen, wenn er seine Leistungen nach Zeittakt abrechnet. Werden die Leistungen pauschal nach „Flatrates" angeboten, entfällt sogar die Verarbeitung der Daten über die Zeittakte, was dem Gebot der Datensparsamkeit noch stärker entsprechen würde. Die informationelle Gewaltenteilung könnte durch Systemgestaltung technisch abgesichert werden, so dass zum Beispiel der Hersteller beziehungsweise Erbringer eines individualisierten Produkts die Identität des Bestellers nicht kennt, der Zwischenhändler und der Auslieferer dagegen nicht die personenbezogenen Daten, die für die Erstellung der individualisierten Leistung oder Ware erforderlich sind. Besonders effektiv ist ferner ein Systemdatenschutz, bei dem die Stellen, die für die Systemgestaltung verantwortlich sind, dafür sorgen, dass anonyme oder zumindest pseudonyme Nutzungsmöglich-

---

[888] BT-Drs. 13/7934, 22; Podlech (1982), 451 ff.; Engel-Flechsig, DuD 1997, 8 (13f.).

[889] Roßnagel/Pfitzmann/Garstka (2001), 40; Scholz (2003), 356.

[890] Ähnlich Büllesbach/Garstka (1997), 383 (384); Roßnagel/Pfitzmann/Garstka (2001), 39f.

[891] Hansen, in: Roßnagel (2003), 3.3, Rn. 75.

[892] Podlech (1982), 451 (452); Scholz (2003), 356. Hier soll statt des Begriffs „Individualdatenschutz" der Begriff „Selbstdatenschutz" verwendet werden.

[893] Vgl. hierzu Roßnagel/Pfitzmann/Garstka (2001), 40.

keiten, etwa durch Mix-Infrastrukturen,[894] gegeben sind. Anbieter von individualisierten Dienstleistungen könnten ihren Nutzern die Möglichkeit der anonymisierten Kommunikation geben. Die Abrechnung kann ebenfalls mittels anonymer Bezahlverfahren erfolgen, zum Beispiel durch im Voraus bezahlte Wertkarten oder anonyme e-Payment-Lösungen. Teilen die Anbieter individualisierter Produkte ihren Kunden Pseudonyme zu, um diesen ein hohes Datenschutzniveau zu bieten, sollte die Pseudonymvergabe technisch so gestaltet sein, dass für jeden Zweck, also möglichst für jede abgrenzbare Datenverarbeitungssituation ein anderes Pseudonym verwendet wird. Hierdurch würde die Gefahr der Verkettbarkeit und Zuordenbarkeit reduziert.[895]

2.2.3 Selbstdatenschutz

Selbst- und Systemdatenschutz greifen ineinander und ergänzen sich gegenseitig. Wo durch die Gestaltung der Systeme nicht sichergestellt werden kann, dass Daten nur in zulässiger Weise verarbeitet werden, müssen die Systeme es dem Einzelnen zumindest erlauben, durch geeignete Maßnahmen selbst hierfür zu sorgen. Die Verpflichtung des Staates, auf eine effektive Gestaltung des Selbstdatenschutzes hinzuwirken, ergibt sich hierbei aus der Überlegung, dass er selbst einen vollumfänglichen Schutz der informationellen Selbstbestimmung nicht (mehr) gewährleisten kann, zum einen, weil es zu viele Datenverarbeiter gibt, zum anderen, weil Datenverarbeitung heute im Gegensatz zur Situation vor 20 oder 30 Jahren überwiegend im Privatbereich stattfindet, in den nur bedingt staatlich eingegriffen werden kann. Um dieses Defizit auszugleichen und seiner Pflicht, sich schützend vor die Grundrechte der Betroffenen zu stellen,[896] genüge zu tun, muss der Staat ihnen einfache, effektive und kostengünstige Schutzinstrumente zur Verfügung stellen und sie damit in die Lage versetzen, sich selbst zu schützen.[897] Durch technische Hilfsmittel und Infrastrukturleistungen soll der Einzelne erwünschte Verarbeitungsvorgänge ermöglichen und unerwünschte verhindern können, ohne auf den Schutz durch hoheitliche Stellen angewiesen zu sein. Selbstdatenschutz ist also ein unmittelbarer Ausdruck des subjektiven Gehalts des Rechts auf in-

---

[894] Zu den Mix-Infrastrukturen siehe Teil D 2.3.2.

[895] Roßnagel/Pfitzmann/Garstka (2001), 40.

[896] Zur Schutzpflicht des Staates bei Grundrechtsgefährdungen durch Dritte siehe BVerfGE 39, 1 (41f.); 46, 160 (164f.); 49, 89 (141f.); 53, 30 (57); 56, 54 (73); 88, 203 (251 ff.). Zum Verhältnis von Drittwirkung und Schutzpflicht siehe Canaris, AcP 1984, 201 (225 ff.).

[897] Siehe zum Selbstdatenschutz Roßnagel/Wedde/Hammer/Pordesch (1990), 220, 240 ff., 297 ff.; Roßnagel, ZRP 1997, 27 ff.; Weichert (1998), 213 (225f.); Trute, JZ 1998, 822 (829).

formationelle Selbstbestimmung.[898] Gerade im Hinblick auf die dynamische technische Entwicklung und die Globalisierung der Datenströme ist es wichtig, Möglichkeiten des Selbstdatenschutzes zu propagieren und zu fördern.[899] Anders als der Systemdatenschutz, der auf die Staatsgrenzen beschränkt ist, wirken die Selbstdatenschutztechniken bei jeder Kommunikation in globalen Netzen, also weltweit.[900]

Selbstdatenschutz hat rechtliche und technische Aspekte. Dem Gesetzgeber obliegt es, rechtliche Rahmenregeln zu schaffen. Diese müssen jedoch auch direkt darauf abzielen, durch technische und organisatorische Selbstschutzinstrumente realisierbar zu sein.[901] Wünschenswert ist in diesem Kontext, den Betroffenen Wahlmöglichkeiten bezüglich des Umgangs mit ihren Daten zu eröffnen. Gesetzliche Regelungen sollten also nicht bloß Fremdbestimmung verhindern, sondern auch die Selbstbestimmung fördern. Ein Beispiel für einen solchen Ansatz findet sich in der Verpflichtung der Diensteanbieter durch § 6 Absatz 4 TDDSG und § 18 Absatz 6 MDStV, anonyme und pseudonyme Zugangsmöglichkeiten zu schaffen, wenn dies technisch möglich und zumutbar ist. Ist erst einmal die Möglichkeit gegeben, anonym oder pseudonym zu handeln, kann hieraus ein umfassendes Identitätsmanagement entwickelt werden. Ferner können hier Verfahren der elektronischen Signatur und der für den Nutzer autonomen Verschlüsselung als Beispiele angeführt werden. Selbstdatenschutz in diesem Sinne ist jedoch stark vom Entgegenkommen der verantwortlichen Stellen, Softwarehersteller und Systembetreiber abhängig. Ohne entsprechende Systeme und Strukturen ist ein effektiver Selbstdatenschutz nicht realisierbar.

Es wird deutlich, dass der Staat seiner Schutzpflicht nicht schon dann genüge getan hat, wenn Möglichkeiten des Selbstdatenschutzes im Gesetz normiert sind. Vielmehr hat er sicherzustellen, dass die vorgesehenen Selbstschutzmechanismen auch tatsächlich umgesetzt werden, gegebenenfalls muss er infrastrukturelle Vorleistungen erbringen.[902] Nur und erst dann, wenn der Rahmen der Informations- und Kommunikationsordnung so gestaltet ist, dass ein effektiver Selbstschutz möglich ist, darf der Staat sich aus seiner Rolle als unmittelbar grundrechtsschützende Instanz zurückziehen. Zu beachten ist hierbei weiterhin, dass der ermöglichte Selbstdatenschutz nicht zu neuen so-

---

[898] Schrader, in: Bäumler u.a., Datenschutz von A-Z, S 1000, 1.

[899] Roßnagel, ZRP 1997, 27 (30); Roßnagel, DuD 1999, 253 (255).

[900] Roßnagel, DuD 1999, 253 (255); Roßnagel/Pfitzmann/Garstka (2001), 41; Scholz (2003), 357f.

[901] Scholz (2003), 358.

[902] Scholz (2003), 359.

zialen Ungleichgewichten führt. Dem unter der Bezeichnung „Digital Divide" bekannten Phänomen ist entgegenzuwirken. Mit diesem Begriff ist gemeint, dass oft nur die ohnehin privilegierten, sozial und technisch kompetenten Anwender die Möglichkeiten ausschöpfen, die durch die neuere Informations- und Kommunikationstechnologie, inklusive der Selbstdatenschutzoptionen, bereitgestellt werden. An den weniger kompetenten Nutzern – bisweilen auch allen durchschnittlichen Nutzern – gehen viele wichtige Möglichkeiten des Einsatzes der Technologie unbemerkt vorbei. Einerseits ist von staatlicher Seite darauf hinzuwirken, dass die Technologie, die Selbstdatenschutz ermöglicht, von einem möglichst breiten Publikum erschlossen werden kann. Andererseits hat der Staat beim Aufbau von technischen und sozialen Kompetenzen zum Selbstschutz Unterstützung zu leisten. Zum einen könnte der Staat, etwa durch Unterstützung entsprechender Forschungsvorhaben, darauf hinwirken, dass die Benutzeroberflächen der betreffenden Software durch ergonomisches Systemdesign so gestaltet werden, dass eine intuitive Benutzung und hierdurch eine möglichst vollständige Ausschöpfung der technischen Möglichkeiten sichergestellt ist.[903] Zum anderen kann der Staat eine Grundversorgung mit Informationsmöglichkeiten anbieten, in denen die Betroffenen über Möglichkeiten des Selbstdatenschutzes aufgeklärt werden.[904] Auch die Datenschutzbeauftragten können hier Beiträge leisten, indem sie Technikentwicklungen anstoßen, begleiten und evaluieren[905] und den Bürgern als Beratungsstellen bezüglich des Selbstdatenschutzes offen stehen.[906]

Die Bereitstellung der bloßen Möglichkeit eines Selbstdatenschutzes reicht jedoch nicht aus, selbst wenn diese benutzerfreundlich und allgemein ausreichend bekannt ist. Einerseits muss der Tatsache Rechnung getragen werden, dass viele Betroffene davon ausgehen, dass ein verfassungskonformes Schutzniveau garantiert ist, andererseits muss zum Schutz gerade derjeniger, die auch bei nutzerfreundlicher Ausgestaltung der Selbstdatenschutzmöglichkeiten diese nicht bedienen können, sichergestellt sein, dass es nicht zu einer Verantwortlichkeitsverschiebung hin zu den Betroffenen der Datenverarbeitung kommt. In der Auslieferungs- bzw. Ausgangsversion müssen die Systeme daher so voreingestellt sein, dass ein ausreichendes Datenschutzniveau gegeben ist. Der Nutzer darf nicht gezwungen sein, stets zuerst die Datenschutzeinstellungen kontrollieren zu müssen. Im Gegenteil, nur wenn er sich darauf verlassen kann, dass die verwendete Technik ihm grundsätzlich seinen

---

[903] Nedden (2001), 67 (72), fordert, die Anwenderfreundlichkeit von datenschutzsichernder Technik als eigenständige Gestaltungsaufgabe im Datenschutzrecht zu verankern.

[904] Roßnagel, ZRP 1997, 27 (30).

[905] Fox (1998), 81f.; Federrath/Pfitzmann (1998), 166

[906] Scholz (2003), 359; Weichert, (1998), 213.

gesetzlich garantierten „Sockel" an Datenschutz sichert, kann der Technik hier die erwünschte Entlastungsfunktion für Staat und Bürger zukommen.[907]

Die Anbieter individualisierter Produkte sind gehalten, ihren Kunden ein hohes Maß an Selbstdatenschutz zu ermöglichen. Dies kann zum Beispiel dadurch erreicht werden, dass Möglichkeiten geschaffen werden, individualisierte Dienstleistungen anonym oder unter Pseudonym in Anspruch zu nehmen und auf diese auch hinzuweisen. Hinsichtlich individualisierender Maßnahmen, die durch den Anbieter von Waren oder Dienstleistungen durchgeführt werden, sollte technisch ausgeschlossen sein, dass diese durchgeführt werden, ohne dass der Betroffene umfassend aufgeklärt wurde und eingewilligt hat. Dies kann etwa durch entsprechende Default-Einstellungen erreicht werden. Unternehmen, die Individualisierungsmaßnahmen anbieten oder benutzen, müssen Selbstdatenschutzmaßnahmen der Betroffenen zulassen, wo immer dies mit dem Geschäftszweck oder –modell vereinbar ist. Dort wo dies nicht der Fall ist, können die Individualisierungsmaßnahmen nur zulässig sein, wenn sie durch einen Erlaubnistatbestand gedeckt sind.

2.2.4 Transparenz

Transparenz bedeutet, dass der Betroffene weiß, dass seine Daten verarbeitet werden und auch die der näheren Umstände der Verarbeitung kennt. Bedingung dafür ist, dass die Verfahrensweisen, nach denen die Datenverarbeitung abläuft, aktuell und so dokumentiert sind, dass sie mit zumutbarem Aufwand nachvollzogen werden können.[908] Für einen vertrauenswürdigen Datenschutz ist ein hohes Maß an Transparenz deshalb Voraussetzung, weil die Betroffenen erst dann ihre informationelle Selbstbestimmung wahrnehmen können, wenn sie Kenntnis davon haben, ob und wie ihre personenbezogenen Daten verarbeitet werden.[909] Privacy Enhancing Technologies können einen wichtigen Beitrag zur Transparenz leisten. Durch die Technisierung der Alltagswelt entsteht unweigerlich bei vielen Betroffenen der Eindruck, Datenverarbeitungsvorgänge würden immer intransparenter. Die Zahl der unbemerkt erhobenen Daten steigt mit fortschreitender Verbreitung und Verbesserung bestimmter Techniken mindestens exponentiell an. Zum Beispiel werden Kame-

---

[907] Vgl. Scholz (2003), 359.

[908] Hansen, in: Roßnagel (2003), 3.3, Rn. 81. Im Volkszählungsurteil (BVerfGE 65, 1, 43) hat sich das Bundesverfassungsgericht bereits ganz klar zugunsten der Transparenz ausgesprochen: Die betroffene Person muss in der Lage sein, sich zu informieren, „wer was wann und bei welcher Gelegenheit über sie weiß".

[909] Ähnlich bereits Podlech (1982), 451 (454f.).

ras immer kleiner und zahlreicher, während die Qualität der gelieferten Bilder stetig ansteigt. Auch bei der Vernetzung von Datenquellen und der Schnelligkeit des Zugriffs auf Daten sind große technische Fortschritte zu verzeichnen.

Um hier einen Interessensausgleich zu schaffen und eine Selbstbestimmung überhaupt zu ermöglichen, müssen Datenverarbeiter umso größere Anstrengungen zugunsten der Transparenzförderung unternehmen, je undurchsichtiger und unübersichtlicher die Datenverarbeitungsvorgänge sich ansonsten dem Betroffenen darstellen.[910] Auch hier ist erstrebenswert, dass die Einsichtsmöglichkeiten für Betroffene nicht nur von den besonders kompetenten, sondern auch von weniger technikaffinen Personen genutzt werden können. Es sollte mit angemessenem Aufwand möglich sein, zu durchschauen, was das jeweilige System einschließlich aller Betriebs- und Anwendungssoftware genau tut.[911]

Informationstechnik-Systeme sind allerdings oft so komplex, dass es unrealistisch sein dürfte, ihre Funktionsweise jedem Nutzer transparent zu machen. Zumindest sachkundige Vertrauenspersonen müssen jedoch in der Lage sein, die Funktionsweisen nachzuvollziehen und zu kontrollieren, um eine Prüf- und Revisionsfähigkeit durch die Kontrollstellen zu gewährleisten. Diese den Nutzer repräsentierenden, unabhängigen Stellen sollten gezielt an der Entwicklung der Anwendungen beteiligt werden.[912] Es wird deutlich, dass Transparenz und Recht auf Informationszugang beziehungsweise -freiheit eng zusammenhängen. Naturgemäß haben Systementwickler zunächst kein Interesse daran, Informationen wie Schaltpläne der Hardware, Quellcodes der Software und Spezifikationen eingesetzter Werkzeuge (zum Beispiel Compiler) offen zu legen, um wettbewerbliche Vorteile nicht aufs Spiel zu setzen. Sie berufen sich dabei auf den Schutz von Geschäftsgeheimnissen nach Artikel 12 Absatz 1 GG sowie auf den Eigentumsschutz aus Artikel 14 Absatz 1 GG. Der Erfolg von „Open Source"-Software zeigt jedoch, dass es durchaus nicht ausgeschlossen ist, erfolgreiche und marktfähige Software auf der Basis von offen gelegten Quellen zu entwickeln.[913]

Es gibt auch noch eine ganz andere Facette der technischen Sicherstellung von Transparenz bei der Datenverarbeitung. Mittels geeigneter Software können Nutzer selbst eigene Protokollierungen ihrer Kommunikation erstellen und

---

[910] Roßnagel/Pfitzmann/Garstka (2001), 36, 82 ff.
[911] Roßnagel/Pfitzmann/Garstka (2001), 36, 88.
[912] Köhntopp/Ruhmann (1999), 499.
[913] Rosenberg (2000), 27 ff.; Roßnagel/Pfitzmann/Garstka (2001), 89.

so den Überblick darüber behalten, wem sie welche Informationen unter welchen Umständen beziehungsweise Bedingungen weitergegeben haben.[914] Diese Möglichkeiten fallen unter das Identitätsmanagement, das nachfolgend gesondert behandelt wird.

Die Anbieter und Verwender von Individualisierungsmaßnahmen sollten den Betroffenen die Möglichkeit geben, Einblick in die über sie verarbeiteten Daten und die hieraus gezogenen Schlüsse zu nehmen. Werden Daten gesammelt und diese zu Profilen verarbeitet, sollte es unkompliziert möglich sein, die gespeicherten Daten anzusehen. Dies könnte in einer Form geschehen, die einem Online-Kontoauszug nachempfunden ist, so dass jeder Betroffene Zugriff auf eine Art Online-Profildatenauszug hat. Gegebenenfalls sollten die Betroffenen auch Möglichkeiten haben, Löschungs- oder Verbesserungsanträge bezüglich einzelner Daten zu stellen, so dass die Datengrundlage, die bei der Profilberechnung verwendet wird, korrekt ist.[915] Die Berechnungsmodelle, aufgrund derer die Daten zu Profilen verarbeitet werden, sind sehr komplex und die Schlüsse, die aus den verarbeiteten Daten gezogen werden, sind schwer mit Worten oder Grafiken darstellbar, da sie oft multidimensional sind. Hier ist es Aufgabe der Datenverarbeiter, nutzerfreundliche Darstellungsmöglichkeiten zu schaffen.

2.3 Anwendungsbeispiele von Privacy Enhancing Technologies

Nachdem abstrakt auf die Ansätze für PET eingegangen worden ist, sollen nun einige, für die Individualisierungstechniken zentrale und in der Praxis bereits zumindest teilweise vorhandene Umsetzungen solcher Technologien vorgestellt werden.[916]

---

[914] Hansen, in: Roßnagel (2003), 3.3, Rn. 85, 88 ff.

[915] So wäre es hilfreich, wenn Betroffene einzelne Konsumdaten aus ihrer Profildatenbank entfernen könnten, wenn diese ihre Interessen tatsächlich nicht repräsentieren. Dies kann zum Beispiel der Fall sein bei Waren, die als Geschenke für andere Personen erworben werden.

[916] Zur gesamten Thematik der PETs (Pseudonyme, P3P etc.) siehe Roßnagel (2002), 207 ff.

2.3.1 Identitätsmanagement

In der Datenschutzliteratur wird unter Identitätsmanagement[917] die grundsätzliche Kontrolle des Nutzers über seine eigenen Daten verstanden.[918] Mittels Identitätsmanagement wird es dem Betroffenen ermöglicht, in der technikunterstützten Kommunikation genau wie im normalen Leben grundsätzlich selbst zu bestimmen, in welchem Maße Handlungen zuordenbar und verkettbar sind.[919] Wer mit anderen Personen oder Organisationen in Kontakt tritt, entscheidet im „Offline"-Leben intuitiv, wie viel er von sich preisgibt.[920] Jedem Menschen steht es frei, Kommunikationspartnern unterschiedlich offen gegenüber zu treten und zum Beispiel Künstlernamen, Spitznamen, Geburtsnamen als „Identitäten" zu benutzen. Je nachdem, in welcher Lebenssituation sich ein Mensch gerade befindet, schlüpft er – bewusst oder unbewusst – in eine unterschiedliche Rolle. Dies ist grundsätzlich auch in der Online-Welt beziehungsweise bei der technikunterstützten Kommunikation möglich. Inzwischen verfügt die Mehrzahl der Internet-Nutzer über mehr als eine E-Mail-Adresse und fast jeder tritt bei verschiedenen anmeldepflichtigen Online-Angeboten wie zum Beispiel Amazon oder Ebay unter verschiedenen, selbst gewählten Benutzernamen auf.[921]

Im elektronischen und mobilen Geschäftsverkehr haben die Anbieter von Produkten ein legitimes Interesse daran, dass bestimmte Daten mit der Wirklichkeit übereinstimmen und vertrauenswürdig sind. Schließlich sollen die bestellten Produkte auch in die richtigen Hände kommen und die vereinbarte Gegenleistung erbracht werden, außerdem soll ein effektives Customer Relationship Management zum Beispiel im Rahmen von After Sales Services angeboten werden. An dieser Stelle kann Identitätsmanagement einen datenschutzfreundlichen Beitrag leisten. Die Einsatzmöglichkeiten von Identitätsmanagement-Systemen sind vielfältig. Unter anderem gehören das komfortable Ver-

---

[917] Zum Identitätsmanagement siehe auch die umfangreiche, aktualisierte Link- und Literatursammlung des Unabhängigen Landeszentrums (ULD) Schleswig-Holstein, abrufbar unter http://www.datenschutzzentrum.de/projekte/idmanage/links.htm.

[918] Chaum, CACM 1985, 1030 ff.; Köhntopp, in: Bäumler u.a., Clauß/Pfitzmann/Hansen/van Herweghen (2002), 8 (9f.); Hansen/Krasemann/Rost/Genghini, DuD 2003, 551 (552).

[919] Vgl. Hansen, in: Roßnagel (2003), 3.3, Rn. 88.

[920] Die so genannten Bargeschäfte des täglichen Lebens können zum Beispiel vollkommen anonym geschlossen werden, auch sonst akzeptiert das deutsche Recht Eigengeschäfte trotz Handelns unter Pseudonymen, Künstlernamen oder sonstigen fremden Namen, vgl. Palandt, BGB, § 12, Rn. 8 und § 264, Rn. 10 ff., 12.

[921] Oft wird hierdurch jedoch lediglich eine „gefühlte" Anonymität erreicht. Es gibt zahlreiche Möglichkeiten, die unter Pseudonymen oder „anonym" erhobenen Daten nachträglich wieder auf die betroffenen Personen zu beziehen, indem gemeinsame Kriterien gesucht werden.

walten von bereits vorhandenen Identitäten, Accounts oder Passwörtern mittels Single Sign-On dazu. Auch das Rollenmanagement, insbesondere die Trennung von Berufs- und Privatleben mit den jeweiligen Differenzierungen, ist ein wichtiger Teilbereich. Andere Anwendungsbeispiele des Identitätsmanagements sind das Erreichbarkeitsmanagement, die Authentifikation und die Zugriffskontrolle.[922]

Mittels Identitätsmanagement kann jede Person wahlweise anonym oder personenbeziehbar auftreten. Im Bereich zwischen diesen Polen tritt die Person unter mehr oder weniger starken Pseudonymen auf.[923] Identitätsmanagement kann in der digitalen Welt den Datenschutz technisch weitgehend umsetzen; es unterstützt dabei den Nutzer, sein Recht auf informationelle Selbstbestimmung auszuüben.[924] Vorreiter und Entwickler der Idee eines technischen Identitätsmanagement-Systems in Nutzerhand ist David Chaum, der bereits 1985 detaillierte Vorschläge machte, die noch heute viel beachtet sind.[925] Das von ihm entwickelte System realisiert Authentizität und Autorisierungen in Form von Credentials.[926] Credentials sind beglaubigte Transfers der Eigenschaften eines Pseudonyms auf ein anderes, ohne dass Rückschlüsse auf das erste Pseudonym gezogen werden können.[927] Von Chaums Gesamtkonzept sind bislang erst kleine Teile implementiert. Im Optimalfall soll ein Identitätsmanagementsystem dem Nutzer folgende Funktionalitäten bieten:

Steuerung, wer wobei welche seiner personenbezogenen Daten erhält und wie verwenden darf und – da dies nicht immer erreichbar ist –

Darstellung, wer welche seiner personenbezogenen Daten erhält und wie verwenden sollte, beziehungsweise, welche Zusagen an die Verarbeitung bestehen.[928]

Im Einzelnen bedeutet dies, dass Identitätsmanagement-Systeme von der Zielvorstellung her in der Lage sein sollten, den Personenbezug, den Umfang und die Art der Daten sowie zusätzliche Bedingungen der Datenverarbeitung, zum Beispiel Zweckbestimmung, Speicherdauer, Sicherheitsanforderungen und gegebenenfalls Gegenleistung, im Sinne mehrseitiger Sicherheit zu formulieren, auszuhandeln und – soweit möglich – auch durchzusetzen. Außer-

---

[922] Vgl. Hansen/Krasemann/Rost/Genghini, DuD 2003, 551 (552).

[923] Zum Begriff der Anonymitätsstärke von Pseudonymen vgl. oben Teil C 3.5.1.2.2.

[924] Hansen, in: Roßnagel (2003), 3.3, Rn. 85, 90.

[925] Chaum, CACM, 1985, 1030 ff.

[926] Hansen, in: Roßnagel (2003), 3.3, Rn. 88.

[927] Hansen/Krasemann/Rost, c't 9/2004, 164 (166).

[928] Köhntopp/Pfitzmann, it+ti 2001, 227; Hansen/Krasemann/Rost/Genghini, DuD 2003, 551 (553).

dem gehört zu einem umfassenden Identitätsmanagement-System, dass der Nutzer die Möglichkeit hat, nachträglich Datenweitergaben zu kontrollieren. Die Darstellung der Datenverarbeitung durch Protokollierung der Datenherausgabe, die Auswertung der Protokolle zur Darstellung der an Kommunikationspartner übermittelten personenbezogenen Daten, sowie eine Abwicklung von Betroffenenrechten (Auskunft, Berichtigung, Löschung, Einwilligung, Widerspruch) sind von vollwertigen Identitätsmanagement-Systemen ebenfalls umfasst.[929]

In der Praxis weisen die bisher auf dem Markt vorhandenen Identitätsmanagement-Services und -Tools aus datenschutzrechtlicher Sicht noch Mängel auf.[930] Obwohl sie sich durch entsprechende Vertragsgestaltungen und Einwilligungen datenschutzkonform organisieren lassen, haben alle gängigen Instrumente und Services das Problem, dass die Nutzer gezwungen sind, den Systemen und ihren Betreibern mehr oder weniger blind zu vertrauen. Eine wichtige Unterscheidung der am Markt vorhandenen Systeme kann getroffen werden, indem man betrachtet, ob die Datenverwaltung und -haltung auf den Systemen beim Nutzer oder zentral beim Anbieter des Identitätsmanagment-Systems erfolgt. Weniger vertrauenserweckend oder mehr Vertrauen voraussetzend sind die letzteren Produkte, zu denen etwa Microsoft Passport[931], Novell NetMail[932] (ehemals DigitalMe) oder Yodlee[933] gehören. Beim Product der Liberty Alliance[934] besteht zwar die Möglichkeit, die Datenhaltung auf mehrere Anbieter (dem „Circle of Trust") zu verteilen und so eine größere Kontrolle über deren Verwendung selbst in der Hand zu behalten.[935] Auch hier muss jedoch den Unternehmen, die die Datenhaltung übernehmen, vertraut werden. Datenschutzfreundlicher sind die Lösungen, bei denen der Nutzer selbst die volle Kontrolle über seine Daten behält, etwa indem die Daten direkt auf den Systemen des Nutzers verwaltet werden, wie es etwa bei Mozilla[936], beim CookieCooker[937] und bei Neuentwicklungen wie DRIM[938] und ATUS[939] der Fall

---

[929] Hansen, in: Roßnagel (2003), 3.3, Rn. 90.

[930] Köhntopp (2001), 55 ff.; Zehentner (2002); Artikel 29-Datenschutzgruppe, WP 68; 10054/03/DE vom 29. Januar 2003; Hansen/Krasemann/Rost/Genghini, DuD 2003, 551 (554).

[931] http://www.passport.com, Details und Datenschutzerklärung abrufbar unter https://accountservices.passport.net/ppnetworkhome.srf?vv=30&lc=1031.

[932] Spezifikationen und Beschreibung abrufbar unter http://www.novell.com/collateral/4621300/4621300.html.

[933] www.yodlee.com, Beschreibung unter http://corporate.yodlee.com/technology/index.html.

[934] http://www.projectliberty.org/.

[935] Hansen/Krasemann/Rost, c't 9/2004, 164, 166.

[936] http://www.mozilla.org.

[937] http://cookie.inf.tu-dresden.de; Berthold/Federrath, DuD 2003, 299.

ist. Allerdings ist hier erforderlich, dass die Nutzer selbst für die Sicherheit der bei Ihnen gespeicherten Daten sorgen müssen. In allen Fällen muss den Herstellern der Produkte Vertrauen in Bezug auf die Möglichkeit eingebauter Hintertüren entgegengebracht werden. Hier könnte eine modulare Software-Entwicklung nach dem Vorbild von Open Source eine höhere Transparenz und dadurch bessere Vertrauenswürdigkeit erzeugen.

Bei allen Systemen lässt die Benutzerfreundlichkeit noch Wünsche offen – gegenwärtig werden die Angebote wohl ganz überwiegend nur von besonders datenschutzinteressierten und technikaffinen Nutzern wahrgenommen. Für die Systemgestalter liegt eine ganz wesentliche Herausforderung darin, die Funktionen eines datenschutzfördernden Identitätsmanagements durch verständliche und leicht bedienbare Benutzeroberflächen einer breiteren Öffentlichkeit zugänglich zu machen.[940] Ein positives Beispiel und Beweis dafür, dass dies überhaupt möglich ist, liefert der „iManager" als mobiles Modul des erwähnten ATUS-Projekts. Die Oberfläche ermöglicht es den Nutzern, zwischen verschiedenen Rollen beziehungsweise Identitäten auszuwählen, unter denen sie sich im Internet bewegen wollen. Je nach Wahl, ob der Nutzer als Privatmann, beruflich, für Bankgeschäfte oder ganz anonym virtuell agiert, gibt der als Proxy agierende iManager unterschiedliche Daten an die Kommunikationspartner weiter.[941]

Auf europäischer Ebene ist das Identitätsmanagement als wichtiges Thema erkannt worden, was in verschiedenen Projekten[942] zum Ausdruck kommt, die mit EU-Geldern gefördert werden.

Im Verhältnis zu Unternehmen, die Individualisierungsmaßnahmen der ersten Gruppe durchführen, bietet sich für Identitätsmanagement-Systeme kein Anwendungsfeld. In diesem Bereich findet typischerweise keine Kommunikation zwischen den Unternehmen und den Betroffenen statt, daher ist ein Einsatz

---

[938] http://drim.inf.tu-dresden.de (Dresden Identity Management); Clauß/Kriegelstein, DuD 2003, 297.

[939] http://www.iig.uni-freiburg.de/telematik/atus (A Toolkit for Usable Security); Jendricke/Gerd tom Markotten, DuD 2003, 298.

[940] Hansen/Krasemann/Rost/Genghini, DuD 2003, 551 (554).

[941] Beschreibung und Online-Demonstration des iManagers unter: http://www.iig.uni-freiburg.de/telematik/atus/idm-demo/index.html.

[942] RAPID (Roadmap for Advanced Research in Privacy and Identity Management), http://www.ra-pid.org; PRIME (Privacy and Identity Management in Europe), http://www.prime-project.eu.org/; FIDIS (Future of Identity in the Information Sciety), http://www.fidis.net; EASET (European Association for the Security of Electronic Transactions), http://www.easet.net.

von Identitätsmanagement-Systemen, die die technisch unterstützte Kommunikation verwalten, aus Sicht des Datenschutzes nicht mit Vorteilen verbunden. Gegenüber Unternehmen, die Individualisierungsmaßnahmen der zweiten Gruppe durchführen, kann der Einsatz von Identitätsmanagement-Systemen hingegen Vorteile bringen. Kommunikationsbeziehungen können rollenspezifisch verwaltet und individuell gestaltet werden. Zum Beispiel kann hierdurch sichergestellt werden, dass berufliche Kommunikation von privater Kommunikation getrennt wird und dass Nutzer jeweils unterschiedliche Anforderungen an die datenverarbeitenden Unternehmen, mit denen sie kommunizieren, stellen können. Mittels Identitätsmanagement kann so sichergestellt werden, dass Werbemaßnahmen, die eine Person als Privatperson erreichen sollen, sie auch unter diesem Pseudonym (also in dieser Rolle) erreichen, während Marketingmaßnahmen gegenüber der gleichen natürlichen Person in ihrer Rolle als Arbeitnehmer unterbunden oder eingeschränkt werden.

Für individualisierte Produkte, insbesondere individualisierte und individualisierende Dienste, kann das Identitätsmanagement eingesetzt werden, um die informationelle Selbstbestimmung der Nutzer zu stärken. Wenn Betroffenen die Nutzung von individualisierten Diensten unter selbst verwalteten, pseudonymen Identitäten ermöglicht wird, erschwert dies die Verkettbarkeit der anfallenden Daten mit der Identität der Betroffenen im bürgerlichen Leben. Denkbar ist zum Beispiel, dass pro genutztem Dienst eine unterschiedliche Identität benutzt wird, die der Rolle des Betroffenen entspricht, die er in diesem Verhältnis einnehmen möchte. Desgleichen könnte Identitätsmanagement bei der Nutzung von individualisierenden Geräten eingesetzt werden, um die Identität der Nutzer im wahren Leben zu schützen und eine Verknüpfbarkeit der anfallenden Daten zu Persönlichkeitsprofilen zu verhindern. Die Gerätehersteller beziehungsweise die Anbieter der Dienstleistungen sollten ihre Produkte so gestalten, dass sie eine Nutzung unter Verwendung von Identitätsmanagement-Systemen ermöglichen. Die Nutzer sollten eine Möglichkeit bekommen, die unter den jeweiligen Identitäten verarbeiteten Daten einzusehen und gegebenenfalls zu verändern oder zu löschen. Probleme bereitet bisher die Verständigung der Systeme miteinander, da es keine einheitlichen Standards gibt. Besonders nutzerfreundlich sind daher solche individualisierenden Dienste beziehungsweise Geräte, die mit den Identitätsmanagement-Systemen verschiedener Anbieter kompatibel sind und zusätzlich noch ein eigenes Identitätsmanagementsystem integriert haben, so dass die Nutzer entscheiden können, ob sie ihr eigenes System oder das des Anbieters verwenden wollen. Die Datenverarbeitung sollte, soweit möglich, auf Nutzerseite erfolgen und nicht an zentralen Stellen auf Seiten des Dienste- oder Geräteanbieters.

Für alle bisher bekannten Identitätsmanagement-Systeme sind anonyme Kommunikationsnetze die Grundvoraussetzung, um technisch eine Datensicherheit zu garantieren. Nur anonyme Kommunikationsnetze gewährleisten die tatsächliche Unverkettbarkeit zwischen den anfallenden Daten und den betroffenen Personen und machen es dadurch Dritten unmöglich, herauszufinden, wer mit wem über welche Inhalte kommuniziert. Ein solches anonymes Kommunikationsnetz lässt sich durch die Verwendung von so genannten Anon-Proxies und Mixen realisieren, die nachfolgend behandelt werden.

2.3.2 Anon-Proxies und Mixe

Auch die Idee der soeben erwähnten Mixe geht auf David Chaum zurück. Innerhalb eines Mix-Netzes werden die Kommunikationsbeziehungen zwischen Sender und Empfänger von Nachrichten beziehungsweise Nachrichtenteilen verschleiert. Selbst wenn ein Angreifer alle Leitungen des Kommunikationsnetzes beobachtet, bleiben die einzelnen Kommunikationsbeziehungen für ihn unbeobachtbar. Ein Mix ist im Grunde nichts anderes als ein Proxy Server, der auch vor Beobachtung von innen schützt. Zum besseren Verständnis soll zunächst auf (Anon-)Proxies eingegangen werden. Ein Proxy (Stellvertreter) verbirgt den Ursprung einer Verbindung im Internet, indem die Kommunikation eines Nutzers über einen Server (den Proxy) geleitet wird, der wie ein Stellvertreter beim Zielrechner auftritt und über eine gesonderte Verbindung die gewünschten Informationen abruft.[943] Gegenüber einem Browser (Client) erscheint der Proxy als Webserver, während er gegenüber einem Webserver einen Client darstellt. Beobachter von außen können nur auf denjenigen Teil der Verbindung ab dem Proxy Server zugreifen, die Kommunikation zwischen Nutzer und Proxy bleibt verborgen (anonym), weshalb diese Proxies auch Anon-Proxy genannt werden. Es gibt mehrere Anbieter von Anon-Proxies im Internet, zum Beispiel Anonymizer[944] und Rewebber[945]. Gegenüber dem Webserver realisieren Proxies zwar Anonymität und beim Einsatz von Verschlüsselungstechnologie wird auch gegenüber dem eigenen Internet Service Provider (ISP) Anonymität gewährleistet. Sie bieten jedoch keine Sicherheit davor, dass nicht der Betreiber des Anon-Proxys den Informationsfluss beobachtet. Da zu jedem Zeitpunkt immer nur ein Proxy verwendet wird, ist diesem die Zuordnung zwischen IP-Nummer und angefragten Websites bekannt. Ihm steht es also offen, die dem Nutzer zugeordnete IP-Adresse mit den angefragten Inter-

---

[943] Federrath/Pfitzmann, in: Roßnagel (2003), 2.2, Rn. 73.
[944] http://www.anonymizer.com.
[945] http://www.rewebber.com.

netseiten zu verknüpfen. Es wird sogar vermutet, dass Datensammler in absehbarer Zeit selbst Anon-Proxies betreiben werden.[946] Eine echte Unbeobachtbarkeit gegenüber externen Beobachtern wird von Proxies auch nicht gewährleistet, da sie die Anfragen der Nutzer stets sofort weitergeben. Die Beobachter eines Kommunikationsnetzes wissen, zu welchem Zeitpunkt Anfragen im Anon-Proxy eingegangen sind. Durch einen Abgleich mit den Zugriffen auf Websites können Rückschlüsse über die Identität des Anfragers gezogen werden. Selbst wenn man die Anfragen verschlüsseln würde, bliebe es bei dieser Beobachtbarkeit der zeitlichen Zusammengehörigkeit und damit bei einer Aufdeckbarkeit der Kommunikationsbeziehungen als solche.

Hier liefern die Mix-Netze die Lösung: Bei der Kommunikation über das Mix-Netz wird jede Nachricht über mehrere Mixe zum Empfänger transportiert. Ziel ist hierbei, dass alle Mixe, die von einer Nachricht durchlaufen werden, zusammenwirken müssen, um die Kommunikationsbeziehung zwischen Sender und Empfänger aufzudecken.[947] Eine Unabhängigkeit der Mixe voneinander stellt hierbei sicher, dass Mixe (oder sogar ganze Mix-Ketten) überbrückt und so die Kommunikationsbeziehungen aufgedeckt werden. Um sicherzustellen, dass eben keine Rückschlüsse auf Kommunikationsbeziehungen getroffen werden können, speichert jedes Mix eingehende Nachrichten, bis genügend viele Nachrichten von genügend vielen Absendern vorhanden sind. Durch das Mix-Konzept werden die zu transportierenden Datenpakete alle auf die gleiche Größe gebracht, also umkodiert, so dass die Päckchengröße nicht mehr als Verkettbarkeitskriterium benutzt werden kann. Um völlige Unbeobachtbarkeit jedes Nutzers zu gewährleisten, dass für einen Beobachter auch dann der Eindruck entsteht, es würde gerade Kommunikation stattfinden, auch wenn dies nicht so ist. Um dies zu erreichen, werden im Falle von Kommunikationspausen Daten geschickt, die vom System selbst erzeugt werden. Der Verkehr dieser Daten wird Dummy-Traffic genannt. Gäbe es diese Funktionalität nicht, wäre für Externe zumindest beobachtbar, welche Teilnehmer gerade anonym kommunizieren. Diese wären nur innerhalb der Gruppe der gerade kommunizierenden Teilnehmer anonym, was bei relativ kleinen Gruppengrößen problematisch sein kann. Damit für einen Beobachter auch keine zeitliche Verkettung der ein- und ausgehenden Datenpakete möglich ist, wird die Reihenfolge der eingehenden Nachrichten nach dem Zufallsprinzip umsortiert („gemixt"). Dann werden alle Nachrichten zeitgleich weitergeleitet. Die zeitliche Verzögerung kann hierbei durch hohe Bandbreiten verhindert werden, so dass sie beim Surfen unbemerkt bleibt. Durch die Umgestaltung der Anfragen wird ver-

---

[946] Bäumler (2002), 16.

[947] Federrath/Pfitzmann, in: Roßnagel (2003), 2.2, Rn. 73.

hindert, dass externe Beobachter ihren Weg durch die Kommunikationssysteme verfolgen. Die Kernfunktion eines Mixes ist das Umkodieren der Nachrichten, welches mit einem asymmetrischen Konzelationssystem erfolgt.[948]

Mittels dieses Systems werden die Anfragen also verwürfelt und in ihrem Aussehen verändert. Selbst wenn ein Beobachter alle Verbindungen zwischen Nutzern, Mixen und Webservern beobachten würde, wäre eine Zuordnung, welcher Nutzer welche Webseite anfragt, ausgeschlossen. Die Funktionsweise eines Mixes gleicht insoweit einem Postamt, das alle eingehenden Briefe öffnet, darin wieder verschlossene Briefumschläge findet und sie an die darauf stehenden Adressen – meist weitere Postämter – weiterschickt. Das nächste Postamt verfährt ebenso, bis der Brief schließlich beim Empfänger eintrifft. Die Verschlüsselung der Daten wird auf dem Rechner des Nutzers vorgenommen. Die Datenpakete werden so verschlüsselt, dass sie nur dann entschlüsselt werden können, wenn sie von allen zu verwendenden Mixen in der vom Sender vorgesehenen Reihenfolge entschlüsselt werden. Auf Nutzerseite wird zuerst die Anfrage für den letzten Mix verschlüsselt, die nur dieser entschlüsseln kann. Das Ergebnis der Verschlüsselung wird nun erneut verschlüsselt, diesmal jedoch so, dass nur der vorletzte Mix die Daten lesen kann. Dies wird n-mal so durchgeführt, wobei die Zahl n der Anzahl der beteiligten Mixe entspricht. Die n-fach verschlüsselte Nachricht wird sodann an den ersten Mix gesendet. Nur dieser kann die erste Verschlüsselungshülle entschlüsseln. Er schickt das Ergebnis weiter an den folgenden Mix. Der letzte Mix leitet die Nutzeranfrage dann an den vom Nutzer gewünschten Webserver weiter. Aufgrund der Verschlüsselung wird diese Adresse erst beim letzten Mix in der Kette offenbart.[949] Aufgrund der Verschlüsselung der Datenpakete und der Tatsache, dass jedes Mix nur die an ihn adressierte Hülle entschlüsseln kann, reicht es aus, wenn insgesamt nur ein einziges Mix vertrauenswürdig ist. Das heißt, selbst wenn der Großteil der Mixe überwacht würde, selbst wenn alle bis auf ein Mix zulasten der Nutzer kollaborieren würden, wäre das System noch immer sicher und würde Anonymität garantieren.[950]

Ein etabliertes und funktionierendes System, das Mixe benutzt, ist der Anonymisierungsdienst JAP, der im Rahmen des Projektes „AN.ON – Starke Unbeobachtbarkeit und Anonymität im Internet"[951] vom Unabhängigen Landeszentrum für Datenschutz Schleswig-Holstein in Zusammenarbeit mit der Techni-

---

[948] Federrath/Pfitzmann, in: Roßnagel (2003), 2.2, Rn. 54, 75.

[949] Beschreibung nach Bäumler (2002), 17f.

[950] Bäumler (2002), 19f.

[951] Download einer Beschreibung und der Software unter: http://anon.inf.tu-dresden.de/.

schen Universität Dresden und der Freien Universität Berlin entwickelt wurde.[952]

Im Kontext der Individualisierung ist die informationelle Selbstbestimmung aufgrund der Feinkörnigkeit, Vielzahl und Sensibilität der verarbeiteten Daten besonders gefährdet. Mixe und Anon-Proxies bieten hier eine Möglichkeit, dieser erhöhten Gefahr entgegenzuwirken. Anonyme Kommunikationsmöglichkeiten sind zum Beispiel bei der Nutzung individualisierter Dienste via Internet einsetzbar. Die Anbieter der Dienste könnten anonyme Zugänge über Mix-Systeme anbieten, so dass sich die Nutzer bei der Inanspruchnahme der Dienste unbeobachtet fühlen können. Zu bemerken ist allerdings, dass anonyme Kommunikationsnetze nur den Kommunikationsvorgang an sich schützen. Wenn ein Diensteanbieter die Kommunikation und Inanspruchnahme seiner Dienste über anonyme Netze gestattet, allerdings intern auf der Offenlegung der Identität seiner Nutzer besteht, sind die Nutzer zwar gegen Beobachtung durch Dritte geschützt, dem Diensteanbieter gegenüber jedoch voll identifiziert, so dass ihre Nutzerdaten zuordenbar sind und Profile gebildet werden können, genau wie es ohne die Kommunikation über Mixe oder Anon-Proxies der Fall wäre. Vielfach ist es nicht zwingend notwendig, dass Diensteanbieter ihre Nutzer identifizieren können. In diesen Fällen sind die Anbieter von individualisierten und individualisierenden Diensten gehalten, die Nutzung ihrer Dienste unter Pseudonymen zuzulassen. Für die Vergütung der Dienste gibt es anonyme Bezahlmöglichkeiten, etwa mittels im Vorhinein bezahlter Wertkarten oder anderer anonymer Bezahlsysteme.[953] Auch bei individualisierenden Geräten ist ein Einsatz der Mix-Technologie datenschutzrechtlich wünschenswert, jedenfalls wenn diese Geräte dazu bestimmt sind, dass Nutzer mit ihrer Hilfe kommunizieren, also in Kontakt mit anderen Geräten treten. Individualisierende Geräte könnten direkt bei der Auslieferung mit der entsprechenden Software für den anonymen Zugang zum Internet ausgerüstet sein, so dass Nutzer nicht erst selbst die Installation vornehmen müssen. Gerätehersteller könnten eindeutige und leicht zu bedienende Elemente in die Geräte integrieren, die dem Nutzer die Kommunikation über anonyme Kommunikationsnetze erleichtern. Denkbar wäre etwa eine kleine LED-Anzeige, die signalisiert, dass über anonyme Netze kommuniziert wird, oder die technische Umsetzung einer unkomplizierten Möglichkeit, zu bestimmen, dass über anonyme Kommunikationsnetze kommuniziert wird, vielleicht in Form eines JAP- oder Mix-Buttons.

---

[952] Projekt online unter http://www.datenschutzzentrum.de/projekte/anon/index.htm#einf.
[953] Zum Beispiel die von der Commerzbank AG entwickelte paysafecard.

Hinsichtlich der Individualisierungsmaßnahmen der ersten Gruppe dürfte eine datenschutzverbessernde Verwendung von anonymen Netzen ausscheiden, da Nutzer hier typischerweise nicht direkt mit den Unternehmen, die diese Maßnahmen durchführen beziehungsweise anbieten, kommunizieren. Hinsichtlich der Unternehmen, die Individualisierungsmaßnahmen zu Zwecken des Marketing, der Marktforschung und Produktentwicklung betreiben, können die Möglichkeiten der anonymen Kommunikation eingesetzt werden, um Rückschlüsse auf die Identität der Nutzer bei Kommunikationsvorgängen zu vermeiden und so einer personalisierten Datenerhebung zwecks Profilbildung und ähnlichem entgegenzuwirken.

2.3.3 Platform for Privacy Preferences (P3P)

Findet Kommunikation über das Internet statt, fallen automatisch Daten an. Verschiedene Website-Betreiber haben unterschiedliche Datenverarbeitungspraktiken. Manche erheben Daten beispielsweise nur unter Pseudonym, andere leiten Daten an Partnerunternehmen weiter oder verwenden Web Bugs. Wenn datenschutzinteressierte Nutzer bestimmte Datenverarbeitungen unterbinden, andere jedoch zulassen möchten, bedeutet dies, dass sie während des Surfens im Internet über mehrere Seiten mehrmals Entscheidungen treffen müssen, was den Kommunikationsfluss jedes Mal stört. Mittels P3P werden diese Entscheidungen automatisiert. Sie finden, für den Nutzer nicht spürbar, im Hintergrund statt, indem die beteiligten Geräte miteinander kommunizieren.

Unter P3P ist zunächst einmal ein Standard des World Wide Web Consoriums (W3C)[954] zu verstehen. Mittels P3P können persönliche Datenschutzpräferenzen automatisch mit den Datenverarbeitungsstandards von Website-Betreibern abgeglichen werden.[955] P3P zielt vornehmlich auf die Umsetzung einer verbesserten Transparenz und Entscheidungsfreiheit der Betroffenen ab.[956] P3P ermöglicht dem Website-Betreiber, die eigenen Datenschutzerklärungen (also die verbalisierte Form der Datenverarbeitungspraktiken) in einem standardisierten, computerlesbaren Format auszudrücken, das durch die Client-Software auf Nutzerseite automatisiert ausgelesen wird.[957] Hierbei wird der XML-Standard benutzt.[958] Der Nutzer beziehungsweise seine Software ist

---

[954] http://www.w3.org.
[955] Cavoukian/Gurski/Mulligan/Schwartz, DuD 2000, 475.
[956] Wenning/Köhntopp, DuD 2001, 139 (142f.).
[957] Umfangreiche Informationen über P3P finden sich unter http://www.w3.org/P3P.
[958] XML bedeutet Extensible Markup Language. XML ist ein Standard zur Erstellung maschi-

somit in der Lage, automatisiert auf die erklärten Datenverarbeitungspraktiken zu reagieren. Auch auf Nutzerseite liegt ein in standardisierter, maschinenlesbarer Form formuliertes Anforderungsprofil vor, in dem der Nutzer seine Datenschutz-Präferenzen einstellen kann. Die beiden standardisierten Datenschutzerklärungen werden automatisch verglichen und bei Abweichungen kann die Client-Software ebenfalls automatisch reagieren.[959]

Um die Leistungsfähigkeit von P3P richtig einschätzen zu können, ist wichtig, sich zu vergegenwärtigen, dass der Standard lediglich den automatisierten Abgleich mit den Datenschutzerklärungen der Website-Betreiber ermöglicht, nicht jedoch eine Kontrolle, ob die Unternehmen ihre selbst erklärten Datenverarbeitungsstandards auch einhalten. Erst recht gibt es keinen Mechanismus, der die Datenschutzerklärungen durchsetzen könnte.[960] Zwar erlaubt es der derzeit gültige P3P-Standard, auf öffentliche oder private Prüfstellen zu verweisen, hierin liegt jedoch keinerlei Garantie dafür, dass der Umgang der Website-Betreiber mit den Nutzerdaten tatsächlich geprüft und kontrolliert wird. Derzeit gibt es, gemessen an der überwältigenden Zahl der Website-Betreiber, nur sehr wenige Kontrollstellen, so dass es in der Praxis bei Stichproben bleiben dürfte. Für sich allein kann P3P also keine Datenschutzprobleme lösen, weder für den Nutzer noch den Website-Betreiber.[961]

Bereits seit April 2002 ist die Spezifikation P3P1.0 die aktuell gültige P3P-Version. Die Nachfolgeversion P3P1.1 existiert bislang nur in Form eines öffentlichen Arbeitspapiers (Public Working Draft) vom Januar 2005.[962] Es ist jedoch abzusehen, dass sich an den Grundsätzen des Systems in der aktualisierten Version nichts ändern wird: auch hier erfolgt die Darstellung der Datenschutzpraktiken in einem festgelegten Vokabular und einer Beschreibung der verwendeten Datentypen, die sich entweder aus einem Basis-Schema oder aus durch den Anbieter erstellten Elementen ergeben.[963] Außerdem wird

---

nen- und menschenlesbarer Dokumente in Form einer Baumstruktur. XML definiert dabei die Regeln für den Aufbau solcher Dokumente. Für einen konkreten Anwendungsfall („XML-Anwendung") müssen die Details der jeweiligen Dokumente spezifiziert werden. Dies betrifft insbesondere die Festlegung der Strukturelemente und ihre Anordnung innerhalb des Dokumentenbaums. XML ist damit ein Standard zur Definition von beliebigen, in ihrer Grundstruktur jedoch stark verwandten Auszeichnungssprachen. Zur Vergleichbarkeit von Policies mittels XML siehe Geuer-Pollmann/Schweitzer, DuD 2000, 578.

[959] Zu den Grundlagen von P3P siehe Reagle/Cranor, CACM1999, 48; Cranor, DuD 2000, 479; Cavoukian/Gurski/Mulligan/Schwartz, DuD 2000, 475.

[960] Cavoukian, Gurski, Mulligan, Schwartz, DuD 2000, 475, (478).

[961] Cranor, DuD 2000, 379.

[962] http://www.w3.org/TR/2005/WD-P3P11-20050104/Overview.html.

[963] Greß, DuD 2001, 144 ff.; Lohse/Janetzko, CR 2001, 55(59); Merz (2002), 548 ff.

von der P3P-Spezifikation vorgegeben, wie die Datenschutz-Policies in Internet-Angebote zu integrieren sind. Während frühere Entwürfe von P3P versuchten, eine größere Bandbreite von Datenschutzfragen zu adressieren, wurde für die derzeit geltende Version entschieden, sie schlanker und einfacher zu halten. Hierdurch soll die Implementierung erleichtert werden, gleichzeitig soll es Entwicklern möglich sein, Verbesserungen einzubringen und durch die Kombination mit anderen Tools neue, umfassendere Lösungen zu entwickeln.[964]

Die Kommunikation zwischen Software-Client beim Nutzer und Server bei Website-Anbieter funktioniert mittels zusätzlicher http-Felder. In einem ersten Schritt übermittelt der Server dem anfragenden Client (sofern dieser P3P-fähig ist und dem entsprechend danach „fragt") die P3P-Policy, zu deren Einhaltung sich der Webseiten-Betreiber verpflichtet hat. Die Software auf Nutzerseite, die entweder in den Internet-Browser integriert ist oder wie ein Virenscanner neben diesem selbständig und parallel aktiv ist, kann diese Policy auswerten und mit den voreingestellten Datenschutz-Präferenzen des Nutzers abgleichen. Je nachdem, wie das Ergebnis dieses Vergleichs ausfällt, ermöglicht die Client-Software das weitere Vorgehen entweder automatisch oder nach Rückfrage beim Nutzer. Stimmen die Datenschutz-Policies überein, wird die angeforderte Internetseite geladen. Liegt eine Abweichung vor, wird der Nutzer entsprechend informiert und kann sich entscheiden, ob er die Policy des Anbieters annehmen oder auf den Besuch der Webseite verzichten will. Bemerkenswert ist, dass für jede einzelne Internetseite, die zu einer Website gehört, vom Betreiber eine unterschiedliche Policy festgelegt werden kann. Innerhalb eines Website-Angebots kann daher zum Beispiel zwischen Startseite, Registrierungsseite, Bestellseite und Bezahlseite differenziert werden. Außerdem kann der Nutzer sich Änderungen in der Datenschutz-Policy von Website-Betreibern anzeigen lassen.[965]

Trotz der erwähnten Schwächen des P3P-Systems und der fehlenden Möglichkeit, nach deutschem Recht eine datenschutzkonforme Einwilligung abgeben zu können, bietet das System wichtige Vorteile. Der Nutzer kann jedenfalls erreichen, nur solche Dienste in Anspruch zu nehmen, deren Datenschutzerklärungen seinen Datenschutzanforderungen entsprechen. Mit Hilfe von P3P lässt sich die Unterrichtung über die Datenverarbeitung durch den Website-Anbieter und die darauf basierende Entscheidung des Nutzers technisch realisieren, ohne dass der Nutzer praktisch sekündlich in seinem Kom-

---

[964] Cranor, DuD 2000, 479; Scholz (2003), 395.
[965] Scholz (2003), 395.

munikations- und Informationsfluss gestört wird. P3P kann daher als erster Schritt in Richtung auf einen technisch unterstützten, im Hintergrund ablaufenden Datenschutz gewertet werden.

Im Kontext der Individualisierungsmaßnahmen ist der Einsatz von P3P immer dort denkbar, wo Nutzer mittels elektronischer Kommunikation mit Datenverarbeitern kommunizieren. Dies ist vornehmlich der Fall, wenn Nutzer individualisierte und individualisierende Dienstleistungen in Anspruch nehmen. Die Anwendung von P3P im Kontext von Individualisierungsmaßnahmen der ersten Gruppe kommt folglich nicht in Betracht, da die hier agierenden Unternehmen nicht direkt mit Endkunden kommunizieren, sondern mit anderen Unternehmen. Relevant ist hingegen die Anwendung von P3P bei der Inanspruchnahme von individualisierten Dienstleistungen. Während einige individualisierte Dienstleistungen bereits technisch so ausgelegt sind, dass Daten nur in pseudonymisierter Form erhoben und verarbeitet werden, entspricht es bei anderen möglicherweise dem Geschäftsmodell, möglichst viele personenbezogene Daten zu erheben und an Partnerunternehmen (zum Beispiel zu Marketingzwecken) weiterzuleiten. Im erstgenannten Fall ist das Entgelt für die Dienstenutzung möglicherweise relativ hoch, im zweiten eher niedrig oder die Dienstenutzung ist, sozusagen als Gegenleistung für die Datengenerierung, kostenlos. Nutzer haben unterschiedliche Vorlieben, was die Datenverarbeitung durch die Diensteanbieter angeht. Dem einen Nutzer ist es gleichgültig, zu welchen Zwecken seine Daten verwendet werden, während es dem anderen wichtig ist, dass seine Daten sofort gelöscht oder nur pseudonymisiert verarbeitet werden. Hier bietet die Technik des P3P eine Möglichkeit, Nutzervorlieben und Datenverarbeitungspraktiken der Anbieter von individualisierten Diensten automatisiert abzugleichen. Den Nutzern wird hierbei der Entscheidungsprozess im Einzelfall abgenommen, indem auf die gespeicherten Profileinstellungen zurückgegriffen wird, die der Nutzer in Bezug auf erwünschte und unerwünschte Datenverarbeitungen getroffen hat. Auf diese Weise kann der Betroffene zum Beispiel automatisiert der Verarbeitung seiner Daten zu Zwecken der Profilbildung, des Marketings oder der Produktentwicklung widersprechen, während er der Speicherung seines Pseudonyms oder seiner postalischen Anschrift zu Lieferzwecken zustimmt.

Ein Einsatz von P3P ist auch im Kontext individualisierender Geräte denkbar, sofern diese mit Kommunikationsfunktionalitäten ausgestattet sind. Die Geräte könnten zum Beispiel mit einer P3P-Software ausgestattet sein, die den Nutzer auffordert, vor der ersten Kommunikation mit anderen Geräten ein P3P-Anforderungsprofil auszufüllen. Überspringt der Nutzer das Ausfüllen der Maske, sollte die Software dennoch aktiv bleiben und bei der Kommunikation mit anderen Geräten, die Daten erheben, auf Default-Einstellungen zurückgreifen. Diese Default-Einstellungen sollten datenschutzfreundlich sein, also die Kommunikation mit solchen Interaktionspartnern unterbinden, deren P3P-Policy erkennen lässt, dass Daten in personenbezogener Form verarbeitet werden.

Hinzuweisen ist in diesem Kontext darauf, dass die Verwendung von P3P nicht verhindert, dass Diensteanbieter Daten entgegen der erklärten Verarbeitungspraktiken erheben und weiterleiten. Das System gleicht lediglich die Erklärungen der Diensteanbieter mit den Anforderungen der Betroffenen ab, es liefert keine Gewähr dafür, dass Daten tatsächlich nur so wie erklärt verarbeitet werden.

2.4   Anreize für Datenschutzfreundlichkeit statt Ge- und Verboten

Anreizsysteme können ein wirksames Mittel sein, um eine verbesserte Akzeptanz datenschutzfreundlicher Technologien und des Datenschutzes allgemein herbeizuführen. Die Gleichung „mehr Datenschutz bedeutet weniger Umsatz" soll durch die Einführung eines Anreizsystems umgekehrt werden in „mehr Umsatz mit datenschutzfreundlicher Technologie". Im Optimalfall sind Anreizsysteme so ausgestaltet, dass sich durch den Einsatz datenschutzfreundlicher Technologie für die Verwender ein unmittelbarer, wirtschaftlich messbarer Vorteil ergibt. Hierdurch erscheint der Datenschutz für die Datenverarbeiter in einem völlig anderen Licht, was zu einem Umdenken anregen muss. Anstatt als zusätzliche Belastung und Hemmschuh für das Unternehmensergebnis lediglich auf der Kostenseite zu Buche zu schlagen, präsentiert sich der Datenschutz bei diesem Denkansatz als umsatzsteigernder Faktor, der dem Kerngeschäft direkt zuträglich ist. Demgegenüber erschöpfen sich die positiven Effekte bei der Gestaltung des Datenschutzes durch Gesetze, die „von oben herab" diktiert werden, darin, dass die Datenverarbeitung bei Beachtung der Gesetze rechtmäßig ist und gegebenenfalls negative Publicity verhindert werden kann.

Um wirksam zu sein, müssen die geschaffenen Anreize jedoch so stark sein, dass sie die Beharrungskräfte der Datenverarbeiter überwiegen und diesen intern die Möglichkeit geben, die Initialkosten beziehungsweise möglicherweise höheren Kosten der datenschutzfreundlicheren Technik zu rechtfertigen. Ein Anreizsystem funktioniert daher regelmäßig nur, wenn dadurch eine verbesserte Nachfrage für die datenschutzfreundlichen Produkte generiert wird.[966]

---

[966] Bäumler (2002), 111.

Dies bedeutet für die Unternehmen, deren Kunden andere Unternehmen sind, dass Anreizsystemen im hier gemeinten Sinne die Grundlage entzogen ist, da diese Unternehmen nicht gegenüber Endkunden auftreten und dem entsprechend durch Effekte wie einen Vertrauensgewinn oder besseres Image bei den Endkunden nicht angesprochen werden. Unternehmen, die Individualisierungsmaßnahmen der ersten oder zweiten Gruppe als Dienstleister für andere Unternehmen anbieten, sind von den Ausführungen dieses Kapitels folglich nicht betroffen.

2.4.1 Datenschutz als Wettbewerbsvorteil

Mit dem Entstehen der Informations- und Kommunikationsgesellschaft ist Wissen neben Arbeit, Kapital und Rohstoffen zu einem zusätzlichen Produktions- und Wirtschaftsgut geworden.[967] Das in personenbezogenen Daten enthaltene Wissen stellt einen wichtigen Wirtschaftsfaktor dar.[968] Wenn privatwirtschaftliche Unternehmen zu einem hohen Datenschutzniveau im Umgang mit personenbezogenen Daten motiviert werden sollen, ist es unerlässlich, existierende Marktmechanismen zu berücksichtigen.[969] Es versteht sich, dass nur solche Unternehmen von Marktmechanismen im B2C-Markt betroffen sind, die gegenüber Endkunden als Geschäftspartner auftreten. Im B2B-Markt kommt es hingegen nicht darauf an, ob ein Unternehmen in der Öffentlichkeit als datenschutzfreundlich wahrgenommen wird. Die Unternehmen, die Individualisierungsmaßnahmen der ersten oder zweiten Gruppe durchführen, also zum Beispiel Adresshändler, Profilbildungs- oder Scoring-Agenturen sowie Auskunfteien für Finanzdienstleister, sind ganz überwiegend im B2B-Markt aktiv. Für sie bietet der Einsatz datenschutzfreundlicher Technologie keinerlei Wettbewerbsvorteil.

Für die Unternehmen, die Individualisierungsmaßnahmen gegenüber Endkunden anbieten oder verwenden, ist es interessant, zu wissen, ob der Einsatz datenschutzfreundlicher Technologien Wettbewerbsvorteile bringt. Bislang ist die Behauptung, Datenschutz und insbesondere datenschutzfördernde Technik stelle einen Wettbewerbsvorteil dar, noch nicht wissenschaftlich bewiesen.[970] Eine ökonomische Analyse müsste sich mit den beiden Faktoren Kosten und Umsatz auseinandersetzen.

---

[967] Büllesbach, RDV 1997, 239f.
[968] Büllesbach, RDV 1997, 240.
[969] Bizer/Fox, DuD 1997, 502; Bizer/Petri, DuD 2001, 97.
[970] Dazu: Hoeren (2000), 263.

Durch den Einsatz datenschutzfördernder Techniken fallen im Normalfall höhere Kosten an. Diese müssten durch höhere Umsätze aufgewogen werden. Datenschutz hat einen nachweisbaren umsatzfördernden Einfluss auf Vertrauensgüter, also solche Güter, deren Qualität vom Kunden nicht abschließend bewertet werden können. Doch auch bei Produktionsgütern lässt sich argumentieren, dass Datenschutz positive Effekte hat, da der Einsatz datenschutzfreundlicher oder sogar datenschutzfördernder Technologie zumindest von datenschutzbewussten Kunden honoriert würde und somit zu höheren Umsätzen führen wird. Auf der Kostenseite ist zu berücksichtigen, dass der Einsatz datenschutzfreundlicher Technologie jedenfalls bei Neuanschaffungen nicht zwingend mit höheren Kosten verbunden ist, wenn Produkte auf dem Markt vorhanden sind, in denen datenschutzfreundliche Technologien von vornherein integriert sind. Mehrere Faktoren sprechen dafür, dass datenschutzfreundliche Technik für die Unternehmen, die diese einsetzen, zu Wettbewerbsvorteilen führt.[971] Umfragen belegen, dass das Vertrauen der Nutzer die Wettbewerbsfähigkeit von Unternehmen verbessert und eine Grundvoraussetzung für einen gut funktionierenden Electronic und Mobile Commerce ist.[972] Unternehmen, die sich bemühen, das informationelle Selbstbestimmungsrecht ihrer Kunden beziehungsweise Nutzer zu schützen, dürfen mit einem wachsenden Vertrauen rechnen.[973] Der Vertrauensgewinn dürfte gegenüber den Wettbewerbern umso größer ausfallen, je „datensensibler" das Umfeld der spezifischen Branche ist.[974] Je mehr personenbezogene Daten bei der Benutzung der jeweiligen Produkte erhoben und verarbeitet werden und je detailreicher und sensibler diese Daten sind, desto wichtiger ist den Kunden der Schutz ihrer Daten.

Bei der Nutzung individualisierter und personalisierter Geräte sowie bei der Inanspruchnahme individualisierter und personalisierter Dienstleistungen ist die Dichte und Privatheit der verarbeiteten Daten kaum zu überbieten. Somit ist gerade in diesem Markt davon auszugehen, dass sich der Einsatz datenschutzfreundlicher und datenschutzfördernder Technik in besonderem Maße als Wettbewerbsvorteil darstellt und sich somit positiv auf die Umsatzentwicklung auswirken wird. Auf der Kostenseite ist zu berücksichtigen, dass daten-

---

[971] So nehmen Tauss/Özdemir (2001), 232, sogar an, dass Datenschutz zum entscheidenden Wettbewerbsvorteil der Informations- und Kommunikationsmöglichkeiten der Zukunft wird. Siehe zum Datenschutz als Wettbewerbsvorteil auch die Beiträge in Bäumler/v. Mutius, A. (2002).

[972] Siehe Bizer, DuD 2001, 250.

[973] Von Stechow (2005), 138.

[974] Allgemein zum Datenschutz als notwendigem Vertrauensfaktor Roßnagel, in: Roßnagel/Banzhaf/Grimm (2003), 120 ff.

schutzfördernde Technik sich umso langsamer etablieren wird, je teurer sie im Vergleich zu sonstigen Angeboten ist. Zu bedenken ist jedoch für die Unternehmen, die die datenschutzfördernden Techniken potenziell einsetzen könnten, dass auf der Kostenseite neben dem Anschaffungspreis auch andere Faktoren von Bedeutung sein können. Wenn die verwendete Technik die Grundsätze der Datensparsamkeit und Datenvermeidung inkorporiert, bedeutet dies, dass für die betroffenen Unternehmen auch weniger Kosten anfallen. Zum einen müssten weniger Daten gespeichert, gepflegt und gesichert werden. Zum anderen entfallen die mitunter hohen Kosten für Auskünfte gegenüber dem Staat und Dritten, die ansonsten etwa im Rahmen von Ermittlungsverfahren verlangt werden könnten.[975]

Die Einführung von Anreizsystemen würde auch dazu beitragen, dass Verbraucher den Datenschutz als Unterscheidungskriterium und Qualitätsvorteil der betreffenden Anbieter wahrnehmen.[976] Die Verbraucher würden durch die Vergabe von Auditauszeichnungen auf datenschutzfreundliche Angebote aufmerksam werden. Hierdurch würden sie angeregt, für sich persönlich auf einen höheren Datenschutzstandard zu achten.[977] Durch eine zunehmende Sensibilisierung der Konsumenten auf diesem Gebiet wird Datenschutz allmählich zu einem Differenzierungskriterium, das im Wettbewerb eine immer größere Rolle spielen dürfte. Dies dürfte wiederum Unternehmen dazu bewegen, datenschutzfreundliche und -fördernde Lösungen verstärkt einzusetzen, so dass der Schutz von Kundendaten die Wettbewerbsfähigkeit eines Systems beeinflussen würde.[978] Das Schutzniveau der Verbraucher ist ein Qualitätsmerkmal, das vom Unternehmensmarketing auch gezielt in der Außendarstellung des Unternehmens eingesetzt werden kann.[979]

Im Gegenschluss können Datenschutzlücken, sind sie einmal bekannt geworden und womöglich in den Medien verbreitet worden, zum Akzeptanzverlust auf Seiten der Verbraucher führen. Der hierdurch entstehende gravierende Vertrauensverlust ließe sich nur mit großem Aufwand an Geld und Zeit wieder beheben.[980] Mittelfristig wird sich für Unternehmen – so ist im Interesse der informationellen Selbstbestimmung zu hoffen – nicht die Frage stellen, wie viel die Implementierung eines akzeptablen Datenschutzsystems kostet, sondern wie viel es kostet, über ein solches nicht zu verfügen. Auch wenn datenschutz-

---

[975] Hansen, in: Roßnagel (2003), 3.3, Rn. 6; Federrath/Pfitzmann (2001), 258.

[976] Von Stechow (2004), 141.

[977] Bäumler (2002), 106; Büllesbach, RDV 1997, 239; ders., RDV 2000, 1; ders. (2002), 45.

[978] Von Stechow, (2004), 141.

[979] Büllesbach (2002), 53f.

[980] Siehe zum Aspekt des Vertrauens der Endkunden insgesamt Fuhrmann (2001).

freundliche und -fördernde Produkte somit insgesamt durchaus Vorteile bieten und es wahrscheinlich ist, dass sich diese in Teilbereichen allein aufgrund der Marktmechanismen durchsetzen könnten, sollte die Entwicklung nicht dem Markt allein überlassen werden. Die Begehrlichkeiten an personenbezogenen Daten seitens der Wirtschaftsunternehmen sind zu groß, die informationelle Selbstbestimmung ein zu wertvolles Grundrecht, als dass der Staat sich in dieser Konstellation gänzlich heraushalten dürfte. Durch die gezielte Förderung von Technologien und Technologieforschung sowie die Unterstützung im Stadium der Markteinführung könnte und sollte der Staat bzw. der Gesetzgeber Marktdefizite beseitigen und Marktmechanismen stärken.[981]

Der Gesetzgeber hat verschiedene Möglichkeiten, selbst Wettbewerbsvorteile zu schaffen, etwa indem Unternehmen, die ein verbessertes Datenschutzniveau bieten, privilegiert werden. So könnten beispielsweise Unternehmen, die in einem Verfahrens- oder Produktaudit zertifiziert worden sind, Erleichterungen im Schadensersatzrecht gewährt bekommen, etwa durch die Exkulpationsmöglichkeit im Rahmen des § 7 Satz 2 BDSG.[982] Eine solche Regelung dürfte allerdings nicht dazu führen, dass die Grundrechte der Datenverarbeiter eingeschränkt werden und diese faktisch dazu gezwungen werden, an Auditverfahren teilzunehmen.[983] Audits sind jedoch geeignet, einen wichtigen Beitrag in einem Anreizsystem zu leisten, sie werden daher nachfolgend betrachtet.

2.4.2 Datenschutzaudit und Datenschutzzertifikat

Eine Möglichkeit, Unternehmen dazu zu bewegen, von sich aus (also freiwillig) etwas für den Datenschutz zu tun, ist das Datenschutzaudit. Es erlaubt Unternehmen, öffentlich in einer publikumswirksamen Form mit ihren Datenschutzanstrengungen zu werben, wenn diese bestimmte nachprüfbare Kriterien erfüllen. Das Datenschutzaudit soll so legitimen Eigennutz auf Seiten der Unternehmen mobilisieren und dadurch Beiträge zur Verbesserung des Datenschutzniveaus bewirken.[984] Das Datenschutzaudit ist dem Umweltschutzaudit nachempfunden, das in Form einer Verordnung der Europäischen Gemeinschaft[985] und in Form einer Techniknorm der International Standardization Or-

---

[981] Ähnlich v. Stechow (2005), 141f.

[982] Roßnagel, RDV 2002, 66.

[983] Gesellschaft für Datenschutz und Datensicherung, RDV 1999, 188.

[984] Roßnagel, in: Roßnagel (2003), 3.7, Rn. 1.

[985] EG-Verordnung „über die freiwillige Beteiligung gewerblicher Unternehmen an einem Gemeinschaftssystem für das Umweltmanagement und die Umweltbetriebsprüfung" (EG-

ganisation (ISO)[986] geregelt ist.[987] Das Umweltschutzaudit sollte die Eigenverantwortung des Unternehmens für seine Umweltauswirkungen und sein Umweltmanagement stärken und Vollzugsdefizite verringern. Auch die Teilnahme am Umweltschutzauditverfahren ist freiwillig. Als Anreiz wird dem erfolgreich teilnehmenden Unternehmen ermöglicht, mit der zertifizierten Umwelterklärung Image-Werbung in der Öffentlichkeit zu betreiben und sich im Wettbewerb von anderen Unternehmen zu unterscheiden.[988]

Die Idee eines Datenschutzaudits wurde im Rahmen eines von der Projektgruppe für verfassungsverträgliche Technikgestaltung (provet) erstellten Gutachtens erstmals publiziert.[989] Erklärte Hauptziele des Datenschutzaudits sind, die Selbstverantwortung der Datenverarbeiter zu stärken, dem Vollzugsdefizit im Datenschutz entgegenzuwirken und mit der Zeit die Qualität des Datenschutzes insgesamt zu verbessern.[990] Zentraler Gedanke des Konzepts ist die Freiwilligkeit der Durchführung von Datenschutzaudits.[991] Zwar führt die Freiwilligkeit unter Umständen dazu, dass gerade diejenigen Unternehmen, die datenschutzrechtlich ein besonders großes Verbesserungspotential aufweisen und an deren Teilnahme daher ein besonderes öffentliches Interesse besteht, nicht an dem Verfahren teilnehmen. Für eine Freiwilligkeit spricht jedoch, dass nur so Raum für anspruchsvolle Vorgaben bleibt, die tatsächlich nicht von allen Datenverarbeitern und Herstellern erreicht werden können.[992] Außerdem widerspräche eine Verpflichtung zur Teilnahme dem Grundgedanken der Eigenverantwortlichkeit und der Idee, das Datenschutzaudit als marktgesteuertes Instrument einzusetzen.[993]

UAVO), Nr. 1836/93 des Rates vom 29.6.1993, EG-ABl. L 168/1, vollständig neu gefasst durch EG-Verordnung Nr. 761/2001 „über freiwillige Beteiligung von Organisationen an einem Gemeinschaftssystem für das Umweltmanagement und die Umweltbetriebsprüfung (EMAS) vom19.3.2001, EG-ABl. L 114 vom 24.4.2001, 1.

[986] ISO EN DIN 14 000 vom Oktober 1996 sowie weitere Normen der 14 000er-Reihe.

[987] Die unmittelbar geltende EG-Verordnung wird ergänzt durch das Umweltauditgesetz (UAG) und vier Rechtsverordnungen (Nachweise bei Roßnagel, in: Roßnagel (2003), 3.7, Fn. 189), die zur innerstaatlichen Umsetzung ergangen sind.

[988] Roßnagel (2000), 41 ff.

[989] Gutachten „Vorschläge zur Regelung von Datenschutz und Rechtssicherheit in Online-Multimedia-Anwendungen" für das Bundesministerium für Bildung, Wissenschaft, Forschung und Technologie vom 15.2.1996. Der Vorschlag eines Datenschutzaudits befand sich bereits in einem Eckwertepapier zu dem Gutachten, welches am 15.12.1995 veröffentlicht wurde.

[990] Roßnagel, in: Roßnagel (2003), 3.7, Rn. 4-8.

[991] Roßnagel, in: Roßnagel (2003), 3.7, Rn. 79; Arbeitskreis „Datenschutzbeauftragte" im Verband der Metallindustrie Baden Württemberg (VMI), DuD 1999, 281, 283; Königshofen, DuD 1999, 266 ff.

[992] Roßnagel, in: Roßnagel (2003), 3.7, Rn. 79.

[993] Roßnagel, in: Roßnagel (2003), 3.7, Rn. 79.

Das Datenschutzaudit ist in Form von Programmnormen in § 9a BDSG, § 17 MDStV, 47e RStV und mehreren Landesgesetzen (§ 11c LDSG Brandenburg, § 7b LDSG Bremen, § 5 LDSG Mecklenburg-Vorpommern, § 10a LDSG NRW und § 4 Absatz 2 LDSG Schleswig-Holstein) enthalten. Die Entscheidung über das „ob" eines Datenschutzaudits ist damit gefallen.[994] Eine Ausgestaltung des Datenschutzaudits in Form von Umsetzungsregelungen ist bisher nur in Schleswig-Holstein erfolgt, das am 3.4.2001 eine ergänzende Verordnung zum Datenschutz-Gütesiegel geschaffen hat.[995]

Zu unterscheiden sind innerhalb des Konzepts „Datenschutzaudit" die Begriffe Systemaudit und Produktaudit. Das Produktaudit betrifft die einmalige Zertifizierung einer Hardware, einer Software oder eines Datenverarbeitungsverfahrens. Es bezieht sich auf einen spezifischen Gegenstand, also auf ein abschließend qualifiziertes Produkt. Dieses wird einer statischen, objektbezogenen Prüfung unterzogen, deren Bestehen mit einem Zertifikat honoriert wird. Im Gegensatz zum Systemaudit sollte das Produktaudit daher als Produktzertifizierung bezeichnet werden.[996] Das Systemaudit bezieht sich demgegenüber auf die Funktionsfähigkeit und Zweckmäßigkeit eines internen Datenschutzmanagements. Es ist struktur- und prozessbezogen und soll einen dynamischen Lernprozess initiieren und aufrechterhalten. Datenverarbeitende Stellen erhalten durch das Systemaudit die Möglichkeit, ihre Datenschutzkonzepte durch unabhängige und zugelassene Gutachter prüfen und bewerten zu lassen und das Ergebnis der Prüfung zu veröffentlichen.[997]

Im Kontext individualisierter sowie personalisierter Produkte bietet es sich ganz besonders an, die Möglichkeiten des Datenschutzaudits zu nutzen. Die Dienstleistungen und Systeme, die in diesem Zusammenhang zum Einsatz kommen, benötigen besonders viele personenbezogene Daten, sie funktionieren gerade erst dann effektiv, wenn sie eine hohe Dichte an Daten über den Nutzer gespeichert und verarbeitet haben. Dies bedeutet für die Nutzer jedoch, dass sie besonders viele persönliche Informationen über sich preisgeben müssen. Aufgrund dieser hohen datenschutzrechtlichen Relevanz ist es wichtig, dass ein Vertrauensverhältnis zwischen Nutzer und Produktanbieter aufgebaut und unterhalten wird. Hier sind die Möglichkeiten des Datenschutzaudits, sowohl in der Form des Produkt- als auch in der des Systemaudits

---

[994] Roßnagel, in: Roßnagel (2003), 3.7, Rn. 50.

[995] Landesverordnung über ein Datenschutzaudit – DSAVO, GVBl. I, 51, abrufbar unter http://www.datenschutz-zentrum.de/guetesiegel/. In der Verordnung wird entgegen ihrer Bezeichnung kein Datenschutzaudit, sondern das Datenschutz-Gütesiegel geregelt.

[996] Roßnagel, in: Roßnagel (2003), 3.7, Rn. 65.

[997] Roßnagel, in: Roßnagel (2003), 3.7, Rn. 66 ff.

geradezu prädestiniert, auf der Nutzerseite Bedenken auszuräumen und so den Weg für nachhaltige wirtschaftliche Erfolge der Anbieter zu ebnen.

2.5 Ansätze für Verbesserungen im B2B-Verhältnis

Die Mechanismen, die Datenverarbeiter zu einer freiwilligen Technikgestaltung in datenschutzfreundlicher Weise bewegen sollen, basieren darauf, dass die betreffenden Unternehmen gegenüber den Endkunden eine verbesserte Außendarstellung erreichen wollen. Dies ist bei Unternehmen, die im B2B-Bereich am Markt agieren, nicht der Fall. Wie oben mehrfach erwähnt, greifen datenschutzfördernde Technologien nur, wenn überhaupt Kommunikation zwischen datenschutzrechtlich Betroffenen und den jeweiligen datenverarbeitenden Unternehmen stattfindet. Dies bedeutet, dass die Unternehmen, die Individualisierungsmaßnahmen der ersten und zweiten Gruppe als Dienstleistung gegenüber anderen Unternehmen anbieten, mit anderen Instrumenten zu einer Umsetzung eines hohen Datenschutzstandards bewegt werden müssen. In diesem Bereich sind an Stelle von Anreizen verstärkt ordnungsrechtliche Instrumente in Betracht zu ziehen.

Eine effektive Datenschutzkontrolle durch unabhängige Aufsichtsbehörden muss sichergestellt werden. Die Befugnisse und Aufgaben der Aufsichtsbehörden müssen der qualitativen und quantitativen Entwicklung der Datenverarbeitung bei Individualisierungsmaßnahmen Rechnung tragen.[998] Derzeit sind die Möglichkeiten, die den Aufsichtsbehörden offen stehen, um gegen Datenschutzverletzungen effektiv vorzugehen, sehr eingeschränkt. Nach § 38 Absatz 5 BDSG ist die Untersagung von Datenverarbeitungsmaßnahmen nur als letztes Mittel vorgesehen. Zunächst hat gemäß § 38 Absatz 5 Satz 1 BDSG eine Anordnung zu erfolgen. Dieser Anordnung muss eine Anhörung des jeweiligen Unternehmens vorausgegangen sein.[999] Die Anordnung kann ausschließlich Maßnahmen zur Beseitigung von festgestellten Datensicherheitsmängeln, also Verstöße gegen § 9 BDSG, rügen. Ein Verbot von Datenverarbeitungsmaßnahmen, die im materiellrechtlichen Sinn rechtswidrig sind, kann die Behörde nicht aussprechen.[1000] Befolgt ein Unternehmen die Anordnung nach § 38 Absatz 5 Satz 1 BDSG trotz vorheriger Verhängung eines Zwangsgelds nicht „in angemessener Zeit", ermöglicht Satz 2 zwar, dass einzelne Da-

---

[998] Vgl. Roßnagel/Pfitzmann/Garstka (2001), 194.

[999] Vgl. § 28 VwVfG beziehungsweise die einschlägigen Normen der Landesgesetze.

[1000] Vgl. Simitis, in: Simitis (2003), § 38, Rn. 39. Der Bundesrat versuchte bereits im Gesetzgebungsverfahren zum BDSG 1990 vergeblich, eine entsprechende Erweiterung durchzusetzen, vgl. BR-Drs. 379/90 – Beschluß – Nr. 13.

tenverarbeitungsverfahren untersagt werden. Allerdings gilt dies nur, wenn es sich dabei um schwerwiegende technische oder organisatorische Datensicherungsmängel handelt. Als Beispiel führt die Vorschrift Datensicherungsmängel an, die mit besonderen Gefährdungen für das Persönlichkeitsrecht verbunden sind. Die eben aufgeführten Voraussetzungen schränken die Eingriffsbefugnisse der Aufsichtsbehörden ganz erheblich ein. Selbst bei gravierenden Mängeln ist ein sofortiges Verbot der Verarbeitungsverfahren unzulässig.[1001] Daher ist nicht davon auszugehen, dass Unternehmen die Datenschutzaufsichtsbehörden als effektive Kontroll- und Aufsichtsinstanzen wahrnehmen.

Wünschenswert wäre es, die Vorschriften des § 38 BDSG so zu verschärfen, dass datenschutzrechtliche Schutzvorschriften gegenüber rechtswidrig handelnden Unternehmen durch Eingreifen der Aufsichtsbehörden besser durchgesetzt werden können.[1002] Roßnagel schlägt vor, den Kontrollstellen die Befugnis zu geben, gegenüber privaten Datenverarbeitern die Sperrung, Löschung oder Vernichtung von widerrechtlich verarbeiteten Daten durch bindenden Verwaltungsakt anzuordnen.[1003] Bei materiellrechtlichen Verstößen gegen Datenschutzbestimmungen sollte ein sofort wirksames Verbot der Datenverarbeitungen angeordnet werden können. Darüber hinaus sollte das Instrument der Verwarnung gemäß Artikel 28 Absatz 3, 2. Spiegelstrich der Europäischen Datenschutzrichtlinie in das deutsche Datenschutzrecht eingefügt werden. Um die Effektivität dieser Verwarnung zu steigern, könnte diese auch außerhalb der Tätigkeitsberichte, zum Beispiel nach dem Muster der Bundesanstalt für Finanzdienstleistungsaufsicht, per Internet öffentlich bekannt gemacht werden.[1004]

Um eine strafrechtliche Verfolgung von Datenschutzrechtsverstößen zu ermöglichen, sollten die Aufsichtsbehörden in Zukunft über eine umfassende Strafantragsbefugnis verfügen.[1005] In einigen Bundesländern, zum Beispiel in Berlin,[1006] ist dies bereits der Fall. Wenn es aufgrund der Datenschutzrechtsverletzungen zu unrechtmäßigen Vermögensvorteilen auf Seiten des Betreibers der Individualisierungsmaßnahmen kommt (zum Beispiel durch Veräußerung unrechtmäßig erhobener Profildaten), dann sollte es Möglichkeiten für die Aufsichtsbehörden geben, diese Vorteile nach pflichtgemäßem Ermessen ab-

---

[1001] Gola/Schomerus (2005), § 38, Rn. 26.
[1002] Roßnagel/Pfitzmann/Garstka (2001), 195.
[1003] Roßnagel/Pfitzmann/Garstka (2001), 197.
[1004] Die Bundesanstalt für Finanzdienstleistungsaufsicht (BaFin) veröffentlicht auf ihrer Website http://www.bafin.de die Verhängung bestimmter Maßnahmen gegen Unternehmen.
[1005] Roßnagel/Pfitzmann/Garstka (2001), 197.
[1006] § 32 Absatz 3 Satz 3, 4 BlnDSG.

zuschöpfen.[1007]

Eine weitere Möglichkeit könnte darin bestehen, die Datenschutzaufsichtsbehörden mit einer eigenen Klagebefugnis auszustatten, so dass sie verwaltungsgerichtlich gegen Unternehmen vorgehen könnten, die rechtswidrige Individualisierungsmaßnahmen durchführen. Das Verwaltungsprozessrecht zielt zwar vorrangig auf den Schutz von Rechtspositionen des Einzelnen und schließt grundsätzlich die Verfolgung öffentlicher Interessen aus. Es gibt jedoch anerkannte Ausnahmen von diesem Grundsatz.[1008] Im Bereich des Datenschutzrechts sollte es ein Klagerecht für die Aufsichtsbehörden geben, dass ihnen erlaubt, im Interesse der Betroffenen gerichtlich gegen rechtswidrige Individualisierungsmaßnahmen vorzugehen. Zusätzlich sollte die Möglichkeiten von Verbandsklagen geschaffen werden, so wie es etwa im Naturschutz-, Wettbewerbs- und Behindertenrecht der Fall ist. Datenschutzverbände könnten somit im Interesse ihrer Mitglieder gerichtlich gegen Datenschutzrechtsverletzungen vorgehen.

In bestimmten, besonders sensiblen Teilbereichen der Datenverarbeitung ist in Erwägung zu ziehen, zulässige Individualisierungsmaßnahmen klar zu umgrenzen und Verbote für unzulässige Maßnahmen zu schaffen. Zum Beispiel könnten die rechtlichen Voraussetzungen einer (formaljuristisch) zulässigen Profilbildung im System des TDDSG genauer definiert werden. Dazu wäre die Aufnahme eines expliziten Erlaubnistatbestandes in den Normbereich des TDDSG außerhalb des § 6 TDDSG notwendig, der die generellen Voraussetzungen der zulässigen Profilbildung normiert, um die Abgrenzungsschwierigkeiten zwischen §§ 5, 6 Abs. 1 und 6 Abs. 3 TDDSG zu verringern.[1009]

[1007] Roßnagel/Pfitzmann/Garstka (2001), 197.
[1008] Vgl. Kopp/Schenke, § 42, Rn. 180 ff.
[1009] Vgl. Jandt/Laue (2005), i.E.

Teil E: Konkrete Beispiele für Gestaltungsmöglichkeiten

Nachfolgend werden einige Ansätze zu einer datenschutzfreundlichen Gestaltung der Systeme vorgestellt, die bei Individualisierungsmaßnahmen eingesetzt werden können. Hierbei steht die Verbesserung der Aspekte Datensparsamkeit und -vermeidung sowie Selbstbestimmung und Transparenz, im Vordergrund.

1 Datenvermeidung durch Pseudonyme

Eines der Gestaltungsziele im Datenschutzrecht ist die Datenvermeidung. Grundsätzlich sollen so wenig personenbezogene Daten wie möglich erhoben und verarbeitet werden. Gemäß § 3a Satz 2 BDSG ist deshalb von der Möglichkeit der Anonymisierung und Pseudonymisierung Gebrauch zu machen, soweit dies technisch möglich ist und der Aufwand in einem angemessenen Verhältnis zu dem angestrebten Schutzzweck steht. Datenvermeidung und Datensparsamkeit bilden die Grundpfeiler des oben dargestellten Konzepts „Datenschutz durch Technik", also des Verständnisses, dass Datenschutz nicht gegen, sondern mit und durch die Technik gewährleistet wird.[1010] Im Internet kann ein einmal entstandenes Datum vom Nutzer kaum noch kontrolliert werden. Durch den Einsatz von Pseudonymen und Anonymisierungstechniken kann bereits das Entstehen von personenbezogenen Daten verhindert werden, so dass es zu den Folgeproblemen gar nicht erst kommt.[1011]

1.1 Pflicht zum Angebot anonymer oder pseudonymer Zugänge

Nach der Methode KORA kann das Gebot der Datensparsamkeit und -vermeidung als Kriterium, dem die Technik genügen muss, aus der informationellen Selbstbestimmung entwickelt werden. Allerdings ist in diesem Bereich bereits eine Regelung durch den Gesetzgeber erfolgt, der das Prinzip der Datenvermeidung in § 18 Absatz 6 Satz 1 MDStV sowie § 4 Absatz 6 Satz 1 TDDSG konkretisiert hat.[1012] Diese Vorschriften verpflichten Diensteanbieter,

---

[1010] Hierzu siehe Teil D 2.2.

[1011] Vgl. hierzu Roßnagel, in: Roßnagel/Banzhaf/Grimm (2003), 197.

[1012] Vgl. BT-Drs. 13/7385, S. 23; Schmitz in: Handbuch Multimedia-Recht (Hoeren/Sieber), 16.4, Rn. 98.

den Nutzern die Inanspruchnahme von Medien- beziehungsweise Telediensten und ihre Bezahlung anonym oder unter Pseudonym zu ermöglichen, soweit dies technisch möglich und zumutbar ist.[1013] Das bedeutet, dass Anbieter nur dann von der Pflicht zur anonymen oder pseudonymen Inanspruchnahme des Dienstes befreit sind, wenn eine technische Unmöglichkeit oder wirtschaftliche Unzumutbarkeit vorliegt. In der Praxis werden vollständig anonyme beziehungsweise pseudonyme Zugänge zu Tele- und Mediendiensten im technischen Sinn trotz der grundsätzlichen Verpflichtung hierzu bislang nicht angeboten.[1014] Die Anbieter berufen sich meist pauschal auf die technische Unmöglichkeit und auf die wirtschaftliche Unzumutbarkeit derartiger Zugänge. Maßnahmen der Aufsichtsbehörden zur Durchsetzung der Anbieterpflicht werden bislang nicht ergriffen, da es vor allem an verbindlichen Kriterien und Maßstäben mangelt, die das Merkmal der wirtschaftlichen Unzumutbarkeit konkretisieren.

Hinsichtlich der Begriffe „anonym" und „pseudonym" liegen Legaldefinitionen in § 3 BDSG vor. Zur Abgrenzung wurde bereits oben Stellung genommen.[1015] Anonymisieren ist das Verändern personenbezogener Daten derart, dass die Einzelangaben über persönliche oder sachliche Verhältnisse nicht mehr oder nur mit einem unverhältnismäßig großen Aufwand an Zeit, Kosten und Arbeitskraft einer bestimmten oder bestimmbaren natürlichen Person zugeordnet werden können.[1016] Pseudonymisieren ist das Ersetzen des Namens und anderer Identifikationsmerkmale durch ein Kennzeichen zu dem Zweck, die Bestimmung des Betroffenen auszuschließen oder wesentlich zu erschweren.[1017] Anders formuliert, bedeutet Pseudonymisieren das Verändern personenbezogener Daten durch eine Zuordnungsvorschrift in der Weise, dass die Einzelangaben ohne Kenntnis der Zuordnungsvorschrift nicht mehr der dazu gehörigen natürlichen Person zugeordnet werden können, also eine Art Deckname (Pseudonym) verwendet wird.[1018]

[1013] Der Wortlaut der Vorschriften verlangt die „technische Möglichkeit und Zumutbarkeit". Das Adjektiv „technisch" bezieht sich jedoch allein auf das Substantiv „Möglichkeit". Unter dem Tatbestandsmerkmal der Zumutbarkeit sind wirtschaftliche Erwägungen zusammengefasst.

[1014] Vereinzelt wird zwar die anonyme Nutzung von Diensten beziehungsweise die Nutzung unter Pseudonymen zugesichert, der Zugang zu den Diensten erfolgt jedoch nicht geschützt, so dass eine Beobachtbarkeit sowohl durch den Dienstbetreiber als auch durch Dritte möglich ist.

[1015] Vgl. Teil C 3.5.1.2.

[1016] Siehe § 3 Abs. 6 BDSG. Zu den Begriffen Anonymität und Pseudonymität siehe Roßnagel/Scholz, MMR 2000, 721, 723; vgl. Schmitz in: Handbuch Multimedia-Recht (Hoeren/Sieber), 16.4, Rn. 101.

[1017] Siehe § 3 Abs. 6a BDSG.

[1018] Bizer/Bleumer, DuD 1997, 46.

Bei der Dienstnutzung im Internet fallen, aufgrund der interaktiven Kommunikation und der notwendigen Adressierung der zu übermittelnden Daten, Datenspuren wie beispielsweise IP-Adressen an, die – da jede IP-Adresse zur selben Zeit weltweit nur einmalig verwendet wird – Rückschlüsse auf die dahinter stehenden natürlichen Personen zulassen.[1019] Daher ist es nicht ausreichend, wenn ein Diensteanbieter lediglich pseudonyme Zugänge anbietet, denn aufgrund der anfallenden Verbindungsdaten kann er Rückschlüsse auf die Identität der Nutzer ziehen.

Es gibt Anonymisierungstechniken, die verhindern, dass Datensätze mit Personenbezug anfallen. Zu berücksichtigen ist hier, dass anonyme oder pseudonyme Angebote häufig nur durch Zusammenwirken mehrerer Anbieter (Zugangsvermittler, Inhaltsvermittler und Inhaltsanbieter) oder unter Beteiligung dritter Instanzen (Zertifizierungsstellen) gewährleistet werden können. Die bloße Notwendigkeit einer Kooperation kann jedoch die Diensteanbieter nicht bereits aus diesem Grund von ihrer Pflicht befreien, anonyme und pseudonyme Nutzungsmöglichkeiten bereitzustellen.

Die vorliegende Arbeit zeigt einerseits, dass anonyme Zugänge zu Tele- und Mediendiensten technisch möglich sind. Andererseits wird durch die Quantifizierung des hierfür erforderlichen finanziellen Aufwandes am Beispiel einer Online-Dating-Plattform ein erster Schritt unternommen, um Kriterien für eine wirtschaftliche Zumutbarkeit zu entwickeln.[1020] Ausgangspunkt der vorzunehmenden Betrachtung muss die Auslegung der gesetzlichen Vorschriften sein.

1.2 Auslegung der Vorschriften

1.2.1 Grundsätzliche Anbieterverpflichtung

Die Platzierung der Vorschriften unter dem Paragraphen mit der amtlichen Überschrift „Pflichten des Diensteanbieters" sowie die Formulierung „der Diensteanbieter hat dem Nutzer...zu ermöglichen" weist auf eine grundsätzli-

---

[1019] Sowohl statische als auch dynamisch für den einzelnen Nutzungszeitraum vergebene IP-Adressen sind für den Zugangsvermittler personenbezogene Daten, soweit dieser über die Referenzdatei verfügt, die die zugewiesene IP-Adresse dem Klarnamen oder anderen personenbezogenen Daten zuordnet, vgl. Roßnagel, in: Roßnagel/Banzhaf/Grimm (2003), 154; Schulz, in: Roßnagel, RMD, § 1 TDDSG, Rn. 34.

[1020] Die nachfolgenden Ausführungen gehen zurück auf einen im Sommer 2005 entstandenen Artikel, den der Verfasser unter Mitarbeit von Dipl.-Jurist T. Stadler in Kooperation mit Dipl.-Inf. Lothar Fritsch und Dipl.-Inf. Heiko Roßnagel (beide Universität Frankfurt) verfasst hat (DuD 10/2005)

che Rechtspflicht hin, die den Diensteanbietern vom Gesetzgeber auferlegt werden soll. Auch aus der Begründung des TDDSG ergibt sich, dass von einer grundsätzlichen Verpflichtung der Diensteanbieter auszugehen ist. So heißt es dort: „Diensteanbieter haben ... den Nutzern anonymes oder pseudonymes Handeln zu ermöglichen."[1021] Die Vorschrift ist insoweit also eindeutig, Auslegungsschwierigkeiten bestehen nicht. Problematisch ist hingegen die Auslegung der Ausnahmeregelung. Denn die Pflicht, anonyme oder pseudonyme Zugänge zu Diensten zu schaffen, besteht nur, soweit dies technisch möglich und zumutbar ist. Zur technischen Möglichkeit findet sich in der Begründung des TDDSG lediglich der Hinweis, dass es von einer generellen, objektiven Sichtweise abhängig ist, welche technischen Möglichkeiten dabei in Betracht kommen.[1022] Zur Zumutbarkeit findet sich lediglich der Hinweis, dass Anbieter nicht zu jedem technisch möglichen Angebot verpflichtet sein sollen, Größe und Leistungsfähigkeit des Diensteanbieters könnten berücksichtigt werden.[1023] Die Bewertung der Tatbestandsmerkmale im Einzelfall ist schwierig. Besonders hinsichtlich der Zumutbarkeit ist es problematisch, konkrete Anknüpfungspunkte für das Vorliegen dieser Voraussetzung zu formulieren. In der Praxis dürfte die tatsächliche Feststellung des Vorliegens der Voraussetzungen der Ausnahmevorschrift letztlich entscheidend für die Anbieterpflicht sein. Zunächst ist zu prüfen, ob hier eine gesetzliche Vermutung vorliegt, nach der grundsätzlich von der Möglichkeit und Zumutbarkeit anonymer oder pseudonymer Zugänge auszugehen ist.

Angesichts der Formulierung des Gesetzestextes, muss geprüft werden, ob die Diensteanbieter die Beweislast dafür trifft, dass anonyme oder pseudonyme Zugangsmöglichkeiten nicht möglich oder zumutbar sind. Denn aus der Formulierung der Vorschrift könnte man herauslesen, dass der Gesetzgeber von der grundsätzlichen Möglichkeit und Zumutbarkeit anonymer oder pseudonymer Zugänge ausgeht und dass die Diensteanbieter nur ausnahmsweise von ihrer Pflicht, solche Zugänge zu schaffen, befreit sind. Es stellt sich die Frage, wie die Wahl des Gesetzgebers für die Formulierung zu deuten ist. In Betracht kommen drei Interpretationsmöglichkeiten: Der Gesetzgeber könnte durch die Formulierung erstens eine gesetzliche Vermutung für die Möglichkeit und Zumutbarkeit anonymer oder pseudonymer Zugänge aufgestellt haben. Zweitens könnte in der Formulierung eine den Diensteanbietern zur Verfügung stehende Einwendung gegenüber belastenden Verwaltungsakten seitens der Aufsichtsbehörden aufgrund § 38 in Verbindung mit § 9 BDSG zu verstehen

---

[1021] BT-Drs. 13/7385, 23.

[1022] BT-Drs. 13/7385, 23.

[1023] BT-Drs. 13/7385, 23.

sein. Und drittens könnte in der Formulierung die bloße Aufstellung von Voraussetzungen für ein Tätigwerden der Verwaltung liegen mit der Wirkung, dass die Behörde über belastbare Indizien verfügen muss, bevor sie Maßnahmen gegen die Diensteanbieter einleiten kann.

Gesetzliche Vermutungen zulasten von Privaten sind im öffentlichen Recht die absolute Ausnahme, da sie den Schutz der Betroffenen vor unzureichend begründeten Verwaltungsentscheidungen verringern. Dafür, dass der Gesetzgeber mit der gewählten Formulierung eine gesetzliche Vermutung aufstellen wollte, finden sich keinerlei Hinweise in der Gesetzesbegründung. Auch ist die Formulierung letztlich nicht eindeutig genug, um eine Vermutung aufzustellen. Dies verdeutlicht ein Vergleich mit anerkannten gesetzlichen Vermutungen aus anderen Rechtsgebieten, zum Beispiel in § 891 Absatz 2 BGB: „Ist im Grundbuch ein eingetragenes Recht gelöscht, so wird *vermutet*, dass das Recht nicht bestehe". Somit ist hier jedenfalls nicht von einer gesetzlichen Vermutung zulasten der Diensteanbieter auszugehen. Gegen ein Verständnis der Formulierung als eine den Anbietern offen stehende Einwendungsmöglichkeit spricht, dass die Aufsichtsbehörden gemäß § 24 Absatz 1 und 2 VwVfG ohnehin verpflichtet sind, auch alle *für* die Beteiligten günstigen Umstände zu berücksichtigen. Dies ergibt sich ferner bereits aus dem Grundsatz der Bindung der Verwaltung an Recht und Gesetz aus Artikel 20 Absatz 3 GG. Übrig bleibt nur noch die dritte Möglichkeit: die Einschränkungen der Rechtspflicht zur Bereitstellung anonymer oder pseudonymer Nutzungsmöglichkeiten sind als bloße Tatbestandsmerkmale zu verstehen.[1024] Eine Beweisregel ist also nicht gegeben. Dies führt zu der Frage, zu wessen Lasten im öffentlichen Recht die Nichterweislichkeit von Tatsachen geht. Zu fragen ist, ob hier die Datenschutzaufsichtsbehörde die Behauptungs- und Darlegungslast und damit letztlich auch die Beweislast trägt oder der Diensteanbieter.

1.2.2 Darlegungs- und Beweislast im öffentlichen Recht

Anders als im Zivilrecht gilt im öffentlichen Recht der Grundsatz der Amtsermittlung, das heißt, die Behörde ermittelt den Sachverhalt von Amts wegen. An das Vorbringen und die etwaigen Beweisanträge der Beteiligten ist sie nicht gebunden.[1025] Sie hat alle für den Einzelfall bedeutsamen, auch die für die Beteiligten günstigen Umstände zu berücksichtigen. Gemäß §§ 24, 26

[1024] Dieses Verständnis deckt sich mit den Ausführungen in der Literatur beziehungsweise verträgt sich mit diesen, vgl. Schulz, in: Roßnagel, RMD, § 4 TDDSG, 43 ff; Schmitz, in: Hoeren/Sieber, 16.4, Rn. 98 ff; Roßnagel, in: Roßnagel/Banzhaf/Grimm (2003), 197.

[1025] Vgl. hierzu Badura, in: Erichsen/Ehlers (2002), § 37, Rn. 8.

VwVfG bedient sich die Behörde aller Beweismittel, die sie nach pflichtgemäßem Ermessen zur Ermittlung des Sachverhalts für erforderlich hält.

Der Untersuchungsgrundsatz schließt die Geltung einer formellen Beweislast im Verwaltungsverfahren aus.[1026] Das Verwaltungsprozessrecht kennt also keine Behauptungslast (Darlegungslast) sowie keine Beweisführungslast (auch: formelle Beweislast).[1027] Trotzdem stellt sich auch im Verwaltungsprozessrecht die Frage, zu wessen Gunsten beziehungsweise Lasten sich eine trotz ordnungsgemäßer Sachverhaltsaufklärung verbleibende Unsicherheit hinsichtlich einzelner Tatbestandsmerkmale materiellrechtlich auswirkt.[1028] Auch wenn aufgrund des Untersuchungsgrundsatzes eine formelle Beweislast im Verwaltungsverfahren ausgeschlossen ist, gelten die Grundsätze der materiellen Beweislast.[1029] Das bedeutet, dass im Falle eines non liquet die Nichterweislichkeit der betreffenden Tatsache zulasten desjenigen geht, der sich auf sie beruft. Ist also ein für die Entscheidung erheblicher Umstand nicht aufklärbar, kann die Regelung mangels einer Voraussetzung nicht getroffen werden, so dass die Beweislast bei belastenden Verwaltungsakten der beteiligten Behörde, bei begünstigenden Verwaltungsakten dem Antragsteller zufällt. Für die Datenschutzaufsichtsbehörde bedeutet dies, dass die Nichtbeweisbarkeit der der technischen Möglichkeit und Zumutbarkeit anonymer oder pseudonymer Zugänge zu ihren Lasten geht. Die Beweislast für die tatsächlichen Voraussetzungen einer Einwendung gegen die Ausübung einer Eingriffsbefugnis der Behörde trägt der Einwendende.[1030] Wie oben gesehen, wird die Formulierung „...soweit dies technisch möglich und zumutbar ist." hier nicht als Einwendung, sondern als Tatbestandsmerkmal und Eingriffsvoraussetzung für die Aufsichtsbehörde verstanden.

1.2.3 Mitwirkungslast

Behörden können den Beteiligten eine Mitwirkungslast aufbürden, deren Wirkung einer formellen Beweislast nahe kommen kann. Wenn etwa die Behörde auf Erklärungen oder Mitwirkungshandlungen des Beteiligten angewiesen ist, dieser seine Hilfe bei der Aufklärung jedoch verweigert, erlaubt dies der Behörde unter bestimmten Umständen, bestimmte Schlussfolgerungen über ent-

---

[1026] Badura, in: Erichsen/Ehlers (2002), § 37, Rn. 10.

[1027] Schenke, § 1 III 2, Rn. 23.

[1028] Schenke, § 1 III 2, Rn. 23.

[1029] Badura, in: Erichsen/Ehlers (2002), § 37, Rn. 10.

[1030] BVerwG, DÖV 1979, 601.

scheidungserhebliche Umstände zu ziehen.[1031] Übertragen auf die vorliegende Situation bedeutet dies, dass Behörden unter Umständen von einer Möglichkeit und Zumutbarkeit anonymer oder pseudonymer Zugänge ausgehen dürfen, wenn sie Diensteanbieter zu Mitwirkungshandlungen diesbezüglich aufgefordert haben und diese den Aufforderungen nicht nachkommen.

Festgestellt wurde somit, dass die Aufsichtsbehörden, sollten sie gegen Verstöße der Angebotspflicht vorgehen wollen, die Beweislast für die technische Möglichkeit und Zumutbarkeit der anonymen oder pseudonymen Inanspruchnahme trifft.

1.3 Technische Umsetzbarkeit

Nachfolgend soll exemplarisch am Beispiel eines anonymisierten Zugangs zu einer Online-Partnerbörse dargestellt werden, welche Technologie erforderlich und einsetzbar ist, um der Anbieterpflicht gerecht zu werden. Anstatt der Online-Partnerbörse ist jeder beliebige andere via Internet abrufbare Dienst denkbar. Hinsichtlich der hier verwendeten Technologie wird auf die Kapitel verwiesen, die sich mit Datenschutz durch Technik befassen, insbesondere Teil D 2.3.2 (Anon-Proxies und Mixe).

Eine Möglichkeit der Bereitstellung anonymer Nutzerzugänge ergibt sich unter Einsatz der bereits entwickelten Anon-Proxies bzw. Mixe.[1032] Diese Technologie geht auf David Chaum[1033] zurück und ist in Deutschland im Projekt AN.ON[1034] zur Anwendung gekommen. Die Funktionsweise lässt sich wie folgt beschreiben: innerhalb eines Mix-Netzes werden die Kommunikationsbeziehungen zwischen Sender und Empfänger von Nachrichten verschleiert. Selbst wenn ein Angreifer alle Leitungen des Kommunikationsnetzes beobachtet, bleiben die einzelnen Kommunikationsbeziehungen für ihn unbeobachtbar. Ein Mix ist vergleichbar mit einem Proxy-Server, der jedoch auch vor Beobachtung von innen schützt. Um eine vollständige Unbeobachtbarkeit zu garantieren, empfiehlt es sich, mehrere Mix-Knoten zu kaskadieren. Eine mögliche Systemkonfiguration wäre ein gemeinsam genutzter Eingangs-Mix-Knoten für alle anonymen Anwendungen sowie das Kaskadieren auf den anbietereigenen

---

[1031] Stelkens/Bonk, § 26, Rn. 44 ff., 57 ff.; Badura, in: Erichsen/Ehlers (2002), § 37, Rn. 10; dies ist insbesondere bei abgabenrechtlichen Mitwirkungspflichten anerkannt, siehe etwa BVH, NVwZ-RR 1990, 282.

[1032] Hierzu Federrath/Pfitzmann, in: Roßnagel (2003), 2.2, Rn. 73-75 m.w.N.

[1033] Siehe z.B. Chaum, CACM, 1981, 84; ders., CACM, 1985, 1030.

[1034] Projekt „Anonymität Online", http://www.anon-online.de.

Ausgangs-Mix-Knoten[1035]. Die Integration eines Mix-Dienstes in die Kommunikation stellt technisch kein Problem dar. Die Nutzer der Online-Partnerbörse wählen eine Mix-Route vom Eingangs-Mix zum Ausgangs-Mix des Online-Dienstes. Ihre Anonymität wird durch den gebündelten Verkehr aller Nutzer des Eingangs-Mix gewährleistet. Sollte einmal nicht ausreichend Verkehr auf dem Eingangs-Mix vorhanden sein, kann mit einem anderen Eingangs-Mix Dummy-Verkehr getauscht werden.

An der technischen Möglichkeit dürfte ein Angebot nur in seltenen Fällen scheitern.[1036] In der Praxis wird sich die Diskussion vielmehr an der Frage des damit verbundenen wirtschaftlichen Aufwands und folglich an der Bestimmung der Zumutbarkeit entzünden.[1037]

1.4 Wirtschaftliche Zumutbarkeit

Zumutbarkeit bedeutet in diesem Kontext, dass die Verpflichtung, anonyme oder pseudonyme Zugangsmöglichkeiten vorzuhalten, nicht außer Verhältnis zu den hiermit verbundenen Zusatzbelastungen für die Anbieter stehen darf. Die Anbieterpflicht ist zumutbar, wenn eine Abwägung der hiermit für die Anbieter verbundenen Belastungen mit den aus der anonymen oder pseudonymen Nutzungsmöglichkeit verbundenen Vorteilen für die datenschutzrechtlich betroffenen Dienstnutzer ergibt, dass diese Vorteile überwiegen und der Aufwand für den Dienstanbieter in einem sinnvollen Verhältnis zu den datenschutzrechtlich erwünschten Effekten steht.

Der Rechtsgedanke der Zumutbarkeit findet auch im Verhältnismäßigkeitsgrundsatz, der aus dem Rechtsstaatsprinzip abgeleitet wird, eine auslegungsrelevante Stütze. Auch die Dienstanbieter sind Grundrechtssubjekte und haben verfassungsrechtlich zu berücksichtigende Interessen. Wird ihre Handlungsfreiheit eingeschränkt, indem sie verpflichtet werden, bestimmte Zugänge zu ihren Diensten zu ermöglichen, muss diese Beschränkung den allgemeinen Rechtsstaatsprinzipien entsprechen. Nach dem Verhältnismäßigkeitsgrundsatz muss die zur Erreichung des Ziels in Betracht gezogene Maßnahme

---

[1035] Vgl. hierzu den Sicherheitsgewinn von Mix-Kaskaden in „Anonymisierungsverfahren im Internet: Das Mix-Modell", Bundesamt für Sicherheit in der Informationstechnik, abrufbar unter http://www.bsi.de/literat/anonym/mixmodel.htm#5.3.

[1036] Engel-Flechsig, NJW 1997, 2987; Bäumler, DuD 1999, 258 (260); Roßnagel, in: Roßnagel/Banzhaf/Grimm (2003), 197; Scholz (2003), 201; zur prototypischen Umsetzung der Angebotspflicht im Forschungsprojekt DASIT siehe Scholz (2003), 407 ff.

[1037] Scholz (2003), 201; Roßnagel, in: Roßnagel/Banzhaf/Grimm (2003), 197.

erstens geeignet, zweitens erforderlich und drittens angemessen sein. Erforderlich ist eine Maßnahme, wenn sie unter mehreren gleich geeigneten Maßnahmen das mildeste Mittel darstellt, also den geringsten Eingriff für den Betroffenen bedeutet. Angemessen ist die Maßnahme, wenn sie nicht außerhalb jeden vernünftigen Verhältnisses zum angestrebten Erfolg steht. Einerseits soll der Diensteanbieter nicht zu „jedem technisch möglichen Angebot" verpflichtet sein,[1038] andererseits soll der Begriff der Zumutbarkeit im Interesse einer optimalen Grundrechtsverwirklichung der Betroffenen „weit auszulegen sein".[1039]

Es ist zu untersuchen, wie gravierend und weit reichend die Folgen für die Dienstenutzer sind, wenn es keine anonymen oder pseudonymen Zugangsmöglichkeiten zu den Diensten gibt. Anschließend muss prognostiziert werden, wie aufwändig die Einrichtung solcher Zugänge für die Diensteanbieter sind. Die Folgen für die informationelle Selbstbestimmung sind tief greifend, wenn Dienstnutzer stets damit rechnen müssen, dass sie bei der Dienstnutzung identifizierbare Datenspuren hinterlassen. Die grundrechtlichen Gefährdungen für die Betroffenen sind bereits im Detail an anderer Stelle in dieser Arbeit behandelt worden.[1040]

Es hängt von den Umständen des Einzelfalls ab, welcher Aufwand als noch zumutbar anzusehen ist und welcher nicht. Unternehmensbezogene Faktoren wie die Möglichkeiten der bereits in den Unternehmen vorhandenen technischen Systeme, der Unternehmensgröße und der Geldmittel der Diensteanbieter sind zu berücksichtigen, allerdings können solche subjektiven Faktoren nicht zu einer Verwässerung des Grundrechtsschutzes der Betroffenen führen. Es darf nicht von der individuellen Leistungsfähigkeit abhängen, ob einem Dienstanbieter die Pflicht zur anonymen oder pseudonymen Zugänglichmachung seiner Dienste auferlegt wird. Hätte der Gesetzgeber dies gewollt, so hätte er die Formulierung „*ihm* zumutbar" in die Vorschriften aufgenommen.[1041] Ein Abstellen auf die individuellen Fähigkeiten des Dienstanbieters würde außerdem, was viel schwerer wiegt, dazu führen, dass gerade die wirtschaftlich schlecht geführten Anbieter privilegiert und die wirtschaftlich leistungsfähigen benachteiligt würden. Diese Argumentation ist im Rahmen der Auslegung des § 5 Absatz 1 Satz 1 Nr. 3 BImSchG, der ebenfalls eine Zumutbarkeitsklausel enthält, anerkannt.[1042] Es kann nicht Sinn des Gesetzes sein, die wirtschaftlich

---

[1038] BT-Drs. 13/7385, S. 23.

[1039] Engel-Flechsig, DuD 1997, 475.

[1040] Siehe oben Teil C 4.1 bis 4.5.

[1041] Vgl. Roßnagel, in: Roßnagel/Banzhaf/Grimm (2003), 198; Schaar/Schulz, in: Roßnagel, RMD, § 4 TDDSG, Rn. 54.

[1042] Vergleiche Jarass, § 5, Rn. 82, der auf die Zumutbarkeit für den „durchschnittlichen"

schlecht geführten oder vom Geschäftsmodell nicht Erfolg versprechenden Unternehmen zu fördern.

Um ein Leerlaufen der Vorschrift zu verhindern, müssen also objektive Bewertungskriterien zu Rate gezogen werden. Muster für eine branchenbezogene oder typisierte durchschnittliche Zumutbarkeit müssen entwickelt werden, so dass eine bessere Vergleichbarkeit gegeben ist. Kriterien, die eine Rolle spielen, sind unter anderem die effektiven zusätzlichen Kosten, die durch die Einrichtung der Zugänge entstehen, aber auch die Mindereinnahmen, die entstehen, wenn den Diensteanbietern die Nutzung und Vermarktung der anfallenden Daten dadurch erschwert wird, dass diese Daten nicht mehr personenbezogen sind. Ferner sind die zusätzlich entstehenden Kosten durch die Änderung der Bezahlvorgänge und Vertriebsorganisation zu berücksichtigen. Wenn Zahlungen nach dem ursprünglichen Geschäftsmodell etwa per Lastschrift oder Kreditkarte abgewickelt werden konnten, ist dies bei anonymen oder pseudonymen Zugängen ohne weiteres nicht möglich. Vertrauenswürdige Treuhänder müssen eingeschaltet werden, gegebenenfalls müssen ganz neue Zahlungsmittel wie prepaid-Karten[1043] eingesetzt werden. Ferner muss berücksichtigt werden, in wie weit die aufgrund der anonymen oder pseudonymen Zugänge erforderlich werdende Zusammenarbeit mit anderen Beteiligten an der Kommunikation (Internet Service Provider, Zugangsvermittler, Anonymisierungsdienstleister etc.) den Diensteanbietern zumutbar ist. Andererseits muss auch eventuell zusätzlich generierter Umsatz, der sich aufgrund eines gesteigerten Vertrauens der Nutzer ergeben kann, positiv in die Betrachtung einbezogen werden. Dieser wird allerdings mangels Erfahrungswerten nur schwer zu beziffern sein. Für unterschiedliche Dienstleistungskategorien und Produkte müssen jeweils angemessene Zumutbarkeitskriterien entwickelt werden. Anbieter von Dienstleistungen, bei denen typischerweise besonders viele und private Daten anfallen, müssen strenger behandelt werden als solche, bei denen Daten von geringerer Sensitivität anfallen. Um Vergleichsgruppen zu bilden, bietet sich auch eine Abgrenzung nach kartellrechtlichen Maßstäben (sachlich-gegenständlicher, geographischer und zeitlicher relevanter Markt) an.

Ausgangspunkt für die Überlegungen zur wirtschaftlichen Zumutbarkeit ist je-

---

Anlagenbetreiber abstellt, ebenso explizit Roßnagel, Gemeinschaftskommentar, § 5, Rn. 670: „Die Reststoffvermeidung ist daher dem Antragsteller jedenfalls immer dann zumutbar, wenn sie auch anderen vergleichbaren Betreibern wirtschaftliche möglich ist", m.w.N.

[1043] Diese werden in der Gesetzesbegründung vorgeschlagen, vergleiche BT-Drs. 13/7385, S. 23.

denfalls eine Quantifizierung der entstehenden Zusatzkosten, die sich bei der Einrichtung anonymer oder pseudonymer Zugänge ergeben. Diese Kosten werden nachfolgend am Beispiel eines fiktiven Beispieldienstes analysiert.

1.5 Beispieldienst Online-Partnerbörse

Die Zusatzkosten, die durch das Ermöglichen anonymer oder pseudonymer Nutzung entstehen würden, sollen vorliegend am Beispiel einer Online-Partnerbörse abgeschätzt werden. Partnerbörsen sind als Beispiel besonders geeignet, da ihre Nutzung einerseits weit verbreitet ist,[1044] andererseits aber besonders private Informationen der Nutzer verarbeitet werden. Beim hier vorgestellten imaginären Dienst registrieren sich Partnersuchende in einer Internetdatenbank. In Interessenprofilen werden eine Selbstbeschreibung und ein Wunschprofil für gesuchte Partner hinterlegt. Kunden können, durch auf der Plattform verfügbare Datamining-Werkzeuge, nach passenden Profilen potenzieller Partner suchen. Mit geeignet erscheinenden Kandidaten kann dann über die Plattform vermittelt in Kontakt getreten werden – per Web, Mail-Benachrichtgung oder Chat.

Folgende Merkmale besitzt der Dienst:
- Benutzer können ihre Profile hinterlegen und Pseudonyme generieren, mit denen sie mit anderen Nutzern kommunizieren können.
- Benutzer werden informiert, wenn sich in ihrer Umgebung ein anderer Benutzer aufhält, der zu ihrem Profil passt.
- Der Dienst vermittelt unter Nutzung der Pseudonyme die Kommunikation zum Kennen lernen der im vorigen Schritt vermittelten Teilnehmer.
- Der Dienst verfügt darüber hinaus über eine Datenbank mit kooperierenden Treffpunkten wie Kinos, Kneipen, Hotels und Fitness-Studios in allen deutschen Städten, mit deren Hilfe zwei Benutzer sich auf einen Treffpunkt einigen. Die Treffpunkte zahlen für diesen Service.

Die Bezahlung des Dienstes erfolgt mittels einer vorausbezahlten Wertkarte. Benutzer, die einen anonymen Zugang zum angebotenen Datingdienst wünschen, registrieren sich, indem sie unter einem Pseudonym einen Account eröffnen. Durch die Verwendung von Pseudonymen entstehen dem Betreiber keinerlei zusätzliche Kosten, da es für den Betrieb des Account-Management-Systems unbedeutend ist, in welcher Form die zu verarbeitenden Daten vor-

---

[1044] Nach einer Umfrage von NetRatings vom 25.8.2005 hat jeder fünfte Internetnutzer in Deutschland im Juli 2005 Partnerbörsen im Internet besucht, also ca. 7 Millionen Menschen.

liegen.[1045] Die Bezahlung der angebotenen Dienstleistungen könnte über den Einsatz von vorausbezahlten Wertkarten erfolgen, wodurch eine anonyme Bezahlung ermöglicht wird.[1046] Die Clearing-Kosten dafür sind vergleichbar mit Kartengebühren. Der Zugriff auf die Webseite des Dienstes erfolgt sowohl bei der Anmeldung als auch bei der Nutzung unter Verwendung eines Mix-Netzwerks, dessen Kosten vom Diensteanbieter getragen werden. Dieser kann den Betrieb des Mix-Netzwerkes entweder selbst übernehmen oder an einen geeigneten Betreiber übertragen.

1.6 Zusatzkosten durch die Verwendung von Mixen

Um die wirtschaftliche Zumutbarkeit des Angebots eines anonymen Zugangs zu untersuchen, werden im Folgenden zunächst die Kosten für den Betrieb eines Mix-Knotens für die oben beschriebene Infrastruktur ermittelt. Aufbauend hierauf wird der Bedarf für die Menge an gleichzeitigen Benutzersessions festgestellt, bevor dann die entstandenen Kosten für einen anonymen Zugang dem Umsatz eines Dating-Dienstes gegenüber gestellt werden.

In Interviews und Gesprächen mit Betreibern des AN.ON-Mix-Systems zur Anonymisierung von Internetverkehr wurden die Kosten des Betriebs eines AN.ON-Knotens im Sommer 2005 ermittelt. Als Referenzwerte werden hier die von Landesdatenschutzzentrum Schleswig-Holstein in Kiel[1047] genannten Kosten für die Anmietung eines Mix-Servers in einem kommerziellen Rechenzentrum verwendet. Die Ergebnisse sind in Tabelle 1 und Tabelle 2 dargestellt. Zur Abschätzung des Kostenintervalls wurde als Richtwert ein IT-Mitarbeiter mit BAT-II-Arbeitsvertrag kalkuliert. Die Kieler Erfahrungen zeigen, dass eine einzelne Mix-Einheit 350 anonyme Verbindungen gleichzeitig handhaben kann, ohne dass der Online-Dienst für den Nutzer spürbar gebremst wird.

[1045] Es handelt sich hierbei um eine gängige Praxis, vgl. etwa die Geschäftslösung der parship GmbH, bei der ein Nutzer unter einer Chiffre-Nummer agieren kann.

[1046] Entsprechende Ansätze ergeben sich aus der Implementierung von Wertkarten nach dem Vorbild der von der Commerzbank AG herausgegebenen paysafecard. Die anfallenden Mehrkosten aufgrund der Implementierung dieser zusätzlichen Bezaloption sollen hier vernachlässigt werden.

[1047] www.datenschutzzentrum.de

Einmalige Kosten	einmalig
Einrichtungsgebühr Servermiete	50 €
Einrichtungskosten Software (4h BAT II-Angesteller bei 3600€ mtl. Bruttolohn)	90 €

Tabelle 1: Einmalige Kosten Mix-Einrichtung

Die einmaligen Einrichtungskosten eines Mix' belaufen sich auf ca. 140 €. Nachfolgend sollen diese – relativ geringen und nur einmal auftretenden – Einrichtungskosten der Einfachheit halber vernachlässigt werden.

Nach der Installation entstehen zusätzlich laufende Kosten durch die monatliche Miete und Administrationsarbeiten.

Laufende Kosten	monatlich
Monatliche Servermiete inkl. Netzwerkverkehr (Bandbreite 10 Mbit, täglicher Traffic ca. 150 GBytes pro Tag)	90 €
Monatliche Wartung (4 Stunden BAT II-Angesteller bei 3600€ mtl. Bruttolohn)	90 €
Kapazität bei gleichzeitiger Nutzung	350 Nutzer

Tabelle 2: Laufende Kosten Mix-Einrichtung

Damit erzeugt der Mix-Betrieb laufende Kosten von 12*180 € = 2160 € pro Jahr. Die auf den einzelnen anonymen Nutzer herunter gebrochen Kosten eines Mix-Servers belaufen sich bei einer angenommenen Kapazität von 350 Nutzern pro Mix-Server auf 0,40 € für die Einrichtung und 6,17 €/Jahr für den Betrieb. Es ist davon auszugehen, dass bei höherem Bedarf an gleichzeitigen Nutzern durch Anmietung eines leistungsfähigeren Servers eine Kostendegression stattfindet.

1.7 Wirtschaftliche Einordnung der Zusatzosten

Die eben abgeschätzen Zusatzkosten durch die Betreibung von Mixen müssen nun in Relation zu den sonstigen Finanzkennzahlen der betroffenen Unternehmen gesetzt werden, um Rückschlüsse auf die Zumutbarkeit schließen zu können. Da der Markt der Online-Partneragenturen sich derzeit in einem dynamischen Wachstum befindet und die Größe der Marktteilnehmer sehr unterschiedlich ist, ist es nicht sinnvoll, auf einzelne fiktive Unternehmen abzustellen. Daher soll nachfolgend der im Gesamtmarkt erzielte Umsatz zu den Gesamtkosten einer hypothetischen Bereitstellung von anonymen Zugängen in Bezug gesetzt werden.

Die Betrachtung des Gesamtmarktes des Online-Datings in Deutschland ergibt, dass im Jahre 2004 insgesamt 13,9 Mio. Nutzer registriert waren.[1048] Diese haben einen Gesamtumsatz in Höhe von 37,7 Mio. Euro generiert.[1049] Dieser Wert ist mit den Kosten in Bezug zu setzen, die beim Angebot anonymer Nutzungsmöglichkeiten entstehen würden. Um diese Kosten zu berechnen, muss abgeschätzt werden, wie viele Nutzer insgesamt in Deutschland durchschnittlich gleichzeitig in Online-Partnerbörsen aktiv sind. Es wird angenommen, dass pro Million registrierte Nutzer ca. 6.000 Nutzer gleichzeitig online sind.[1050] Daraus folgt, dass für die bundesweit ca. 14 Mio. registrierten Nutzer 84.000 anonyme Nutzungszugänge vorzuhalten sind. Bei durchschnittlichen laufenden Kosten von 6,17 Euro jährlich ergeben sich zusätzliche Gesamtkosten von 520.000 Euro, die für die anonyme Nutzungsmöglichkeit aufgewendet werden müssten. Dies entspricht etwa 1,4% des erwirtschafteten Gesamtumsatzes im Online-Dating-Markt. Je nachdem, wie hoch die durchschnittliche Umsatzrendite der Online-Partnerbörsen ist, dürfte dieser Aufwand durchaus im Bereich des wirtschaftlich Zumutbaren liegen. Für die Zumutbarkeit, spricht auch, dass die betreffenden Unternehmen beträchtliche Summen für andere Zwecke ausgeben, wie etwa das Marketing. Die Online-Partnerbörse „neu.de" verfügt zum Beispiel über ein jährliches Marketingbudget von 10 Mio. Euro.[1051] Das bedeutet, dass allein dieses Unternehmen jährlich ca. 20 Mal soviel Geld für Marketingmaßnahmen ausgibt, wie notwendig wäre, um alle Online-Partnerbörsen bundesweit mit anonymen Nutzungszugängen auszustatten.

[1048] Online-Dating-Report Deutschland 2004, Marktanalyse der Marktforschungsagentur Singlebörsen-Vergleich, 45.

[1049] Online-Dating-Report Deutschland 2004, Marktanalyse der Firma Singlebörsen-Vergleich, 48; die Marktforschungsagentur Jupiter rechnet für das Jahr 2005 in Deutschland mit einem Umsatz von 42 Mio. Euro, siehe FAZ Sonntagszeitung vom 7.8.2005, 45.

[1050] Dieser Wert lässt sich wie folgt ableiten: Von den registrierten Nutzern sind lediglich etwa ein Drittel aktiv, vgl. Wiechers/Pflitsch (2004), 5. Es soll angenommen werden, dass diese ca. 330.000 aktiven Nutzer durchschnittlich zwei mal pro Woche für jeweils etwa eine halbe Stunde den Dienst online nutzen. Zu berücksichtigen ist, dass sich die Nutzungszeiten nicht linear auf den gesamten Tag verteilen, sondern innerhalb eines achtstündigen Zeitfensters (zum Beispiel 16 bis 24 Uhr) liegt. Somit kann davon ausgegangen werden, dass innerhalb eines Zeitraums von 56 Stunden (8 Stunden mal 7 Tage) 330.000 Nutzer jeweils insgesamt eine Stunde den Dienst nutzen. Zur Vereinfachung wird hier davon ausgegangen, dass sich die Nutzung innerhalb des 8-Stunden-Zeitfensters gleichmäßig verteilt. Mithin sind durchschnittlich etwa 6.000 Nutzer gleichzeitig online (330.000 geteilt durch 56.000). Zu Stoßzeiten sind möglicherweise zwar erheblich mehr Nutzer online, andererseits haben nicht 100% dieser Nutzer den Wunsch, anonym zu agieren sondern nach Expertenschätzungen allenfalls 40%.

[1051] Vgl. Handelsblatt vom Donnerstag, 25. September 2003.

1.8 Fazit und Ausblick

Bisher sind vollständig anonym oder pseudonym nutzbare Dienste am Markt nicht vertreten. Bei den Nutzern ist das Problembewusstsein bezüglich der Risiken nur schwach ausgeprägt, dies liegt jedoch zum Teil auch gerade daran, dass aufgrund des mangelnden Angebots die Kenntnis, dass es anonyme oder pseudonyme Zugänge geben könnte, nicht vorhanden ist. Die betroffenen Unternehmen berufen sich durchweg auf die Ausnahmetatbestände, also darauf, dass anonyme/pseudonyme Zugänge technisch unmöglich und wirtschaftlich unzumutbar seien.

Die technische Möglichkeit, anonyme oder pseudonyme Nutzungszugänge zu schaffen, ließe sich jedoch, wie gezeigt, relativ problemlos realisieren. Auch die hierbei entstehenden Kosten erscheinen jedenfalls für das Beispiel Partnerbörsen grundsätzlich tragbar, zumal aus der Implementierung entsprechender Verfahren auch ein wirtschaftlicher Nutzen in Form eines Vertrauensgewinns für die Unternehmen resultieren würde.

Im Ergebnis ist festzuhalten, dass Aufsichtsbehörden sich in Zukunft zunehmend nicht mehr mit den pauschalen Behauptungen der Unzumutbarkeit zufrieden geben sollten, sondern dezidierte Auskünfte über erzielte Umsätze, Gewinne, IT- und Marketingausgaben verlangen und diese zusammen mit weiteren Kriterien wie etwa der Sensibilität der verarbeiteten Daten in Gesamtschau bewerten sollten.

Es wäre zu wünschen, dass mittelfristig jedenfalls ein nennenswerter Prozentsatz der Dienste auch anonym oder unter Pseudonym nutzbar wird. Voraussetzung für einen Erfolg ist letztlich, dass Nutzer die Risiken der nicht anonymen und nicht pseudonymen Inanspruchnahme von Telediensten erkennen und die Alternativen kennen lernen. Spätestens dann wird die Implementierung entsprechender Systeme auch für die Anbieter einen Wettbewerbsvorteil darstellen. Dies bestätigen auch einschlägige Studien zu Nutzerbedürfnissen[1052] und zu Produktmerkmalen.[1053]

[1052] Vgl. Sheehan/Grubbs, Journal of Public Policy & Marketing 2000, 62 (64 ff.).

[1053] Vgl. Fritsch/Muntermann, Proceedings der Konferenz Mobile Commerce Technologien und Anwendungen (MCTA). Lecture Notes on Informatics, Bonn: Gesellschaft für Informatik, 2005.

2.1   Datenschutzrechtliche Anforderungen an Profile

Mittels der Methode KORA können aus Grundrechten wie dem allgemeinen Persönlichkeitsrecht aus Artikel 2 Absatz 1 GG in Verbindung mit Artikel 1 Absatz 1 GG technische Anforderungen, zum Beispiel auch für individualisierte Produkte entwickelt werden. Im Rahmen dieses Kapitels soll auf die Profilbildung, die insbesondere bei individualisierten Dienstleistungen erforderlich ist, eingegangen werden. Das Vorgehen bei der Methode KORA zielt darauf ab, die Technikgestaltung so zu beeinflussen, dass die entwickelte Technik nicht nur das Negativkriterium „nicht rechtswidrig" erfüllt, sondern positiv rechts- und verfassungsverträglich gestaltet wird.[1054] Rechtsverträglichkeit betrachtet die durch die Technikanwendung beeinflussten Verwirklichungs- und Gewährleistungsbedingungen, unter denen Menschen ihre Rechte wahrnehmen.[1055] Sie zielt darauf, die gesellschaftliche Wirklichkeit durch die Technikgestaltung so zu beeinflussen, dass sie möglichst weitgehend mit den Rechtszielen, die sich aus dem Grundgesetz ergeben, übereinstimmt. Von mehreren Techniken, die möglicherweise allesamt „nicht-rechtswidrig" sind, soll die Entwicklung derjeniger gefördert werden, die besonders gut mit der Intention der Verfassung harmonieren. Zur Verdeutlichung des eben Gesagten kann an dieser Stelle auf die verschiedenen Gestaltungsmöglichkeiten von Profilarchitekturen hingewiesen werden, die bei personalisierten Dienstleistungen zum Einsatz kommen. Während eine Architektur, bei der Profile zentral und vom Nutzer unbeeinflussbar verarbeitet werden, mit entsprechender Einwilligung des Nutzers rechtmäßig sein kann, ist eine Architektur, bei der das Profil des Nutzers sich auf dessen Endgeräten befindet und von ihm verändert werden kann, nicht nur ebenfalls rechtmäßig, sondern auch grundrechtsfreundlicher als die erstgenannte Alternative. Daher ist diese technische Lösung verfassungsrechtlich vorzugswürdig.

Auf der ersten Stufe der Methode KORA werden aus verfassungsrechtlichen Vorgaben Anforderungen abgeleitet.[1056] Der Inhalt des Grundrechts auf informationelle Selbstbestimmung wurde bereits dargestellt, somit kann hinsichtlich dieser Stufe auf die Ausführungen oben verwiesen werden.[1057] Diese Ausfüh-

---

[1054] Vgl. Pordesch (2003), 259.
[1055] Hierzu umfassend Roßnagel (1993), 192 ff.
[1056] Siehe zu den Stufen der Methode KORA oben Teil A 2.1.2.
[1057] Siehe dazu oben, Teil C 2.1.1.

rungen bilden die Ableitung der abstrakten rechtlichen Anforderungen im Sinne der ersten KORA-Stufe. Auf Basis dieser rechtlichen Anforderungen werden, entsprechend der zweiten KORA-Stufe, technikspezifische Kriterien präzisiert. Im Rahmen dieser Abhandlung können die Ausführungen zu den Risiken der Profilbildung als Grundlage für die Formulierung der Kriterien fungieren, sie werden daher bei der nachfolgend vorzunehmenden Kriterienbildung mit einbezogen.[1058] In der dritten KORA-Stufe werden technische Gestaltungsziele entwickelt, indem von der Technik her nach den Elementarfunktionen gefragt wird, die die Leistungsmerkmale erfüllen müssen, um kriteriengerecht zu sein. Vorliegend wird bei der Formulierung von Gestaltungszielen auf die Ausführungen zu den gesetzlichen Erlaubnistatbeständen und zur Einwilligung zurückgegriffen.[1059] Die vierte Stufe der Methode KORA wird hier nicht vollständig durchgeführt. Statt einer Bewertung verschiedener technischer Gestaltungsmöglichkeiten wird lediglich eine vorzugswürdige Möglichkeit vorgestellt.

Nachfolgend werden dem entsprechend zuerst Überlegungen zur zweiten Stufe von KORA vorgestellt, dann zur dritten Stufe und schließlich zur vierten Stufe.

2.1.1 Kriterien der grundrechtskonformen Profilbildung

Aus Sicht des Grundrechts auf informationelle Selbstbestimmung bestehen umso weniger Bedenken gegen Profile, je weniger personenbezogene Daten in ihnen verarbeitet werden. Dies bedeutet nicht, dass auf Daten allgemein verzichtet werden muss, lediglich der Personenbezug dieser Daten sollte so weit wie möglich reduziert werden. Der Möglichkeit der anonymen und pseudonymen Datennutzung beziehungsweise der anonymen und pseudonymen Zugangsmöglichkeiten zu Dienstleistungen ist das vorstehende Kapitel gewidmet. Hier soll das Augenmerk deshalb auf die Kriterien Selbstbestimmung und Transparenz gelenkt werden. Die informationelle Selbstbestimmung wird umso besser gewahrt, je größer das Maß der Einflussnahme auf die Verwendung der Profildaten durch den Betroffenen ist. Es wäre wünschenswert, dass ausschließlich der Nutzer darüber bestimmen könnte, wer wann auf diese Daten zugreifen kann, wer diese weitergeben darf und wie lange die Daten beim Empfänger gespeichert bleiben könnten. Eine technische Lösung, die ausschließlich eine absolut zweckgebundene Nutzungsmöglichkeit der Profildaten

---

[1058] Hierzu oben, Teil C 4.4.
[1059] Vgl. hierzu Teil C. 5, 5.2.

des Nutzers beim Verwender zulässt und die es dem Verwender technisch unmöglich macht, die Daten über den vereinbarten Zweck hinausgehend zu nutzen oder auch nur zu speichern, würde die informationelle Selbstbestimmung technisch sicherstellen und einen Missbrauch ausschließen.

2.1.2 Technische Gestaltungsziele

Die bei der Profilbildung zum Einsatz kommende Technik muss so gestaltet sein, dass dem Nutzer die Wahrnehmung der Rechte, die sich aus dem Grundrecht auf informationelle Selbstbestimmung ergeben, möglichst einfach und transparent gemacht wird. Auf Informations- und Widerrufsmöglichkeiten sollte daher an prominenter Stelle hingewiesen werden. Die Gestaltung aller Elemente des Individualisierungsprodukts, mit denen der Nutzer in Berührung kommt, muss den Sinn und Zweck des Grundrechts auf informationelle Selbstbestimmung sowie der konkretisierenden einfachgesetzlichen Vorschriften widerspiegeln. Das bedeutet, dass zum Beispiel die Benutzeroberfläche durch die verwendeten Formulierungen und die Anordnung von etwaigen Ankreuzfeldern erkennen lassen muss, dass es sich bei der datenschutzrechtlichen Einwilligung um eine wichtige Entscheidung und nicht um eine von vielen beiläufigen Standardabfragen handelt. Verhindert werden muss der Eindruck, dass es auf eine Zustimmung des Betroffenen gar nicht mehr ankomme oder dass er keine Wahl habe als in die Datenverarbeitung einzuwilligen.

Informationelle Selbstbestimmung setzt voraus, dass die Datenverarbeitung gegenüber der betroffenen Person transparent ist. Sie muss in der Lage sein, sich zu informieren, „wer was wann und bei welcher Gelegenheit über sie weiß."[1060] Die Überprüfung der Rechtmäßigkeit von Datenverarbeitungen und die Geltendmachung von Rechten können nur stattfinden, wenn den Betroffenen die näheren Umstände der Verarbeitung bekannt sind. Es muss verhindert werden, dass der Einzelne zum Objekt einer Datenverarbeitung wird, die er aufgrund ihrer Komplexität und Intransparenz weder überblicken noch beeinflussen kann.[1061]

Durch die digitalisierte und automatisierte Datenerhebung, die inzwischen in vielen Lebensbereichen, vor allem aber in Internet-gestützten Umgebungen stattfindet, entsteht die Gefahr einer für den Nutzer nicht mehr nachvollziehbaren Datenverarbeitung. Wenn Personen zum Beispiel adaptive, individualisie-

---

[1060] BVerfGE 65, 1 (43).
[1061] Mallmann, CR 1988, 97; Roßnagel, in: Roßnagel (2003), 7.9, Rn. 21.

rende Systeme in ihrem Alltag benutzen, kann praktisch jede Bewegung, jede Sequenz ihres Verhaltens gespeichert, analysiert und zu einem Profil zusammengesetzt werden. Datenverarbeitung findet in Form eines prozesshaften Vorgangs statt. Dies mag im ersten Moment nach einem Ausspionieren entgegen des Nutzerwillens klingen, doch derartige Datenverarbeitungsvorgänge geschehen nicht zwingend „heimlich" und gegen ihren Willen. Vielmehr können die betroffenen Nutzer an einer personalisierten und individualisierten Datenverarbeitung auch ein Interesse haben, wenn sich hierdurch die elektronische Unterstützung an ihre individuellen Bedürfnisse anpassen kann und somit effektiver wird.[1062]

Die Datenverarbeitung ist gemäß § 17 Absatz 2 MDStV, § 3 Absatz 1 TDDSG beziehungsweise § 4 Absatz 1 BDSG nur zulässig, wenn sie durch Gesetz oder Einwilligung der Betroffenen legitimiert ist. Spezielle gesetzliche Erlaubnisnormen für die in Rede stehenden Individualisierungsmaßnahmen sind nicht vorhanden. Die den einzelnen Datenverarbeitungsvorgängen decken den Zweck der übergeordneten Individualisierungsmaßnahmen nicht ab, so dass eine Legitimation über § 4 BDSG in Verbindung mit § 28 Absatz 1 Satz 1 Nr. 1 BDSG nicht in Frage kommt. Zum Beispiel decken auch mehrere einzelne Inanspruchnahmen des gleichen Location Based Services nicht die Erstellung eines Nutzerprofils ab. Auch ein sonstiges berechtigtes der Datenverarbeiter im Sinne von § 28 Absatz 1 Satz 1 Nr. 2 BDSG ist nicht zu erkennen. Für die hier zu betrachtenden Datenverarbeitungen scheidet die Alternative der gesetzlichen Legitimationsgrundlage also aus.

Somit bleibt nur die Einwilligung als möglicher Erlaubnistatbestand. Wenn man sich die Vielfalt der möglichen Datenverwendungsmaßnahmen und Individualisierungsmaßnahmen vor Augen hält, zu denen die einzelnen Daten eingesetzt werden können, wird augenfällig, dass sich bei den Kriterien der Informationspflicht der verantwortlichen Stelle und der Bestimmtheit der Einwilligung erhebliche Probleme ergeben. An dieser Stelle zeigt sich, dass die bestehenden Datenschutzkonzepte hier überholt worden sind.[1063] Die Legitimationsnormen im derzeitigen Datenschutzrecht gehen im Grunde immer noch von einer punktuellen Erhebung von Daten zu im vorhinein genau umrissenen Zwecken aus, die außerdem nur so selten vorkommt, dass die jeweils erforderliche Einholung einer Einwilligung den Nutzer nicht wesentlich bei der Dienstnutzung stört. Bei der Profilbildung wird jedoch eine solche Vielzahl von

---

[1062] Ähnlich Ladeur, MMR 2000, 715 (717) am Beispiel virtueller Videotheken und anderer hybrider Mediensysteme.

[1063] Roßnagel/Pfitzmann/Garstka (2001), 22 ff., 28f.; vgl. bereits Hoffmann-Riem, DuD 1998, 684; Ladeur, MMR 2000, 715 (717); Trute, JZ 1998, 822.

Daten gespeichert, verarbeitet und in den verschiedensten Formen genutzt. Nach dem herkömmlichen Verständnis müsste für jede abgrenzbare Datenerhebung und Verarbeitung eine Einwilligung eingeholt werden, was den Kommunikationsprozess letztlich behindern würde.

Dies kann jedoch nicht Sinn und Zweck der informationellen Selbstbestimmung sein, die gerade vorsieht, dass der Einzelne selbst über die Verwendung seiner Daten bestimmen kann. Es wäre paradox, wenn die Einwilligung, die den Betroffenen als direkteste Möglichkeit der Willensausübung zur Verfügung steht, aufgrund ihrer Ausgestaltung dazu führen würde, dass die Nutzung bestimmter Produkte, die sogar bei der Persönlichkeitsentfaltung unterstützend wirken können, behindert wird.

In einer am Zweck des Grundrechts orientierten, technikadäquaten Fortbildung und zeitgemäßen Interpretation des Gesetzes muss deshalb davon ausgegangen werden, dass Einwilligungen auch in diesem Kontext wirksam abgegeben werden können und zwar so, dass sie nicht den Kommunikations- und Datenfluss lahm legen. Deshalb muss es ausreichend sein, wenn die Betroffenen vorab über die entscheidenden Eckdaten der Verarbeitungsvorgänge informiert werden, also etwa über die Kriterien der Profilbildung und der etwaigen Verknüpfung mit Werbung und e- beziehungsweise m-Commerce. Anstatt punktuell in einzelne Datenerhebungen einzuwilligen würde der Betroffene hiernach vorab in einen Datenerhebungs- und -verarbeitungsprozess einwilligen. Diese Information muss nicht auf jede einzelne Möglichkeit der Datenverarbeitung eingehen, sondern sollte, gerade im Interesse der Verständlichkeit und Klarheit, knapp und prägnant formuliert sein. Eine detaillierte Beschreibung der Vorgänge muss für den Betroffenen abrufbar sein und auf diese muss auch durch die verarbeitende Stelle hingewiesen werden. Wichtig ist, dass es für den Betroffenen überschaubar bleibt, wem er eine Einwilligung erteilt hat und welchen Umfang diese hat, also ob sie zum Beispiel zur Datenweitergabe an andere Unternehmen berechtigt oder ob seine Nutzungsdaten mit Daten aus anderen Datenbanken verknüpft oder abgeglichen werden. Man könnte daher die Zulässigkeit einer vorab erteilten Einwilligung an die Bedingung knüpfen, dass sozusagen als Gegengewicht eine besonders hohe Transparenz zugunsten des Nutzers gegeben sein muss. Wünschenswert wäre hier die Möglichkeit für den Betroffenen, zu jedem Zeitpunkt auf die über ihn in aggregierter Form gespeicherten Daten, also auf sein Profil, zugreifen zu können.

Durch die technische Gestaltung der Oberfläche ist ferner sicherzustellen, dass der Nutzer seine Einwilligung nur durch eine bewusste und aktive Handlung erklären kann.[1064] Demgegenüber wäre beispielsweise das bloße Akzeptieren einer Default-Markierung nicht geeignet, dies zu gewährleisten. Es muss technisch ausgeschlossen sein, dass Betroffene ihre Einwilligung erklären, bevor sie eine realistische Möglichkeit hatten, sich über die Struktur und den Zweck der Profilbildung zu informieren. Der Schriftgrad und die Länge der diesbezüglichen Aufklärung müssen geeignet sein, eine tatsächliche Wahrnehmung der entscheidenden Passagen durch die betroffenen Leser sicherzustellen. Das heißt, die Aufklärung darf nicht durch Selbstverständlichkeiten, zu detailreiche oder zu technische Beschreibungen oder bloße Wiedergaben von Rechtsnormen aufgebläht werden. In diesem Fall wäre nicht mehr damit zu rechnen, dass Nutzer die Erklärung verstehen oder überhaupt lesen. Die Erklärung muss die Profilbildung und die mit ihr geplante Auswertung decken und die betroffene Person muss auch auf die Möglichkeit hingewiesen werden, die Einwilligung mit Wirkung für die Zukunft zu widerrufen. Ferner müssen die allgemeinen Zulässigkeitsvoraussetzungen erfüllt sein, das heißt, die Profilbildung muss von dem rechtlich zulässigen Zweck gedeckt und für die Zweckerreichung erforderlich (geeignet und mildestes Mittel) sein. Außerdem muss es einen Hinweis auf die Datenschutzerklärung geben und die betroffene Person muss jederzeit die Möglichkeit haben, der weiteren Profilbildung zu widersprechen. Alle diese Anforderungen müssen durch die technische Ausgestaltung des Individualisierungsproduktes sichergestellt werden.

Der Betroffene sollte auch die Möglichkeit haben, während der Nutzung der Produkte Informationen über stattfindende Datenverarbeitungen und -übermittlungen zu erhalten. Dies muss allerdings in einer Weise geschehen, die die eigentliche Kommunikation nicht stört und laufend unterbricht. Denkbar wäre etwa eine Art Info-Funktion, die vom Nutzer zu jedem Zeitpunkt abgerufen werden kann und die Angaben dazu enthält, welche Datenverarbeitungsvorgänge und -übermittlungen gerade stattfinden oder innerhalb einer Sitzung stattgefunden haben. Ferner muss der Betroffene darüber informiert werden, wie er diese Vorgänge beeinflussen kann und welche Konsequenzen hiermit verbunden sind.

2.1.3 Gestaltungsbeispiel verteilte Profile

Um eine verbesserte Kontrolle über die Profildaten und ein erhöhtes Sicherheitsniveau zu erreichen, ist es im Interesse des Grundrechts auf informatio-

---

[1064] Vgl. Urteil des LG Potsdam zur ebay International AG, verkündet am 10.3.2005, Az. 12 O 287/04, 10f.

nelle Selbstbestimmung wünschenswert, wenn die Profildaten beim Nutzer verbleiben, anstatt zentral bei dem oder den Diensteanbietern gespeichert zu werden. Werden die Profildaten zusätzlich noch auf mehrere verschiedene, räumlich-physisch getrennte Endgeräte verteilt, ist die Kontrolle der Betroffenen über ihre Daten weiter verbessert. Wenn auf einem bestimmten Gerät bestimmte Profildaten gar nicht gespeichert sind, können diese Daten bei der Benutzung und Interaktion mittels dieses Gerätes auch nicht weitergegeben werden. Im Bedarfsfall kann dann per mobiler Datenverarbeitung auf die Profilteile zugegriffen werden, die auf anderen mobilen oder nicht-mobilen Geräten gespeichert sind. Voraussetzung hierfür ist, dass diese Geräte mobil erreichbar sind und angesteuert werden können. Der Ansatz, Profile auf mehrere Endgeräte zu verteilen, wird außerdem dem Trend gerecht, dass die heutigen Nutzer mehrere, teils mobile und teils stationäre Endgeräte benutzen, die allesamt über digitale Speicher-, Rechen- und Kommunikationskapazitäten verfügen. Als positiver Nebeneffekt spart die Profilverteilung auch Speicherkapazität, da Profilteile nur dort gespeichert werden, wo dies sinnvoll ist und nicht sämtliche Daten auf allen Endgeräten gespeichert werden müssen. Jeder Nutzer kann seine Daten individuell nach seinen Bedürfnissen auf verschiedene Geräte verteilen oder auch alle Daten auf einem oder allen Geräten verfügbar haben. Verteilte Profile sind lediglich ein Angebot an Nutzer ihre Selbstbestimmung zu verwirklichen. Vorteile und Nachteile müssen von jedem Nutzer abgewogen werden. Offensichtlich ist, dass jedes Plus an Verfügbarkeit gleichzeitig ein Minus an Sicherheit bedeutet. Die Übertragbarkeit von Profildaten kann für den Nutzer ganz unterschiedliche Vorteile bringen. Wenn ein Nutzer zum Beispiel an einem fremden Rechner arbeitet, was angesichts der steigenden Mobilität von Arbeitnehmern heute immer öfter vorkommt, können mittels der Profildaten sämtliche persönliche Einstellungen – angefangen vom Hintergrundbild über die Einrichtung von Zugängen zu Mailservern, E-Mail-Accounts, Firmenintranets bis hin zu den vom Nutzer präferierten Skins der Benutzeroberflächen und individueller Einstellungen von Anwender-Programmen – innerhalb von Sekunden vorgenommen werden. Die Nutzer verlieren keine Zeit, um die Einstellungen selbst vorzunehmen und fühlen sich sofort wie „zuhause" an dem an sich fremden Rechner. Ferner wird, wie bereits erwähnt, bei verteilten Profilen die Sicherheit erhöht, weil gewisse Teile der Daten physisch gar nicht vorhanden sind. Angreifer, die unberechtigt auf die Daten zugreifen wollten, müssten an mehreren verschiedenen Punkten ansetzen und möglicherweise mehrere Sicherheitsvorkehrungen überwinden anstatt nur eine einzige.

Allerdings hat die Aufspaltung und Verteilung von Profilen auch Nachteile. Dadurch, dass die Profildaten auf mehreren Geräten verteilt gespeichert sind, besteht die Gefahr, dass Nutzer in bestimmten Situationen auf Profildaten zugreifen müssen, die auf einem Gerät gespeichert sind, das gerade nicht verfügbar ist, etwa weil es ausgeschaltet ist, keine Verbindung zu ihm aufgebaut werden kann, abhanden gekommen ist oder die Stromzufuhr unterbrochen ist. Ferner dürfte es umständlicher sein, regelmäßig Backups von mehreren Profilteilen zu erstellen, als immer nur ein einziges Backup eines zentral verwalteten Profils anzufertigen. Daher ist es aus Gründen des Komforts erwägenswert, auf einem zentralen Backup-Gerät Sicherungskopien von allen Profilteilen zu speichern. Wann immer eines der mobilen Geräte des Nutzers, das einen Teil der Profildaten enthält (zum Beispiel ein PDA oder ein Handy), in eine Basisstation am zentralen Backup-Gerät gesteckt wird, sollte eine automatische Synchronisation durchgeführt werden. Dieser Datenabgleich gewährleistet, dass neue Daten zentral gesichert werden und dass Änderungen, die sich während der zwischenzeitlichen Benutzung eines anderen Endgerätes an dem an sich auf diesem Endgerät verwalteten Profilteils ergeben haben, auf das Gerät hochgeladen werden. Das zentrale Backup-Gerät sollte jedoch physisch von öffentlichen Kommunikationsnetzen getrennt sein beziehungsweise keine Daten nach außen übertragen können, damit keine Gefahr besteht, dass mit einem Mal von außen auf alle Profildaten zugegriffen werden kann. Gäbe es ein zentrales, an Kommunikationsnetze angebundenes Gerät, auf dem alle Profildaten gespeichert wären, wäre der Zugewinn an Sicherheit aufgrund der Verteilung der Profildaten wieder aufgehoben.

Um sicherzustellen, dass die Profildaten, die unterschiedlich sensibel sind, auch mit angemessenen Sicherheitskontrollen versehen werden, könnten Daten in Klassen eingeteilt werden. Beispielsweise kann es vom Betroffenen erwünscht sein, dass er nicht gesondert zustimmen muss, wenn eine Information über seine Lieblingsfarbe oder präferierte Kraftfahrzeugmarke weitergegeben wird, wenn er nach seiner Bankverbindung, Adresse oder sexuellen Orientierung gefragt wird, hingegen schon. Nutzer könnten ihre Daten entweder selbst in Klassen einteilen oder zunächst auf eine von mehreren vordefinierten Klasseneinteilungen zurückgreifen. Hierdurch würde vermieden, dass die Betroffenen wegen der Weitergabe von für sie weniger bedeutenden Daten ständig in ihrem Kommunikationsfluss gestört werden, weil sie Einwilligungen erteilen müssen. Die Einwilligungen könnten sozusagen vorab ausgesprochen und als Metadaten in der Klasseneinstufung der Daten innerhalb des Profils enthalten sein. Da hierdurch die Gesamtanzahl der dann noch während der Kommunikation zu erklärenden Einwilligungen reduziert würde, wären die Nutzer diesbezüglich wachsamer und könnten letztlich ihre Selbstbestimmung sogar überlegter und besser ausüben. Die hinter dieser Klassifizierung von Profildaten steckende Idee ist, dass die Profildaten auf Nutzerseite gespeichert und gepflegt werden und nicht auf Anbieterseite. Die Nutzer erhalten hierdurch eine aktivere Einflussmöglichkeit und werden in die Lage versetzt, tatsächlich und selbst bestimmt über ihre Daten zu verfügen.

Profildaten bestehen nicht immer aus bloßen Einzelangaben wie „Lieblingsfarbe" oder „Adresse". Gerade bei intelligenten Dienstleistungen werden Profildaten mittels mathematisch hoch komplizierter Algorithmen aus Daten errechnet, die eher beiläufig anfallen, etwa durch Cursorbewegungen, Verweildauer und andere teils unbewusste Handlungen der Nutzer. Als Beispiel seien etwa die Methoden genannt, mittels derer bei Online-Auktionshäusern oder - Versandgeschäften Nutzerpräferenzen errechnet werden. Es ist äußerst schwierig, diese Daten in einer für den Menschen verständlichen Form darzustellen. Dem durchschnittlichen Nutzer wird die Bedeutung der Profilwerte verborgen bleiben. Auch hilft es nicht weiter, wenn den Nutzern ermöglicht wird, einzelne Werte aus diesen Profilen zu entfernen, da die Profile aus einer großen Vielzahl von für sich genommen unbedeutendsten Einzelhandlungen der Nutzer entwickelt werden. Gangbar erscheint folgender Weg: Da eine vollkommene Information der Nutzer weder möglich noch erforderlich ist, muss lediglich eine Aufklärung erfolgen, die ihm eine „Parallelwertung in der Laiensphäre" ermöglicht. Der Nutzer muss ein Gefühl, eine Vorstellung dafür entwickeln können, zu welchem Zweck die Profildaten in etwa ermittelt werden. Ferner muss technisch dafür gesorgt werden, dass der Nutzer zu jedem beliebigen Zeitpunkt die Datenerhebung zwecks Profilbildung für einen gewissen Zeitraum oder einen bestimmten Themenkreis unterbindet. Wenn er zum Beispiel von einer Abteilung eines Online-Kaufhauses in eine andere wechselt, muss es ermöglicht werden, dass der Nutzer etwa durch Anklicken eines entsprechenden Buttons die weitere Datenerhebung zur Profilbildung verhindert. In Verbindung mit einem Pseudonymisierungsdienst, wie im vorigen Kapitel beschrieben, könnte auf diese Weise ein hoher Stand an informationeller Selbstbestimmung erreicht werden.

Gerade am Beispiel der Profilbildung wird deutlich, dass der Datenschutz für den Nutzer nicht nur mit Vorteilen verbunden ist. Datenschutz als Gewinn an informationeller Selbstbestimmung kann mit einer Einbuße an Bequemlichkeit verbunden sein. Je mehr Bequemlichkeit der Nutzer haben möchte, je weniger Gedanken er sich um die Preisgabe von Daten in bestimmten Situationen machen möchte, indem er nämlich viele Daten in unbeschränkte Klassen einteilt, desto größer ist sein potenzieller Verlust an informationeller Selbstbestimmung. Letztlich bleibt es jedem Nutzer selbst überlassen, sich zu entscheiden, wie viel Mühe er in seine informationelle Selbstbestimmung investieren möchte.

Eine Idee, die in diesem Kontext diskutiert wird, ist, die gesamte Dienstleistung auf dem Endgerät des Nutzers stattfinden zu lassen. In diesem Fall würden nicht die Daten des Nutzers zum Dienstanbieter übertragen, sondern die Software des Diensteanbieters auf das Endgerät des Nutzers. Wenn hierbei noch verhindert wird, dass die bei der Dienstnutzung anfallenden Daten zurück zum Dienstanbieter gelangen, könnte man diese Lösung als besonders datenschutzfreundlich bezeichnen. Angesichts der aufwändigen und speicherplatzintensiven Software und Datenmengen, die in diesem Kontext normalerweise zum Einsatz kommen, sind dieser Möglichkeit jedoch derzeit Grenzen gesetzt. Die Endgeräte haben in aller Regel weder die ausreichende Rechen- noch Speicherkapazität, um derart aufwändige Anwendungen in angemessener Schnelligkeit laufen zu lassen. Außerdem sind die derzeitig gängigen Datenübertragungsraten in der mobilen Kommunikation unzureichend. Zukünftig kann hier eine Lösung über schlankere Software, leistungsfähigere Endgeräte, höhere Datenübertragungsraten und eine intelligente, nur teilweise Übertragung von Datenbankinhalten gekoppelt mit pseudonymisierten Datenbankabfragen gefunden werden.

2.2   Möglichkeiten und Grenzen datenschutzfreundlicher Profilbildung

2.2.1 Transparenz und Selbstbestimmung durch interaktive Profile

Einen besonders transparenten und damit datenschutzfreundlichen Ansatz für ein lernfähiges System, das Nutzerdaten sammelt und zu Profilen verarbeitet, ist das im Fachbereich Informatik an der Johann Wolfgang Goethe Universität Frankfurt entwickelte System „Gugubarra".[1065] Dieses System erhebt Daten über das Nutzerverhalten beim Surfen im Internet. Teilnehmende Websites müssen von Anbieterseite entsprechend vorbereitet werden. Mittels verschiedener Parameter wie Clickstream und Verweildauer wird ein Interessen- und Nutzerprofil des Betroffenen erstellt, das der Präsentation von weiterführenden Informationsangeboten zugrunde gelegt wird. Das Verhalten des Nutzers wird also analysiert und es wird ein so genanntes Non Obvious User Profile (NOP) daraus generiert. Die Besonderheit des Systems besteht darin, dass er in regelmäßigen Abständen auf sein eigenes Profil hingewiesen wird, dieses betrachten kann und vor allem selbst direkt auf dieses Einfluss nehmen kann. Die aktuellen Werte seines NOPs werden dem Nutzer präsentiert und können von ihm verändert werden. Aufgrund dieses Feedback-Mechanismus ist es

---

[1065] Detaillierte Beschreibung des Systems sowie des Algorithmus, mit dem die Profile generiert werden können finden sich bei Mushtaq/Tolle/Werner/Zicari (2004), 1 ff.

dem Nutzer also möglich, bestimmte Verhaltensinformationen, die das Profil beeinflusst haben, zu entfernen und andere Informationen hinzuzufügen. So kann er fehlerhafte – also zum Beispiel durch zufälliges Abschweifen beim Surfen im Internet entstandene – Profilinformationen korrigieren und letztlich direkt dazu beitragen, dass die elektronische Unterstützung, die er erhält, verbessert wird, da sie noch genauer und korrekter auf seine tatsächlichen Interessen abgestimmt ist. Auch für die Anbieter der Dienstleistung hat die Verwendung des Systems Vorteile: die Qualität der Dienstleistung wird verbessert, was die Kundenzufriedenheit und -bindung steigert. Ferner steigt aufgrund der Transparenz und Verbraucherfreundlichkeit das Vertrauen der Nutzer in die Dienstleistung und die Beachtung der informationellen Selbstbestimmung.

Aus den vom Nutzer gemachten Korrektions-Angaben wird das Feedback Profile (FP) generiert. Nun werden NOP und FP mit Hilfe verschiedener Ansätze verglichen und ein abgeleitetes Profil, das Derived Profile (DP) erstellt, das als zukünftige Berechnungsgrundlage dient. Die von Gugubarra erzeugten Profile können vielfach eingesetzt werden. Eine mögliche Anwendung ist das Clustern von Profilen eines einzelnen oder mehrerer assoziierter Benutzer, eine andere die Projektion von zukünftigem Verhalten einzelner oder mehrerer Benutzer. Ferner ist es möglich, die Profile zur Anpassung der präsentierten Inhalte an den Benutzer einzusetzen. Das System kann also einen Beitrag zu einer qualitativ verbesserten Personalisierung leisten.

Der beim System Gugubarra gewählte Ansatz erscheint aus mehreren Gründen viel versprechend und kann möglicherweise auf andere Medien oder Geschäftsmodelle, in denen der Nutzer elektronisch unterstützt wird, übertragen werden. Die Vorzüge dieses Ansatzes liegen einerseits in der besonderen Transparenz des Systems. Der Nutzer hat die Möglichkeit, zu überprüfen, welche Daten von ihm erhoben worden sind und welche Schlussfolgerungen das System aus ihnen gezogen hat. Des Weiteren ist die Interaktivität des Systems besonders hervorzuheben. Mit der Möglichkeit, auf sein Profil direkt Einfluss zu nehmen, erfüllt dieses System den Anspruch des Nutzers, selbst über seine Daten verfügen zu können. Insgesamt ist das System daher als besonders datenschutzfreundlich zu bewerten.

2.2.2 Keine Schutzmöglichkeiten einmal freigegebener Daten

Wie erwähnt, wäre es datenschutzrechtlich optimal, wenn Profildaten ausschließlich auf Endgeräten des Nutzers gespeichert würden, von diesen zweckgebunden eingesetzt und vor allem jede anderweitige Speicherung technisch verhindert werden könnte. Man könnte hier zunächst an den Einsatz von Digital-Rights-Management-Technologie mit „Read-Only"-Funktionalität denken und versuchen, die Vorteile dieser Lösungen für die Kontrolle über die eigenen Daten nutzbar zu machen. Ein Einsatz derartiger Technologie im Bereich der Profilbildung ist jedoch nach dem derzeitigen Stand ausgeschlossen, denn alles, was (von Maschinen) gelesen werden kann, kann auch kopiert, gespeichert und weiterübertragen werden. Um als Profildaten einsetzbar zu sein, müssen die Daten in einem Format vorhanden sein, dass ihre Verwendung mit der eingesetzten Software ermöglicht. Um nicht für jede neue Dienstleistung und jedes neue Gerät sämtliche Profildaten neu eingeben zu müssen, ist es auch aus Nutzersicht gerade wünschenswert, dass das Format möglichst standardisiert und die Datenverwendung möglichst umfassend möglich ist. Wenn man als Nutzer personenbezogene Daten preisgibt, ist es nicht möglich, diese Daten hinterher wieder zurückzuholen. Dies ist gerade die Natur von digitalen Daten – sie sind prinzipiell auf ewig überall verfügbar. Die unter Teil C 2.1.1 erwähnte technisch durchsetzbare absolute Gewalt über Profildaten ist also derzeit nicht realisierbar. Ferner muss erwähnt werden, dass die (verteilte) Profilverwaltung beim Nutzer keinen Diensteanbieter davon abhält, seinerseits für den Nutzer Profile anzulegen. Die Verwaltung des Profils beim Nutzer darf nicht darüber hinwegtäuschen, dass die Daten, wenn sie einmal preisgegeben werden, auch andernorts verarbeitet und gespeichert werden können.

Hieraus folgt, dass es derzeit keine technisch garantierte Sicherheit hinsichtlich der Datenverwendung und etwaigen -weitergabe gibt, wenn Daten einmal in elektronischer Form bei Unternehmen gespeichert sind. Lässt sich technisch keine Sicherheit realisieren, bleibt dem Betroffenen nichts anderes übrig, als auf die Nutzung von personalisierten Produkten, die nur mittels Profilbildung funktionieren, zu verzichten oder darauf zu vertrauen, dass die preisgegebenen Daten nur zu den Zwecken und in dem Rahmen verarbeitet werden, der von der Ermächtigungsgrundlage gedeckt ist. Die Nutzer sind daher vom Ausgangspunkt her in einer sehr schwachen Position. Wenn ihr Vertrauen in die zweckgebundene Datenverwendung enttäuscht wird, ist es zudem schwierig, dies nachzuweisen und Gewissheit zu erlangen, dass Daten anders als legitimiert verwendet wurden. Dies liegt daran, dass personenbezogene Daten für sich genommen meist keinen Aufschluss darüber geben, wo und wann sie bei welcher Gelegenheit und zu welchem Zweck erhoben wurden. Das Vertrauen der Nutzer in die Datenverarbeitung kann durch gesetzgeberische Mittel (Ordnungs- und Straftatbestände, Verbandsklagebefugnisse und „schneidige" Eingriffsbefugnisse für die Aufsichtsbehörden) und vertragliche Regelungen (Vertragsstrafen) gestärkt werden. Nachgewiesen vertrauenswidriges Verhalten muss mit deutlichen Sanktionen für die Datenverarbeiter geahndet werden. Regelmäßige objektive Kontrollen der Datenverwender in Verbindung mit Audits und Gütesiegeln sind erforderlich, um die Eingriffsbefugnisse auch durchzusetzen. Hierdurch kann ein wirksamer Beitrag dazu geleistet werden, bei den datenschutzrechtlichen Betroffenen Vertrauen in Individualisierungs-maßnahmen zu schaffen.

Fazit und Ausblick

Individualisierungsmaßnahmen bauen darauf auf, dass eine Vielzahl von Daten erhoben und verarbeitet wird. Obwohl hiermit grundsätzlich aus datenschutzrechtlicher Sicht Risiken verbunden sind, muss die Individualisierung nicht per se eine Gefahr für die informationelle Selbstbestimmung darstellen. Individualisierungsmaßnahmen können sehr unterschiedlich gestaltet sein. Je nach Ausgestaltung schränken einige Individualisierungsnahmen die informationelle Selbstbestimmung gravierend ein, während andere wirksam zur Entfaltung der Persönlichkeit beitragen können.

Die verschiedenen Individualisierungstechniken und -maßnahmen sind differenziert zu betrachten und entsprechend ihrer datenschutzrechtlichen Relevanz zu bewerten.[1066] Hierbei sind Fremdindividualisierungsmaßnahmen grundsätzlich kritischer zu bewerten als Maßnahmen der Eigenindividualisierung. Im Kontext verschiedener, in der vorliegenden Arbeit identifizierter Individualisierungsmaßnahmen mangelt es derzeit an Möglichkeiten für die Betroffenen, ihre informationelle Selbstbestimmung effektiv auszuüben.[1067]

Zum Teil sind Datenverarbeitungen im Kontext der Individualisierung von gesetzlichen Erlaubnistatbeständen abgedeckt.[1068] Wo dies nicht der Fall ist, muss zwingend eine Einwilligung des Betroffenen eingeholt werden, die den Anforderungen des Bundesdatenschutzgesetzes entspricht.[1069] Wichtig ist insbesondere, dass die Einwilligung freiwillig erteilt wird. Hinsichtlich mancher Individualisierungsmaßnahmen ist die freie Willensbildung der Betroffenen in der Praxis eingeschränkt. Dem faktischen Zwang zur Einwilligungserteilung muss entgegengewirkt werden, indem einwilligungsfreie Nutzungsmöglichkeiten für die Betroffenen geschaffen werden. Viele Datenverarbeitungsvorgänge, die zur Ermöglichung von Individualisierungsmaßnahmen durchgeführt wird, sind für die Betroffenen aufgrund der eingesetzten komplexen Technologie undurchschaubar. Hier ist erforderlich, das höchstmögliche Maß an Transparenz für die Betroffenen zu erreichen. Die vorliegende Arbeit hat hier einen viel versprechenden Ansatz vorgestellt.[1070]
Wünschenswert ist die Durchsetzung von datenschutzfördernden Technolo-

---

[1066] Siehe dazu Teil C, Kapitel 3 und 4.

[1067] Vgl. hierzu Teil C, Kapitel 4 und 7.3.

[1068] Siehe hierzu Teil C, Kapitel 5.4.

[1069] Zur Bedeutung und den Voraussetzungen der Einwilligung siehe Teil C, Kapitel 6 und 7.

[1070] Siehe Teil E, Kapitel 2.2.

gien, die den Betroffenen eine Kontrollmöglichkeit über ihre personenbezogenen Daten geben.[1071] Dem Gebot der Datensparsamkeit und Datenvermeidung folgend, sollte die Verarbeitung personenbezogener Daten auf ein Minimum reduziert werden. Sind Daten erst einmal digital erhoben, gibt es technisch keine Schutz- und Kontrollmöglichkeiten bezüglich dieser Daten
mehr.[1072] Vorzugswürdig ist daher die Verarbeitung von Daten in anonymisierter oder pseudonymisierter Form.[1073] Viele Individualisierungsfunktionalitäten
sind auch mit pseudonymen Daten realisierbar. Wo immer dies der Fall ist,
sollte den Betroffenen eine entsprechende Wahlmöglichkeit gegeben werden.
Die Anbieter von Individualisierungsmaßnahmen sollten seitens der Aufsichtsbehörden konstruktiv dazu angehalten werden, ihrer Pflicht, den Betroffenen
anonyme und pseudonyme Zugänge zu ermöglichen.

Hinsichtlich der einzelnen Individualisierungsmaßnahmen bestehen je nach
Typ, Interessenlage und Machtgefüge unterschiedliche Möglichkeiten, Unter-
nehmen zu einer datenschutzfreundlichen Durchführung und Organisation der
Individualisierung zu bewegen.[1074] Teils kann Datenschutz als Wettbewerbs-
vorteil fungieren, insbesondere in Verbindung mit Gütesiegeln und Audits.
Teilweise sind jedoch auch gesetzgeberische Maßnahmen wünschenswert.
Die unterschiedlichen Möglichkeiten sollten im Interesse der Betroffenen aus-
geschöpft werden.

Besonders wichtig ist, die Verbesserung der Nutzerfreundlichkeit und der
Verbreitung von praxistauglichen technischen Datenschutzinstrumenten vo-
ranzutreiben. Technischer Datenschutz ist wesentlich effektiver als rein rechtlicher Datenschutz, denn Verarbeitungsvorgänge, die bereits technisch verhindert werden können, müssen nicht mehr verboten oder kontrolliert werden.
Der Verstoß gegen technische Begrenzungen ist im Gegensatz zum Verstoß
gegen rechtliche Regeln ausgeschlossen. Außerdem sind technische Daten-
schutzvorkehrungen auch über die politischen Landesgrenzen hinweg wirksam.

Werden die in der vorliegenden Arbeit formulierten Vorschläge realisiert, würde das Ziel, den Vormarsch der Individualisierung in datenschutzfreundliche
Bahnen zu lenken, erheblich näher rücken.

[1071] Beispiele hierzu finden sich in Teil E, Kapitel 2.
[1072] Vgl. hierzu Teil E, Kapitel 2.2.2
[1073] Siehe hierzu Teil C, Kapitel 3.5.1 sowie Teil E, Kapitel 1.
[1074] Siehe hierzu Teil D, Kapitel 2.4 und 2.5.

Literaturverzeichnis

A

Aebi, D., Re-Engineering und Migration betrieblicher Nutzdaten, Zürich, 1996

Albers, M., Zur Neukonzeption des grundrechtlichen „Daten"schutzes, in: Haratsch, A./Kugelmann, D./Repkewitz, U. (Hrsg.), Herausforderungen an das Recht der Informationsgesellschaft, Mainz, 1996, 113

Alternativkommentar zum Grundgesetz für die Bundesrepublik Deutschland, Neuwied, 2001; zitiert AK-GG – Bearbeiter

Arbeitskreis „Marketing in der Investitionsgüterindustrie" der Schmalenbach-Gesellschaft (1977), Standardisierung und Individualisierung – produktpolitisches Entscheidungsproblem. In: Zeitschrift für Betriebswirtschaft, Sonderheft 7, 1977, 39

Arbeitskreis „Datenschutzbeauftragte" im Verband der Metallindustrie Baden Württemberg (VMI), DuD 1999, 281

Art.29-Gruppe für den Schutz von Personen bei der Verarbeitung von personenbezogenen Daten eingesetzt durch die EU-Datenschutzrichtlinie (Datenschutzgruppe): Empfehlung zu einigen Mindestanforderungen für die Online-Erhebung personenbezogener Daten in der europäischen Union (Working Paper 43), 17.05.2001, abrufbar unter http://www.datenschutz-berlin.de/doc/eu/gruppe29/wp43de.pdf

Art.29-Gruppe für den Schutz von Personen bei der Verarbeitung von personenbezogenen Daten eingesetzt durch die EU-Datenschutzrichtlinie (Datenschutzgruppe): Arbeitspapier zu Online-Authentifizierungsdiensten; WP 68; 10054/03/DE; angenommen am 29. Januar 2003; abrufbar unter europa.eu.int/comm/internal_market/privacy/docs/wpdocs/2003/wp68_de.pdf

Auernhammer, H., Bundesdatenschutzgesetz-Kommentar, Köln, 2003

B

Baltes, P., Das Zeitalter des permanent unfertigen Menschen: Lebenslanges Lernen nonstop?, herausgegeben von der Bundeszentrale für politische Bildung bpb, Berlin, 2001

Bäumler, H., Wie geht es weiter mit dem Datenschutz? DuD 1997, 446

Bäumler, H., Das TDDSG aus der Sicht eines Datenschutzbeauftragten, DuD 1999, 258

Bäumler, H., Der neue Datenschutz in der Realität, DuD 2000, 257

Bäumler, H., Sicherheit im Internet durch Anonymität, Booklet des Landesbeauftragten für den Datenschutz Schleswig-Holstein, 2002, abrufbar unter http://www.datenschutzzentrum.de/download/anonheft.pdf

Bäumler, H., Marktwirtschaftlicher Datenschutz, in: Freundesgabe Büllesbach, Stuttgart, 2002, 105

Bäumler, H./ v. Mutius, A. (Hrsg.), Datenschutz als Wettbewerbsvorteil, Braunschweig 2002

Bäumler, H. /Breinlinger, A./Schrader, H.-H., Datenschutz von A-Z, Loseblattsammlung, Luchterhand, 1998 ff.; zitiert: Bearbeiter, in: Bäumler u.a.

Baumann, R., Stellungnahme zu den Auswirkungen des Urteils des Bundesverfassungsgerichts vom 15.12.1983 zum Volkszählungsgesetz 1983, DVBl. 1984, 612

Beck, U., Risikogesellschaft. Auf dem Weg in eine andere Moderne, Frankfurt, 1986

Beck, U., Die Erfindung des Politischen. Zu einer Theorie reflexiver Modernisierung. Frankfurt am Main, 1993

Beck, U., Riskante Freiheiten - Gesellschaftliche Individualisierungsprozesse in der Moderne, gemeinsam mit Elisabeth Beck-Gernsheim, Frankfurt/M., 1994

Beck, U./Giddens, A./Lash, S. Reflexive Modernisierung - Eine Kontroverse, Frankfurt/M, 1996

Benda, E. Handbuch des Verfassungsrechts der Bundesrepublik Deutschland, Berlin/New York, 1983

Benz, C., Kinderwerbung und Lauterkeitsrecht, Konstanz, 2002, abrufbar unter http://www.ub.uni-konstanz.de/v13/volltexte/2002/930//pdf/benz2.pdf

Berger, P. A., Individualisierung. Statusunsicherheit und Erfahrungsvielfalt, Opladen, 1996

Bergmann, L./Herb, A./Möhrle, R, Datenschutzrecht. Handkommentar zum Bundesdatenschutzgesetz und zu den Datenschutzgesetzen der Länder, Loseblattsammlung, Stuttgart

Berthold, O., Federrath, H., CookieCooker: Cookies-tauschen – Profile vermischen, DuD 2002, 299

Bleckmann, A (1997), Staatsrecht II, Köln, 1997

Bizer, J., Forschungsfreiheit und informationelle Selbstbestimmung, Baden-Baden, 1992

Bizer, J., in: Mucksch, H./Behme, W. (Hrsg.), Das Data-Warehouse-Konzept, Wiesbaden, 1997, 95

Bizer, J., Datenschutz durch Technikgestaltung, in: Bäumler, H. (Hrsg.), Datenschutz der Dritten Generation, 28, Neuwied, 1999

Bizer, J./Fox, D., Regulierung – Selbstregulierung, DuD 1997, 9

Bizer, J./Petri, T.B., Kompetenzrechtliche Fragen des Datenschutz-Audits, DuD 2001, 97.

Bizer, J., Technikfolgenabschätzung und Technikgestaltung im Datenschutzrecht, in: Bäumler, H. (Hrsg.): „Der neue Datenschutz" – Datenschutz in der Informationsgesellschaft von morgen, Neuwied, 1998, S. 45 ff.

Bizer, J., TK-Daten im Data Warehouse, DuD 1998, 570

Böckenförde, E.-W., Grundrechtstheorie und Grundrechtsinterpretation, NJW 1974, 1529

Böckenförde, E.-W., Grundrechte als Grundsatznormen. Zur gegenwärtigen Lage der Grundrechtsdogmatik, DSt 1990, 1

Börsenverein des Deutschen Buchhandels (2002), Buch und Buchhandel in Zahlen. Frankfurt am Main, 2002

Brosette, J., Der Wert der Wahrheit im Schatten des Rechts auf informationelle Selbstbestimmung, Berlin, 1991

Breinlinger, A., Datenschutzrechtliche Probleme bei Kunden- und Verbraucherbefragungen zu Marketingzwecken, RDV 1997, 247

Breitfeld, A., Berufsfreiheit und Eigentumsgarantie als Schranke des Rechts auf informationelle Selbstbestimmung, Berlin, 1992

Büchner, W./Ehmer, J./Geppert, M./Kerkhoff, B./Piepenbrock, H-J./Schütz, R./Schuster, F., Beck'scher TKG-Kommentar, München, 1997; zitiert: Bearbeiter, in: TKG-Komm Beck

Büllesbach, A., Datenschutz als Qualitäts- und Wettbewerbsfaktor, RDV 1997, 239

Büllesbach, A., Datenschutz in einem globalen Unternehmen, RDV 2000, 1

Büllesbach, A., Datenschutz bei Data Warehouses und Data Mining, CR 2000, 11

Büllesbach, A., Premium Privacy, in: Bäumler, H./ v. Mutius, A. (Hrsg.), Datenschutz als Wettbewerbsvorteil, Braunschweig, 2002, 45

Büllesbach, A./Garstka, H., Systemdatenschutz und persönliche Verantwortung, in: Müller/Pfitzmann (Hrsg.): Mehrseitige Sicherheit in der Kommunikationstechnik: Verfahren, Komponenten, Integration, Bonn, 1997, 383

Büser, F., Rechtliche Probleme im Rahmen der Datenübermittlung beim Franchising, BB 1997, 213

Bull, H.P., Entscheidungsfragen in Sachen Datenschutz, ZRP 1975, 10

Bull, H.P., Verfassungsrechtliche Vorgaben zum Datenschutz – Zur Entscheidung des Bayrischen Verfassungsgerichtshofs vom 1.11. 1997, CR 1998, 385

Bundesverband des Deutschen Versandhandels (2002): Die Deutschen lieben den Versandhandel. Marktanteil erreicht Rekordwert von 6 Prozent. Pressemitteilung vom 24.03.2002, Frankfurt, 2002

Busch, H.-J., Individuum, in: Handbuch Soziologie, von Kerber, H. und Schmieder, A., Reinbeck, 1984

Busch, J.-D., Anmerkung zum Volkszählungsurteil, DVBl. 1984, 385

Burghard, W. / Kleinalterkamp, M., Standardisierung und Individualisierung – Gestaltung der Schnittstelle zum Kunden. In: Kleinaltenkamp, M./Fieß, S./Jacob, F. (Hrsg.), Customer Integration: Von der Kundenorientierung zur Kundenintegration, Wiesbaden, 1996

Buxel, H., Die sieben Kernprobleme des Online-Profiling aus Nutzerperspektive, DuD 2001, 579

C

Canaris, C.-W., Grundrechte und Privatrecht, AcP (184) 1984, 201

Canaris, C.-W., Grundrechtswirkungen und Verhältnismäßigkeitsprinzip in der richterlichen Anwendung und Fortbildung des Privatrechts, JuS 1989, 161

Cavoukian, A./Gurski, M./Mulligan, D./Schwartz, A., P3P und Datenschutz, DuD 2000, 475

Chaum, D., Untraceable Electronic Mail, Return Addresses, and Digital Pseudonyms, Communications of the ACM (CACM), 1981, 84

Chaum, D., Security Without Identification: Transaction Systems to Make Big Brother Obsolete, Communications of the ACM (CACM), 1985, 1030

Clauß, S./Pfitzmann, A./Hansen, M./van Herweghen, E., Privacy-Enhancing Identity Management; IPTS-Report, 67; JRC Seville, 2002, 8

Clauß, S./Kriegelstein, Th., Datenschutzfreundliches Identitätsmanagement, DuD 2003, 297

Cole, M., Privatheit und Recht am Beispiel von "Big Brother", in: Sokol, B. (Hrsg.) Mediale (Selbst-) Darstellung und Datenschutz, Düsseldorf 2001, 40

Codd, S.B. (1993), Providing OLAP (On-Line Analytical Processing) to User Analysts: An IT Mandate. E.F. Codd&Associates, White Paper, abrufbar unter http://citeseer.ist.psu.edu/context/49679/0

Craig, P./De Búrca, G., EU law. Texts, cases, and materials, 3rd Edition, Oxford, 2002

D

Dammann, U./Simitis, S. (1997), EG-Datenschutzrichtlinie: Kommentar, Baden-Baden, 1997

Däubler, W./Klebe, Th./Wedde, P., Bundesdatenschutzgesetz - Basiskommentar, Frankfurt/M., 2000

Däubler, W., Gläserne Belegschaften: Datenschutz in Betrieb und Dienststelle, Baden-Baden, 2002

Däubler, W., BetrVG, Betriebsverfassungsgesetz mit Wahlordung, Frankfurt/M., 2004; zitiert: Bearbeiter, in: Däubler (2004)

Denninger, E./Hoffmann-Riem, W./Schneider, H.-P./Stein, E., Kommentar zum Grundgesetz für die Bundesrepublik Deutschland, Reihe Alternativkommentare, Band 1: Art. 1-10, Neuwied, 2001; zitiert: Bearbeiter, in: Denninger u.a., AK-GG

Di Fabio U., Der Schutz der Menschenwürde durch allgemeine Programmgrundsätze, Schriftenreihe der Bayerischen Landeszentrale für neue Medien (BLM), Band 60, München, 2000

Diller, H., Beziehungsmanagement. In: Köhler, R./Teitz, B./Zentes, J. (Hrsg), Handwörterbuch des Marketing, Stuttgart, 1995

Diller, M./Powietzka, A., Drogenscreenings und Arbeitsrecht, NZA 2001, 1227

Dörr, E., Die Folgen der Nichtbeachtung der Pflichten aus § 4 Absatz 2 BDSG, RDV 1992, 167

Dörr, D.: Big Brother und die Menschenwürde. Die Menschenwürde und die Programmfreiheit am Beispiel eines neuen Sendeformats. Frankfurt a.M, 2000

Dörr, E./Schmidt, D., Neues Bundesdatenschutzgesetz: Handkommentar. Die Arbeitshilfe für Wirtschaft und Verwaltung, Köln, 1992

Dreier, H., Subjektiv-rechtliche und objektiv-rechtliche Grundrechtsgehalte, Jura 1994, 505

Dreier, H. Grundgesetz: Kommentar, Band 1: Artikel 1-19, Tübingen, 1996; zitiert: Bearbeiter, in: Dreier

Dronsch, G., Die schutzwürdigen Interessen und der Adresshandel, DuD 1996, 64

Duden Fremdwörterbuch, Mannheim u.a., 2000

Duden Herkunftswörterbuch, Mannheim u.a., 2001

Dülmen, Richard van, Die Entdeckung des Individuums. 1500-1800, Frankfurt a.M., 1997

Dürig, G. Grundrechte und Zivilrechtsprechung, in: Maunz, T. (Hrsg.), Vom Bonner Grundgesetz zur gesamtdeutschen Verfassung, Festschrift für H. Nawiasky, München, 1956, 157

Dürig, G., Der Grundrechtssatz von der Menschenwürde, AöR 1981, 117

Durkheim, É., Über soziale Arbeitsteilung (erstmals veröffentlicht 1893), Frankfurt a.M., 1988

E

Eberle, C.-E., Zum Verwertungsverbot für erlangte Informationen im Verwaltungsverfahren, in: Gedächtnisschrift für W. Martens, Berlin, 1987, 351

Ehmann, H. 1988, Informationsschutz und Informationsverkehr im Zivilrecht, AcP 188 (1988), 366

Ehmann, H., Zur Zweckbindung privater Datennutzung – Zugleich ein Betrag zum Rechtsgut des Datenschutzrechts mit einer Stellungnahme zu den Entwürfen zur Änderung des Bundesdatenschutzgesetzes, RDV 1988, Teil 1: 169 ff., Teil 2; 221 ff.

Ehmann, E./Helfrich, M., EG-Datenschutzrichtlinie: Kurzkommentar, Köln, 1999

Ehlers, D., Datenschutzrechtliche Probleme öffentlich-rechtlicher Kreditinstitute, Teil 1: IuR 1988, 229, Teil 2: IuR 1988, 284

Engel-Flechsig, S. „Teledienstedatenschutz" – Die Konzeption des Datenschutzes im Entwurf des Informations- und Kommunikationsgesetzes des Bundes, DuD 1997, 8

Engel-Flechsig, S.: IuKDG vom Bundestag verabschiedet, DuD 1997, 474

Enzmann, M. / Roßnagel, A., Realisierter Datenschutz für den Einkauf im Internet – Das Projekt DASIT, CR 2002, 141-150.

Erichsen, H.-U., Staatsrecht und Verfassungsgerichtsbarkeit I, München, 1982

Erichsen, H.-U., Grundrechtliche Schutzpflichten in der Rechtsprechung des Bundesverwaltungsgerichts, Jura 1997, 85

Erichsen, H.-U./Ehlers, D., Allgemeines Verwaltungsrecht, Berlin, 2002; zitiert: Bearbeiter, in: Erichsen/Ehlers

Ernestus, W., „...da waren's nur noch 8!", RDV 2002, 22

F

Federrath, H./Pfitzmann, A., Die Rolle der Datenschutzbeauftragten bei der Aushandlung von mehrseitiger Sicherheit, in: Bäumler, H. (Hrsg.), „Der neue Datenschutz" – Datenschutz in der Informationsgesellschaft von morgen, Neuwied, 1998, 166

Federrath, H./Pfitzmann, A., Neues Datenschutzrecht und die Technik, in: Kubicek, H. u.a. (Hrsg.), Internet@Future, Jahrbuch Telekommunikation und Gesellschaft, Heidelberg 2001, 252

Fitting, K., Betriebsverfassungsgesetz (BetrVG) Handkommentar, München, 2004

Forsthoff, E., Der Staat der Industriegesellschaft: dargestellt am Beispiel der Bundesrepublik Deutschland, München, 1971

Fox, D., Datenschutzbeauftragte als „Trusted Third Parties"? In: Bäumler, H. (Hrsg.), „Der neue Datenschutz" – Datenschutz in der Informationsgesellschaft von morgen, Neuwied, 1998, 81

Füser, Karsten, Intelligentes Scoring und Rating, Wiesbaden, 2001

Franzen, M., Die Zulässigkeit der Erhebung und Speicherung von Gesundheitsdaten der Arbeitnehmer nach dem novellierten BDSG, RDV 2003, 1

Fritsch, L./Muntermann, J., Aktuelle Hinderungsgründe für den kommerziellen Erfolg von Location-based Service-Angeboten. Proceedings der Konferenz Mobile Commerce Technologien und Anwendungen (MCTA). Lecture Notes on Informatics, Bonn, 2005

Frotscher, W.: Big Brother und das deutsche Rundfunkrecht. Schriftenreihe der LPR Hessen, Band 12, im Auftrag der Hessischen Landesanstalt für privaten Rundfunk

Fuhrmann, H., Vertrauen im Electronic Commerce, Baden-Baden, 2001

G

Gabler Wirtschaftslexikon, Die ganze Welt der Wirtschaft, Wiesbaden, 2000

Gallwas, H.-U., Der allgemeine Konflikt zwischen dem Recht auf informationelle Selbstbestimmung und Informationsfreiheit, NJW 1992, 2785

Ganßauge, K., Datenverarbeitung und-nutzung von Kreditunwürdigkeitsdaten durch fremdnützige Verarbeiter: mit einer Darstellung der Rechtstatsachen bei der Schufa und der Organisation Creditreform, Berlin, 1995

Garstka, H., Datenschutz: Aufbruch zu neuen Ufern?, MMR 1998, 449

Gates, B., Digitales Business, München 1999

Geiger, A., Die Einwilligung in die Verarbeitung von persönlichen Daten als Ausübung des Rechts auf informationelle Selbstbestimmung, NVwZ, 1989, 35

Geis, I., Individualrechte in der sich verändernden europäischen Datenschutz-landschaft, CR 1995, 171

Gesellschaft für Datenschutz und Datensicherung, Stellungnahme zur Auf-nahme eines Datenschutz-Audits in das allgemeine Datenschutzrecht, RDV 1999, 188

Geuer-Pollmann, C./Schweitzer, N., Vergleichbarkeit von Policies mittels XML, DuD 2000, 578

Giddens, A., Modernity and Self-Identity, London, 1991

Giddens, A., Runaway World, London, 1999

Glaab, M./Kießling, M., Legitimation und Partizipation. In: Karl-Rudolf Kor-te/Werner Weidenfeld (Hrsg.): Deutschland-TrendBuch. Fakten und Orientie-rungen. Opladen, 2001

Göldner, D., Gesetzmäßigkeit und Vertragsfreiheit im Verwaltungsrecht, JZ 1976, 352

Gola, P., Die Erhebung und Verarbeitung „besonderer Arten personenbezoge-ner Daten" im Arbeitsverhältnis, RDV 2001, 125

Gola, P., Die Einwilligung als Legitimation zur Verarbeitung von Arbeitnehmer-daten, RDV 2002, 109

Gola, P./Klug, Chr., Grundzüge des Datenschutzrechts, München, 2003

Gola, P./Schomerus, R., Bundesdatenschutz (BDSG) – Kommentar, München, 2005

Gola, P./Wronka, G., Handbuch zum Arbeitnehmerdatenschutz, Frechen, 2004

Greß, S., Datenschutzprojekt P3P – Darstellung und Kritik, DuD 2001, 144

Grunwald, A./Saupe, S., Technikgestaltung und Ethik: Eine Einführung, in: Grundwald, A./Saupe, S. (Hrsg.), Ethik in der Technikgestaltung: praktische Relevanz und Legitimation, Berlin, 1999

Grupp, K./Stelkens, U., Zur Berücksichtigung der Gewährleistungen der Europäischen Menschenrechtskonvention bei der Auslegung deutschen Rechts. Zugleich Anmerkung zu BVerfG, Beschluss v. 14.10.2004 - 2 BvR 1481/04, JZ 2005, 133

Gündling, C., Maximale Kundenorientierung: Instrumente individueller Problemlösungen, Stuttgart, 1997

H

Händschke, E., Der IT-gestützte Recruitingprozess, RDV 2002, 124

Hahn, O., Data Warehousing und Data Mining in der Praxis, DuD 2003, 605

Hammer, V./Pordesch, U./Roßnagel, A., KORA – Eine Methode zur Konkretisierung rechtlicher Anforderungen zu technischen Gestaltungsvorschlägen für Informations- und Kommunikationssysteme, InfoTech 1/1993, 21

Hammer, V./Pordesch, U./Roßnagel, A./Schneider, M.J., Vorlaufende Gestaltung von Telekooperationstechnik – am Beispiel von Verzeichnisdiensten, Personal Digital Assistants und Erreichbarkeitsmanagement in der Dienstleistungsgesellschaft, GMD-Studien Nr. 235, Sankt Augustin, 1994

Hansen, M./Krasemann, H./Rost, M./Genghini, R., Datenschutzaspekte von Identitätsmanagementsystemen, DuD 2003, 551

Hansen, M./Krasemann, H./Rost, M., Persönlichkeitsspaltung – Neue Formen des Identitätsmanagements, c't 9/2004, 164

Hauptverband des Deutschen Einzelhandels, IT im Einzelhandel – Wertschöpfung, Kommunikation, E-Commerce. Ergebnisse einer HDE-Umfrage unter 1.200 Einzelhandelsunternehmen, Berlin, 2002

Hauptverband des Deutschen Einzelhandels, Zahlen, Daten, Fakten. Bonn, 2001

Hesse, K., Grundzüge des Verfassungsrechts der Bundesrepublik Deutschland, Heidelberg, 1995

Hermes, G., Grundrechtsschutz durch Privatrecht auf neuer Grundlage? Das

Bundesverfassungsgericht zu Schutzpflicht und mittelbarer Drittwirkung der Berufsfreiheit, NJW 1990, 1764

Hildebrand, V.G., Individualisierung als strategische Option der Marktbearbeitung, Wiesbaden, 1997

Hoeren, Th./Sieber, U., Handbuch Multimedia-Recht, München, 2000, Loseblattsammlung; zitiert: Hoeren/Sieber – Bearbeiter

Höfelmann, E., Das Grundrecht auf informationelle Selbstbestimmung anhand der Ausgestaltung des Datenschutzrechts und Grundrechtsnormen der Landesverfassungen, Frankfurt, 1997

Hoffmann-Riem, W., Informationelle Selbstbestimmung in der Informationsgesellschaft - Auf dem Weg zu einem neuen Konzept des Datenschutzes -, AöR 1998, 513

Hoffmann-Riem, W., Weiter so im Datenschutzrecht?, DuD 1998, 684

Hohm, K.-H., Grundrechtsträgerschaft und „Grundrechtsmündigkeit" Minderjähriger am Beispiel öffentlicher Heimerziehung, NJW 1986, 3107

Hornung, G., Die digitale Identität. Rechtsprobleme von Chipkartenausweisen: digitaler Personalausweis, elektronische Gesundheitskarte, JobCard-Verfahren, Baden-Baden 2005

Hubmann, H., Das Persönlichkeitsrecht, Köln, 1967

Hünerberg, R., Bedeutung von Online-Medien für das Direktmarketing. In: Link, J. (Hrsg.), Wettbewerbsvorteile durch Online-Marketing, Berlin u.a., 121, 2000

Hufen, F., Das Volkszählungsurteil des Bundesverfassungsgerichts und das Grundrecht auf informationelle Selbstbestimmung – eine juristische Antwort auf „1984"?, JZ 1984, 1072

I

Idecke-Lux, Der Einsatz von multimedialen Dokumenten bei der Genehmigung von neuen Anlagen nach dem Bundesimmissionsschutz-Gesetz, Baden-Baden, 2000

Information and Privacy Commissioner/Registratiekamer, Privacy-Enhancing Technologies: The Path to Anonymity, 1995, 1

Internationale Arbeitsgruppe für Datenschutz in der Telekommunikation (1996), „Budapest-Berlin-Memorandum" – Datenschutz und Privatsphäre im Internet: Bericht und Empfehlungen, angenommen auf der 20. Sitzung der Arbeitsgruppe am 15./16. April 1996 in Berlin.

Isensee, J./Kirchhof, P., Handbuch des Staatsrechts der Bundesrepublik Deutschland, Band 5: Allgemeine Grundrechtslehren, Heidelberg, 2000; zitiert: Bearbeiter, in: Isensee/Kirchhof (2000)

J

Jandt, S./Laue, Ph., Profilbildung im deutschen Datenschutzrecht, 2005, i.E.

Jarass, H.D., Das allgemeine Persönlichkeitsrecht im Grundgesetz, NJW 1989, 857.

Jarass, H.D., Bundesimmissionsschutzgesetz – Kommentar, München 2005

Junge, M., Individualisierung, Frankfurt/New York, 2002

Jendricke, U./Gerd tom Markotten, D., Benutzbare Sicherheit durch Identitätsmanagement, DuD 2003, 298

K

Kilian, W., Informationelle Selbstbestimmung und Marktprozesse, CR 2002, 921

Kippele, F., Was heißt Individualisierung, Zürich, 1998

Klein, E., Anmerkung zu BVerfG, Beschluss v. 14.10.2004 – 2 BvR 1481/04, JZ 2004, 1176

Klewitz-Hommelsen, S., Ganzheitliche Datenverarbeitung in der öffentlichen Verwaltung und ihre Beschränkungen durch den Datenschutz, Heidelberg, 1996

Kloepfer, M., Datenschutz als Grundrecht: Verfassungsprobleme der Einführung eines Grundrechts auf Datenschutz, Königstein, 1980

Kloepfer, M., Geben moderne Technologien und die europäische Integration Anlass, Notwendigkeit und Grenzen des Schutzes personenbezogener Informationen neu zu bestimmen? Gutachten für den 62. Deutschen Juristentag, in: Ständige Deputation des Deutschen Juristentages (Hrsg.): Verhandlungen des zweiundsechzigsten Deutschen Juristentages in Bremen 1998, Band I Teil D, München 1998, 1

Koch, F.A., Datenschutz-Handbuch für die betriebliche Praxis: das Standardwerk für Datenschutzbeauftragte, Betriebsräte, Geschäftsführer, Management, DV-Verantwortliche und deren Mitarbeiter, Freiburg, 1997

Koch, C., Scoring-Systeme in der Kreditwirtschaft. Einsatz unter datenschutzrechtlichen Aspekten, MMR 1998, 458

Köhntopp, M., Wie war doch gleich Ihr Name? – Schritte zu einem umfassenden Identitätsmanagement, in: Fox/Köhntopp/Pfitzmann (Hrsg.): Verlässliche IT-Systeme – Sicherheit in komplexen Infrastrukturen, Wiesbaden 2001, 55

Köhntopp, M./Rannenberg, K., Trust through Participation of Trusted Parties in Technology Design, in: Müller/Rannenberg (Hrsg.), Multilateral Security in Communications – Technology, Infrastructure, Economy, 1999, 499

Köhntopp, M./Pfitzmann, A., Informationelle Selbstbestimmung durch Identitäsmanagement, it+ti 2001 (Themenheft Sicherheit, 5/2001, 227

Kopp, F./Schenke, W.R., Verwaltungsgerichtsordnung, Kommentar, München 2005

Körner-Dammann, M., Weitergabe von Patientendaten an ärztliche Verrechnungsstellen, NJW 1992, 729

Königshofen, T., Prinzipien und Leitlinien zum Datenschutz-Audit bei Multimedia-Diensten, DuD 1999, 266

Kohli, M., Sozialpolitik des Lebenslaufs, Opladen, 2003

Kollhosser, H., Handelsregister und private Datenbanken, NJW 1988, 2409

Kotler, P./ Bliemel, F., Marketing-Management. Analyse, Planung, Umsetzung und Steuerung, Stuttgart, 2001

Krause, P., Das Recht auf informationelle Selbstbestimmung – BVerfGE 65, 1; JuS 1984, 268

Kröger/Kellersmann, Internet-Handbuch für Steuerberater und Wirtschaftsprüfer, 1998; zitiert: Bearbeiter, in: Kröger/Kellersmann

Kroll, J., Datenschutz im Arbeitsverhältnis, Heidelberg, 1981

Krüger, H., Grundrechtsausübung durch Jugendliche (Grundrechtsmündigkeit) und elterliche Gewalt, FamR 1956, 329

Kunig, P., Der Grundsatz informationeller Selbstbestimmung, Jura 1993, 595

L

Ladeur, K.H., Datenschutz - vom Abwehrrecht zur planerischen Optimierung von Wissensnetzwerken. Zur „objektiv-rechtlichen Dimension" des Datenschutzes, DuD 2000, 12

Ladeur, K.H., Datenverarbeitung und Datenschutz bei neuartigen Programmführern in „vituellen Videotheken" – Zur Zulässigkeit der Erstellung von Nutzerprofilen, MMR 2000, 715

Lanfermann, H., Datenschutzgesetzgebung – gesetzliche Rahmenbedingungen einer lieberalen Informationsgesellschaft, RDV 1998, 1

Larenz, K., Methodenlehre der Rechtswissenschaft, Berlin, 2000

Link, J., Das neue elektronische Direktmarketing. In: Link, J./Schleuning, Ch. (Hrsg.), Das neue interaktive Direktmarketing, Ettlingen, 1999, 71

Link, J./Hildebrand, V.G., Database Marketing und Computer Aided Selling. Leistungspotenzial, Abgrenzungsprobleme und Synergieeffekte. In: Marketing, Zeitschrift für Forschung und Praxis, 16. Jg. (1993), Nr. 2, 1994, 107

Link, J./Hildebrand, V.G., EDV-gestütztes Marketing im Mittelstand: Wettbewerbsvorteile durch kundenorientierte Informationssysteme. In: Link, J./Hildebrand, V.G. (Hrsg.), EDV-gestütztes Marketing im Mittelstand: Freie Berufe und mittelständische Dienstleister vor neuen Möglichkeiten, S. 1-21, München, 1995

Link, J./Hildebrand, V.G., Grundlagen des Database Marketing. In: Link, J./Brändli, D./Schleuning, Chr./Kehl, R.E. (Hrsg.): Handbuch Database Marketing, Ettlingen, 1997, 15

Löwisch, M., Arbeitsrechtliche Fragen von AIDS-Erkrankung und AIDS-Infektion, DB 1987, 936

Lohse, C./Janetzko, D., Technische und juristische Regulationsmodelle des Datenschutzes am Beispiel P3P, CR 2001, 55

Lorenz, D., Die Novellierung des Bundesdatenschutzgesetzes in ihren Auswirkungen auf die Kirchen, DVBl. 2001, 428

M

Mallmann, O., Zweigeteilter Datenschutz? Auswirkungen des Volkszählungsurteils auf die Privatwirtschaft, CR 1988, 93

Mandelkern-Bericht, Auf dem Weg zu einem besseren Gesetz, Abschlussbericht Nov. 2001, Hrsg. Bundesministerium für Inneres, Stabstelle Moderner Staat – Moderne Verwaltung, Berlin, 2002

Mattke, A., Adressenhandel: das Geschäft mit den Konsumentenadressen. Praktiken und Abwehrrechte, Frankfurt am Main, 1995

Maunz, Theodor / Dürig, Günter / Herzog, Roman, Grundgesetz-Kommentar, (Loseblattsammlung), München, 1983 ff.; zitiert Bearbeiter, in: Maunz/Dürig/Herzog,

Mayer, R., Strategien erfolgreicher Produktgestaltung: Individualisierung und Standardisierung, Wiesbaden, 1993

Medicus, D., Bürgerliches Recht, Köln, 2004

Meffert, H., Marktorientiert Unternehmensführung im Umbruch – Entwicklungsperspektiven des Marketing in Wissenschaft und Praxis. In: Bruhn, M./Meffert, H./Wehrle, F. (Hrsg.), Marktorientierte Unternehmensführung im Umbruch, Stuttgart 1994

Meister, H., Das Schutzgut des Datenrechts, DuD 1983, 163

Merz, M., E-Commerce und E-Business: Marktmodelle, Anwendungen und Technologien, Heidelberg 2002

Miegel, M. / Wahl, St., Das Ende des Individualismus, München, 1994

Möller, F. Data Warehouse als Warnsignal an die Datenschutzbeauftragten, DuD 1998, 555

Mooser, J., Auflösung proletarischer Milieus. Klassenbildung und Individualisierung in der Arbeiterschaft vom Kaiserreich bis in die Bundesrepublik Deutschland, 1900-1970. Klassenlagen, Kultur und Politik, Frankfurt am Main / New York, 1983

Müller W./Riesenbeck, H.J., Wie aus zufriedenen Kunden auch anhängliche Kunden werden. In: Harvard Manager, 1991, 67

Münch, P., Hinweise zu technisch-organisatorischen Maßnahmen bei der Umsetzung des Teledienstedatenschutzgesetzes (TDDSG), RDV 1997, 245

Münchener Kommentar, Kommentar zum Bürgerliches Gesetzbuch, 3. Aufl. Bd. 1. Allgemeiner Teil (§§ 1 - 240), AGB-Gesetz, München, 1993; zitiert: MüKo – Bearbeiter

Mushtaq, N./Tolle, K./Werner, P./Zicari, R., Building and Evaluating Non-Obvious User Profiles for Visitors of Web Sites, IEEE Conference on E-Commerce Technology (CEC 04) July 6-9, 2004, San Diego, California, USA, Paper abrufbar unter
http://www.dbis.cs.uni-frankfurt.de/~tolle/Publications/2004/CECfinal.pdf

N

Nedden, B., Risiken und Chancen für das Datenschutzrecht, in: Roßnagel, A. (Hrsg.), Allianz von Medienrecht und Informationstechnik? Ordnung in digitalen Medien durch Gestaltung der Technik am Beispiel von Urheberschutz, Datenschutz, Jugendschutz und Vielfaltschutz, Baden-Baden, 2001, 67

O

Oetinger, B. v., Das Boston-Consulting-Group Strategie-Buch: Die wichtigsten Managementkonzepte für Praktiker, Düsseldorf u.a., 1994

P

Paefgen, Th.C., Europäische Kundendatenbanken, CR 1993, 478

Palandt, Bürgerliches Gesetzbuch, München, 2004; zitiert Palandt-Bearbeiter

Peppers, D./Rogers, M., The One to One Future, New York, 1993

Peter, S. / Schneider, W., Strategiefaktor Kundennähe. Vom Transaktionsdenken zum Relationship Marketing. In: Marktforschung und Management, Zeitschrift für marktorientierte Unternehmenspolitik, 1994, 7

Petersen, S., Grenzen des Verrechtlichungsgebots im Datenschutz, Münster, 2000

Petri, Th., Sind Scorewerte rechtswidrig?, DuD 2003, 631.

Petri, Th., Datenbevorratungs- und analysesysteme in der Privatwirtschaft, DuD 2003, 609.

Pfitzmann, A., Datenschutz durch Technik, DuD 1999, 405

Pfitzmann, A., Datenschutz durch Technik, in: Bäumler, H./v. Mutius, A. (Hrsg.), Datenschutzgesetze der dritten Generation, texte und Materialien zur Modernisierung des Datenschutzrechts, Neuwied 1999, 18

Pfitzmann, A./Köhntopp, M., Anonymity, Unobservability, and Pseudonymity – A Proposal for Terminology; in: Designing Privacy Enhancing Technologies,

Proc. Workshop on Design Issues in Anonymity and Unobservability, LNCS 2009, 2001, 1

Pfitzmann, B./Waidner, M./Pfitzmann, A., Rechtssicherheit trotz Anonymität in offenen digitalen Systemen, DuD 1990, 305

Pieroth, B./Schlink, B., Staatsrecht II Grundrechte, Heidelberg, 2004

Pietzker, J., Die Rechtsfigur des Grundrechtsverzichts, Der Staat 17 (1978), 527

Pine, B.J., Mass Customization. The new frontier in business competition. In: Harvard Business School Press, Boston, Massachusetts, 1993

Piller, F., Kundenindividuelle Massenproduktion: die Wettbewerbsstrategie der Zukunft/Frank Thomas Piller. Mit einer Einf. Von B. Joseph Pine II, München u.a., 1998

Piller, F./Zanner, St. (2001), Mass Customization und Personalisierung im E-lectronic Business. In: WISU-Das Wirtschaftsstudium 29 (2001), 88

Podlech, A. Verfassungsrechtliche Probleme öffentlicher Datenbanken, DÖV 1970, 473

Podlech, A., Verfassungsrechtliche Probleme öffentlicher Informationssysteme, RDV 1972/73, 149.

Podlech, A., Individualschutz – Systemdatenschutz, in: Brückner, K. /Dalichau, G.: Festgabe für H. Grüner, Beiträge zum Sozialrecht, Percha, 1982, 451

Podlech, A./Pfeifer, M., Die informationelle Selbstbestimmung im Spannungs-verhältnis zu modernen Werbestrategien, RDV 1998, 139

Pordesch, U., Risiken elektronischer Signaturverfahren, DuD 1993, 561

Pordesch, U., Der fehlende Nachweis der Präsentation signierter Daten, DuD 2000, 89

Pordesch, U., Die elektronische Form und das Präsentationsproblem, Baden-Baden, 2003

Pordesch, U./Roßnagel, A., Elektronische Signaturverfahren rechtsgemäß gestaltet, DuD 1994, 82

Pordesch, U., Rechtliche Gestaltungsanforderungen an betriebliche Sprach-speichersysteme, DuD 1994, 614

Püttmann, F.F., Rechtliche Probleme der Marktforschung im Internet, K&R 2000, 492.

Projektgruppe verfassungsverträgliche Technikgestaltung (provet), Vorschläge zur Regelung von Datenschutz und Rechtssicherheit in Online-Multimedia-Anwendungen, Gutachten für das Bundesministerium für Bildung, Wissenschaft, Forschung und Technologie, Darmstadt, 1996, abrufbar unter www.provet.org/bib/mmge oder www.iid.de/iukdg

R

Räther, P.C./Seitz, N., Übermittlung personenbezogener Daten in Drittstaaten – Angemessenheitsklausel, Safe Harbor und Einwilligung, MMR 2002, 425

Rat für Forschung, Technologie und Innovation (1995), Informationsgesellschaft, Chancen, Innovationen und Herausforderungen, Feststellungen und Empfehlungen, hrsg. vom Bundesministerium für Bildung, Wissenschaft, Forschung und Technologie (BMBF), Bonn, 1995.

Ranke, J.S., M-Commerce und seine rechtsadäquate Gestaltung, Baden-Baden, 2004

Rasmussen, H., Die elektronische Einwilligung im TDDSG, DuD 2002, 406

Rasmussen, H., Datenschutz im Internet. Gesetzgeberische Maßnahmen zur Verhinderung ungewollter Nutzerprofile im Web – Zur Neufassung des TDDSG, CR 2002, 36

Rerrich, M.S., Vaterbild und Familienvielfalt, München, 1986

Riehm, U./Orwat, C./Wingert, B., Online-Buchhandel in Deutschland – Die Buchhandelsbranche vor der Herausforderung des Internet, Karlsruhe, 2001

Riehm, U./Petermann, T./Orwat, C./Coenen, Chr./Revermann, Chr./Scherz, C./Wingert, B., E-Commerce in Deutschland, Berlin, 2003; zitiert Riem u.a., 2003

Robbers, G., Der Grundrechtsverzicht, JuS 1985, 925 ff.

Rogall, K., Informationseingriff und Gesetzesvorbehalt im Strafprozessrecht, Tübingen, 1992

Rosenberg, D. K., Open Source – The Unauthorized White Papers, Foster City, 2000

Roßnagel, A., Technik und Recht – wer beeinflußt wen?, in: Roßnagel, A. (Hrsg.), Freiheit im Griff: Informationsgesellschaft und Grundgesetz, Stuttgart, 1989

Roßnagel, A., Rechtswissenschaftliche Technikfolgenforschung: Umrisse einer Forschungsdisziplin, Baden-Baden, 1993

Roßnagel, A., Ansätze zu einer rechtlichen Steuerung des technischen Wandels, in: Marburger, P. (Hrsg.): Jahrbuch des Umwelt- und Technikrechts 1994, Düsseldorf 1994, 425 ff.

Roßnagel, A., Freiheit durch Systemgestaltung, Strategien des Grundrechtsschutzes in der Informationsgesellschaft, in: Nickel, E./Roßnagel, A./Schlink, B. (Hrsg.), Die Freiheit und die Macht – Wissenschaft im Erstfall, Festschrift für A. Podlech, Baden-Baden, 1994, 227

Roßnagel, A., Rechtswissenschaftliche Technikfolgenforschung – am Beispiel der Informations- und Kommunikationstechniken, in: Schulte (Hrsg.: Technische Innovation und Recht: Antrieb oder Hemmnis?, Heidelberg, 1996

Roßnagel, A., Globale Datennetze: Ohnmacht des Staates – Selbstschutz der Bürger. Thesen zur Änderung der Staatsaufgaben in einer „civil information society", ZRP 1997, 27

Roßnagel A., Recht der Multimediadienste, Loseblattsammlung, München; zitiert: Bearbeiter, in: Roßnagel, RMD

Roßnagel, A., Neues Recht für Multimediadienste – Informations- und Kommunikationsdienste-Gesetz und Mediendienste-Staatsvertrag, NVwZ 1998, 1-8

Roßnagel, A., Rechtliche Steuerung von Infrastrukturtechnik, in: Roßnagel. A./Rust, I./Manger, D. (Hrsg.): Technik verantworten: Interdisziplinäre Beiträge zur Ingenieurpraxis, Festschrift für Hanns-Peter Ekardt zum 65. Geburtstag, Berlin, 1999, 209

Roßnagel, A./Schroeder, U., Multimedia in immissionsschutzrechtlichen Genehmigungsverfahren, Köln, 1999

Roßnagel, A., Datenschutz in globalen Netzen, DuD 1999, 253

Roßnagel, A., Datenschutzaudit – Konzeption, Durchführung, gesetzliche Regelung, Braunschweig, 2000

Roßnagel, A., Allianz von Medienrecht und Informationstechnik: Hoffnungen und Herausforderungen, in: Roßnagel, A. (Hrsg.): Allianz von Medienrecht und Informationstechnik? Ordnung in digitalen Medien durch Gestaltung der Technik am Beispiel von Urheberschutz, Datenschutz, Jugendschutz und Vielfaltschutz, Baden-Baden, 2001

Roßnagel, A., Modernisierung des Datenschutzrechts, DuD 2001, 253

Roßnagel, A., Modernisierung des Datenschutzes – Empfehlungen eines Gutachtens für den Bundesinnenminister, RDV 2002, 66

Roßnagel, A., Marktwirtschaftlicher Datenschutz – eine Regulierungsperspektive, in: Freundesgabe Büllesbach, 131, Stuttgart 2002.

Roßnagel, A., Handbuch Datenschutzrecht, München, 2003; zitiert: Bearbeiter, in: Roßnagel (2003)

Roßnagel, A. (Hrsg.), Neuordnung des Medienrechts, Baden-Baden, 2005

Roßnagel, A., Modernisierung des Datenschutzes für eine Welt allgegenwärtiger Datenverarbeitung, MMR 2005, 71

Roßnagel, A./Banzhaf, J./Grimm, R., Datenschutz im Electronic Commerce, Heidelberg, 2003; zitiert: Bearbeiter, in: Roßnagel/Banzhaf/Grimm

Roßnagel, A./Bizer, J., Multimediadienste und Datenschutz, Gutachten für die Akademie für Technikfolgenabschätzung in Baden Württemberg, Stuttgart, 1995.

Roßnagel, A./Pfitzmann, A./Garstka, H., Modernisierung des Datenschutzes, Berlin, 2001

Roßnagel, A./Salmony, M./Birkelbach, M., Datenschutz beim Online-Einkauf - Herausforderungen, Konzepte, Lösungen, Braunschweig, 2002

Roßnagel, A./Scholz, Ph., Datenschutz durch Anonymität und Pseudonymität, MMR 2000, 721

Roßnagel, A./Wedde, P./Hammer,V./Pordesch, U. 1990, Digitalisierung der Grundrechte? Zur Verfassungsverträglichkeit der Informations- und Kommunikationstechnik, Opladen, 1990

Rüthers, B., Rechtstheorie. Begriff, Geltung und Anwendung des Rechts, München, 2005

Ruppmann, E., Der konzerninterne Austausch personenbezogener Daten, Baden-Baden, 2000

S

Sachs, M.,Grundgesetz – Kommentar, München, 1999

Salmen, S.-M., Individualisierung von Kunden-Bank-Beziehungen durch den Einsatz von Electronic Relationship Marketing – Das Beispiel des Private Internet Banking, Kassel, 2002

Schackmann, J., Ökonomisch vorteilhafte Individualisierung und Personalisierung, Hamburg, 2003

Schäfers, B., Grundbegriffe der Soziologie, Opladen, 2001

Schaar, P., Datenschutzrechtliche Einwilligung und Internet, MMR 2001, 644

Schaar, P., Datenschutz im Internet, München, 2002

Schaffland, H.-J./Wiltfang, N., Bundesdatenschutzgesetz: Kommentar, Berlin (Loseblattsammlung)

Schenke, W.-R., Die Einwilligung des Verletzten im Zivilrecht, unter besonderer Berücksichtigung ihrer Bedeutung bei Persönlichkeitsverletzungen, Erlangen, 1969

Schenke, W.-R., Verwaltungsprozessrecht, Heidelberg, 2004

Schild, H.-H., Dreigestirn des BDSG – Zur Problematik unterschiedlicher Begriffe im Datenschutzrecht, DuD 1997, 444

Schild, H.-H., in: Roßnagel, A. (Hrsg.), Handbuch Datenschutzrecht, München, 2003

Schimank, U., Das zwiespältige Individuum. Zum Person-Gesellschaft-Arrangement der Moderne, Opladen 2002

Schleutermann, M., Datenverarbeitung im Konzern, CR 1995, 577

Schlink, B., Das Recht auf informationelle Selbstbestimmung, DSt 1986, 233

Schmidt, W., Die bedrohte Entscheidungsfreiheit, JZ 1974, 241

Schmidt-Bleibtreu, B./Klein, F., Kommentar zum Grundgesetz, München, 2004

Schmitt Glaeser, W., Schutz der Privatsphäre, in: Handbuch des Staatsrechts, Band VI, § 129, Heidelberg, 1989, 41

Scholz, Ph., Datenschutz beim Internet-Einkauf, Baden-Baden, 2003

Schrader, H.-H., Datenschutz bei Multimediadiensten. Die Datenschutzregelungen im Mediendienste-Staatsvertrag und im Teledienstedatenschutzgesetz, CR 1997, 707

Schroer, M., Rezension von Ulrich Beck und Elisabeth Beck-Gernsheim (Hrsg.): Riskante Freiheiten. Individualisierung in modernen Gesellschaften, in: Kölner Zeitschrift für Soziologie und Sozialpsychologie, 47, 1995, S. 634-657

Schulz, W., Verfassungsrechtlicher „Datenschutzauftrag" in der Informationsgesellschaft. Schutzkonzepte zur Umsetzung informationeller Selbstbestimmung am Beispiel von Online-Kommunikation, Die Verwaltung 1999, 137

Schwabe, J., Der Schutz des Menschen vor sich selbst, JZ 1998, 66
Seidel, U., Datenbanken und Persönlichkeitsrecht, Köln, 1972

Sheehan, K.B., Toward a Typology of Internet Users and Online Privacy Concerns, The Information Society, 2002, Volume 18, 21-32

Sheehan, K.B., Grubbs Hoy, M.. "Dimensions of Privacy Concern among Online Consumers." Journal of Public Policy & Marketing 19, no. 1 (2000), 62

Sherman, Chris, Puzzling Out Google's Blogger Acquisition, searchenginewatch 2003, abrufbar unter
http://searchenginewatch.com/searchday/article.php/2161891

Simitis, S., Die informationelle Selbstbestimmung – Grundbedingung einer verfassungskonformen Informationsordnung, NJW 1984, 398

Simitis, S., Programmierter Gedächtnisverlust oder reflektiertes Bewahren, in: Fürst, W. u.a. (Hrsg.), Festschrift für W. Zeidler, Bd. 2, Berlin, 1987, 1475 ff.

Simitis, S., Virtuelle Präsenz und Spurenlosigkeit, in: Hassemer, W./Möller, K.P. (Hrsg.), 25 Jahre Datenschutz, Baden-Baden 1996, 28.

Simitis, S., Auf dem Weg zu einem neuen Datenschutzkonzept, DuD 2000, 714

Simitis, S. u.a., Kommentar zum Bundesdatenschutzgesetz, Baden-Baden, 2003; zitiert: Bearbeiter – Simitis (2003)

Simmel, G., Über sociale Differenzierung, 1890, abrufbar unter
www.digbib.org/Georg_Simmel_1858/Ueber_sociale_Differenzierung_.pdf

Specht, G./ Zörgriebel, W.W., Technologieorientierte Wettbewerbsstrategien.
In: Marketing, Zeitschrift für Forschung und Praxis, 1985, S. 161 ff.

Spieß, G., Der Grundrechtsverzicht, Frankfurt am Main, 1997

Stange, H.-J., Datenschutz - Recht und Praxis, Berlin, 1992

Statistisches Bundesamt, Pressemitteilung vom 2. Juni 2004: Lebenserwartung nimmt weiter zu: für Jungen stärker als für Mädchen, abrufbar unter
http://www.destatis.de/presse/deutsch/pm2004/p2510022.htm

Steidle, R., Die datenschutzkonforme Gestaltung von Multimedia-
Assistenzsystemen im Betrieb, Baden-Baden, 2005

Steinmüller, W. und Arbeitsgruppe Rechtsinformatik an der Universität Regensburg, EDV und Recht, Einführung in die Rechtsinformatik, JA 1970, Sonderheft 6

Steinmüller, W., Das Volkszählungsurteil des Bundesverfassungsgerichts,
DuD 1984, 91

Stelkens, P./Bonk, H.-J., Verwaltungsverfahrensgesetz – Kommentar, München, 2001

Stern, K., Das Staatsrecht der Bundesrepublik Deutschland – Band 3: Allgemeine Lehren der Grundrechte, Halbband 1, München, 1988

Stolpmann, Markus Kundenbindung im E-Business, Loyale Kunden – nach-
haltiger Erfolg, Bonn, 2000

Sturm, G., Probleme eines Verzichts auf Grundrechte, in: Festschrift für Geiger, 1974, 173

Streinz, R., Europarecht, Heidelberg, 2003

T

Tauss, J./Özdemir, C., Umfassende Modernisierung des Datenschutzrechtes –
Rot-grünes Reformprojekt und Modellprojekt der digitalen Demokratie, in: Kubicek, H. u.a. (Hrsg.), Internet@Future, Jahrbuch Telekommunikation und Gesellschaft, Heidelberg, 2001, 232

Terwangne, C./Louveaux, S., Data Protection and Online Networks, MMR
1998, 452.

Thaenert, W., Millionen Zuschauer können nicht irren? Rechtliche Fragen zu Big Brother, 2001, Vortrag auf der Jahrestagung des Netzwerkes Medienethik am 08.02.2001, abrufbar unter http://www.medienheft.ch/dossier/bibliothek/d15_ThaenertWolfgang.pdf

Tichy, G./Peissl, W., Beeinträchtigung der Privatsphäre in der Informationsgesellschaft, Vortrag gehalten auf der Tagung der Österreichischen Juristenkommission über „Grundrechte in der Informationsgesellschaft" am 24.05. in Weißenbach am Attersee, abrufbar unter http://www.oeaw.ac.at/ita/pdf/ita_01_01.pdf

Tinnefeld, M.-T./Ehmann, E./Gerling, R.W., Einführung in das Datenschutzrecht, München, 2005; zitiert: Tinnefeld/Ehmann

Tocqueville, A. de (1835), Über die Demokratie in Amerika, ausgewählt und herausgegeben von J.P. Mayer, Stuttgart, 1990
Trute, H.-H., Der Schutz personenbezogener Daten in der Informationsgesellschft, JZ 1998, 822

U
Unabhängiges Zentrum für Datenschutz (ULD), Schleswig-Holstein, 23. Tätigkeitsbericht (2001), Kap. 6.4, abrufbar unter http://www.datenschutzzentrum.de/material/tb/tb23/kap6.htm

V
Vigoroso, M.V., Will e-Commerce ever beat the 1 percent problem? In: E-Commerce Times vom 11.04.2002

Vogelgesang, K., Grundrecht auf informationelle Selbstbestimmung?, Baden-Baden, 1987

Vogelgesang, K., Personalrat als Datenschützer und Datenverarbeiter, CR 1992, 163

Von Münch, I./Kunig, Ph., Grundgesetz-Kommentar, Band 1: Präambel bis Art. 19, München 2000; zitiert: Bearbeiter, in: v.Münch/Kunig

Von Rossum, H./Gardeniers, H./Borking, J.J. u.a., Privacy-Enhancing Technologies: The Path to Anonymity, Vol. I und II, hrsg. Von Registratiekamer, The Netherlands und Information and Privacy Commissioner, Ontario, Kanada, 1995; abrufbar unter www.ipc.on.ca/scripts/index_.asp?action=31&N_ID=1&P_ID=11361&U_ID=0 und http://www.ipc.on.ca/docs/anoni-v2.pdf

Von Stechow, C., Datenschutz durch Technik, Wiesbaden, 2005

W

Wallace, A., A Privacy Proposal for Dot-Com Bankruptcies, abrufbar unter http://www.gigalaw.com/articles/2001-all/wallace-2001-04-all.html

Walz, S., Datenschutz-Herausforderungen durch neue Technik und Europarecht, DuD 1998, 150-154

Wiechers, H./Pflitsch, D., Online-Dating-Report Deutschland 2004, Gummersbach, 2005

Wiechert/Schmidt/Königshofen (Hrsg.), Telekommunikationsrecht der Bundesrepublik Deutschland, Loseblattsammlung; zitiert: Bearbeiter, in: Wiechert/Schmidt/Königshofen
Weichert, Th., Datenschutzrechtliche Probleme beim Adressenhandel, WRP 1996, 522-534

Weichert, Th., Datenschutzberatung – Hilfe zur Selbsthilfe, in: Bäumler, H. (Hrsg.): „Der neue Datenschutz" – Datenschutz in der Informationsgesellschaft von morgen, Neuwied/Kriftel, 1998, 213

Weichert, Th., Zur Ökonomisierung des Rechts auf informationelle Selbstbestimmung, in: Bäumler, H. (Hrsg.): E-Privacy – Datenschutz im Internet, Braunschweig/Wiesbaden, 2000, 158-184

Weichert, Th., Datenschutz als Verbraucherschutz, DuD 2001, 264-270

Weichert, Th., Die Ökonomisierung des Rechts auf informationelle Selbstbestimmung, NJW 2001, 1463-1469

Wenning, R./Köhntopp, M., P3P im europäischen Rahmen – Einsatz und Nutzen in Gegenwart und Zukunft, DuD 2001, 139

Westphalen, R./Neubert, K. (1988), Zur Rolle von Recht und Rechtswissenschaft im Prozess der Technikfolgenabschätzung und –bewertung, in: Westphalen, R. (Hrsg.), Technikfolgenabschätzung, München, 1988, S. 257 ff.

Wittig, Die datenschutzrechtliche Problematik der Anfertigung von Persönlichkeitsprofilen zu Marketingzwecken, RDV 2000, 59

Woertge, H.-G., Die Prinzipien des Datenschutzrechts und ihre Realisierung im geltenden Recht, Heidelberg, 1984

Wohlgemuth, H. H., Datenschutzrecht: eine Einführung mit praktischen Fällen,

Neuwied, 1992

Wohlgemuth, H.H., Auswirkungen der EG-Datenschutzrichtlinie auf den Arbeitnehmerdatenschutz, BB 1996, 690

Wohlgemuth, H. H., Datenschutz für Arbeitnehmer, Neuwied, 1998

Wohlrab-Sahr, Individualisierung: Differenzierungsprozess und Zurechnungsmodus. In Ulrich Beck & Peter Sopp (Hrsg.), Individualisierung und Integration: Neue Konfliktlinien und neuer Integrationsmodus? (23-36), Opladen, 1997

Z

Zehentner, J., Privatheit bei Anwendungen für Identitätsmanagement im Internet, Diplomarbeit, Fakultät für Informatik der Technischen Universität München, Informatik XI: Angewandte Informatik/Kooperative Systeme; Dezember 2002; abrufbar unter www11.in.tum.de/publications/pdf/da-zehentne2002.pdf

Zipkin, P., The limits of mass customization. In: Sloan Management Review 42 (2001), 81

Zöllner, W., Die gesetzgeberische Trennung des Datenschutzes für öffentliche und private Datenverarbeitung, RDV 1985, 3

Zöllner, W., Datenschutzrechtliche Aspekte der Bankauskunft, ZHR 1985, 179

Zöllner, W. Datenschutz in einer freiheitlich marktwirtschaftlichen Ordnung, RDV 1991, 1

Zorn, X., in: Dallmer (Hrsg.), Handbuch Direkt- Marketing, 1997, 56

Zscherpe, K., Anforderungen an die datenschutzrechtliche Einwilligung im Internet, MMR 2004, 723

Alles über Datenschutz und Datensicherheit

1/2006

DuD
Datenschutz und Datensicherheit

Vieweg Verlag
Postfach 1546
65173 Wiesbaden

☐ **Rechtsprechung**

☐ **Technik**

☐ **Wirtschaft**

DuD richtet sich an betriebliche und behördliche Datenschutzbeauftragte, IT-Verantwortliche, Experten aus Praxis, Forschung und Politik sowie andere an Datenschutz und Datensicherheit Interessierte.

Der Inhalt - das lesen Sie in DuD

☐ betrieblicher Datenschutz
☐ E-Commerce-Sicherheit
☐ Digitale Signaturen
☐ Biometrie
☐ Aktuelle Rechtsprechung zum Datenschutz
☐ Forum für alle rechtlichen und technischen Fragen des Datenschutzes und der Datensicherheit in Informationsverarbeitung und Kommunikation

Ihr Nutzen - so profitieren Sie von DuD

☐ Ihre Wissensbasis für Datenschutz und Datensicherheit
☐ verständlich, fachlich kompetent und aktuell zu allen Themen von IT-Recht und IT-Sicherheit
☐ Fachwissen zu dem wichtigen Thema, wie man technische Lösungen im Einklang mit dem geltenden Recht umsetzt

www.dud.de

Schauen Sie ins Internet

vieweg

Abraham-Lincoln-Straße 46
65189 Wiesbaden
Fax 0611.7878-400
www.vieweg.de

Stand 1.1.2006. Änderungen vorbehalten.

AUS DER REIHE DUV Informatik

„DuD-Fachbeiträge"
Herausgeber: Prof. Dr. Andreas Pfitzmann, Prof. Dr. Helmut Reimer,
Dr.-Ing. Karl Rihaczek und Prof. Dr. Alexander Roßnagel

zuletzt erschienen:

Jörg Andreas Lange
**Sicherheit und Datenschutz als notwendige Eigenschaften
von computergestützten Informationssystemen**
Ein integrierender Gestaltungsansatz für vertrauenswürdige
computergestützte Informationssysteme
2005. XXIII, 297 S., 82 Abb., Br. € 55,90
ISBN 3-8350-0124-8

Herbert Reichl, Alexander Roßnagel, Günter Müller (Hrsg.)
Digitaler Personalausweis
Eine Machbarkeitsstudie
2005. XXII, 337 S., 35 Abb., 9 Tab., Br. € 49,90
ISBN 3-8350-0054-3

Matthias Schwenke
Individualisierung und Datenschutz
Rechtskonformer Umgang mit personenbezogenen Daten im Kontext
der Individualisierung
2006. XVI, 336 S., 4 Abb., 2 Tab., Br. € 55,90
ISBN 3-8350-0394-1

Constantin von Stechow
Datenschutz durch Technik
Rechtliche Förderungsmöglichkeiten von Privacy Enhancing Technologies
am Beispiel der Videoüberwachung
2005. XV, 179 S., Br. € 45,90
ISBN 3-8244-2192-5

Roland Steidle
Multimedia-Assistenten im Betrieb
Datenschutzrechtliche Anforderungen, rechtliche Regelungs- und
technische Gestaltungsvorschläge für mobile Agentensysteme
2005. XXVI, 441 S., 3 Tab., Br. € 59,90
ISBN 3-8350-0079-9

www.duv.de
Änderung vorbehalten.
Stand: Mai 2006.

Deutscher Universität-Verlag
Abraham-Lincoln-Str. 46
65189 Wiesbaden

Printed in the United States
By Bookmasters